Stefan Kopp (Hg.)

Gott begegnen an heiligen Orten

Theologie im Dialog

herausgegeben von George Augustin, Klaus Krämer und Markus Schulze
unter Mitwirkung des
Kardinal Walter Kasper Instituts
für Theologie, Ökumene und Spiritualität
an der Philosophisch-Theologischen Hochschule Vallendar

Band 23

Stefan Kopp (Hg.)

# Gott begegnen an heiligen Orten

HERDER

FREIBURG · BASEL · WIEN

Diese Publikation wurde gefördert durch:

Theologische Fakultät Paderborn

Erzbistum Paderborn

Bank für Kirche und Caritas eG

Verein Ausstellungshaus für christliche Kunst e.V.

MIX
Papier aus verantwortungsvollen Quellen
FSC® C083411


www.herder.de
Umschlaggestaltung: Verlag Herder
Satz: dtp studio eckart | Jörg Eckart
Herstellung: CPI books GmbH, Leck
Printed in Germany

ISBN Print 978-3-451-38267-3

# Inhalt

## C) Bau- und kunsthistorische Perspektiven auf heilige Orte

# Gott begegnen an heiligen Orten

## Einige begriffliche und sachliche Differenzierungen

Zur menschlichen Entwicklungsgeschichte gehört die Unterscheidung von sakral und profan, also die Unterscheidung von abgegrenzten Bereichen, die im Besonderen Gott geweiht sind, und Bereichen, die „vor dem Heiligtum" liegen, um den Begriff profan wörtlich zu übersetzen. Schon diese begriffliche Beziehung zeigt, dass es sich bei der Differenzierung von sakral und profan nicht um einen Gegensatz oder gar um einen Widerspruch handelt, sondern um die Bezeichnung von Lebensbereichen, die aufeinander verwiesen sind bzw. einander sogar bedingen.[1]

Eine wesentliche Weiterentwicklung des jüdisch-christlichen Sakralitätsverständnisses gegenüber der antik-paganen Tradition des Sakralen stellt die Wahrnehmung von zwei wichtigen Kategorien dar. Neben der ontischen Dimension des Sakralen etablierte die jüdisch-christliche Tradition vor allem eine personale Dimension des Sakralen und stellte diese in den Vordergrund. Nicht nur der Jerusalemer Tempel, sondern auch der Lobpreis Israels (vgl. Ps 22,4) wurde als Symbol des Wohnens Gottes in seinem Volk verstanden. Im Buch Jesaja spricht Gott durch den Propheten:

> „Der Himmel ist mein Thron / und die Erde der Schemel für meine Füße. Was wäre das für ein Haus, / das ihr mir bauen könntet? Was wäre das für ein Ort, / der meine Ruhe ist?" (Jes 66,1)

1 Vgl. dazu auch A. Gerhards, Wo Gott und Welt sich begegnen. Kirchenräume verstehen, Kevelaer 2011, 29–34; S. Kopp, Zwischen Himmel und Erde: Raumsakralität und Liturgie, in: K. Herbers, L. Düchting (Hg.), Sakralität und Devianz. Konstruktionen – Normen – Praxis (Beiträge zur Hagiographie 16), Stuttgart 2015, 45–55, hier v.a.: 45–47; ders., Spirituelle und sakrale Räume. Liturgiewissenschaftliche Differenzierungen im Kontext von *Spiritual Care*, in: Spiritual Care 8 (2019) [zur Publikation angenommen].

Dieser Text wird heute zeitlich nach der Zerstörung des Tempels Salomos und der Babylonischen Gefangenschaft des Volkes Israel in die persische Zeit des schwierigen Wiederaufbaus Jerusalems eingeordnet und kann als Beleg für die Relativierung der Präsenz Gottes an nur einem exklusiven Ort im ontischen Sinne gewertet werden.

Dieses Grundkonzept wurde von den frühen Christen übernommen und noch weiter ausdifferenziert. In Apg 17,24 wird daran erinnert, dass Gott nicht in Tempeln wohne, die von Menschenhand gemacht sind. Vielmehr gilt nach dem Zeugnis des Matthäusevangeliums, dass der Herr dort gegenwärtig sei, wo zwei oder drei in seinem Namen versammelt sind (vgl. Mt 18,20). Im Johannesevangelium wird von der (ortsunabhängigen) Anbetung Gottes „im Geist und in der Wahrheit" (Joh 4,23) gesprochen. In paulinischer Theologie kann die christliche Gemeinde als „Gottes Tempel" (1 Kor 3,16), in dem Gottes Geist wohnt, verstanden werden. Und in 1 Petr 2,5 werden die frühen Christen bei der Berufung zum Gottesvolk dazu aufgefordert, sich „als lebendige Steine zu einem geistigen Haus aufbauen" zu lassen.[2]

Vor dem Hintergrund dieses religionsgeschichtlichen Horizonts kann Sakralität aus Sicht des Christentums mit Albert Gerhards heute letztlich als „eine Frage der Begegnung"[3] bezeichnet werden. Dabei darf jedoch Begegnung nicht nur auf ihre zwischenmenschliche Dimension horizontal-dialogisch reduziert bleiben, sondern muss in ihrer göttlich-menschlichen Dimension vertikal-dialogisch bzw. transzendent gesehen werden. Das heißt: Es geht im Christentum bei Sakralität als Begegnung – in Analogie zum doppelten Liebesgebot, dessen Referenzgröße die Eigenliebe ist – um die Begegnung mit Gott, den Menschen und sich selbst. Dazu kommt nach Gerhards noch eine vierte Dimension, die er kosmisch nennt und eine Begegnung mit der Welt im Blick hat. Man könnte – in einem Bild gesprochen und in weiterführender Vertiefung dieses Ansat-

2 Vgl. zu begrifflicher Differenzierung, Sakralitätsverständnis und biblischer Basis auch S. Wahle, Von heiligen Orten und Räumen der Stille. Überlegungen zu Sakralräumen in Geschichte und Gegenwart, in: K. de Wildt, B. Kranemann, A. Odenthal (Hg.), Zwischen-Raum Gottesdienst. Beiträge zu einer multiperspektivischen Liturgiewissenschaft (Praktische Theologie heute 144), Stuttgart 2016, 167–180, hier v.a.: 167–170.

3 Gerhards, Wo Gott und Welt sich begegnen (s. Anm. 1), 33.

zes – sagen: Erst aus diesem „Vierklang“ ergibt sich eine sakrale Melodie, die eine sakrale Atmosphäre zu erzeugen vermag und ein bloß statisch-euklidisches Sakralitäts- bzw. Sakralraumverständnis um die dialogisch-dynamische Dimension der Gott-Mensch-Welt-Begegnung ergänzt und sie letztlich übersteigt. Theologisch steckt dahinter das Verständnis von der Kirche als Leib Christi und *Communio*, also als einer Gemeinschaft des Volkes Gottes durch Teilhabe.

Sowohl bei der Auswahl des Buchtitels „Gott begegnen an heiligen Orten“ als auch beim konzeptionellen Aufbau dieses Sammelbandes standen die erwähnten begrifflichen und sachlichen Differenzierungen im Blick. Konkreter Anlass zur wissenschaftlichen Reflexion der Thematik war das Doppeljubiläum zweier bedeutender Sakralbauten in Paderborn: 2017 wurde das 1000-jährige Jubiläum der Bartholomäuskapelle begangen, die als älteste Hallenkirche nördlich der Alpen gilt, und das Jahr 2018 steht im Zeichen des 950-jährigen Domjubiläums. Als Forum des Austausches über die Thematik diente die ebenfalls unter der Überschrift „Gott begegnen an heiligen Orten“ im Wintersemester 2017/18 veranstaltete Montagsakademie, eine öffentliche Vorlesungsreihe an der Theologischen Fakultät Paderborn, die damit ihren wissenschaftlichen Beitrag zu den Jubiläen leistete.

Die im vorliegenden Sammelband dokumentierten Beiträge gehen großteils auf Vorträge und Gespräche in diesem Rahmen zurück, weshalb von den Autoren an manchen Stellen bewusst der mündliche Sprachstil beibehalten wurde, und werden u. a. durch eine evangelische Perspektive auf die Thematik ergänzt. Ein Plädoyer des emeritierten Würzburger Bischofs und promovierten Kunsthistorikers Friedhelm Hofmann für eine kunstoffene Kirche, ein Gespräch mit dem Künstler Norbert Radermacher sowie der Impuls des Architekten Johannes Schilling bilden als zeitgenössischer Akzent bewusst die Grundlage für die philosophisch-theologischen Vertiefungen über heilige Orte in der Vielfalt der theologischen Disziplinen, die u. a. durch den Dialog mit einem islamischen Theologen über den jüdisch-christlichen Horizont hinaus erweitert werden. Den Abschluss bilden bau- und kunsthistorische Beiträge. Vor allem sie weisen einen starken Paderborner Bezug auf und kehren damit an den ursprünglichen Ausgangspunkt bzw. Anlass der Publikation zurück.[4]

4 Vgl. dazu auch die drei zum Paderborner Doppeljubiläum erschienenen Bände:

Mein Dank gilt den Autoren der Beiträge, meinem Kollegen, Herrn Prof. em. Dr. Albert Gerhards aus Bonn, für seine freundschaftlichen Ratschläge im Vorfeld dieser Publikation, meinem wissenschaftlichen Mitarbeiter, Herrn Mag. theol. Jonas Miserre, B.A., für seine verlässliche Hilfe bei der Bearbeitung der Manuskripte und Abbildungen sowie der Theologischen Fakultät Paderborn, dem Erzbistum Paderborn, der Bank für Kirche und Caritas eG, Paderborn, und dem Verein Ausstellungshaus für christliche Kunst e.V., München, für die finanzielle Unterstützung der Drucklegung. Für die Aufnahme dieses Sammelbandes in die Reihe „Theologie im Dialog“ danke ich den Herausgebern der Reihe, Herrn Prof. Dr. George Augustin SAC, Herrn Prof. Dr. Klaus Krämer und Herrn Prof. Dr. Markus Schulze SAC, Vallendar, sowie dem Herder-Verlag, Freiburg im Breisgau, und Herrn Dr. Stephan Weber für die zuverlässige Begleitung der Drucklegung.

Paderborn, Pfingsten 2018 *Stefan Kopp*

N. Börste, S. Kopp (Hg.), 1000 Jahre Bartholomäuskapelle in Paderborn. Geschichte – Liturgie – Denkmalpflege, Petersberg 2018; Metropolitankapitel Paderborn (Hg.), Der Paderborner Dom. Geschichte – Architektur – Ausstattung, Petersberg 2018; C. Stiegemann (Hg.), Gotik. Der Paderborner Dom und die Baukultur des 13. Jahrhunderts in Europa, Petersberg 2018.

# A) Kirche und Kunst im Dialog

*Friedhelm Hofmann*

# Kirche und Kunst

## Ein Plädoyer für eine kunstoffene Kirche

Oft wird die Kunst nur als schönes Beiwerk des Lebens angesehen, sozusagen zur Überhöhung des oft anstrengenden Alltags. In Wirklichkeit ist die Kunst wie eine Jakobsleiter, die Himmel und Erde miteinander verbindet. Das Bekenntnis zum Glauben unserer Kirche, das Bemühen um ein umfangreiches Wissen und die Pflege einer lebenslangen auch kulturell missionarisch ausgerichteten Kirche sind Baustellen des Himmels und schließen das Bemühen um eine kunstoffene Kirche mit ein. So lautet das Thema zurecht: Plädoyer für eine kunstoffene Kirche.

„Baustellen des Himmels" lautet auch der Titel „ein(es) Lesebuch(s) für Entdecker und Träumer"[1], das der Sankt Michaelsbund zum hundertjährigen Jubiläum herausgegeben hat. Diesen Titel „Baustellen des Himmels" könnte man über das künstlerische Schaffen des Menschen setzen. Denn jegliche Kunst – sofern sie dies auch wirklich ist – ist so etwas wie eine Baustelle des Himmels. Was aber ist Kunst? Eine Begriffsbestimmung und auch noch nicht einmal eine Grenzbestimmung dürfte möglich sein, da sich zum einen heute die bildende Kunst nicht nur in von Menschen hervorgebrachten Werken präsentiert, sondern auch *objets trouvés* (also natürliche Fundstücke) mit einbezieht. Sicherlich besteht Kunst aus einem Bezugssystem, das innerweltliche Grenzen übersteigt und das nicht mit Worten vollständig erklärbar oder ausdeutbar ist. Kunst enthält eine verschlüsselte Botschaft, die in einer wahrnehmbaren Gestalt existiert und über sich selbst hinausweist. Eben weil Kunst immer den engen Horizont der Geschöpflichkeit durchbricht und in den geistigen Raum Gottes hineinreicht, ist Kunst auch immer eine Baustelle des Himmels.

1 Vgl. E. Jooß (Hg.), Baustellen des Himmels, München 2001.

## 1 Ursprung der Kunst

Kunst ist im sakralen Umfeld des Menschen anzusiedeln. Die Funde der Höhlenmalereien in Südfrankreich machen gleichermaßen wie die Höhlenmalereien der Aborigines am Ayers Rock in Australien die menschliche Sinnsuche und Lebensbewältigung vor mehr als 20000 Jahren deutlich. Diese im sakralen Umfeld entstandene Kunst übersteigt sinnenhafte Erfahrung, Vorstellungen, und berührt Göttliches.

## 2 Kunst in der Kirche

Von Anfang an hat die Kirche nicht nur die künstlerischen Betätigungen geschätzt, sondern auch Kunst integriert. Anstelle der alleinigen Gottespräsenz im Text (Heilige Schrift) tritt im Christentum der Glaube an die Gottespräsenz in der Inkarnation hinzu: „Das Wort ist Fleisch geworden“ (Joh 1,14). Nachdem auf dem Konzil von Ephesus im Jahre 431 die Frage der Darstellbarkeit Gottes mit dem Hinweis auf die Menschwerdung Christi positiv entschieden war, blühte in der ganzen Kirche die Kunst auf. Im Laufe der Jahrhunderte wurde die Kirche zur Heimat der Künste. Ein Blick in die europäische Kulturlandschaft zeigt die fundamentale Bedeutung christlicher Kunst. Was wäre Europa ohne seine Kirchen und Kathedralen, Klöster und Universitäten, ohne seine christlich motivierte und inspirierte Musik und Literatur? Schon Nikolaus von Kues (1401–1464) formulierte: „Schöpfertum und Kunst, die einer Seele im Glücksfall zukommen, sind zwar nicht jene wesensgemäße Kunst, die Gott ist, aber sie sind Mitteilung und Teilhabe an ihr.“[2] Im 20. Jahrhundert postulierte Richard Seewald: „Der Anfang der Kunst liegt in ihrer Bestimmung, religiöse Glaubensinhalte sichtbar zu machen, und zwar durch die

2 Nikolaus von Kues, zit. nach: Papst Johannes Paul II., Ansprache an die Künstler und Publizisten im Herkulessaal in München am 19.11.1980, in: Sekretariat der Deutschen Bischofskonferenz (Hg.), Predigten und Ansprachen von Papst Johannes Paul II. bei seinem Pastoralbesuch in Deutschland sowie Begrüßungsworte und Reden, die an den Heiligen Vater gerichtet wurden. 15. bis 19. November 1980 (VApS 25), Bonn $^{3}$1980, 186–193, hier: 188.

Wiedergabe sichtbarer Dinge."[3] Dies erklärt, warum der Kunst in der Kirche ein so großer Stellenwert zukommt.

## 3 Autarkie der Kunst

Mit dem Beginn der Neuzeit löste sich im Abendland die Kunst – wie auch die Philosophie – aus ihrer kirchlichen Beheimatung. Sie wollte nicht länger „Dienerin der Theologie"[4] sein. Ein weiterer Sprung ergab sich im 19. Jahrhundert, als sich die Kunst aus dem selbst gewählten Elfenbeinturm des Akademismus löste und auf die Straße ging, um von den Menschen verstanden zu werden. Mit dem Impressionismus, dem Expressionismus, Dadaismus, Futurismus und den anderen neuen Kunstrichtungen brach aber eine Kluft des Unverständnisses auf, die das Verstehen des Kunstwerkes so erschwerte, dass de facto oft ein zeitlicher Generationenabstand nötig ist, damit breite Kreise ein Kunstwerk wirklich annehmen können. Diese durchaus im autonomen Kunstverständnis beheimatete Problematik fällt in unsere Zeit und verbindet sich oft mit der Rede von einer Krise zwischen Kirche und Kunst. Diese kann nicht ohne weiteres geleugnet werden. Aber die so viel beschworene Krise erfasst nicht nur das Verhältnis der beiden zueinander, sondern zunächst auch die in die Kunstentwicklung eingebettete Problematik der Autarkie der Kunst, in der – wie Jean-Paul Sartre in einem Aufsatz über Wols schreibt – „Scheitern des Lebens und Kunst zu einem verwirrenden Knäuel zusammen(fallen)"[5]. Dennoch bleibt die Suche nach dem Absoluten bestehen und damit die Suche nach dem Wahren, Guten und Schönen – wenn auch manches Mal auf dem Weg einer verlorenen Ethik.

## 4 Der Mensch im Fokus der Kirche und der Kunst

Die sich oft als sperrig, herausfordernd und widersprüchlich darstellende Kunst hebt seismographisch gesellschaftliche Entwick-

3 R. Seewald, Kunst in der Kirche. Die Düsseldorfer Bilder, Freiburg i. Br. 1966, 5.
4 Ebd., 18.
5 W. Spies, Eine Metaphysik des Scheiterns. Jean-Paul Sartre hüllt die gegenstandslose Kunst in Worte, in: FAZ vom 03. 04. 2000.

lungen in das Bewusstsein, die beunruhigen mögen, deren Erfassen aber nicht nur einigen Fachleuten zukommen darf, sondern sehr wohl auch eine Herausforderung an den Heilsauftrag der Kirche darstellt. Denn mit dem Zweiten Vatikanischen Konzil rückt die Sorge um den Menschen noch mehr in den Blick. Das Konzil betont, dass der Mensch in seiner Lebenswirklichkeit abgeholt werden muss. Der Theologie kommt die Aufgabe zu, den Menschen mit seinen Fragen, Sorgen und Ängsten im Blick auf sein Heil abzuholen und in den Raum Gottes zu führen. Kunst – in welcher Form auch immer – soll nicht museal im Kirchenraum behandelt werden. Sie soll vielmehr in ihrer Eigenwirklichkeit erkannt und gefördert werden. Das bildnerische Kunstwerk hat – anders als das Wort – eine eigene prägende Kraft, die eine Glaubensbotschaft auf je eigene Weise vermitteln kann.

## 5 Bedeutung der Kunst für die Kirche

Leider entwickelte sich im letzten Jahrhundert die Kunst in der Kirche oft in einer bestürzenden Belanglosigkeit, so dass in weiten Bereichen kunstschaffender oder kunstinteressierter Kreise die Aufmerksamkeit für die zeitgenössische Kunstentwicklung im kirchlichen Raum geschwunden ist. Papst Benedikt XVI. wurde – wie sein Vorgänger Papst Johannes Paul II. – nicht müde, zu einer Begegnung zwischen Theologen, Kunsthistorikern und Künstlern einzuladen. Bei seinem ersten Deutschlandbesuch 1980 sagte Papst Johannes Paul II. vor den Künstlern und Publizisten im Münchener Herkulessaal:

> „Wenn die Kirche auf das ‚Aggiornamento' bedacht ist, auf das Heutigwerden des christlichen Glaubens, seiner Weisungen und Verheißungen, dann ist zu sagen: Nirgends wird die Situation, das Lebensgefühl, aber auch der Fragehorizont des heutigen Menschen so eindrucksvoll dargestellt wie in der heutigen Kunst und Publizistik. Darauf ist die Kirche verwiesen und angewiesen. Wenn der christliche Glaube als Wort und als Antwort für die Menschen vermittelt werden soll, dann müssen die Fragen dazu genannt und bewusst gemacht werden. Die Kirche braucht die Kunst."[6]

6 Papst Johannes Paul II., Ansprache an die Künstler und Publizisten (s. Anm. 2), 186–193, hier: 190.

Der frühere Präsident des Päpstlichen Rates für die Kultur, Paul Kardinal Poupard, hatte in seinem Grußwort zu dem am Ende des zweiten Jahrtausends in Berlin abgehaltenen Kongress „Autonomie und Verantwortung – Religion und Künste am Ende des 20. Jahrhunderts“ zum Dialog zwischen Kirche und Kunst eingeladen:

> „Mit der Entstehung einer weithin säkularisierten Gesellschaft ist auch die Kunst in eine Krise ihres Selbstverständnisses geraten, die auch die Künstler erfasst hat, deren Stellung und Aufgaben in der Gesellschaft kontrovers und unklar geworden sind. In dieser [...] Situation lädt [die Kirche] dazu ein, in einem offenen Gespräch gemeinsam die tiefsten Quellen der Kunst neu zu entdecken: die Begegnung mit der umfassenden Wirklichkeit der menschlichen Erfahrung, die tiefsten Fragen und Sehnsüchte des menschlichen Herzens, das Drama seiner individuellen und sozialen Existenz, kurz, das tiefe Geheimnis des Menschen, in dem das Geheimnis Gottes selbst verborgen und gegenwärtig ist.“[7]

Begegnungen mit zeitgenössischen Künstlern wurden von Seiten der Bischofskonferenz und dem Zentralkomitee der deutschen Katholiken 1998 mit jungen Künstlern in Magleås bei Kopenhagen, 1999 mit den Literaten in Telgte, kurze Zeit später mit den Kunsthistorikern in Bad Honnef, mit den Musikern und Komponisten auf Schloss Hirschberg, und mit den Theaterleuten 2010 in Weingarten und später noch in Maria Laach erfolgreich ermöglicht. Paderborn ist bekannt für seine großartigen Kunstausstellungen, die die Moderne mit einbeziehen. Es ist aber auch sehr wünschenswert, dass die einzelnen Gemeinden mit Künstlern in Kontakt treten – was dankenswerterweise ja auch schon oft geschieht. Über 600 Gemeinden in Deutschland haben einen Kontakt zur zeitgenössischen Kunstszene.

Die Künstler, die ein wirkliches Interesse am Dialog haben, müssen den kirchlichen Raum als einen Ort erfahren können, in dem Gott den Menschen und die Menschen Gott begegnen. Wenn sie sich in ihrem künstlerischen Schaffen – bei aller notwendigen Freiheit – auf dieses Erleben der Gläubigen einstellen können, kann ein Prozess in Gang kommen, der zu wirklich großer Kunst innerhalb der Kirche führt. So hat Fernand Leger in der Kirche von Audincourt im Gespräch mit den Gläubigen vor Ort Maßstäbe gesetzt. Hervorragende jüngerer Beispiele sind die kirchlichen Räume, die Heinz Mack im Neus-

7 P. Poupard, Grußwort, in: K. Lehmann, H. Maier (Hg.), Autonomie und Verantwortung. Religion und Künste am Ende des 20. Jahrhunderts, Regensburg 1995, 9.

ser Collegium Marianum, in Kaiserlauten und Mettmann geschaffen hat. Die Pax-Christi-Kirche in Krefeld hat unter der kunstsinnigen Leitung von Pfarrer Maasen bedeutende zeitgenössische Kunst integriert. Die Würzburger Neumünsterkirche vereinigt ebenso wie der frisch renovierte Würzburger Dom alte und neue Kunst. Bedeutende Künstler wie Bert Gerresheim, Wilhelm Buschulte, Hann Trier, Gerhard Richter, Georg Meistermann, Markus Lüpertz und viele andere haben sich mit Freude in den Kirchenraum eingebracht.

Einer der weltweit bekanntesten Künstler, Gerhard Richter, hat nicht nur das viel beachtete und diskutierte Kölner Domfenster geschaffen, sondern er hat die Demut, in all seinen Werken zuzulassen, dass seine Kunst eine Eigendynamik entwickelt, die weit über sein persönliches Schaffen hinausreicht. „Meine Bilder sollen unbedingt klüger sein als ich“, sagt er. „Ich muss nicht mehr ganz mitkommen, sie müssen etwas sein, was ich nicht so ganz verstehe.“ Und an anderer Stelle:

> „Viele meiner [...] Bilder sind fiktive Modelle, weil sie eine Wirklichkeit veranschaulichen, die wir weder sehen noch beschreiben können, auf deren Existenz wir aber schließen können. [...] Natürlich haben auch gegenständliche Bilder diese transzendentale Seite; weil jeder Gegenstand als Teil einer im Letzten, Ersten, Grundsätzlichen unverständlichen Welt diese auch verkörpert, zeigt er im Bilde dargestellt umso eindringlicher alle Rätselhaftigkeit, je weniger ‚Funktion‘ die Darstellung hat.“

Obwohl Gerhard Richter zunehmend erkennen muss, dass das absolute, will heißen: schlechthin „gültige“ Bild in einem materiellen Sinn Utopie bleiben muss, reagiert er nicht mit Resignation. Das Gesamtwerk Richters, das bei oberflächlicher Betrachtung vermeintlich in eine Vielzahl disparater gestischer Formensprachen aufgesplittert ist, weist von seinem inhärenten geistigen Angang her einen „roten Faden“ auf: Allen seinen Arbeiten – ob fotographisch „gemalte Readymades“, Farbtafeln, Landschaften, Monochromien, abstrakte Bilder oder Glas- und Spiegelobjekte – liegt letztlich die existentiell spannungsvolle Polarität von Drang nach Wirklichkeitserkenntnis einerseits und Nicht-Erkennen-Können der uneinholbaren Wirklichkeit andererseits zugrunde. Richter versteht es, diese Polarität von einer lähmend-kontradiktorischen Spannung in ein energetisch-produktives Kraftfeld zu verwandeln. Das liegt letztlich auch dem Kölner Domfenster zugrunde.

## 6 Das Kunstspektrum in der Kirche

In der westlichen Kirche gibt es nicht nur das Andachtsbild als Kultbild sondern es gibt auch berechtigte narrative Schilderungen biblischer Themen. Hier kann auf eine lange Tradition verwiesen werden. Es ist wichtig, dass das Andachtsbild (ohne künstlerische Bewertung) seinen angemessenen Ort in der Kirche hat und der Verehrung des Dargestellten dient. Wir brauchen solche Fenster zum Himmel. Es ist gut, dass auch in Historienbildern oder narrativen Gemälden das Leben Jesu Christi und der Heiligen ausgeschmückt wird. Aber es gibt darüber hinaus in der Kirche auch eine Kunst, die nicht als Andachtsbild und Historienbild dient, sondern die als Verleiblichung des Schönen etwas von der Fülle des christlichen Schöpfungsideals birgt, das nicht unbedingt an ein biblisches Thema gebunden ist. Wir kennen schon aus vielen Barockkirchen im Überschwang der Formen und Farben den Versuch, etwas von der unsichtbaren Schönheit des Himmels in die Sichtbarkeit der Schöpfung zu transportieren. Warum soll nicht auch der heutige Mensch in einer Kunst, die nicht explizit ein Andachtsthema wiedergibt oder gar abstrakt gestaltet ist, etwas von der Fülle der Schönheit des Lebens wieder auffinden können? Paul Cézanne, der gerne als Vater der modernen bildenden Kunst bezeichnet wird, hat – obwohl er fast täglich die heilige Messe besuchte – kein einziges Bild mit biblischem Thema gemalt. Auf die Frage, warum er keine biblischen Themen aufgreife oder keine Heiligen darstelle, antwortete er, dass dies seine Vorgänger schon so ausführlich und perfekt gemacht hätten, dass er sich nicht mehr dazu befähigt sehe. Zugleich aber können durchaus seine Stillleben oder Landschaftsbilder als Lobpreis der Schöpfung Gottes verstanden werden.

Die zeitgenössischen Künstler gehen in ihrem Einfallsreichtum oft auch neue Wege, die zunächst dem Kirchenbesucher fremd erscheinen. Ich kann mir nicht denken, dass bestimmte Materialien für den kirchlichen Raum nicht geeignet wären. Es kommt auf das Objekt an, auf die Stringenz und die Durchsichtigkeit des künstlerischen Tuns. Natürlich macht nicht die Wahl unbekannter neuer Materialien ein Objekt zum Kunstwerk, aber wegen ungewöhnlicher Materialien braucht ein solches Werk nicht eo ipso abgelehnt zu werden. Wichtig ist das vorausgehende Gespräch mit den Gläubigen – und wenn möglich mit dem Künstler – über dessen Intention und Gestaltungsweise.

Wir dürfen die Menschen, die in eine Kirche kommen um zu beten und Gottesdienste zu feiern, nicht überfordern. Aber wir sollten sie auch nicht unterfordern. Wenn sie einbezogen und ihnen Verständnishilfen gegeben werden, dann werden ihnen auch Kunstwerke auf dem Weg des Glaubens markante Zugänge schaffen können.

So sind im neuen Gebet- und Gesangbuch Gotteslob Zeichnungen der Künstlerin Monika Bartholomé hineingenommen worden, die auf den ersten Blick sperrig und herausfordernd sind. In einem eigenen Bändchen habe ich versucht, assoziativ diese kleinen Kunstwerke zu erschließen.[8] Ein alter Sinnspruch lautet: „Man sieht nur das, was man weiß." Die in Köln lebende Künstlerin arbeitet gerne mit der Linie als „Spur des unmittelbaren Ausdrucks einer Bewegung der Hand ‚niedergeschrieben' mit Stift oder Pinsel". Sie selbst erläuterte:

> „Im GGB kommunizieren formal und ästhetisch gesehen lineare Zeichen miteinander, die Schrift und Notenzeichen. Die Bleistift- und Pinselzeichnungen kommen als dritte Gruppe von Zeichen hinzu. Alle Linien, die der Buchstaben, der Noten, der Bildzeichen reagieren aufeinander und bilden am Ende ein Ganzes."[9]

## 7 Anstehende Aufgaben

In der Arbeitshilfe der Deutschen Bischofskonferenz „Kunst und Kultur in der theologischen Aus- und Fortbildung"[10] von 1993 werden wesentliche Ansatzpunkte für ein Kultur-Engagement des Klerus und der kirchlichen Mitarbeiter geliefert. Die Empfehlungen dieser Leitlinien sollten nicht unbeachtet bleiben. Vor allem sollten sie in der Priesterausbildung beherzigt und umgesetzt werden, „denn die Priester von heute und morgen wirken in einer ästhetisch sensiblen Zeit und müssen deshalb selbst ästhetisches Qualitätsbewusstsein entwickeln"[11]. Wir sollten den „kairós", den es zurzeit im Blick auf die Kunst gibt, nicht verschlafen! Die Re-Evangelisierung, auf

8 Vgl. F. Hofmann, Zeichnung als Zwiesprache. Die künstlerische Gestaltung des neuen „Gotteslob", Würzburg 2015.

9 Hofmann, Zeichnung als Zwiesprache (s. Anm. 8), 29.

10 Sekretariat der Deutschen Bischofskonferenz (Hg.), Kunst und Kultur in der theologischen Aus- und Fortbildung (ADBK 115), Bonn 1993.

11 F. Hofmann, Kirchliches Kultur-Engagement zwischen Martyria, Leiturgia und Diakonia, in: Sekretariat der Deutschen Bischofskonferenz (Hg.), Kirche und Kultur. Dokumentation des Studientages der Herbst-Vollversammlung 2006 der Deutschen Bischofskonferenz (ADBK 212), Bonn 2007, 11–23, hier: 22.

die Papst Benedikt XVI. mit Recht großen Wert legte, geht auch über Kunst und Kultur in der Kirche. Sie stellt eine zu bewältigende Herausforderung dar. Dem steht auch das Bemühen Papst Franziskus' für eine barmherzige und mitleidende Kirche nicht entgegen. Wir leben in einem kulturellen Raum mit einer großen Verantwortung für das uns überkommene Erbe und einer zu gestaltenden Offenheit für die Zukunft.

*Josef Meyer zu Schlochtern*

# Können Künstler Orte schaffen?

## Ein Gespräch mit dem Künstler Norbert Radermacher

### 1 Vorbemerkung

Diese Vorlesungsreihe befasst sich aus verschiedenen Perspektiven mit dem „Ort". Dass wir Orte kennen und schätzen, ist aus philosophischer, theologischer oder gesellschaftlicher Sicht bereits reflektiert worden. Im folgenden Gespräch mit dem Künstler Norbert Radermacher soll aus der Perspektive des praktischen Umgangs mit Orten erörtert werden, was einen Ort ausmacht und über welche Möglichkeiten die Kunst verfügt, einen Ort erst zu schaffen. Norbert Radermacher setzt sich in seiner Kunst seit Jahren auf eine bestimmte Weise mit dieser Frage auseinander. Bevor ich mit ihm ins Gespräch eintrete, halte ich als Mindestbestimmung einige Merkmale für den Begriff des Ortes fest.

Das Wort „Ort" tritt in den unterschiedlichsten Kontexten auf und sein Gebrauch in der Alltagssprache ist notorisch ungenau. Ein alter Schlager besingt den Platz an der Theke als einen schönen Ort: „Ich bin so gerne dort, an diesem schönen Ort und keine Pferde ziehn von dort mich fort ..." In dem völlig anderen Zusammenhang der Religion ist von „heiligen" Orten die Rede, und die jüdische Theologie verwendet das Wort sogar als Stellvertreternamen für das Wort Gott, weil der eigentliche Gottesname aus Ehrfurcht nicht ausgesprochen werden soll. „Der Ort" – „HaMakom" – ist dort zu einem Gottesnamen geworden.[1]

Lassen sie uns angesichts dieser Unübersichtlichkeit bei der Suche nach einer Grundbestimmung dessen, was ein Ort sei, von unse-

1 Vgl. H. Völkening, Die Gottesbezeichnung *HaMakom*, in: M. Klümper u. a. (Hg.), Makom. Orte und Räume im Judentum, Hildesheim – Zürich – New York 2007, 75–86.

rer Erfahrung ausgehen.[2] Vertraute Orte in einer Stadt aufzusuchen ist eine Alltagserfahrung, und sie ist selbst dort noch erlebbar, wo die funktionale Bebauung der Städte alles Besondere von Orten zu ersticken droht und den besonderen Ort allenfalls als Attraktion, als Sehenswürdigkeit kennt. Aber Orte können Menschen anziehen, obgleich sie nichts Spektakuläres zu bieten haben. In der Erzählung „Die Abwesenheit“ von Peter Handke erklärt ein alter Greis:

> „[...] ich glaube immer noch [...] an die Kraft der Orte [...], nicht die großen, sondern die kleinen, die unbekannten [...]. Ich glaube an jene Orte, ohne Klang und ohne Namen, bezeichnet vielleicht allein dadurch, dass dort nichts ist, während überall ringsherum etwas ist. Ich glaube an die Kraft jener Orte, weil dort nichts mehr und noch nichts geschieht. Ich glaube an die Oasen der Leere, nicht abseits, sondern inmitten der Fülle hier.“[3]

Viele Beispiele aus der Alltagserfahrung und auch literarische Zeugnisse könnten dafür angeführt werden, dass wir die Anziehungskraft bestimmter Orte auch heute kennen und sie darum gern aufsuchen. Sie zeichnen sich mindestens durch folgende drei Eigenschaften aus:

1. Orte sind unterscheidbar und wiedererkennbar. Orte, nach denen Menschen sich sehnen, die sie schätzen und erneut aufsuchen, sind mehr als nur neutrale Stellen in der Gegend. Wenn Menschen die Mühen weiter Anreisen auf sich nehmen, um an einem bestimmten Ort zu sein, besagt dies ein Verhältnis, eine Wertschätzung, ein Zugehörigkeitsempfinden zu dem Ort. In diesem Sinn haben Orte für den Menschen Bedeutung. Wenn ein Mensch einen Ort aufsucht, weiß er sich an ihm von bestimmten Dingen umgeben, die die Relevanz eines Ortes für ihn ausmachen und seinen Umgang mit ihm prägen. Diese Bedeutung kann individuell sehr verschieden und mit sehr persönlichen Erfahrungen verbunden sein, die jemand an diesem Ort gemacht hat. Orte sind also keine bedeutungsinvarianten Stellen im Raum, sondern „mit Sinn aufgeladen“[4], wie der Soziologe Marc Augé von den „anthropologischen“ Orten sagt: Sie besitzen bestimmte Qualitäten, die Menschen anziehen oder abweisen.

2 Das Folgende habe ich ausführlicher dargelegt in: J. Meyer zu Schlochtern, Interventionen. Autonome Gegenwartskunst in sakralen Räumen, Paderborn 2007, 31–40.

3 P. Handke, Die Abwesenheit. Ein Märchen, Frankfurt a. M. 1990, 82.

4 M. Augé, Orte und Nicht-Orte, Frankfurt a. M. 1994, 64.

2. Ein Ort hat Dauer und erlaubt den Menschen Aufenthalt. An einem Ort kann man verweilen, sagt darum die Phänomenologin Otto: „Dem Ort gehört das Verweilen an."[5] Das Verweilen am Ort ignoriert, dass die Zeit verfließt und erlebt den Ort als von Dauer, als das Bleibende, oder gar als „Bleibe"[6]. Solches Verweilen hält ein Ort als Möglichkeit für die Ankommenden bereit; ein Ort wird demnach erlebt als relativ dauerhaftes Zusammensein von Dingen und Menschen: Man kann ihn aufsuchen, an ihm verweilen, ihn wieder verlassen und zu ihm zurückkehren.

3. Das Gedächtnis verbindet Orte mit bestimmten Geschichten. Die Anthropologie führt die Entstehung von signifikanten Orten auf Ereignisse zurück, die eine bestimmte Bedeutung für die Menschen haben und sich in ihre Geschichten einschreiben, z. B. ein Streit, ein Kampf oder ein förmliches Gründungsereignis. Ein Ort kann für jene, die ihn aufsuchen, zum Bestandteil ihrer Lebensgeschichten werden; er wird im Gedächtnis über Generationen bewahrt, z. B. im Modus regelmäßig wiederkehrender Feiern oder volkstümlicher Bräuche. Am Ort des Geschehens wird vielleicht eine Gedenktafel installiert oder ein Denkmal errichtet, um an das einstige Ereignis zu erinnern. Solche und andere Formen des Geschichtsbezugs zeichnen das Vergangene in das kollektive Gedächtnis ein und werden als Geschichte eines Ortes überliefert.

Die Kunst von Norbert Radermacher setzt sich auf eine bestimmte Weise mit den örtlichen Gegebenheiten auseinander, und daher möchten wir mit ihm die Frage erörtern, ob Künstler einen Ort durch ihre Werke auszeichnen oder ob sie gar Orte schaffen können. Zuvor gebe ich Ihnen noch einige Hinweise zur Person des Künstlers.

Prof. Radermacher stammt gebürtig aus Aachen. In den Jahren 1973 bis 1979 hat er an der Kunstakademie Düsseldorf studiert. Er wurde mit verschiedenen Stipendien ausgezeichnet; davon hat der Aufenthalt in Paris seinen künstlerischen Weg nachhaltig beeinflusst. Nach einer Gastprofessur im Jahr 1991 in München wurde er

5 M. Otto, Der Ort. Phänomenologische Variationen, Freiburg i. Br. – München 1982, 13.

6 B. Strauß, Die Fehler des Kopisten, München – Wien 1997, 50f.: „Wenn ein Ort zur Bleibe wird, wie wandellos erscheint die Zukunft! Und wie mit wandelloser Zukunft erfüllt der Ort! Ich wage oft nicht weiter auszugehen, als ich das Haus noch aus der Ferne sehen kann, mein Wohnen."

1992 zum Professor für Bildende Künste an der Kunsthochschule der Universität Kassel berufen. Neben der Lehrtätigkeit an der Universität und der eigenen künstlerischen Tätigkeit engagiert Herr Radermacher sich auch im Bereich der Künstlerförderung, z. B. im Cusanus-Werk, dem Stipendienwerk der Deutschen Bischöfe für junge Künstler und Künstlerinnen.

## 2 Gespräch[7]

*Josef Meyer zu Schlochtern (MzS):* Herr Radermacher, im Eingang unserer Theologischen Fakultät haben Sie eine Kreuzschale in den Boden eingelassen. Wie lässt sich hier das Verhältnis zwischen Ihrem Werk und dem Ort beschreiben?

*Norbert Radermacher (R):* Zunächst möchte ich vorab deutlich sagen, dass ich meine Arbeiten nicht für Orte konzipiere, die für Kunst freigehalten werden. Das sind in der Regel ja Galerien, Museumsräume oder auch ein leerstehendes Geschäft, wo man sagt, da kann ein Künstler etwas machen. Ich habe in Düsseldorf zu einer Zeit studiert, als es eine riesige Skepsis gegen Kunstmarkt, angepasste Kunst und Verkaufskunst gab, das war unter uns Studenten verpönt. Ich bin viel gereist in meinem Studium und habe beobachtet – und das habe ich in dem Handke-Zitat stark gespiegelt gesehen –, dass mich nicht die großen Sehenswürdigkeiten packen z. B. in Barcelona oder Paris, sondern ein Kanaldeckel oder eine Türklinke, ein unscheinbarer Ort oder eine Kleinigkeit an einem Ort, wo ich wirklich das Gefühl habe, da sehe ich etwas. Das habe ich fotografiert oder mir anders gemerkt und mir am Ende des Studiums den Auftrag gegeben, du sollst jemand werden, der etwas hinterlässt, was andere finden können, aber nicht die Skulptur mitten auf dem Platz, sondern das kann am Rand sein. Hier muss ich vielleicht schon etwas gegensteuern, denn man hat später gesagt, der Radermacher sucht Unorte auf, wo es besonders schlimm, besonders langweilig, besonders verwahrlost ist und da macht er dann etwas Schönes hin – so ist es aber nicht. Ich liebe all diese Orte, ich habe diese Orte auch nicht explizit gesucht, diese Orte

7 Das Gespräch wurde für den Abdruck etwas gekürzt; der Sprechstil wurde beibehalten.

Abb. 1 | Kreuzschale, Theologische Fakultät Paderborn, 2008

haben eigentlich mich gefunden. Ich stolpere über etwas und sehe dann schon ein Ding, einen Gegenstand oder was auch immer, was nach meinem Empfinden schon in diesem Ort steckt, aber noch nicht da ist und ich bin dann derjenige, der das sichtbar macht. Ich selbst habe gestaunt, wie ich denn z. B. auf das Pferd in München komme, das wir nachher sehen. Das war nicht mein explizites Ziel. Ich könnte auch umgekehrt sagen, ohne den Ort, ohne den Impuls von dem Ort oder ohne die Kraft aus dem Ort könnte ich gar nichts machen.

Jetzt komme ich zu Ihrer Frage nach der Kreuzschale.

Ohne den Ort und das Treppenhaus in der Fakultät zu kennen, hätte ich mir das nicht ausdenken können; es war am Ort ein Impuls, eben nicht das Kreuz als etwas Appliziertes hinzuzufügen, sondern als das zu sehen, was im Grunde schon im Boden steckt und sich zeigt in einer sehr sanften Weise. Ich habe allergrößte Mühe darauf verwendet, jemand zu finden, der so fein mit Stein umgehen kann, dass er aussieht wie ein gefaltetes Tuch, das etwas ganz Sanftes und Leichtes hat und auch etwas Begrüßendes. Wenn es im Freien wäre, würde ich es ja mit dem Wasser des Himmels füllen. Es ist jedenfalls kein Logo. Das war vielleicht der Impuls, der zu dieser Lösung geführt hat. Der Steinboden im Eingang ist ja auch sehr interessant.

Abb. 2 | Die Schale, Bremen, 1996

Ich habe mich gefragt, wo all diese Steine herkommen; sie haben ja auch Geschichten oder könnten Geschichten erzählen und vielleicht stammt dieser weiße Marmor aus einer Region, die mit Jesus Christus in Verbindung gebracht werden kann.

*MzS:* Die Form einer Schale ist Ihnen offenbar wichtig. Sie haben auch an anderen Orten Schalen geschaffen.

*R:* Ja, diese Arbeit habe ich 1996 in Bremen gemacht. Schalen interessieren mich als Gefäße. Die Schale ist vielleicht die einfachste Form eines Gefäßes, weil sie so empfangend ist: Es ist etwas vorbereitet, da könnte etwas von außen hineinkommen. Für mich ist übrigens der Passant ganz extrem wichtig. Er ist im besten Fall derjenige, der darauf stößt, der darüber stolpert, der stehenbleibt. Er ist eigentlich derjenige, der so etwas wie Bedeutung an diesen Ort bringen kann. Ich sage nicht: Das ist ein ganz bedeutender Ort, kommt alle her, guckt euch das an, staunt und findet es großartig! Dafür ist es viel zu gering. Allerdings ist diese Schale aus purem Gold.

Meine leider verstorbene Frau war Goldschmiedin und hat sie selber getrieben und es war fast skandalös, sie in die Straße einzulassen, wo jeder sie gleich hätte herausreißen können. Es wäre auch ein hoher materieller Verlust gewesen. Aber die Schale ist dort Jahre geblieben. Allerdings hat jemand vor 3 oder 4 Jahren ernsthaft versucht, sie aus dem Stein herauszubrechen. Dabei wurde ein Stück herausgerissen, aber sie ist dann von professionellen Restauratoren restauriert worden. Was den Ort betrifft: Es handelt sich um den Tordurchgang beim Weserburgmuseum in Bremen; dieser Ort ist öffentlich. Man hat sich dann aber nicht mehr getraut, die Schale wieder an diesem Ort anzubringen. Damit ist für mich die Arbeit eigentlich Geschichte.

Zwar wurde eben gesagt, dass zum Ort auch das Dauerhafte gehört, aber dem kann ich nicht ganz zustimmen. Manche meiner Arbeiten sind sehr dauerhaft, andere wurden nach Stunden zerstört oder gestohlen oder demontiert. Das liegt nicht in meiner Hand. Es war mir nicht von Anfang an klar, aber ich habe in Paris explizit mit dieser Arbeitsweise begonnen und meine erste Arbeit war wirklich nach vier bis fünf Stunden vollkommen verschwunden und ich war entsetzt, habe dann aber sehr schnell gemerkt: Wenn ich es wirklich ernst nehme mit dem „Dies sind Stücke für die Stadt“, dann gebe ich die Dinge auch aus der Hand und da ist kein Museumswärter und kein Schild „Bitte nicht berühren“, „Bitte nicht anfassen“, dann ist das Stück wirklich da und muss alleine klarkommen. Diese Arbeiten heißen auch deshalb Stücke, weil sie so etwas wie eine Aufführung sind: Ich bin der derjenige, der das Stück inszeniert, dann ist es da, aber ab dann muss es auch sein eigenes Leben leben. Ich freue mich über die Dinge, die nach Jahren und Jahrzehnten noch da sind, aber auch die anderen haben für mich nicht weniger Wert oder Bedeutung, die nach ihrer Entstehung schnell verschwunden sind.

*MzS:* Die folgende Arbeit lässt sich nicht einfach mitnehmen, aber auch sie musste eine Ortsveränderung ertragen.

*R:* Ja, ich war eingeladen von der Firma Siemens, die in München eine große Zentrale hat, im Rahmen des Siemens-Kulturprogramms eine Arbeit zu machen. Oft sind damit Erwartungen verbunden, dass der Künstler für die Kantine oder für die Büros eine Arbeit erstellt. Ich bin aus der U-Bahn ausgestiegen und habe als Erstes dieses Areal gesehen – einen Abstellplatz für Fahrräder. Als ich das sah, stand kein einziges Fahrrad dort, aber ich dachte an einen belgischen Pferdemarkt und sah vor meinem inneren Auge dort ein Pferd stehen. Ich fand diese Idee vollkommen blöde und bin dann Tage durch München gelaufen, auch durch die Büros der Siemens-Mitarbeiterinnen und -Mitarbeiter und habe nur Pferde gesehen; kein einziges Büro ohne einen Pferdekalender oder private Fotos von Pferden mit der Tochter beim Reiten. Dann bin ich ins Wirtshaus gegangen und hatte ein riesiges Brauereipferd-Gemälde in meinem Rücken, Marlboro-

Abb. 3 | Das Pferd, München, 1992

Reklame in der ganzen Stadt, vor jedem wichtigen Gebäude ein großes Bronzepferd und dann dachte ich: „Na gut, dann muss es wohl ein Pferd sein." In meiner Vorstellung hatte ich das Bild von einem Spielzeugpferd auf einer Holzbohle mit vier Holzrädern. Früher haben die Bauern für ihre Kinder solche ganz einfachen Pferde auf Rädern zum Spielen geschnitzt.

Als das Pferd aus der Gießerei mit einem großen Transporter angeliefert wurde und die Siemensleute es freudig erwarteten, waren sie entsetzt, dass es nicht an der großen Vorfahrt am Eingangsportal aufgestellt wurde, sondern am Fahrradständer – „Das schöne Pferd, warum steht das am Fahrradständer?" – Mittlerweile gibt es dieses Areal nicht mehr, es ist zu einem Autoparkplatz umgestaltet worden. Das Pferd hat dann jahrelang zwischen den Autos gestanden. Jetzt ist es an einen anderen Ort gekommen. Ich weiß aber nicht genau, wo es sich jetzt befindet.

*MzS:* Die folgende Arbeit ist an Ort und Stelle noch zu sehen, obwohl sie schon eine Weile alt ist. Außerdem hat sie eine Geschichte zu erzählen.

*R:* Ja, sie ist schon sehr alt. Diese Arbeit habe ich 1985 gemacht. Deutschland war noch geteilt, Berlin auch, im Hintergrund der Aufnahme erkennt man das Dach der Nationalgalerie. Wenn man zum Potsdamer Platz hochgeht, kommt man über den Landwehrkanal und sieht diesen Ring.

Abb. 4 | Der Ring, Berlin, 1985

Warum ich auf diese Idee gekommen bin, weiß ich nicht mehr genau, aber mir fiel auf, dass in diesem Brücken-Geländer ein Sprung ist, wahrscheinlich eine Dehnungsfuge, denn der Handlauf hat eine Lücke und ich habe gedacht, es wäre doch schön, wenn die letzten Streben durch einen Ring zusammengehalten würden. Der ist dann gegossen und kompliziert am Ort verschweißt worden, damit man keine Naht sieht. Das Weitere ist ein bisschen wie ein Wunder. Es stehen viele Leute davor und fragen sich: „Wie ist der da nur hereingekommen, durch welchen Zaubertrick?" Und vor bestimmt 10 Jahren, es kann auch schon etwas länger her sein, hat man die Brücke komplett restaurieren müssen und damit auch das Geländer, und im Verlauf der Restaurierung ist der Bronzering verschwunden. Die Arbeit war nicht anonym, allerdings gab es keine offizielle Genehmigung für diese Arbeit. Ein Freund hat mir mitgeteilt, dass sie verschwunden sei: „Komisch, gestern bin ich da noch gewesen und heute ist der Ring nicht mehr da." Und ich dachte: Na ja, dass der solange geblieben ist, ist eigentlich schon erstaunlich. Dann kam aber etwas viel Erstaunlicheres, nämlich dass dieser Ort für die Bewohner, die in diesem Bezirk Tiergarten wohnen, so wichtig war, dass sie gesagt haben: „Jetzt habt ihr alles wieder schön gemacht, aber wo ist denn der Ring? Das geht doch nicht, da muss der Ring wieder her!" Es gab eine Welle von Protesten und Nachfragen in der Nationalgalerie, im Bezirksamt, dass man tatsächlich dem Bauunternehmer, der diese Baustelle betrieben hatte, gesagt hat: „Was hast du denn da gemacht? Du hast ein Kunstwerk weggeworfen!" Der sagte: „Keine Ahnung, was das war, es wurde entsorgt." Und dann ist der Ring noch einmal neu gegossen worden. Ich hatte noch die Schablone, derselbe Bronzegießer hat ihn gegossen, er hat ihn persönlich auch wieder patiniert. Der Ring, den man jetzt sehen kann, ist quasi eine Replik des ersten Ringes. Es gibt übrigens eine Reiseführer-Reihe mit dem Titel „111 Orte, die man gesehen haben muss". Vor ein paar Jahren ist der über Berlin herausgekommen und da wird der Ring mit Foto und mit Text erwähnt. Ich habe das nicht lanciert, keine Galerie hat gesagt, ihr müsst das da hineinschreiben. Ich war also erstaunt, dass ich dachte: Wow, seit 1985 gehört dieser Ring zu den Dingen, bei denen man den Touristen sagt: „Das müsst ihr gesehen haben, sonst habt ihr Berlin gar nicht richtig gesehen."

*MzS:* Vor fast 20 Jahren habe ich Herrn Radermacher eingeladen, seine Reihe „Stücke für Städte" mit einer Arbeit in Paderborn fortzusetzen. Bei einem Informationsbesuch bot ich an, ihm die Stadt zu zeigen. Er lehnte dankend ab, er wolle lieber allein gehen. Bald meldete er sich zurück, er habe schon etwas gefunden und erzählte: „Ich bin durch den Dom gegangen und am Ende des Seitenschiffs war ein Ausgang, dann schloss sich wieder ein Gang an und am Ende konnte man eine Tür öffnen und da stand ich auf einem Platz; ich hatte den Eindruck, der Gang geht über in einen Weg und führt auf den Platz. Ich bin weitergegangen und kam in eine enge Gasse mit zwei Seitenmauern. Da gibt es eine Stelle, an der sich dieser Gang etwas verengt, da steht ein großer Baum daneben und dort möchte ich gern zwei Mauerschalen anbringen." So ist meine Erinnerung an Ihren damaligen Besuch. Bitte erläutern Sie uns, wie Ihnen klar geworden

Abb. 5: | Das Dazwischen (Mauerschalen), Paderborn, 1998

ist, dass die enge Dompropsteigasse ein guter Ort für einen künstlerischen Eingriff sei.

*R:* Dieser Vorgang, einen Ort zu finden, wirkt ja immer ein bisschen spiritistisch. Aber in Wirklichkeit ist er das nicht. Ich glaube tatsächlich an die Kraft von Orten, und das ist ein ganz kräftiger Ort. Ich bin immer super glücklich, wenn ich da gar nicht viel machen muss. Ich dachte, diese zwei Wände sind Nachbarschaften. Ich wusste gar nicht, was sich hinter den Mauern befindet. Das haben Sie mir dann erklärt. Aber ich dachte, irgendwie nehmen diese Mauern einen so schützend zwischen sich und dann – ich weiß bis zum heutigen Tag nicht, wie das passiert – habe ich dieses Bild gehabt, als würden meine Ohren in diese Mauern gehen.

Weil die beiden Halbschalen auf der gleichen Höhe sind und weil beide zusammen eine Kugel, eine perfekte Form ergeben, erschließt sich das, wie ich glaube, nicht nur für mich. Ich sage immer, wenn man da durchgeht, dann durchschreitet man etwas; als wäre eine Energie oder eine Spannung zwischen diesen beiden Sendern oder Empfängern. Mir haben auch schon andere Leute bestätigt, dass man das nachvollziehen kann. Das ist vielleicht das Geheimnis von Kunst.

Ich bin selber an der Kunsthochschule tätig und versuche immer meinen Studenten zu sagen, wie man sich dem Phänomen der Kunst nähern kann. Was könnte das sein? Ich glaube, es ist eben das, wo etwas mehr ist als das, was es in materieller Hinsicht ist. In der Gasse ist fast nichts, und trotzdem ist etwas da, zweifelsfrei da. Das ist das

Abb. 6: | Das Dazwischen (Detail)

Erstaunliche. Vielleicht ist das auch der entscheidende Punkt, was die Kunst betrifft. Es hat einmal jemand gesagt, was du machst, das ist ja wie Eucharistie, also diese Verwandlung. Dieses Wort meint ja, dass etwas, was ein Zeichen ist, ein Bild oder eine kleine Geste, durch eine Verwandlung etwas ganz Großes wird, was man letzten Endes nicht mehr benennen kann. Das ist vielleicht die Schwierigkeit, dass man nicht sagen kann, das ist das und das, damit ist das und das gemeint oder damit ist das und das gesagt oder da wird das und das sichtbar. Aber ich habe diese Arbeiten jetzt schon über Jahrzehnte gemacht und über viele Ecken habe ich Reaktionen bekommen von Menschen, die einen Ort, der mit meinem Eingriff oder mit meiner kleinen Arbeit zu tun hatte, für sich als hochbedeutsam entdeckt haben. Ich war überwältigt, was das für andere bedeuten kann. Das geschieht in diesem kurzen Moment, wo alle Funktionalität und alle Linearität des Verstehens kurz aufhört; wenn in einer solchen Situation etwas aufbricht, was weiter sehen lässt, dann hat sich so etwas ereignet wie Kunst. Nicht der Künstler macht Kunst, sondern sie ist dieses Ereignis. Vielleicht liegt es am Künstler, dass es zu so einem Moment kommen kann. Das kann auch ein Bild sein, das kann auch eine Oper sein, das kann ein Buch, ein Text sein. Das ist nicht auf die bildende Kunst beschränkt, aber ich glaube, je unvorbereiteter, unvoreingenommener dieser Umschlag geschieht, umso größer kann die Kraft sein, die er entfaltet.

*MzS:* Je mehr man sich anschließend mit einem Ihrer Eingriffe beschäftigt, desto mehr erfährt man auch über den jeweiligen Ort. Ich habe gelernt, dass der Eingang zur Dompropsteigasse die Grenze zwischen dem kirchlichen Bereich, d.h. der Immunität des Doms, und der Bürgerstadt markierte. Wenn man die Gasse durchschritten hat, ist man im Ükernviertel, dort begann die Bürgerstadt. Die Mauerschalen sind, ohne dass wir das erahnt hätten, in einem früheren Fenster oder einer früheren Tür angebracht. Die Sohlbank haben wir damals gar nicht bemerkt. Auch die Eigentumsverhältnisse zwischen Domplatz und Bürgerstadt werden berührt. Dies erwähne ich nur als Hinweis darauf, dass ein solcher Eingriff in eine eigentlich überraschungsfreie Zone plötzlich Dinge zutage fördern kann, mit denen man gar nicht gerechnet hat. – Diese wenigen Beispiele aus der Reihe „Stücke für Städte“ verdeutlichen, wie ein Künstler durch kleine Eingriffe einen unscheinbaren Ort wahrnehmbar, ja allererst sichtbar

Abb. 7 | Der Pendelturm, Außenansicht, München, 1998

machen kann, den man sonst übersehen würde. Zugleich setzt er damit Impulse, sich mit der Eigenart und der Geschichte solcher Orte zu befassen. Dieses Prinzip der Unscheinbarkeit hat Norbert Radermacher aber in einigen Fällen aufgegeben, z. B. bei dem Pendelturm in München-Pasing.

*R:* Durch meine Arbeit, die ja jahrelang unautorisiert, unerlaubt, fast illegal erfolgte, bin ich trotzdem oder vielleicht gerade deshalb auch in der Kunstwelt wahrgenommen und dann zu Wettbewerben eingeladen worden, zu „Kunst am Bau“. Dieses Programm ist unter Künstlern ambivalent. Manche sagen, da geht es nur ums Geld, das kann man machen, sollte man aber lieber nicht. Ich sehe das anders: Es hat u. U. eine hohe Qualität, weil Kunst einen Ort auch prägen und bestimmen kann. In diesem Fall ist es eine Schule, ein Oberstufenzentrum etwas außerhalb von München. Die haben dort eine neue Turnhalle erbaut und die Aufgabenstellung lautete, die Fassade dieser Turnhalle mit einem Kunstwerk zu schmücken. Darüber habe ich mich hinweggesetzt, mich umgeschaut und gesehen, dass alle Schüler und Schülerinnen elektroakustische Berufe erlernen, also technisch interessiert sind. Das Schulzentrum ist ein Areal von verschiedenen Gebäuden, und für mich entstand die Vorstellung, hier könnte etwas stehen, was ganz für sich ist, was nicht direkt dem Unterricht dient, sondern vielleicht einen ganz anderen Ort darstellt, und ich habe dann diesen Pendelturm vorgeschlagen.

Dieser blaue Turm hat im Inneren ein raumhohes Pendel und da kann man den Foucault'schen Pendelversuch nachvollziehen, der auf wunderbare Weise erlebbar macht, dass die Erde sich dreht. Man denkt immer, das Pendel dreht sich, aber es ist die ganze Erde, die sich unter dem Pendel dreht. Als das gebaut und irgendwann eingeweiht wurde, da waren die Schüler voller Aggression und sagten: „Was fürn Sch…, was kostet das jetzt, muss das denn sein, was hätten wir dafür alles andere machen können!“ Dann habe ich geantwortet: „Seht euch um hier, ein oder zwei von diesen Autos auf dem Parkplatz, das wär's ungefähr!“

Die Aggression hat sich innerhalb von kurzer Zeit gelegt und jetzt ist der Pendelturm das Wahrzeichen von dem ganzen Stadtteil. Die Schüler sagen heute, wir sind an der Schule mit dem blauen Turm, und die Lehrer und Lehrerinnen erzählen mir, dass diese Jugendlichen, die sich in ihrer pubertären Unruhe oft motorisch austoben müssen, immer wieder alleine oder auch in Gruppen in diesen Turm gehen, sich hinsetzen und vollkommen still, fast meditativ dem Pendel nachschauen und dann ganz begeistert sind.

Es ist schon einmal der Blitz reingefahren, immer wieder bekomme ich einen Anruf, wie können wir dies oder jenes wieder in Ordnung bringen, denn der Turm muss unbedingt erhalten bleiben. So kann sich eine Sache auch sehr ändern und ich würde sagen, da ist ein Ort, den es zuvor nicht gab, der ist durch den Turm neu entstanden.

*MzS:* Herr Radermacher, Sie haben auch einige Kapellen und Meditationsräume gestaltet. Unter diesen Sakralräumen ragt die Kirche St. Thomas von Aquin als ein neuer, eigenständiger Bau hervor.

*R:* Nach der Wende hatte die Katholische Akademie Berlin sich zu einer Erweiterung ihrer Gebäude entschlossen: ein Hotel, ein Tagungszentrum, Büros für kirchliche Verbände etc. sollten

Abb. 8 | Der Pendelturm, Innenansicht

Abb. 9 | Kirche Thomas von Aquin, Berlin, 1999

entstehen. Die Planungen der Architekten waren schon abgeschlossen, als die deutschen Bischöfe bei einem Treffen die Entscheidung trafen, die kleine Kapelle unter dem Dach im Altbau reiche nicht aus, es solle auch eine Kirche gebaut werden. Ich wurde dazu in das Architektenteam berufen. Mein erster Gedanke, der den Architekten gar nicht in den Sinn gekommen war, ging dahin, dass die Kirche etwas ganz anderes sein kann als alle anderen Gebäude. Sie hatten immer gedacht, sie müssten in der Formensprache der Neubauten auch die Kirche hinbekommen. Nein, habe ich gesagt, schaut euch mal eine Avocado an, der Kern ist vollkommen anders als alles, was außen herum ist. Die Kirche ist dieser Kern.

Dieser Bau wurde wirklich errichtet, ganz archaisch. Die Steine habe ich selbst ausgesucht, sie stammen aus einem Steinbruch in der Nähe von Santiago de Compostela. Sie sind alle geschichtet, es ist die einfachste Bauweise, alles ist ablesbar, der Bau steht vollkommen frei und alles andere ist um ihn herum gruppiert. Dass es sich um einen Kirchen- und nicht um einen Seminarraum handelt, sollte von vornherein deutlich sein. Es ist dann übrigens eine wunderbar intensive Zusammenarbeit mit den Architekten gewesen.

Der Altar und die Steine sind wie Platten lose aufeinander gestapelt. Das ist in der Praxis hochkompliziert, weil es am Ende noch in der Form bleiben muss. Die polnischen Handwerker haben sich extreme Mühe gegeben; alles ist immer in diesen Schichten gebaut, die Wände sind vollkommen freigehalten, es gibt keinen Lichtschalter, es ist alles ganz pur; nur das Tabernakel darf in der Wand stecken und

Abb. 10 | Kirche Thomas von Aquin

reicht auch durch die Wand in den Gang hinein. Die Apostelleuchter stehen auf herausragenden Steinen – die Apostel als herausragende Steine dieser Kirche – das stimmt auch im übertragenen Sinn. Das Kreuz bzw. sein Stiel ist aus Mooreiche. Ich mag es sehr, wenn das Material allein durch sein Alter eine Würde ausstrahlt. Das Holz dieser Mooreiche ist 2000 Jahre alt oder älter. Dieser Baum könnte zu Christi Zeiten irgendwo gewachsen sein. Das eigentliche Kreuz ist aus purem Elfenbein. Es gab darüber einen großen Aufschrei: „Wie kann man denn nur Elfenbein verarbeiten!“ Aber das kann man natürlich; es gibt keinen Rohstoff, der so minutiös nachgewiesen werden muss wie Elfenbein. Bei diesem Kreuz wurde jedes Gramm des Elfenbeins protokolliert; ein Elfenbeinschnitzer aus dem Odenwald hat es geschaffen.

Die Schlitze in der Wand sind Gläser, insgesamt über 2000 Glasscheiben, so stark wie der Granitstein; sie reichen über 50 cm in die Tiefe der Mauer und lassen das Licht in den Raum.

Natürlich gibt es oben am Rand auch ein Oberlicht, aber das Schöne ist eigentlich das Durchdringen des Lichtes durch die Mauer; die Glasscheiben nehmen zu, je höher man kommt. Was unten massiv ist, löst sich oben mehr und mehr in Licht auf.

Die Akademiekirche war ein wichtiges Projekt auf meinem künstlerischen Weg. Es gibt Künstlerkollegen, die sagen, wenn man für die Kirche arbeitet, dann ist man Kirchenkünstler. Das hat mich aber nicht tangiert, ich bin selber gläubig und ich halte Kirchen für sehr, sehr wichtige Orte. Kirchen sollten Räume sein, in denen man für sich selbst einen Ort findet, an dem man sein will, seine Ruhe findet und an dem man seine Gedanken weit hinausdenken kann.

*MzS:* Zum Schluss unseres Gesprächs, Herr Radermacher, bedanke ich mich herzlich für die anschaulichen Erläuterungen zu Ihren Arbeiten. Im Rahmen der aktuellen Vorlesungsreihe der Montagsakademie über Orte konnten wir lernen, dass Orte nicht neutrale Stellen und Plätze in den Lebensräumen der Menschen sind, sondern spezifische Merkmale aufweisen, die von den Menschen geschätzt werden. Daher kehren sie zu besonderen Orten zurück, verweilen dort oder erzählen die Geschichten, die sie mit diesen Orten verbinden. Unsere Ausgangsfrage lautete, ob Kunst solche Orte schaffen kann. Der künstlerische Blick von Norbert Radermacher lehnt es ab, Plätze und Räume mit seinen Werken zu dekorieren, die von Stadtplanern und Architekten zuvor für Kunst reserviert werden. Wie er dargelegt hat, ruft ein Ort selber im Künstler wach, wie eine belanglose Situation durch eine kleine Akzentsetzung in einen bedeutsamen Ort verwandelt werden kann. Schalen im Straßenpflaster oder in alten Mauern überziehen diese Orte zudem mit leiser Ironie oder mit einem Anflug von Komik, wenn ein Pferd im Fahrradständer steht oder ein Bronzering nicht verrät, wie er an diesen Ort gelangt sein könnte. Auch die großen Arbeiten wie der Pendelturm oder die Kirche St. Thomas von Aquin weisen in ihrem spezifischen räumlichen Kontext auf, wie ein besonderer Ort die Menschen ansprechen und zum Verweilen einladen kann.

*Johannes Schilling*

# Transzendente Räume

## Architektonische Aspekte

Die Frage nach den räumlichen Eigenschaften eines Sakralraums entzieht sich der Theorie. Weder die Radikalität der funktionalen Zweckmäßigkeit und konstruktiven Logik noch die Illusion der räumlichen Inszenierung und kalkulierten Bedeutung würden es erklären, dass von Menschen geschaffene Räume über sich und ihre physische Präsenz hinausweisen können.

Raumwirkung ist ein starkes Medium, welches architekturgeschichtlich in vielen Kulturen programmatisch eingesetzt wurde im Sinne gesellschaftlicher oder geistiger Ideale. Sie resultiert als solche primär aus sinnlich wahrnehmbaren physischen Faktoren wie Dimension, Konstruktion, Volumenverhältnissen, Materialität, Lichtführung oder Ordnung.

Architektur spricht ausgeprägter als andere Kunstgattungen alle menschlichen Sinne gleichzeitig an. Sie kennt weder den Rahmen des Bildes noch die Bühne des Schauspiels noch die zeitliche Abfolge der Musik. Es gibt nichts, was sie gegenüber dem Betrachter in eine klar definierte Position setzt.

Akustik, Temperatur, Licht, Haptik, Bewegung, all das wird in der Regel unbewusst wahrgenommen und wirkt direkt auf die menschlichen Emotionen. Raumwirkung kann Ehrfurcht, Beklemmung, Freude, Entdeckungslust oder Besinnlichkeit fördern, ohne dass sie als Szene erkennbar in Erscheinung tritt. Ihr Vehikel ist der allgegenwärtige Nutzen von Gebäuden: Architektur ist einfach da – allein schon, weil sie gebraucht wird.

Bisweilen sind wir überrascht, wenn wir Räume aufsuchen, die wir bis dahin lediglich von Fotografien kannten. Ihre Ausstrahlung, hervorgerufen durch die Materialität, das Licht, den Geruch oder die unterschiedlichen Eindrücke, die wir gewinnen, wenn wir uns darin bewegen, erzeugt einen Nachhall in uns, oftmals ohne dass wir es uns bewusstmachen.

## 1 Können Kirchenräume Bedeutungen transportieren?

Vielen Menschen fehlt es heute vielleicht weniger an vorgefassten Bedeutungen, als an reflektierter, eigener Erfahrung. Wir brauchen authentische, offene Zugänge zu den wesentlichen Bedingungen unseres Daseins. Die zunehmende Vielfalt der Zeichen und Symbole, die unendliche Zahl von Botschaften und Möglichkeiten, die uns von allen Seiten angeboten werden, lässt die Frage nach der Bedeutung der Dinge oft in den Hintergrund treten. Bedeutung ist ja eher eine Sache der Auseinandersetzung als eine der einseitigen „Kommunikationsstrategie". Die Mittel von Kunst und Architektur sind auch nur sehr bedingt für die Kommunikation vorgefasster Bedeutungsinhalte geeignet. Deutung ist ein Produkt des Dialogs zwischen Betrachter und Kunstwerk. Würde man dem Werk eine Bedeutung auferlegen, wäre dieser Erkenntnisprozess nicht möglich und die Arbeit wäre kein Kunstwerk. Die Frage, was ein Künstler oder sein Auftraggeber uns mit einem Werk sagen will, kann uns die Kunst selbst nicht beantworten. Auch der programmatische Einsatz von Kunst und Architektur beim Kirchenbau will diese nicht als Propagandamittel begreifen; sie würden dann banal oder mutierten zum Kitsch.

Die eigentliche Stärke von Kunst besteht darin, Erfahrungen zu ermöglichen und dabei gleichzeitig eine Reflexion auszulösen, die uns innerlich über das alltäglich Erfahrbare hinaushebt. Dies gilt für alle Formen der bildenden, darstellenden, literarischen oder musikalischen Kunst und auch für die Architektur. Dieser Zugang kann durch freie Kunst und Architektur in ihren vielfältigen Erscheinungsformen angestoßen oder gefördert werden, weil sich Künstler und Architekten mit ihren Werken genau diesen Fragen stellen. Erst aus diesem Forschungsgeist heraus kann überhaupt ernst zu nehmende Kunst und Architektur entstehen, die offene Zugänge für den Glauben schafft.

## 2 Kunst und Architektur reflektieren die Schöpfung

Das Problem mit der freien Kunst auf hohem Niveau besteht oft darin, dass sich kompetente Künstler im Vergleich zu Kunsthandwerkern und Ausstellungsdesignern relativ wenig vorschreiben lassen.

Hinzu kommt häufig die missverständliche Vorstellung, Kunst wäre dazu in der Lage, so etwas wie eine didaktische Funktion zu erfüllen. Die Natur hat ja auch keine didaktische Funktion, bloß, weil man aus ihr sehr viel lernen kann. Experimente auf hohem Niveau sind jedenfalls spannender, glaubwürdiger und hilfreicher für die lebendige Verkündigung als gefälliges Kunsthandwerk. Erst in der ganzheitlichen Auseinandersetzung entsteht wahre Erkenntnis.

## 3 Soll Kirchenbau dem Zeitgeist folgen?

Selbstverständlich folgt der Kirchenbau dem Zeitgeist, so wie er es von seinen Ursprüngen bis heute immer getan hat. Ein Gotteshaus war auch stets ein Gebäude, welches die höchsten konstruktiven, technischen und kulturellen Standards seiner Zeit exemplarisch und in immer wieder wechselnder Gestalt verkörpert hat. Kirchenbauten waren auch immer wieder Experimente von wegweisender Wirkung auf die architektonischen und künstlerischen Vorstellungen ihrer Zeit. So hat beispielsweise die von Abt Felix Négre 1918 den Architekten Auguste und Gustave Perret in Auftrag gegebene erste große Kirche aus dem neuen Werkstoff Beton, Notre-Dame du Raincy, einen nachhaltigen Einfluss auf die Architektur des zwanzigsten Jahrhunderts ausgeübt. Das Bauwerk strahlt auch heute noch eine einzigartige subtile Raumwirkung aus. Auch radikal neue architektonische Positionen, wie beispielsweise die Kirche des Dominikanerklosters Sainte-Marie de la Tourette, von Le Corbusier 1960 in Éveux erbaut, zählen heute zu den Ikonen der Kunstgeschichte.

In liturgischer Hinsicht sollte sich der Kirchenbau andererseits keineswegs an zeitweilige Moden oder Forderungen anbiedern, um nicht an Glaubwürdigkeit und Halt zu verlieren. Er darf nicht seine liturgischen Prinzipien aufgeben, da er sonst beliebig wird. Die liturgischen Prinzipien verkörpern sich exemplarisch in den Prinzipalien. Der Altar als Ort des Abendmahls, der Ambo als Ort der Verkündigung, der Tabernakel als Ort des Sakraments und der Taufstein als Ort der Aufnahme in die Gemeinde haben eine lange Tradition und einen besonders hervorgehobenen Stellenwert. Es sind keine „Erzählorte“, sondern sie sind Fundamente des Kirchenbaus. Ihre Position im Raum muss gut überlegt sein und ihre Gestalt soll relevant sein, denn ihre bildliche Aussage besteht im Wesentlichen in der Tatsache ihrer räumlichen Präsenz.

## 4 Wie „funktioniert" Kirchenbau?

Der Bau oder die Neustrukturierung einer Kirche liegt in der Verantwortung der Bauherrin. Ein gutes Gelingen bedarf kluger Vorgaben und einer klugen und kommunikativen Regie des gesamten Entstehungsprozesses mit sehr vielen Beteiligten. Eine Vorgabe an die beauftragten Architekten für eine zu entwerfende Raumwirkung ließe sich allerdings kaum formulieren. Architekten leiten die räumliche Konstellation – vereinfacht gesagt – in einem von Erfahrung, Fachkenntnis und Intuition begleiteten Prozess aus einer breiten Diskussion und Zusammenarbeit her. Es ist ihre Aufgabe, eine möglichst authentische, tragfähige und starke räumliche Ordnung und Wirkung zu entwickeln.

Die Authentizität spielt eine wichtige Rolle. In der Inszenierung liegt eine große Versuchung und Ambivalenz. Es gibt schließlich kein vor und hinter den Kulissen und gleichzeitig bewahrt der Raum stets noch etwas vom Geheimnis seiner Wirkungsweise. Gerade indem die Dinge sichtbar werden, wird auch ihr Geheimnis glaubwürdig, jenseits jeder Form von durchschaubarer Inszenierung.

Hinsichtlich der Realisierung gibt es dann eine Vielzahl von technischen, konstruktiven, funktionalen, liturgischen, rechtlichen oder finanziellen Ansprüchen und Anforderungen an ein Gebäude, denen das architektonische Konzept standhalten muss. Es lassen sich vielleicht Analogien zu einer aufwendigen Filmproduktion herstellen, mit unzähligen Beteiligten an verschiedensten Drehorten und den vielen damit verbundenen Unwägbarkeiten: All das muss sich in diesem Beispiel der filmischen Erzählung unterordnen, denn dem fertigen Werk sollte man den komplexen Entstehungsprozess möglichst nicht ansehen. Am Ende eines langen Prozesses steht ein räumliches „Phänomen", das sich verselbstständigt, indem es mit den Menschen, die es besuchen, eigenständig kommuniziert.

## 5 Wie könnte man sich Kirchenräume einer neuen Generation vorstellen?

Wir benötigen auch zukünftig Räume, die konsequent sakral sind, die eine starke Verbindung unserer Sinne zum Übersinnlichen herstellen können. Räume, die uns Hoffnung machen und uns unser Dasein und die Gemeinschaft spüren lassen. Kirchenräume sollen aber auch widerständig und eigen sein, da wir uns mit ihnen auseinandersetzen wollen. Nicht glatt frisiert, sondern lieber auch fragwürdig. Wir sind uns unserer Sache auch nicht immer sicher und wir wollen auch keine Räume, die uns vorspiegeln, sie wären sich ihrer Sache sicher. Vielleicht könnten sie auch weniger starr auf eine bestimmte Sitzordnung fokussiert sein. Vielleicht weniger zentral ausgerichtet, mehr auch in der Bewegung erfahrbar, mit ruhigen Nischen, in denen man allein sein kann, mit unterschiedlich hellen Bereichen. Vielleicht könnte man auch mehr die Natur mit einbeziehen, schöne Ausblicke schaffen.

Es sollten Räume der Annäherung an die christliche Botschaft sein: nahbar, weltoffen, wahr. Räume, in denen man sich geborgen und frei fühlt. Keine beklemmenden Machtdemonstrationen, keine hohlen Inszenierungen, keine großen Gesten. Transzendente Räume, in denen wir mit unseren heutigen Sichtweisen, unserer heutigen Sozialisation, unseren heutigen Problemen etwas erfahren können über uns selbst und über den Ursprung und das Wesen unseres Daseins.

## 6 Sanierung und Neuordnung des Hildesheimer Doms

Eine Besonderheit der Hildesheimer Kathedrale ist ihre Außenwirkung. Dicht umstellt von niedrigen Häusern, auf einer vom Verkehr abgeschirmten Anhöhe etwas außerhalb des eigentlichen Stadtzentrums, entspricht sie nicht dem Stereotyp einer das Stadtbild beherrschenden Kathedrale, wie man es aus vielen europäischen Städten gewohnt ist. Über diverse Treppen, Torbögen, Gassen findet der Besucher auf den Domhof und auf einmal ist alles anders als sonst, ruhiger, besinnlicher, bedeutsamer. Wären nicht die Platzflächen sorgfältig neugestaltet, könnte man sich fast einreden, die Zeit sei hier stehen geblieben.

Abb. 1 | Nordansicht Dom und Domschule mit neuem Foyeranbau

Der Dom liegt ruhig und verankert wie ein Juwel in seiner Fassung. Seine Gestalt lässt einen sehr alten robusten romanischen Kern erkennen, eine fein ausgearbeitete gotische Schale sowie weitere Ergänzungen aus unterschiedlichen Epochen, wie etwa den barocken Vierungsturm. Begibt man sich auf die Entdeckungsreise nach dem Wesen dieses außerordentlichen Ensembles, erschließt sich nach und nach seine kunsthistorische, religiöse und künstlerische Dimension. Ein wahrer Schatz, der uns innerlich bereichert in die geschäftige Welt außerhalb dieses abgeschiedenen Bezirks zurückkehren lässt.

Ein Bauwerk von der historischen und sakralen Bedeutung des Hildesheimer Doms vereint eine Reihe ganz unterschiedlicher Facetten des Ausdrucks menschlichen Schaffens und menschlicher Hoffnungen zu einem räumlichen Gesamten. In vielen baulichen Details ist die jahrhundertealte Geschichte ablesbar und die klare und gleichzeitig auch komplexe räumliche Ordnung spürbar, die kluge und mutige Konstruktion, die mit Hilfe von Pfeilern, Stützen und Bögen Massen von Stein zu lichten, weiten Räumen formt. Die sinnliche Materialität der Oberflächen. Das sich in Jahres- und Tageszeiten verändernde Licht, welches den Innenraum zum Leben erweckt, ihn bald in ruhiger Plastizität, bald in dynamischer Bildhaftigkeit erscheinen lässt.

Man lässt die erhebende und befreiende Atmosphäre eines solch außergewöhnlichen Raumes auf sich wirken. Darüber hinaus inspi-

Abb. 2 | Zentrale Achse Hauptschiff, Blick Richtung Altar

rieren die beeindruckenden Kunstwerke, der Klang der Musik und die Feier der Eucharistie. Dies alles sind Dinge, die das menschliche Leben und die menschliche Sehnsucht nach Gemeinschaft und nach einem Sinn hinter dem täglich Erfahrbaren widerspiegeln. Das komplexe Zusammenwirken dieser Vielfalt von Eigenschaften in einem einzigen großartig gedachten Bauwerk macht die Ausstrahlung dieser Kathedrale aus, deren Bedeutung über die herkömmlichen Begrifflichkeiten von Funktion oder Zweckmäßigkeit weit hinausgeht. Es sind im Kern nicht der Prunk oder die Macht, die uns beeindrucken, sondern es sind die Intelligenz und Empfindsamkeit vieler menschlicher Generationen, welche hier in einem ganzheitlichen und lebendigen Werk zum Ausdruck kommen.

## 6.1 Ausdruck einer langen Geschichte

Der Raum, den man wahrnimmt, ist gleichzeitig das Ergebnis stetiger Veränderungen und Ergänzungen über einen sehr langen Zeitraum hinweg. Jede menschliche Konstruktion ist schließlich an ihre Zeit gebunden, an deren Hoffnungen und auch an deren Katastrophen. So wurde der Dom schon im frühen Mittelalter mehrfach verändert und erweitert. Er wurde auch in großen Teilen zerstört und wieder neu aufgebaut. Verheerende Brände spielten dabei ebenso eine Rolle wie sich stetig wandelnde gesellschaftliche Bedingungen, liturgische oder räumliche Vorstellungen und machtpolitische Verhältnisse. Aus dem späten Mittelalter erzählen beispielsweise die gotischen Erweiterungen, finanziert durch reiche Stifterfamilien, von der aufkommenden Bedeutung des Bürgertums. Die seit dem 17. Jahrhundert erfolgte komplette barocke Überformung des Innenraums – aus der Vorkriegszeit noch fotografisch überliefert – war Ausdruck des absolutistischen Weltverständnisses der Neuzeit und seiner wechselseitigen Begründung von weltlicher Obrigkeit und kirchlichem Glauben.

Die Spuren des Wiederaufbaus nach den starken Zerstörungen des Zweiten Weltkriegs sind immer noch allenthalben sichtbar, wenngleich die Integrität des Bauwerks in seinen wesentlichen Strukturen zum Glück erhalten blieb. Die den zerstörten Originalen nachgebildeten Pfeiler und Stützen, aus Beton gegossen und nicht etwa aus Stein gehauen, erzählen die Geschichte der großen Anstrengungen, eine durch den Krieg aus den Fugen geratene Welt zumindest äußerlich wieder in Ordnung zu bringen. Es wurde dabei letztendlich auch ein Refugium aufgebaut, das dem Glauben, den Hoffnungen und der Gemeinschaft im wörtlichen Sinn Raum gab.

Führt man sich die Epochen vor Augen, in denen ein zwölf Jahrhunderte altes Bauwerk unter den verschiedensten gesellschaftlichen Rahmenbedingungen, in wechselnden baulichen Zuständen und Inszenierungen immer wieder erneuert, erweitert und genutzt wurde, erschließt sich eine Ahnung von der Dimension und Macht der menschlichen Kultur, die wie ein unermesslicher subtiler Strom unser Dasein für eine Weile mit sich führt. Es erschließt sich eine Idee von dem stetig neuen Leben, das auch konkret von diesem Raum immer wieder Besitz ergriffen hat. Ein Raum, der den Menschen immer etwas erzählen konnte über den Ursprung und das Ziel ihres Lebens.

Bauwerke, bei denen all das spürbar wird, an denen dieser unendliche Strom sinnlich erfahrbar zutage tritt, ohne schon längst zu musealem toten Stein erstarrt zu sein, sind lebendige und magische Orte, die uns den Alltag für einen Augenblick vergessen lassen. Orte, an denen wir buchstäblich begreifen können, dass wir Teil eines großen Ganzen sind.

Angesichts der offenkundigen Vergänglichkeit der materiellen Substanz eines solchen Bauwerks, das in seiner langen Geschichte immer wieder erneuert, verändert und erweitert wurde, stellt sich gleichzeitig auch immer wieder neu die Frage, welchen verantwort-

Abb. 3 | Bernwardtür im Westparadies

lichen Beitrag eine Generation oder eine Epoche leistet, um dieses Erbe und seine räumlichen und künstlerischen Zeugnisse im Sinne einer lebendigen, konkret erfahrbaren Tradition in die Zukunft zu tragen.

Abb. 4 | Geöffnete Bernwardtür, liturgische Achse

Abb. 5 | Lageplan mit Domhof, Kreuzgang und Dommuseum

Nichts Menschliches ist schließlich für die Ewigkeit gedacht oder gebaut. Jedes Bauwerk ist nur dann wirklich von Dauer, wenn neue Generationen – über die museale Verwaltung der Vergangenheit hinaus – immer wieder etwas Neues damit beginnen können. Der Sinn dahinter, sich um die Zukunft zu sorgen, erschließt sich ja erst dann, wenn man auch die Weiterentwicklung der erfahrbaren Vergangenheit sehen kann, wenn sich die Werte unserer Kultur und deren Begründung lebendig und konkret am Ort unseres täglichen Daseins erfahren lassen.

## 6.2 Architektonisches Gesamtkonzept

Bei den Überlegungen zur erforderlichen Sanierung und Neuordnung des Doms ging es also nicht darum, unsere Zeit mit baulichem Ewigkeitsanspruch zu manifestieren, sondern vielmehr um die immer wieder aktuelle Aufgabe, auf Basis der Vergangenheit die Gegenwart zu verstehen und in die Zukunft zu denken.

Es stellte sich die Frage nach einem möglichst authentischen architektonischen Konzept, das in der Lage wäre, den unterschiedlichsten Anforderungen sensibel gerecht zu werden, ohne die Konsistenz des Gesamtwerks aus dem Blick zu verlieren. Dies war umso wichtiger, als angesichts der historischen Bausubstanz während der jahrelangen Planungs- und Bauzeit zahlreiche Anpassungen aufgrund sich immer wieder neu ergebender Erkenntnisse zu erwarten waren. Gleichzeitig bestand eine Vielzahl von technischen, konstruktiven, funktionalen, rechtlichen, finanziellen, denkmalpflegerischen, archäologischen, kunsthistorischen, musikalischen und zuallererst liturgischen Ansprüchen an die Renovierung.

## 6.3 Wenige Grundsätze

Abb. 6 | Westwerk mit Bernwardtür und neuer Orgel

Das Architekturkonzept beruht auf wenigen Grundsätzen, die man folgendermaßen zusammenfassen könnte:

1. Den Raum klären entsprechend seiner ihm eigenen Charakteristik und Ordnung. In der Musik würde man dies vielleicht als Komposition, Struktur oder Satzfolge bezeichnen.
2. Die Liturgie ordnen gemäß der Bedeutung ihrer Verkündigung und Sinngebung. Analog zu unserem musikalischen Beispiel könnte man dies mit der Tonfolge oder einer komplexen Melodie vergleichen.
3. Die Dinge sichtbar machen, so wie sie sind und Neues möglichst erkennbar aber zurückhaltend formen, um eine differenzierte Erfahrbarkeit des Gesamten zu ermöglichen. Dies betrifft im Wesentlichen die materielle und formale Ausprägung aller räumlichen Komponenten, also – wiederum musikalisch gesprochen – die Instrumentalisierung und Klangcharakteristik des Raumes.

Diesen Grundsätzen liegt die Vorstellung von einem ganzheitlichen und differenzierten Raumklang zugrunde, der sowohl die Präsenz vergangener Epochen als auch die Sichtbarkeit unserer heutigen Zeit zu einem umfassenden Akkord vereint. Ein Klang, in dem die vielen einzelnen den Raum prägenden Stimmen präzise, klar und mit angemessener Gewichtung zur Geltung kommen und dabei insgesamt eine transparente Harmonie erzeugen.

## 6.4 Den Raum klären

Der erste Grundsatz, den Raum zu klären, diente dazu, diesen in seiner Logik und Schönheit erfahrbar zu machen, die räumlichen Eigenschaften des Doms wieder möglichst authentisch herauszustel-

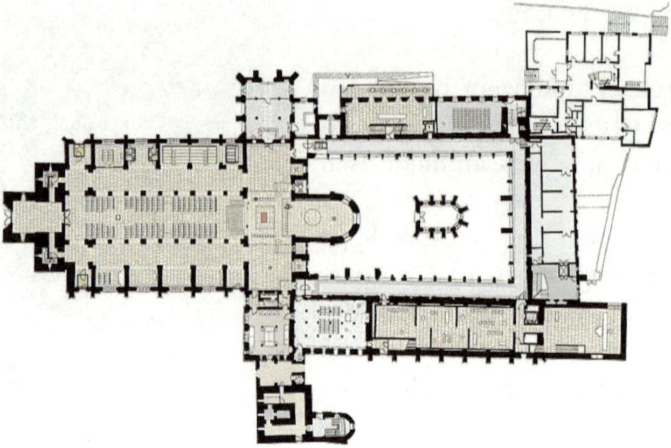

Abb. 7 | Grundriss des Domes

len. Dabei lag ein durch die überlieferte Bausubstanz begründeter Schwerpunkt auf der Herausarbeitung der romanischen Raumcharakteristik mit ihrer klaren und differenzierten Geometrie.

Dominierende nachträgliche Einbauten aus der Wiederaufbauzeit wie etwa die der Westwand vorgelagerte massive Orgelempore oder die Treppenanlage im nördlichen Querhaus wurden also entfernt. Die Beziehung zwischen Krypta, Langhaus und Vierung wurde durch Reduzierung der überbreiten Altartreppe und Freilegung der Zugänge zur Krypta in den ursprünglichen Zustand und damit in ein besseres Gleichgewicht gebracht. Die Absenkung des in den 1960er-Jahren angehobenen Fußbodens auf das ursprüngliche Niveau hatte eine erhebliche Verbesserung der Raumproportionen zur Folge und

Abb. 8 | Südliches Seitenschiff

stellte die alten Proportionen der Säulen wieder her, deren Basen nun nach Befund rekonstruiert werden konnten.

Die hellen gotischen Seitenkapellen, die mit ihren Kreuzgratgewölben den dreischiffigen romanischen Raum um eine lichte Dimension erweitern, wurden mit ihrer klar ablesbaren baulichen Plastizität nahtlos einbezogen. Hier wurde durch die Neuanordnung nach dem Krieg noch erhaltener Kunstwerke ein Bezug zur ursprünglichen Widmung wiederhergestellt. Teilweise wurden auch neue liturgische Inhalte wie Beichte oder Chormusik eingebracht.

Eine Reihe weiterer Maßnahmen wie etwa eine lichte Verglasung der Apsisfenster, die Herstellung einer Sichtverbindung zu beiden Ebenen des zweigeschossigen Kreuzgangs, der Abschluss des nördlichen Querhauses gegenüber dem gotischen Godehardichor oder eine homogene Farbgebung trugen zusätzlich dazu bei, die charakteristische Raumkonstellation zur Geltung zu bringen.

Im mittleren Pfeilerjoch und damit genau in der Mitte des Hauptschiffs beherrscht der monumentale romanische Heziloleuchter den Raum. Er symbolisiert mit seinem grandiosen Bild- und Textprogramm das himmlische Jerusalem im Sinne der Verheißung von ewigem Frieden und Glück für die Gemeinschaft der Gläubigen. Der Heziloleuchter wurde während der Wiederaufbauzeit in der Vierung von Haupt- und Querschiff angeordnet. Im Zuge der Neuordnung nimmt er jetzt wieder seinen über viele Jahrhunderte angestammten Ort im Zentrum des Mittelschiffs und im Zentrum der Gemeinde ein.

Im vordersten Säulenjoch liegt der Aufgang zum Altarraum. Ursprünglich befand sich am Fuß der Treppe der Kreuzaltar. Vierung und Chorraum waren durch eine im 16. Jahrhundert künstlerisch reich gestaltete Chorschranke (Lettner) abgetrennt. Im Zuge des Wiederaufbaus der 1960er-Jahre wurde der wertvolle Lettner in die Antoniuskirche verlegt, die heute zum Dommuseum gehört. Dort ist er in angemessener Neuaufstellung zu besichtigen.

In der Krypta steht an zentraler Stelle der bedeutende mittelalterliche Godehardschrein. Die neu geschaffene Bischofsgruft liegt von dort aus axial zugänglich im Bereich des dritten Pfeilerjochs. Bei den Ausgrabungsarbeiten wurden die steinernen Sarkophage der Bischöfe Ebo (845–851) und Berthold (1119–1130) genau in der Achse des Mittelschiffs gefunden. Sie wurden dort in der Fundlage erhalten und liegen nun im Zentrum der neuen Bischofsgruft.

Abb. 9 | Bischofsgruft

Der Altarbereich wurde in der Vierung zwischen Langhaus und Querhaus neu geordnet. Der Altar wurde möglichst nahe zur Gemeinde errichtet und steht nun zentral über dem Godehardschrein.

Der von Ulrich Rückriem geschaffene Altar ist das bedeutende künstlerische Zeugnis unserer Zeit innerhalb des Doms. Mit konzentrierten bildhauerischen Mitteln stellt das souveräne Werk komplexe und universelle Bezüge her zwischen dem Ursprung der Welt und unserem menschlichen Dasein.

Den Hochchor prägt der bedeutende Thietmarleuchter, der hier jahrhundertelang die Mitte des Chorgestühls bestimmte. Seit den 1980er-Jahren war er in der Antoniuskirche angeordnet und bildet nun wieder ein wichtiges Element auf der liturgischen Achse. Im Bereich der Chorapsis steht die sagenumwobene Irmensäule, welche nun das Altarkreuz trägt.

Die Fenster der Chorapsis wurden lichtdurchlässiger verglast, wodurch der Chorraum heller wird und als Teil des Gesamtgefüges besser zur Geltung kommt. Durch das mittlere Fenster kann man, in Fortsetzung der liturgischen Achse, den Tausendjährigen Rosenstrauch wahrnehmen, der sich auf die Gründungsüberlieferung des Hildesheimer Doms bezieht.

Das Querschiff stellt über die Vierung und die Krypta eine Verbindung zwischen der liturgischen Achse und dem sich nach Osten anschließenden, zweistöckigen Kreuzgang mit dem Domherrenfriedhof, der Annenkapelle und dem Dommuseum her. Die nach Osten ausgerichteten Kapellen des Querhauses bergen besondere Reliquien, wie etwa den Schrein der Dompatrone (Epiphaniusschrein) im nördlichen Querhaus.

Abb. 10 | Vierung und Chor mit Rückriem-Altar, Thietmarleuchter und Irmensäule

Das Zentrum des südlichen Querhauses bildet die berühmte bronzene Christussäule mit ihrem eindrucksvollen figürlichen Bildprogramm aus bernwardinischer Zeit. Ursprünglich wurde sie für St. Michael geschaffen, die Gründungskirche und Grablege Bernwards, wo sie, zentral im Vierungsbogen hinter dem Altar aufgestellt, die Kreuzigungsszene trug. Ende des 19. Jahrhunderts gelangte sie in den Mariendom. Ihre heutige Aufstellung kann und soll nicht ihren ursprünglichen liturgischen Stellenwert neu erfinden oder gar simulieren. Es ist jedoch ein würdiger Ort hinsichtlich der religiösen und historischen Bedeutung dieses herausragenden Zeugnisses künstlerischen Ausdrucks im Zeichen des Glaubens. Die Christussäule wurde also plan auf den Kirchenboden gestellt, lediglich eine Fuge im Boden markiert ihre feste Position.

Die von dort aus über den Kreuzgang zugängliche anmutige Laurentiuskapelle wurde als Sakramentskapelle gewidmet. Dies stellt einen schönen Zusammenhang her, der das Gefüge des gesamten Ensembles noch einmal besonders erfahrbar macht. Ein Sinngehalt, der auch solch wundervolle Orte wie die Steinbergkapelle, die Annenkapelle oder die Marienkapelle einbezieht.

## 6.5 Die Dinge sichtbar machen

Der dritte Grundsatz, den Raum in seiner Gesamtheit und in seinen Details möglichst authentisch sichtbar werden zu lassen, beruht auf der unmittelbaren Wirkung unserer unverstellten Wahrnehmung. Dabei sollten notwendige bauliche Eingriffe der heutigen Zeit architektonisch mit hohem Anspruch, aber in ihrem formalen Aus-

Abb. 12 | Südliches Querhaus Richtung Vierung und Hauptschiff

druck eher zurückhaltend, homogen, integrativ und zeitlos gestaltet werden, auch um eine differenzierte Erfahrbarkeit des Gesamten in seinem historischen Kontext so wenig wie möglich zu dominieren oder zu überformen.

Die Raumoberflächen wurden aus Materialien hergestellt, die sich in ihrer natürlichen Beschaffenheit und Farbe differenziert und harmonisch ergänzen. Der Boden bildet die Basis für den aufstrebenden Raum und für alles, was darin geschieht. Ihm kommt daher die Bestimmung eines allseits präsenten, in sich ruhenden Hintergrundes zu. Er besteht aus farblich dem Bestand entsprechendem Sandstein, welcher als homogene Fläche in einer zurückhaltend auf die Raumstruktur abgestimmten Gliederung verlegt wurde. Die materialgerechte handwerkliche Bearbeitung macht seine Oberfläche zusätzlich wertvoll, neutral und erdverbunden.

Die aufstrebenden Pfeiler und Stützen tragen gleichsam den Raum und zeigen das Material, aus welchem sie konstruiert sind. In architektonischer Hinsicht hat ihre Proportion und Gestalt eine den Raum charakterisierende Eigenschaft, die durch die Absenkung des Bodens wieder zur Geltung kommt. Die größtenteils verloren gegangenen Basen wurden im Sinne der räumlichen Gesamtwirkung nach alten Vorbildern rekonstruiert. Allerdings wurde hierzu das gussfähige Material Beton verwendet – auch um die Rekonstruktion sichtbar zu machen. Viele Stützen sowie einige Pfeiler weisen ebenfalls das schon bei ihrer Nachkriegsrekonstruktion verwendete Material Beton auf.

Die Wände sind mit einem mehrlagigen Wandverputz versehen, der in seiner mineralischen Zusammensetzung auf die physikalischen und chemischen Eigenschaften der vorhandenen Untergründe aus Naturstein oder Ziegeln eingestellt wurde. Die Putzoberfläche folgt den leichten Unebenheiten des tragenden Mauerwerks und macht dieses dadurch spürbar, ähnlich wie sich eine differenzierte Muskulatur leicht unter der Haut abzeichnet. Es wurde kein Farbanstrich aufgebracht, sondern man sieht die natürliche helle Farbe der obersten Kalkputzlage mit ihren sandigen Schattierungen und Körnungen.

Die flachen, filigranen Decken hat man in der Wiederaufbauzeit in formaler Anlehnung an die Holzbalkendecken frühromanischer Kirchen gestaltet, jedoch aus Betonbalken konstruiert und anschließend mit dunklen Holzbrettern verkleidet. Raumakustische Messungen ergaben, dass diese Verkleidungen Ursache der bisher für die Dommusik ungünstigen Akustik waren, weshalb die Holzverkleidung im Zuge der Sanierung entfernt wurde. Die freigelegte, sehr schöne filigrane Betondeckenstruktur aus den 1950er-Jahren wurde anschließend mit dem gleichen Putz wie auf den Wänden geglättet. Dadurch ergibt sich ein geschlossenes Raumbild, das nicht nur die Gewölbe der gotischen Seitenkapellen mit den Decken des romanischen Kirchenraumes in ein Gleichgewicht bringt, sondern auch sämtliche Wände und Decken zu einem harmonischen System aus konstruktiven Elementen verschiedenster Entstehungszeiten vereint.

Auf einzelne Fragen, wie etwa die Rückpositionierung der Bernwardtür oder die Neuerrichtung einer Bischofsgruft, mussten teilweise differenzierte architektonische Antworten gefunden werden. Um das Westparadies vom Kirchenraum aus zur Betrachtung des an seinen ursprünglichen Ort zwischen westlicher Vorhalle und Kirchenraum versetzten Bronzeportals zugänglich zu machen, wurden – bewusst als Nebenwege erfahrbare – seitliche Zugänge durch die 3 m starken Turmwände gesägt. Die Sägeschnitte sind ablesbar. Auch Innenwände und Decke des Westparadieses erscheinen, im Unterschied zum verputzten Kirchenraum, in rohem altem Mauerwerk und sichtbarem Beton, was den Charakter einer Vorhalle außerhalb des Kirchenraums unterstreicht. Lediglich das schwere Gewände der Bernwardtür, dem alten Vorbild aus Beton nachgeformt, durchstößt die Abschlusswand und ist gleichzeitig sowohl im Westparadies wie auch im Kirchenraum in seiner alten Form und heutigen Materialität sichtbar.

Der Bau der neuen Bischofsgrablege war zwar auch in der Ausführung eine besondere Herausforderung, da neben den konstruktiven und technischen Themen wie Erdabfangungen oder Grundwasser der Erhalt wichtiger archäologischer Funde berücksichtigt

Abb. 13 | Apsisfenster mit Tausendjährigem Rosenstrauch

werden musste. Insbesondere war aber die Grundkonzeption und die damit verbundene Herstellung räumlicher und liturgischer Bezüge die eigentliche Aufgabe.

Die Lage im Mittelschiff und der Zugang aus der Krypta, in der Achse des Schreins des Bischofs Godehard, stellt eine direkte räumliche Beziehung her zu dem ältesten Teil der Bischofskirche, dessen Fundamente bei den aktuellen archäologischen Grabungen unterhalb der Krypta identifiziert wurden. Darüber hinaus wird die Gründungslegende des Bistums in Gestalt des Rosenstocks durch ein neu geöffnetes Fenster in der Apsis der Krypta erfahrbar.

Das Gedenken an die Hildesheimer Bischöfe wird durch diese räumlichen Bezüge in einen Zusammenhang gestellt und so die lange kontinuierliche Geschichte ihres Wirkens in das dankbare Gedenken an den jeweils einzelnen Bischof miteinbezogen. Dem Gedenken wird innerhalb der Bischofsgruft auf der liturgischen Achse Raum gegeben und durch das Wandelkreuz aus dem 12. Jahrhundert ein Bezugspunkt geschaffen.

## 6.6 Gestaltungsaspekte

Eine Besonderheit weist die neue Gestaltung der Orgel auf. Aus musikalischen Gründen war ein Rückpositiv erforderlich, welches in den Raum hineinragt. Im Sinne eines mit Rücksicht auf die Kunstgegenstände möglichst zurückhaltenden Erscheinungsbildes wurden die Orgelprospekte von Rückpositiv und Hauptorgel zu einem Gesamtbild verbunden und dabei gleichzeitig der gestalterische Ausdruck auf die musikalischen Eigenschaften des liturgischen Instruments konzentriert.

Bei der Möblierung wurde auf Kirchenbänke zugunsten von Stühlen verzichtet, deren Aufstellung man dem jeweiligen Bedarf besser anpassen kann und die den Raum auch weniger „zugestellt" wirken lassen. Kirchenbänke wurden erst nach Mitte des 15. Jahrhunderts, also weit nach der Entstehungszeit des Doms, eingeführt. Durch den Einsatz von Stühlen ergibt sich die Möglichkeit, große Bereiche bei der alltäglichen Nutzung freizuhalten, was der Raumwirkung zugutekommt und zudem die Kirche auch bei kleineren Gottesdiensten nicht durch unbesetzte Bankreihen leer wirken lässt. Die Stühle aus Eichenholz wurden von dem Londoner Designer Martin Ebert eigens für den Hildesheimer Dom entworfen. Neben zurückhaltender Leichtigkeit waren handwerkliche und gestalterische Qualität sowie eine gewisse Vertrautheit und Zeitlosigkeit grundlegend für das Design.

Ein wichtiger Aspekt hinsichtlich der Raumwirkung ist die Ausleuchtung außerhalb der Tageslichtzeiten. Je nach Anlass und Nutzung muss sie festlich oder intim, auf bestimmte Dinge konzentriert oder das Ganze erfassend ausgelegt sein. Das von dem Lichtingenieur Walter Bamberger entwickelte Konzept nutzt die technischen Möglichkeiten unserer Zeit dazu, die Lichtstimmung in den Vordergrund zu stellen und die Technik dahinter verschwinden zu lassen.

Um den Raum und seine Kunstgegenstände, wie beispielsweise auch den Heziloleuchter, in ihrer Wirkung möglichst wenig zu beeinträchtigen, wurden keine sichtbaren Leuchtkörper im Raum verteilt. Die Lichtquellen „verschwinden" innerhalb der Bauteile und leuchten wie Sonnenstrahlen durch schmale Deckenspalten oder aus Fensternischen. Dabei können gleichzeitig nahezu alle Raumbereiche in allen Richtungen und in jeder erwünschten Helligkeit ausgeleuchtet werden. Hierdurch wird für die unterschiedlichsten Anlässe eine jeweils angemessene selbstverständlich wirkende Lichtstimmung ermöglicht. Auch können einzelne Kunstgegenstände zusätzlich besonders hervorgehoben werden.

## 7 Neugestaltung und Verkleinerung der Heilig-Geist-Kirche in Olpe

Viele Kirchen der Nachkriegszeit wurden in Deutschland im Zusammenhang mit neuen Wohnsiedlungen in der Peripherie alter Sied-

Abb. 14 | Wettbewerbsmodell

Abb. 15 | Detailmodell

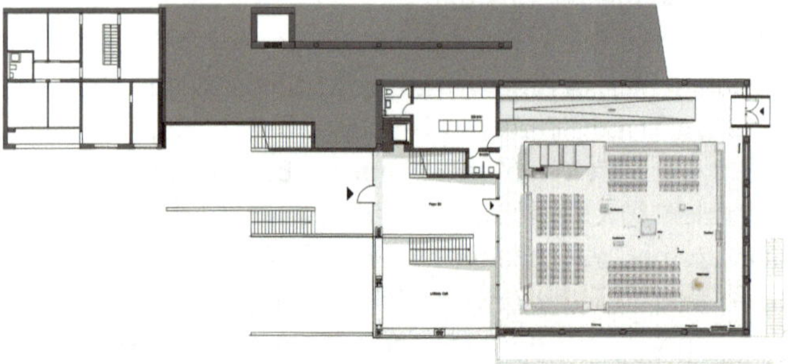

Abb. 16 | Grundriss der Kirchenebene

Abb. 17 | Abbruch des Zwischenbaus

lungskerne errichtet. Häufig wurden dabei unspezifische Grundstücke vorgegeben, die es kaum ermöglichten, die Kirche zu einem räumlichen und städtebaulichen Zentrum werden zu lassen. Ihre Architektur entspricht zudem trotz häufig hoher künstlerischer Qualität selten dem gängigen Stereotyp einer Kirche, wie sie den alten Kirchen in den historischen Ortskernen eigen ist. Dennoch bildeten häufig gerade diese Kirchen als Nukleus eines neuen Gemeindelebens innerhalb der stadträumlich oft gesichtslosen Umgebung ein besonderes Identitätspotential. Angesichts des allgemeinen Rückgangs der Zahlen der Gemeindemitglieder haben es gerade solche Kirchengebäude häufig schwer, der Stilllegung, Umnutzung oder gar dem Abbruch zu entgehen. Dies, obwohl gerade hier oft eine große emotionale Bindung der Gemeindemitglieder und Stadtteilbewohner besteht.

Ein Beispiel für diesen Konflikt bildet die 1968 erstellte, von Theo Schwill entworfene Heilig-Geist-Kirche im Olpener Ortsteil Rüblinghausen. Die Kirche war inzwischen wesentlich zu groß für die Gemeinde, die Unterhaltskosten viel zu hoch und es bestand ein erheblicher Sanierungsbedarf. Die Gemeinde entschied sich in Zusammenarbeit mit dem Erzbistum Paderborn für eine Verkleinerung und Neustrukturierung und lobte dazu 2010 einen Architektenwettbewerb aus. 2015 erfolgte die Fertigstellung.

## 7.1 Konzept

Die wesentlichen Eigenschaften und Potentiale des Ortes sind eng mit der Hanglage und mit den Ausblicken in die gegenüberliegende Landschaft verbunden. Die Verbesserung der äußeren und inneren Wirksamkeit und Wahrnehmbarkeit dieser Merkmale war grundlegend für die Neukonzeption von Kirche und Pfarrheim. Dabei wurden die Durchlässigkeit zur Landschaft sowie die Zugänglichkeit von Kirche und Pfarrheim aufgewertet. Auch die räumliche und nutzungsbedingte Integration von Pfarrheim und Kirche wurde gestärkt. Trotz der notwendigen Verkleinerung durch teilweisen Rückbau sowie funktionaler Verbesserungen sollte die Charakteristik des hallenartigen Kirchenraums erhalten bleiben und atmosphärisch sensibel aufgewertet werden. In liturgischer und architektonischer Hinsicht war nicht die vorgegebene bauliche Raumhülle das eigentliche Problem, sondern ihre innere Ordnung. Es ging weniger darum, einen

Abb. 18 | Ansicht mit neuen Fassadenöffnungen

Abb. 19 | Foyer mit Glaswand zur Kirche

Abb. 20 | Kirchenraum mit Holzfloss und Prinzipalien aus Lehm

neuen Raum im alten Raum zu erfinden, als den bestehenden Ort und seine Qualitäten neu zu entdecken und erfahrbar zu machen. Das, was bereits da war, sollte einfach nur verzaubert werden: es sollte immer noch da sein, aber es würde auch wiederum gleichzeitig etwas gänzlich Neues und Anderes werden.

Nach Rückbau der Werktagskapelle entsteht ein Freiraum, der von allen Ebenen aus direkt zugänglich ist und auf Straßenniveau einen neuen zentralen Vorplatz mit freistehendem Kirchturm bildet. Das

Abb. 22 | Foyer mit Blick in die Landschaft

Abb. 21 | Fassade des Foyers mit Treppenanlage

Gemeindeleben kann sich so ungehindert nach außen entfalten. Die neue Eingangshalle verbindet terrassenartig die unterschiedlichen Ebenen und Nutzungen des Gebäudes. Gleichzeitig wird die zentrale Bedeutung des Kirchenraumes an jeder Stelle präsent. Schon beim Betreten der Eingangshalle vom neu geschaffenen Vorplatz aus kann man direkt in die Kirche gelangen. Gleichzeitig erhält man von hier aus schon einen Überblick über alle Bereiche des Gebäudes sowie einen schönen Ausblick in die Landschaft jenseits des Flusstals der Bigge. Über die Treppenkaskade oder mit dem Aufzug gelangt man in Richtung Landschaft hinab bis zu den Gemeinderäumen. Dort findet man Gelegenheit, sich zwanglos an einen Tisch zu setzen, den Ausblick zu genießen und sich bei einer Tasse Kaffee miteinander zu unterhalten. Die neue Eingangshalle wird auch für vielfältige Veranstaltungen, Ausstellungen oder Feiern genutzt.

## 7.2 Pfarrheim

Die Positionierung der Räume des Pfarrheims sowie der Jugendräume wurde nicht grundsätzlich verändert, jedoch funktional und räumlich optimiert. Die funktionalen Zusammenhänge wurden gestrafft und für den täglichen Gebrauch tauglicher gemacht. Barrierefreiheit für alle Altersgruppen, sinnvoll angeordnete Lager- und Transportmöglichkeiten, neue Außenbezüge sowie eine angemes-

Abb. 23 | Eingangsplatz mit Blick in die Landschaft

sene Multifunktionalität konnten ohne übertriebenen Aufwand geschaffen werden.

### 7.3 Kirche

Der bestehende Raum wurde durch eine Glaswand in Foyer- und Kirchenraum unterteilt. Der Kirchenraum behielt dabei seine ursprünglichen Fenster, Materialoberflächen und wesentliche Teile der künstlerischen Ausstattung. Eine Insel aus starken Eichenholzbohlen zentriert den liturgischen Bereich innerhalb des großen, offenen Kirchenraums. Eine sichere Arche, ein sinnliches und gemütliches Floß, ein wirklich guter Ort für die gemeinsame Feier der Eucharistie.

Die liturgische Ordnung wurde in einem intensiven Dialog entwickelt. Der Raum entfaltet eine ebenso dichte wie offene Atmosphäre. Es werden Raumwirkungen erzeugt, die man vielleicht eher fühlt, als dass man sie sieht.

## 8 Neufassung der Jugendkirche in Hardehausen

Es ist ein beeindruckender Auftritt, den das ehemalige Kloster Hardehausen dem Besucher bietet. Ein Ensemble großer Bauten liegt fast versteckt in einem Tal, eingebettet in eine Landschaft von Feldern und Wäldern, umgeben von einer alten Mauer, die das Ganze großzügig umfährt und dabei gleich auch etliche Waldstücke, Felder und Teiche einfriedet.

Abb. 24 | Grundmauern der ehemaligen Klosterkirche und Kirchengebäude der 1960er-Jahre

Man nähert sich wegen der Tallage etwas von oberhalb, nimmt zuerst die steilen roten Ziegeldächer wahr, um dann einen engen Durchlass in der voluminösen Mauer zu passieren. Im Zentrum der Anlage tritt die mächtige Front des eigentlichen Klostergebäudes an der Kopfseite eines zentralen Grünangers in Erscheinung. Scheunenartige Langbauten umringen die grüne Mitte des streng geordneten weitläufigen Karrees.

Kein Zweifel: Dieses im Hochmittelalter einst in einem einsamen Tal gegründete Zisterzienserkloster war in seiner langen Geschichte einmal ein bedeutendes wirtschaftliches und kulturelles Zentrum in der Region. Die beeindruckenden baulichen Zeugnisse der Vergangenheit spiegeln dies auch heute immer noch wieder. Beispielsweise die Gesamtanlage mit ihrer groß angelegten Ordnung. Oder der wun-

Abb. 25 | Neue Umbauung der Kirche mit Michaelskapelle, Meditationskapelle und Sakramentskapelle

derbare gotische Kreuzgang im Zentrum des Klostergebäudes. Auch die etwas versteckt liegende Ruine der alten Kirche, nur noch in gemauerter Nachzeichnung der Umrisse erkennbar gemacht. Selbst die unmittelbar angrenzende kleine gotische Michaelskapelle aus dem 14. Jahrhundert erzählt von der ehemaligen Bedeutung dieser großartigen Klosteranlage.

Seit seiner Gründung im Jahre 1140 hat das Kloster vieles erlebt; von der Zerstörung im Dreißigjährigen Krieg (1618–1648), dem Wiederaufbau in der heutigen Form (1680–1750) über die Säkularisierung unter Napoleonischer Besetzung (1803–1815) mit der Folge des Abbruchs der Romanischen Basilika (1812) bis hin zur kurzzeitigen Nutzung als „Nationalpolitische Erziehungsanstalt" unter dem NS-Regime (1944).

## 8.1 Jugendarbeit

Schon ab 1945 begann das Erzbistum Paderborn in Hardehausen ein Zentrum für Jugendarbeit einzurichten, dem 1949 die Einrichtung der Landvolkshochschule folgte. 1966 wurde für beide Einrichtungen eine neue Kirche fertiggestellt und in den folgenden Jahren die bestehenden Gebäude für Jugend- und Tagungseinrichtungen umgestaltet. Die ehemaligen Wirtschaftsgebäude wurden, ebenso wie das Klostergebäude, in Herbergen für Jugendliche verwandelt, mit vielen Zimmern und allem, was sonst noch an Einrichtungen nötig ist, wie Seminarräume, Speisesäle, Jugendcafé oder Weltladen. Heute herrscht hier eine lebendige Campusatmosphäre, junge Leute sitzen auf Treppenstufen, stehen in Gruppen zusammen, liegen auf der Wiese. Es wird ein reichhaltiges und interessantes Programm angeboten, welches von der Bildung über die Persönlichkeitserfahrung bis hin zu vielfältigen kulturellen Veranstaltungen vieles abdeckt, was Jugendliche interessiert und beschäftigt.

## 8.2 Bestand

Die Kirche wurde 1966 nach Plänen von Bernhard Kösters und Herbert Balke über dem westlichen Teil der Ruinen der mittelalterlichen Zisterzienserkirche gebaut. Dem Konzept liegt die Idee der „Zeltkirche" zugrunde: Auf quadratischem Grundriss stehen relativ niedrige Außenwände, über denen sich ein steiles Zeltdach erhebt. Der Altar ist nach Norden ausgerichtet, die „seitlichen“ nach Osten und Westen gerichteten Wände sind in Betonstützen aufgelöst, zwischen denen die von Vincenz Pieper gestalteten Fenster aus in Betonwaben gefassten farbigen Glassteinen für mäßiges Licht sorgen. Wenn man sie nicht sucht, findet man die Kirche kaum. Von außen betrachtet liegt sie versteckt hinter dem mächtigen Abteigebäude, von innen gesehen ist sie nur über einen engen Verbindungsgang zwischen Kloster und Landvolkshochschule eher beiläufig zugänglich.

Abb. 26 | Einladungskarte

## 8.3 Suche

Seit 2009 wurden seitens des Jugendhauses unter der Leitung von Stephan Schröder konkrete Überlegungen angestellt, wie man die Kirche besser mit der Lebenswirklichkeit junger Menschen verbinden könnte. Einerseits bestehen in vielen Fällen keine selbstverständlichen Bindungen an den Glauben aufgrund der Sozialisation, andererseits haben sich mit zunehmender Informationstechnologie auch die Sehgewohnheiten und Verständnisweisen erkennbar gewandelt. Mittels Umfragen, Workshops, kreativer Beiträge der Jugend und Diskussionsforen unter Beteiligung von Fachleuten aus den Bereichen Architektur, Jugendarbeit und Theologie wurden die Vorstellungen über die Ziele einer Umgestaltung des Kirchenraums zunehmend konkreter.

Es ging dabei keineswegs darum, neue Informationstechnologien im Sinne der entfremdeten Reproduzierung von Inhalten einzusetzen. Eher das Gegenteil einer Digitalisierung von Glaubensbotschaften war Inhalt der Überlegungen: Es sollte ein möglichst hohes Potential wirklicher Erfahrungen angeboten werden, sei es im Erlebnis von Gemeinschaft, in der ungestörten Reflexion oder in der Betrachtung und Befragung künstlerischer Werke. Den Beteiligten war bewusst, dass der Raum, das Wort, das Bild und die Musik die stärksten Medien menschlicher Kommunikation und Kultur bilden.

Es wurden unterschiedliche Formen der Erzählung des Glaubens mit den Mitteln des Raums und der Kunst hinsichtlich ihrer jeweiligen Potentiale und Probleme kritisch und auch kontrovers diskutiert. Ein Fokus der Diskussion lag auf der Frage des Erfahrungsraums als Schlüssel einer ganzheitlichen Erkenntnis und Erzählung. Künstlerische Ausdrucksformen wurden dabei in medialer Hinsicht keineswegs auf überkommene Raum-, Bild- oder Klangformen reduziert. Insgesamt gesehen spielte im Hintergrund auch das Thema der Annäherung eine kontinuierliche Rolle.

Die Thematik der Anordnung der „Prinzipalien", also der wesentlichen liturgischen Gegenstände wie Altar, Ambo oder Tabernakel, nahm in der Diskussion einigen Raum ein. Insbesondere seitens der jüngeren Teilnehmer wurde die Frage einer flexiblen Anordnung aufgeworfen, um den Raum jeweils an den aktuellen Bedarf anpassen zu können. In diesem Zusammenhang wurde auch diskutiert, was den Raum eigentlich zum Sakralraum macht. Ein Workshop, in dessen Verlauf fünf Teams aus jeweils zwei Theologie- und zwei Architekturstudent(inn)en skizzenhaft konkrete Lösungsansätze entwickelten, hatte einen reichhaltigen Fundus von Erkenntnissen hinsichtlich möglicher architektonischer Strategien zum Ergebnis, der die Diskussion in Richtung einer konkreten Umsetzung weiter befruchtete.

## 8.4 Konzeption

In gemeinsamer Diskussion mit Jugendhaus, Landvolkshochschule, Bistumsvertretern sowie Architekten wurde 2012 ein architektonisches Konzept entwickelt, welches geeignet erschien, Wege, Orte, Bedeutungsbezüge und funktionale Aspekte zu einem sakralen Raum der Annäherung und Erfahrung zu verbinden.

Der architektonische Ansatz bestand entgegen den ursprünglichen Erwartungen nicht in einer Umgestaltung, sondern in einer konsequenten Öffnung, Ergänzung und Vernetzung des bestehenden liturgischen Raums. Dazu wurde die Kirche mit einem Umgang versehen, der direkt an den Kreuzgang des Klosters anschließt und Bezüge zur alten Basilika, zur Natur, zu kontemplativen Orten und zur gemeinsamen Feier der Liturgie eröffnet. Den zentralen Kirchenraum betritt man also nicht direkt, sondern man kann ihn sich auf unterschiedlichen Wegen erschließen.

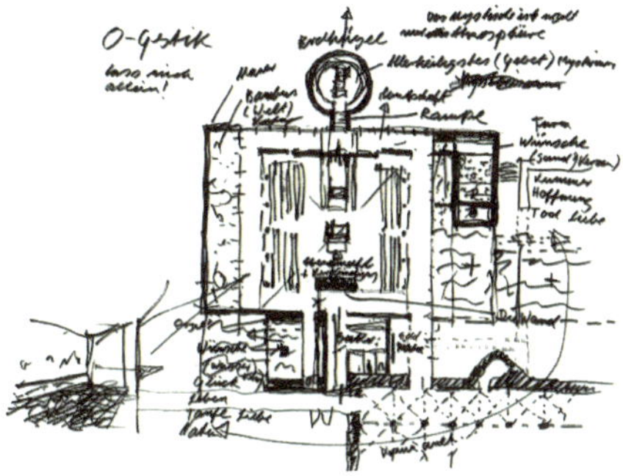
Abb. 27 | Erste Skizze zur Neukonzeption

Dem Umgang wurden Orte angegliedert, deren Bedeutung sich aus ihren jeweiligen Raumcharakteristika und Beziehungen zum Gesamtgefüge erleben und interpretieren lassen. Dadurch wird ein Weg der Annäherung und der Ideen geschaffen, der gleichzeitig auch vielfältige Dimensionen der Erzählung von Glauben in sich birgt.

Das Portal zur Kirche sieht man in der Längsachse des westlichen Kreuzgangflügels schon von weitem. Beim Eintritt öffnet sich der Blick in die Natur und es werden dort draußen die Umrisse der alten Basilika erkennbar und die schöne kleine Michaelskapelle sichtbar. Man befindet sich in einer Art Paradies im alten liturgischen Sinne und erlebt das künstlerische Bild des Wassers als Sinnbild der Taufe. In der Folge nimmt man allmählich die beeindruckende Außenwand des Klosters wahr. Auf der linken Seite taucht hinter einer Reihe von wandartigen Pfeilern der Kirchenraum auf, ein großes hohes Gebilde mit vielen Stühlen und einem Holzboden. Danach öffnet sich auf der rechten Seite ein hoher Raum, der mit vielen Kerzen beleuchtet ist und Wände aus glattem Lehm hat. Eine Bank in der Rückwand lädt ein, Platz zu nehmen und ungestört ein Bild zu betrachten.

Abb. 28 | Grundriss

Abb. 29 | Meditationskapelle mit Christusikone

Wendet man sich wieder dem Umgang zu, wird die Atmosphäre nun konzentrierter, das Licht gedämpfter. Am Ende der Blickachse erscheint die helle Wand eines geschlossenen schmalen Patios, der als *hortus conclusus* den westlichen Flügel des Umgangs begleitet. Auf dem Weg dorthin quert man die zentrale liturgische Achse des Kirchenraums. Zur Linken ist der Altar sichtbar und dahinter der Ambo. Zur Rechten öffnet sich eine runde Sakramentskapelle mit einer umlaufenden Sitzbank, die zur kontemplativen Betrachtung des zentral aufgestellten Tabernakels einlädt. Der Weg führt weiter entlang des künstlerisch gewidmeten Patios. Gleichzeitig öffnet sich zur Linken wieder der zentrale Kirchenraum, den man nun seitlich von hinten betritt, um die liturgische Ordnung in ihrer Gesamtheit zu erfahren.

Abb. 30 | Umgang mit Bick in Meditationskapelle und Kirchenraum

Abb. 31 | Kirchenraum

Vom Vorplatz mit den Spuren des romanischen Vorgängerbaus her gesehen erscheint die Kirche nahezu transparent. Zur Landschaft hin entwickelt der Bau aus handwerklich bearbeitetem Beton eine starke Skulpturalität, welche den inneren Raumfolgen nach außen einen authentischen Ausdruck verleiht. Die Geschichte und die Vergangenheit dieses besonderen Ortes werden sichtbar und gleichzeitig ist es ein heiliger Ort, der über seine physische Präsenz hinausweist – ein Gotteshaus mit einer langen Tradition.

Abb. 32 | Modell

Abb. 33 | Patio mit Glaswand zur Kirche

Abb. 34 | Eingangshof mit Meditationskapelle und Michaelskapelle

Abb. 35 | Ostansicht

Abb. 36 | Blick vom Eingangshof in Paradies und Kirche

Abb. 37 | Sakramentskapelle

# B) Heilige Orte in philosophisch-theologischer Perspektive

Bernd Irlenborn

# Zur Bestimmung des Ortes in der Phänomenologie

„Gott begegnen an heiligen Orten" lautet der Titel des vorliegenden Bandes. Gerade Kirchen und Kapellen markieren durch ihre Geschichte, Architektur und die in ihnen gefeierte Liturgie besondere Orte, an denen Menschen zusammenkommen, Gott suchen und ihm in unterschiedlicher Weise begegnen. Doch sakrale Orte beschränken sich nicht nur auf bauliche Gegebenheiten: Weil Gott christlich in eigentlichem Sinne das Heilige ist, weil er als Transzendenter sich in der Immanenz seiner Schöpfung den Menschen offenbart, kennt die katholische Kirche besondere irdische, als „heilig" bezeichnete Orte unmittelbarer oder mittelbarer göttlicher Präsenz. Sakrale Orte markieren formal eine besondere Räumlichkeit, die sich teils von anderen Orten unterscheidet, teils aber auch Kennzeichen mit ihnen teilt. Mit der Bezeichnung der Sakralität wird einem Ort oder Sachverhalt eine verehrungswürdige Dimension zugeschrieben, deren Bedeutung sich meist aus religiösen Gründen ergibt. Worin also das Sakrale besteht und inwiefern es sich vom Profanen unterscheidet, wird in der Regel unter Voraussetzung eines religiösen Systems oder bestimmter religiöser Überzeugungen entschieden. Sakrale Orte stellen aber typologisch nur eine Unterklasse von Orten bzw. Ortstypen dar. Insofern setzt die Untersuchung der religionstheologischen Frage, was sakrale Orte sind, die Untersuchung der grundlegenderen Frage voraus, was Orte überhaupt sind und was sie etwa vom Raum oder anderen Parametern abgrenzt. Diese grundlegende Untersuchung ist eine Aufgabe der Philosophie, die bereits in der Antike, vor allem aber in der phänomenologischen Tradition der Moderne Überlegungen zum Ort entwickelt hat. „Ort" geht auf den lateinischen Begriff *locus* zurück, der wiederum eine Übersetzung des griechischen Wortes *topos* ist. Die Frage nach dem Ortsbegriff wird demgemäß philosophisch auch als „Topologie" bezeichnet, als Lehre von der Bestimmung des Ortes.

In diesem Beitrag möchte ich eine Einführung in die philosophische Reflexion zum Begriff des Ortes eingehen. Im ersten Abschnitt soll die Bedeutung der Phänomenologie für die Frage nach dem Ort verdeutlicht werden, wozu ich exemplarisch auf Martin Heideggers topologische Überlegungen eingehe. Im zweiten Abschnitt geht es um das Verhältnis zwischen Ort und Raum. Im dritten Abschnitt sollen verschiedene Ortstypen in Bezug auf ihre jeweils spezifische Bedeutungszuschreibung unterschieden werden. Im vierten Abschnitt ziehe ich ein kurzes Fazit aus den phänomenologischen Überlegungen für die Bestimmung sakraler Orte.

## 1 Topologie und Phänomenologie

In der philosophischen Debatte seit Beginn des letzten Jahrhunderts um die Frage, was Orte kennzeichnet, wie sie bestimmt werden können und welchen Einfluss sie in unserer Lebenswelt haben, sind vor allem phänomenologische oder von der Phänomenologie beeinflusste Ansätze von Bedeutung. Darauf möchte ich im Folgenden näher eingehen. Dabei ist allerdings noch zu vermerken, dass sich seitdem methodisch auch andere Zugangsweisen zur Bestimmung von Orten entwickelt haben. Ich führe hier nur kurz drei Ansätze an: Zum einen spricht man in den Sozial- und Kulturwissenschaften seit den 1990er Jahren mit unterschiedlichen Schlagworten von einem „Topographical turn“ oder „Spatial turn“, womit ein Paradigmenwechsel in diesen Wissenschaften von der primären Orientierung auf die Dimension der Zeit hin zu Themen wie „Raum“ und „Ort“ beschrieben wird.[1] Zum zweiten beschäftigt sich das konstruktivistische Denken in seinen verschiedenen feministischen, postkolonialistischen oder kapitalismuskritischen Varianten seit den frühen 1970er Jahren mit dem Ortsbegriff. Hier werden besonders die sozialen und politischen Prozesse der Konstruktion von Orten kritisch in den Blick genommen.[2] Zum dritten finden sich auch in der

1 Vgl. dazu S. Günzel, Spatial Turn – Topographical Turn – Topological Turn. Über die Unterschiede zwischen Raumparadigmen, in: J. Döring, T. Thielmann (Hg.), Spatial Turn: Das Raumparadigma in den Kultur- und Medienwissenschaften, Bielefeld 2008, 219–237.

2 Vgl. dazu E. S. Casey, The Fate of Place. A Philosophical History, Berkeley 1998,

modernen japanischen Philosophie Ansätze zu einer Reflexion des Ortsbegriffs, die zunächst europäische Einflüsse aufnehmen, sich im Kontext des zen-buddhistischen Denkens eigenständig fortentwickeln und später wieder auf Europa zurückwirken.[3] Initiator ist der japanische Philosoph Kitarō Nishida. Nishidas Denken des Ortes ist nicht nur vom Zen-Buddhismus japanischer Prägung bestimmt, sondern auch vom Einfluss westlicher Philosophie, vor allem der idealistischen Tradition von Platon und Hegel. Der höchste Ort ist für Nishida nicht irgendein besonders ausgezeichneter physischer Platz menschlicher Lebenserfahrung in dieser Welt, sondern das nicht darstellbare und rein intelligible „absolute Nichts" *(zettai mu)* als „Ungrund des Diesseits".[4]

Phänomenologische Zugänge setzen weder metaphysisch noch konstruktivistisch, sondern bei der konkreten Erfahrung von Orten an. Nach der Grundintuition phänomenologischer Ansätze sind Orte nicht einfach vorhanden, sondern sie werden gestiftet als Bezugspunkte unserer Erfahrung und Praxis. Die Bezeichnung „Phänomenologie" geht zurück auf das griechische Wort *phainomenon*, in Deutsch „das Erscheinende" oder „Phänomen", und fragt danach, wie bestimmte Phänomene unserem Bewusstsein erscheinen. So zeigt sich phänomenologisch, dass es ganz verschiedene Anschauungen von Gegenständen gibt: Eine Zahl erscheint dem erkennenden Bewusstsein anders als ein Musikstück, ein Hammer oder ein Traumgegenstand. Aber auch ein und derselbe Gegenstand kann unterschiedlich erscheinen. Auf die Frage, was Orte sind, wäre phänomenologisch in einem ersten Schritt – vereinfacht ausgedrückt – zu klären, in welcher Vielfalt uns Orte als Phänomene in unserer Erfahrung gegeben sind, und dann, in einem zweiten, reduktiven Schritt (der mehrere Stufen haben kann), was sich im Nachdenken als das Allgemeine und Wesentliche der Ortswahrnehmungen ergibt. Das Innovative der Phänomenologie gegenüber der traditionellen Philosophie liegt also darin, dass die Klärung, was eine Sache ist, ihren Ausgangspunkt in der Frage hat, wie diese Sache für unser Bewusst-

285–330; T. Cresswell, Place. An Introduction, Chichester 2015, 115–193.

3 Vgl. K. Nishida, Logik des Ortes. Der Anfang der modernen Philosophie in Japan, hg. von R. Elberfeld, Darmstadt 1999, 76–78, 137f. (vgl. auch die instruktive Einleitung des Herausgebers, ebd., 1–19).

4 So die Begriffserklärung von Rolf Elberfeld in ebd., 286.

sein gegeben ist bzw. erscheint, und eben nicht, wie es der traditionellen Philosophie zugeschrieben wird, im Rekurs auf bestehende Theorien oder willkürliche Definitionen von Begriffen.[5]

Ich werde in Bezug auf die Phänomenologie des Ortes exemplarisch auf den Beitrag von Martin Heidegger eingehen. Auf neuere phänomenologische Ansätze zur Frage nach Ort und Raum – etwa von Maurice Merleau-Ponty, Hermann Schmitz, Bernhard Waldenfels, Maria A. C. Otto oder Jeff Malpas – kann ich nicht eingehen.[6] In Bezug auf die phänomenologische Topologie hat gerade Heidegger wegweisende Überlegungen vorgestellt. Schon in seinem frühen Hauptwerk *Sein und Zeit*, vor allem aber in seinem klassischen Vortrag „Bauen Wohnen Denken" von 1951 hat sich Heidegger mit dem „Dasein" des Menschen und dessen existenziellem Rückbezug auf das Sein beschäftigt. In *Sein und Zeit* erscheint das Sein des Menschen, das „Dasein", immer schon eingefügt in bestimmte lebensweltliche Verweisungszusammenhänge, was Heidegger bekanntlich als „In-der-Welt-sein" bezeichnet.[7] Wenn Heidegger in dieser Hinsicht vom „Da" des Daseins als dessen „Erschlossenheit" spricht, bezieht er sich auf dessen existenziale Verortung in eine semantisch und räumlich immer schon erschlossene Welt. Das heißt, das „Da" des Daseins lässt sich in weitem Sinne als dessen Ort im Kontext der jeweils erfahrenen und konstituierten Welt beschreiben. Dieser Ort ist aber nicht nur physisch oder räumlich zu verstehen, sondern auch als ein von Sinnzuschreibungen und praktischen Vollzügen bestimmter Raum. Eine Dimension der „Erschlossenheit" ist für Heidegger das „‚Raum-geben'" oder *„Einräumen"*, wodurch sich das Dasein, etwa in Bezügen der Nähe und Ferne, seine Umwelt mit ihrer Gegenständlichkeit strukturiert.[8] Schon in *Sein und Zeit* wird deut-

5 Vgl. zur Methode der Phänomenologie K. Held, Einleitung, in: E. Husserl, Die phänomenologische Methode. Ausgewählte Texte, Bd. 1, hg. von K. Held, Stuttgart 1990, 5–51.

6 Vgl. M. Merleau-Ponty, Phänomenologie der Wahrnehmung, Berlin 1966; H. Schmitz, Der Leib, der Raum und die Gefühle, Bielefeld 2007; Ders., System der Philosophie. Bd. III: Der Raum, 4. Teil: Das Göttliche und der Raum, Bonn 1977; B. Waldenfels, In den Netzen der Lebenswelt, Frankfurt a. M. 1985; M. A. C. Otto, Der Ort. Phänomenologische Variationen, Freiburg 1992; J. Malpas, Place and Experience: A Philosophical Topography, Cambridge 2009.

7 M. Heidegger, Sein und Zeit, Tübingen [16]1986, 76.

8 Ebd., 111.

lich, dass Raum und Ort nicht einfach vorhanden sind, sondern in der existenziellen Dynamik des Daseins, die eigene Lebenswelt immer weiter zu erschließen, erst gestiftet werden: „Raum kann erst im Rückgang auf die Welt begriffen werden. Der Raum wird nicht allein erst durch die Entweltlichung der Umwelt zugänglich, Räumlichkeit ist überhaupt nur auf dem Grunde von Welt entdeckbar ...“[9]

Dieses Verhältnis zwischen *„Einräumen“* und Raum, Verortung und Ort zeigt sich auch in Heideggers Vortrag „Bauen Wohnen Denken“, in dem er eingehend das „Wohnen“ und „Bauen“ des Menschen auf der Erde untersucht. Aus phänomenologischer Perspektive zeigt sich das Dasein des Menschen eingespannt in ein besonderes Verhältnis, das Heidegger als „Geviert“ von Himmel, Erde, Sterbliche und Göttliche beschreibt.[10] Am Beispiel einer Brücke macht er deutlich, wie ein Bauwerk die Dimensionen des „Geviert“ versammelt. So kommt in der Brücke der Bezug zur Erde als Landschaft, zum Offenen des Himmels, zu den sie überquerenden Menschen als Sterbliche und – etwa in der Figur des Brückenheiligen – auch zur Dimension des Göttlichen zum Ausdruck. Für unser Thema entscheidend ist, dass die Brücke in dieser Versammlung einen Ort stiftet, der vorher noch nicht da war. Die Schlüsselpassage dazu lautet:

> „Die Brücke [...] versammelt das Geviert in *der* Weise, daß sie ihm eine *Stätte* verstattet. Aber nur solches, was *selber* ein Ort ist, kann eine Stätte einräumen. Der Ort ist nicht schon vor der Brücke vorhanden. Zwar gibt es, bevor die Brücke steht, den Strom entlang viele Stellen, die durch etwas besetzt werden können. Eine unter ihnen ergibt sich als ein Ort und zwar *durch die Brücke.* So kommt denn die Brücke nicht erst an einen Ort hin zu stehen, sondern von der Brücke selbst her entsteht ein Ort.“[11]

An anderer Stelle spricht Heidegger davon, dass die Dinge selbst die Orte sind und nicht erst an einen Ort gehören: „Der Ort eröffnet jeweils eine Gegend, indem er die Dinge auf das Zusammengehören in ihr versammelt.“[12]

Was ergibt sich aus den Überlegungen Heideggers für die Bestimmung von Orten? Heideggers Reflexionen machen auf einen Aspekt aufmerksam, der in der neuzeitlichen Philosophie unter dem

9 Ebd., 113.
10 Ders., Vorträge und Aufsätze, Pfullingen [6]1990, 144.
11 Ebd., 148.
12 Ders., Die Kunst und der Raum, in: Gesamtausgabe Bd. 13, hg. von F.-W. von Herrmann, Frankfurt a. M. [2]2002, 203–210, hier: 207.

naturwissenschaftlichen und mathematischen Einfluss unbedacht geblieben ist: Orte sind lebensweltlich anders zu fassen als kartographische Lokalisationspunkte. Für die phänomenologische Sichtweise ist entscheidend, dass Orte nicht einfach vorhanden sind und als solche bloß benannt oder erkannt werden müssen – dann würde es sich höchstens um Koordinaten handeln. Das phänomenologische Verständnis von Orten geht davon aus, wie Orte als Phänomene in einem bestimmten Erfahrungs- oder Erkenntniszusammenhang vorkommen. Würde man Menschen unmittelbar fragen, was für sie Orte sind, dürften sie wohl ausgezeichnete Plätze benennen, die mit der eigenen Lebensgeschichte in einem besonderen Verhältnis stehen und wichtige bis unvergessliche Erfahrungen widerspiegeln – im Übrigen nicht automatisch positive Erfahrungen. Beispielsweise wäre dann für den einen Menschen die Schule in seiner Heimatstadt ein Ort, an dem er seinen Schulabschluss gemacht hat, für einen anderen Menschen wäre es ein besonderer Aussichtspunkt, der ihm oder ihr die Größe der Welt und die Begrenztheit des eigenen Lebens deutlich gemacht hat. Dagegen wäre etwa irgendein Platz in der Wüste Gobi oder auf dem Mond, den noch kein Mensch gesehen, bedacht und betreten hat, kein Ort im phänomenologischen Sinne.

Das heißt, Orte lassen sich als umgrenzte und situierte Bezugsgrößen unserer Erfahrung verstehen. Sie stellen semantisch codierte und räumlich strukturierte Schnittpunkte unserer Relationen zur Welt dar, Referenzpunkte und Bezugsgrößen unserer lebensweltlichen Anschauung oder Erfahrung. Dabei gilt es zu bedenken, dass aus phänomenologischer Perspektive die Erscheinungsweisen von Orten in der Erfahrung ganz verschieden sein können. Ich kann an ein und denselben Ort denken, von ihm träumen, ihn mathematisch berechnen oder ihn erinnern – stets erscheint er mir anders. Auch kann dieser eine Ort verschiedenen Menschen unterschiedlich erscheinen: Für den einen mag er der Ort seiner religiösen Erleuchtung sein, für die andere der Ort, an dem ihre Tochter verunglückt ist. Aufgabe der Phänomenologie in dieser Hinsicht wäre es also, Erscheinungsweisen von Orten zunächst zu klassifizieren und dann festzuhalten, welche Typen von Orten es in unserer Wahrnehmung gibt, was sie prägt und kennzeichnet im Gegensatz zu Nicht-Orten. Eine solche phänomenologische Differenzierung von unterschiedlichen Ortstypen werde ich ansatzweise im dritten Abschnitt vorstellen.

## 2 Ort und Raum

Warum ist eine Besinnung über Orte gerade in der heutigen Zeit philosophisch von besonderer Bedeutung? Im Zuge der grenzenlosen Mobilität und der ortlosen Netzwerkstruktur des Internets scheinen sich feste Grenzen der Ortsbestimmung nach und nach aufzulösen. Existenziell oder intellektuell an bestimmte Orte gebunden zu sein, erscheint für viele Menschen schon als Indiz für die Rückständigkeit gegenüber einer Moderne, die solche Begrenzungen immer weiter in Richtung einer größeren und unspezifischen Räumlichkeit überschreitet. Diese Diagnose wirft die Fragen auf, ob der qualitative Ort nach und nach vom quantitativen Raum absorbiert wird, oder ob der Rückbezug zum Ort, gewissermaßen als anthropologische Konstante, auch in Zukunft unverzichtbar bleibt.

Die Vorstellungen von Ort und Raum sind wechselseitig aufeinander verwiesen. Die Grundlage für die philosophische Reflexion, was Orte und Räume sind, liegt in der geometrischen Mathematik: Der Raum erscheint hier als geometrisches System von Koordinaten, Linien oder Punkten im Blick auf Körper, der Ort als ein Punkt oder eine Koordinate in diesem System. Die erste und bis heute berühmte Fassung eines solchen Raumverständnisses ist der Euklidische Raum mit dreidimensionalen geometrischen Körpern, den der griechische Mathematiker Euklid von Alexandria in seinen berühmten Buch *Stoicheia (Elemente)* im dritten vorchristlichen Jahrhundert beschrieben hat. Mit Newton und Einstein entwickelten sich neue Raummodelle. Den Einfluss des mathematischen Ortsverständnisses können wir heute leicht am Erfolg des satellitengestützten *GPS*-Systems („Global Positioning System") erkennen. Nach diesem Bezugssystem sind physische Orte eindeutig lokalisierbare Koordinaten, deren Bestimmbarkeit zur Fremd- und Eigenortmarkierung unverzichtbar geworden ist.

Seit der Antike gibt es eine lange und wechselvolle Geschichte des Raumbegriffs. Darauf kann ich hier nicht eingehen.[13] Von Interesse für unsere Fragestellung ist jedoch, dass der Raumbegriff philosophisch weitaus stärker reflektiert worden ist als der Ortsbegriff. Dazu hat nicht nur das neuzeitliche Aufkommen der Naturwissen-

13 Vgl. den von verschiedenen Autoren verfassten Artikel „Raum", in: HWPh 8 (1992) 67–111.

schaft beigetragen. Insgesamt kann man festhalten, dass der Ortsbegriff etwa seit dem frühen Mittelalter im Schatten des Raumbegriffs steht.[14] Die Gründe dafür sind vielfältig. Zum Ersten trägt der christliche Universalismus dazu bei, insofern die über allem liegende Ortlosigkeit und räumliche Unbegrenztheit Gottes deutlich macht, dass physische Verortung ein Indiz der endlichen Schöpfung und damit nachrangig ist. Zum Zweiten wird die Ortsbestimmung in der Neuzeit aufgesogen durch die naturwissenschaftliche Vorstellung des Raumes als unendlicher Ausdehnung („Containermodell des Raumes"), in der der Ort nur einen Punkt oder eine Koordinate markiert. Zum Dritten wurde in der neuzeitlichen Naturphilosophie und Wissenschaft – auch als Folge des zweiten Aspekts – die Kategorie der Zeit immer bedeutsamer gegenüber dem ihr verwandten Begriff des Raumes, wodurch der Ortsbegriff in der Geschichte weiter an Interesse verliert. Zum Vierten ergibt sich aus der Globalisierung und dem Einfluss des Internets mit seiner virtuellen Wirklichkeit die Konsequenz, dass das Bewusstsein und Bedenken des Ortes an Bedeutsamkeit verliert. Die Marginalisierung des Ortes in diesem Sinne wird von Tim Cresswell als „erosion of place" bezeichnet, eine Erosion bzw. Vergessenheit dessen, was Ort bedeutet.[15] So heißt es bei ihm:

> „Immer mehr Bereiche unseres Lebens finden an Orten statt, die überall sein könnten – die gleich aussehen, sich anfühlen, klingen und schmecken, egal wo wir uns auf der Erde aufhalten. Fast-Food-Outlets, Shopping Malls, Flughäfen, Einkaufsstraßen sehen überall wohl mehr oder weniger gleich aus, wohin wir auch immer kommen. Das sind Orte, die abgetrennt scheinen von der räumlichen Umgebung und die nichts über das lokale Umfeld aussagen, in dem sie verortet sind. Bedeutungen, die einen Sinn für den Ortsbezug vermitteln, sind im Laufe der Zeit entscheidend schwächer geworden."[16]

Auf solche „ortlosen" Orte im Lebensalltag werde ich im nächsten Abschnitt etwas genauer eingehen. Zu betonen gilt es an dieser Stelle, dass Heideggers Überlegungen nicht nur auf die angedeutete Erosion des Ortes aufmerksam machen und seine Bedeutung phänome-

14 Vgl. dazu auch Casey, The Fate of Place (s. Anm. 2), x–xii. Zur allgemeinen Abgrenzung zwischen dem Orts- und Raumbegriff vgl. A. Schlitte, Das Erhabene als Ortserfahrung. Vorüberlegungen zu einer Hermeneutik des Ortes, in: Dies., T. Hünefeldt, D. Romic, J. van Loon (Hg.), Philosophie des Ortes. Reflexionen zum Spatial Turn in den Sozialwissenschaften, Bielefeld 2014, 45–61, hier: 49f.

15 Cresswell, Place (s. Anm. 2), 75.

16 Ebd., 75 (Übersetzung B. I.).

nologisch neu umreißen, sondern auch die Vorordnung des Raumes gegenüber dem Ort in Frage stellen. Wie oben skizziert, sind Orte für Heidegger nicht einfach vorhanden als bezugslose Raumpunkte, sondern sie werden erst durch unser „Wohnen“ und „Bauen“, also durch Sinnstiftung und Verweisungen konstituiert. Diese Auffassung betrifft auch das Verhältnis zwischen Ort und Raum bei Heidegger. Der Raum entsteht ihm zufolge erst durch Orte:

> „Raum, Rum heißt freigemachter Platz für Siedlung und Lager. Ein Raum ist etwas Eingeräumtes, Freigegebenes, nämlich in eine Grenze, griechisch πέρας. [...] Raum ist wesenhaft das Eingeräumte, in seine Grenze Eingelassene. Das Eingeräumte wird jeweils gestattet und so eingefügt, d. h. versammelt durch einen Ort, d. h. durch ein Ding von der Art der Brücke. *Demnach empfangen die Räume ihr Wesen aus Orten und nicht aus ‚dem‘ Raum.*“[17]

Unter „Raum“ versteht Heidegger also nicht einen mehrdimensionalen mathematischen Raum, sondern das von Orten „Eingeräumte“, was man als semantisch kodierte und lokal begrenzte Bezugsstätte lebensweltlicher Verweisungen verstehen kann. An anderer Stelle heißt es bei Heidegger, der Ort befinde sich „nicht im vorgegebenen Raum nach der Art des physikalisch-technischen Raumes.“[18] Dieser quantitative Raum entfaltet sich erst aus unserer Erfahrung von Orten und dem, was sie einräumen. Im Begriff des Raumes klingt für Heidegger das „Räumen“ an, was bedeute, das Offene für das Wohnen des Menschen frei zu machen, die „Freigabe von Orten“.[19]

Heideggers phänomenologische Betrachtungen modifizieren die traditionelle, naturwissenschaftlich beeinflusste Sicht der Vorordnung von quantitativ verstandenen Räumen gegenüber Orten. Orte sind in dieser Perspektive nicht als eine Koordinate des Raumes, sondern als gestiftete Bezugsstätte der menschlichen Existenz und Erfahrung zu verstehen. Damit wird natürlich das mathematische Raumverständnis nicht gegenstandslos, insofern es einen Typus der Erfahrung von Räumlichkeit darstellt, der für das naturwissenschaftliche Verständnis der Welt und die daraus folgenden praktisch-technischen Aspekte des menschlichen Alltags unverzichtbare Grundlage ist. Heideggers Denken macht nur deutlich, dass der ma-

17 Heidegger, Vorträge und Aufsätze (s. Anm. 10), 148f.
18 Ders., Die Kunst und der Raum (s. Anm. 12), 208.
19 Ebd., 207.

thematische Raum gegenüber der lebensweltlichen Erfahrung von Orten und dem, was sie einräumen, abstrakt und abgeleitet ist. Orte stellen nicht allein und primär eine exakt bestimmbare Größe der Geometrie oder Physik dar. In der menschlichen Erfahrung sind sie Referenzpunkt unserer Lebenswelt, die zwar durchaus lokalisierbar sind, aber nicht zwingend mit einer mathematisch exakten oder eindeutigen räumlichen Begrenzung.

Dieser Hinweis berührt das wichtige Verhältnis zwischen Ort und Grenze: Ohne Begrenzung wäre eine Verortung nicht möglich und ohne Orte und Räume gäbe es keine Notwendigkeit, Grenzen zu ziehen. Heideggers Topologie ist kein Konstruktivismus, denn phänomenologisch hat ein Ort räumliche Grenzen und Bezüge. Allerdings lassen sich diese Grenzen zumeist nicht über das *GPS*-System eindeutig lokalisieren, weil die geometrisch exakte Grenzziehung entweder nicht möglich oder nicht bedeutsam für die Konstitution eines Ortes im phänomenologischen Sinne ist. Dies gilt beispielsweise für das Ulmer Münster als sakraler Ort genauso wie für Tschernobyl als Ort einer nuklearen Katastrophe. Die Grenzziehung von Orten wird phänomenologisch nicht primär durch *GPS*-Navigation oder exakte Kartographierung, sondern durch die Sinngebung bestimmt, die sie in der menschlichen Wahrnehmung erfahren. Es ist dieser Kontext der Bedeutung, der Orte abgrenzt von und ausgrenzt aus dem Bereich des Ortlosen. Der in dieser Hinsicht bedeutungsvolle Ort ist nicht die *GPS*-Lokalisierung der Quadratzentimeter, die er einnimmt, sondern die geometrisch nicht eindeutig umgrenzte Stelle, die sich aus einem bestimmten Erfahrungszusammenhang ergibt.

Heideggers Überlegungen stehen quer zu den Tendenzen einer Erosion des Ortes. Sie zeigen, dass Orte wichtige und unverzichtbare Bestandteile des menschlichen Lebens sind, die das Ganze des Erfahrungsraumes einbeziehen können, von der Dimension der Natur bis hin zu der der Transzendenz. Diese Ortserfahrung widersteht aber auch der Suggestion, dass die höchste und letzte Dimension moderner Lebensbezüge die ortsungebundene Mobilität und Medialität darstellt.

## 3 Typologie von Orten

Wie schon angedeutet, ist es die Aufgabe der phänomenologischen Topologie zu fragen, was Orte sind und welche verschiedenen Typen von Orten sich unterscheiden lassen. Eine solche „Katalogisierung von verschiedenen Phänomentypen“[20] muss dem Unterschied in den Erscheinungsweisen von Orten gerecht werden. Würde man eine genaue Klassifikation mit Unterstufen vorsehen, gäbe es mehrere Möglichkeiten der Einteilung: So könnte man beispielsweise zwischen physischen und nicht-physischen Orten unterscheiden und beide dann weiter unterteilen. Es wäre aber auch möglich, sakrale und nicht-sakrale bzw. profane Orte zu unterscheiden, wobei jene sich religionswissenschaftlich weiter in christliche, buddhistische, islamische und andere religiöse Typen aufteilen ließen. Ich möchte im Folgenden aber, weniger streng, allein verschiedene Typen von Orten nebeneinander stellen, bei denen das Kriterium der Unterscheidung die spezifische Bedeutung ist, die mit ihnen in der Erfahrung verknüpft wird. Dabei behaupte ich weder, dass damit alle Typen angesprochen werden, noch dass die vorgestellten Typen semantisch präzise voneinander abgegrenzt sind, insofern sich Bereiche des Unterschiedenen überschneiden. Zudem gilt es zu betonen, dass die Relationen, die mit Orten verbunden sind, oft wechselhaft und selten statisch sind. Das heißt, ein Ortstypus kann unmittelbar in einen anderen Typus übergehen, wenn es Gründe gibt, ihn semantisch neu zu codieren. Im Hintergrund der Katalogisierung steht im vierten Abschnitt die Frage, wo in einer solchen Klassifikation der Typus des sakralen Ortes zu finden ist.

*a. Orte mit affirmativer Bedeutung:* Was sind die Gründe, warum bestimmte Orte individuell oder kollektiv in affirmativer Weise eingeschätzt, erinnert, wahrgenommen oder fantasiert werden? Thesenhaft formuliert: Dass Orte positiv konnotiert sind, hängt damit zusammen, dass sie in Erfahrungskontexten mit einem Wachsen des Menschseins, einem Gewinn an authentischer, sinnerfüllter Lebensweise verbunden sind. In diesem Sinne spricht etwa Charles Taylor von Erfahrungen der „Fülle“, die er auch mit der Bezugnahme auf

20 D. Zahavi, Phänomenologie für Einsteiger, Paderborn 2007, 13.

Orte verknüpft.[21] Orte mit affirmativer Bedeutung sind besondere Stätten, Plätze oder Räumlichkeiten, an die wir uns gerne erinnern, die wir mit Vorliebe besuchen, die wir anderen Orten vorziehen, weil wir dort fruchtbare Erfahrungen gemacht haben. Wie Heidegger gezeigt hat, hat diese Zuschreibung meist etwas mit dem zu tun, was phänomenologisch als „Wohnen" des Menschen verstanden werden kann. Der Mensch „wohnt" nicht schon da, wo er ein Haus hat, sondern an solchen Orten, an denen es in der Erfahrung zu einer Konvergenz zwischen sinnerfülltem Lebensvollzug und authentischem Menschsein kommt. Aspekte wie Geborgenheit, Identität, Anerkennung und Schönheit spielen dabei eine wichtige Rolle. Solche Orte entwickeln eine eigene Attraktivität; sei es, dass man etwa im Urlaub immer wieder dahin zurückkehren möchte, sei es, dass man sich nach ihrem Besuch intellektuell oder emotional in irgendeiner Weise bereichert fühlt, sei es, dass man dort so lange wie möglich verweilen möchte. Offenkundig ist, dass solche affirmativen Ortszuschreibungen wechselhaft sein und sich verändern können. Störungen im Erfahrungsprozess können zu Um- oder Neucodierungen führen, bei denen ehedem affirmativ erachtete Orte ihre Sonderstellung verlieren und etwa eine negative Bedeutung evozieren, und umgekehrt.

*b. Orte mit negativer Bedeutung:* Wie Orte eindeutig oder primär eine positive Konnotation in einem individuellen oder kollektiven Erfahrungskontext haben, so gibt es natürlich auch das Umgekehrte: Orte, die in der Wahrnehmung von Menschen oder Gruppen eindeutig negativ besetzt sind. Es kommt an ihnen allgemein zu keiner Konvergenz zwischen idealer Vorstellung und realer Verwirklichung, konkret zwischen sinnerfülltem Lebensvollzug und authentischem Menschsein, im Gegenteil. In individueller Hinsicht mag dies der Ort sein, wo ein Familienmitglied bei einem Unglück getötet worden ist und der von Angehörigen, etwa am Straßenrand, mit einem Kreuz oder einer Tafel als Erinnerungszeichen versehen wird. In kollektiver Hinsicht würde beispielsweise Auschwitz einem solchen Ortstypus entsprechen, da dieser Ort paradigmatisch einen historisch unüberbietbaren Gegensatz markiert zwischen dem, was Menschen füreinander in Liebe und Solidarität sein könnten, und dem, was sie sich faktisch in ihrer Freiheit anzutun fähig sind.

21 C. Taylor, Ein säkulares Zeitalter, Frankfurt a. M. 2009, 18–21.

*c. Orte mit transitorischer Bedeutung:* Orte mit transitorischer Bedeutung sind Orte des Durch- oder Übergangs, die wichtig für alltägliche Lebensvollzüge sind, aber nicht als Zielpunkte oder Stätten des Verweilens fungieren. Im oben angeführten Zitat von Edward S. Casey war die Rede von Orten, die überall sein könnten und die in urbanisierten Räumen immer ähnlicher werden: Einkaufsstraßen, Flughäfen, Supermärkte usw. Der französische Ethnologe Marc Augé spricht in Rekurs auf Michel de Certeau von solchen Orten als „Nicht-Ort“ (französisch „Non-Lieux“).[22] Augé geht davon aus, dass die Moderne so etwas wie „Nicht-Orte“ produziert habe: „Unsere Hypothese lautet nun, dass die ‚Übermoderne‘ Nicht-Orte hervorbringt, also Räume, die selbst keine anthropologischen Orte sind und [...] die alten Orte nicht integrieren“.[23] Augé denkt dabei an Transiträume wie Flugplätze, Bushaltestellen, öffentliche Toiletten, Supermärkte etc. Mit anderen Worten, Orte mit transitorischer Bedeutung wären Bereiche oder Plätze, die wir durchqueren mit einem anderen Ziel, ohne sie selbst als Zielpunkte anzusehen. Orte, deren Betreten wir als notwendig erachten, um dieses Ziel zu erreichen, ohne dass wir dort länger bleiben wollen als nötig. Orte, an denen uns Menschen in einer Form der Anonymität begegnen, bei denen wir nicht davon ausgehen, dass sie Kontakt mit uns oder wir Kontakt mit ihnen aufnehmen wollen. In diesem Sinne kann man als Beispiele für einen solchen Ortstypus Knotenpunkte der Mobilität verstehen, aber auch Zwischenräume der lebensweltlichen Infrastruktur, die funktional Mittel zum Zweck und räumlich Übergangsbereiche sind, meist mit dem Ziel, Orte mit affirmativer Bedeutung zu erreichen.

*d. Orte mit regulatorischer Bedeutung*: In Bezug auf diesen Ortstypus beziehe ich mich auf eine Diagnose von Michel Foucault. Foucault hat den Begriff „Heterotopos“ für einen bestimmten Typus von Orten geprägt, der bislang noch nicht eigens bedacht worden ist: Orte, an denen eine Gesellschaft regulierend und lenkend auf das Verhalten von bestimmten ihrer Mitglieder einwirken will. Foucault spricht im Plural von „Heterotopien“ als Orte, die gesellschaftlich durch ein krisenhaftes, abweichendes oder – gegenüber der Norm – andersarti-

22 Vgl. M. Augé, Nicht-Orte, München 2014, hier v. a.: 81–114. – Vgl. auch M. de Certeau, Kunst des Handelns, Berlin 1988, 197.

23 Augé, Nicht-Orte (s. Anm. 22), 83.

ges Verhalten gekennzeichnet sind (die Vorsilbe „heteros" bedeutet im Altgriechischen „der andere").[24] Foucault unterscheidet im Blick auf diesen Ortstypus genauer zwischen „Krisenheterotopien" und „Abweichungsheterotopien": Jene sind „privilegierte, heilige oder verbotene Orte, die solchen Menschen vorbehalten sind, welche sich im Verhältnis zu der Gesellschaft oder dem Milieu, in dem sie leben, in einem Krisenzustand befinden", also etwa Plätze für Frauen im Kindbett oder während ihrer Menstruation; diese sind Orte, „an denen man Menschen unterbringt, deren Verhalten vom Durchschnitt oder von der geforderten Norm abweicht."[25] Beispiele für letztere sind für Foucault Friedhöfe, Theaterbühnen, Kolonien (etwa die Jesuitenmission in Südamerika), Freudenhäuser, Jahrmärkte, aber auch Gefängnisse, Kasernen, Sportstadien und Krankenhäuser. Es ist hier nicht möglich, genauer auf seine historischen und systematischen Unterscheidungen bezüglich solcher Orte einzugehen – Foucault untersucht beispielsweise genauer die Kulturgeschichte des Friedhofs. Orte mit regulatorischer Bedeutung sind also Stätten eines sozial abweichenden, besonderen Verhaltens, bei denen es in weitem Sinne um Disziplinierung, Regelung oder Normierung geht.

*e. Orte mit fiktionaler Bedeutung*: Ein solcher Ortstypus bezieht sich auf nicht physisch existierende Stätten oder Plätze. Auch wenn solche Orte nicht in der realen Welt vorkommen, haben sie doch ontologisch eine Form der Existenz in der Fiktion oder Vorstellung. Teilweise steht dafür der Begriff der Utopie, womit meist Entwürfe einer idealen, fiktiven Gesellschaftsordnung gemeint sind. Orten mit fiktionaler Bedeutung sollen hier jedoch semantisch in einem weiten Sinne verstanden werden: Mit diesem Ortstypus sind nicht nur fiktive gesellschaftspolitische Szenarien gemeint, sondern generell nicht materiell existierende oder physisch-geographisch lokalisierbare Orte unserer Welt. Hier muss man unterscheiden, beispielsweise in Bezug auf die Zeitlichkeit solcher fiktiven Orte: Zum einen gibt es vorgestellte, immateriell existierende Orte ohne einen spezifischen Bezug zur Zeitlichkeit. Beispiele wären Orte mit einer poetisch-literarischen Bedeutungszuschreibung wie Hogwarts Schule für Hexerei und Zau-

24 Vgl. M. Foucault, Von anderen Räumen, in: Raumtheorie. Grundlagentexte aus Philosophie und Kulturwissenschaft, hg. von J. Dünne, S. Günzel, Frankfurt a. M. 2015, 317–329, hier: 321.

25 Ebd., 322 (Übersetzung korrigiert; B. I.).

berei im Harry-Potter-Roman, aber auch immateriell existierende Orte in einem christlichen Sinne, wie etwa die menschliche Seele als das von Gott geschenkte Lebensprinzip. So wird die Seele in der christlichen Tradition als Ort der Gottesbegegnung verstanden, auch wenn wir sie nicht körperlich lokalisieren können. Zum anderen gibt es fiktive Orte mit einem eindeutigen zeitlichen Bezug, und zwar auf die Zukunft. Beispiele hierfür wären zukünftig vorgestellte Orte entweder mit einer gesellschaftspolitischen Bedeutung (etwa der „Sonnenstaat“ von Tommaso Campanella), einer mythischen Bedeutung (das Goldland Eldorado) oder einer religiösen Bedeutung (das Himmlische Jerusalem).

## 4 Fazit: Phänomenologie sakraler Orte

Vor dem Hintergrund unserer Untersuchung und der vorgestellten Typologie können wir auf die Ausgangsfrage nach einem besonderen Ortstypus zurückkommen: Was sind sakrale Orte und wie verhalten sie sich zu profanen Ortsbestimmungen? Sakrale Orte hatten wir als Plätze oder Stätten beschrieben, denen aus religiösen Gründen eine verehrungswürdige Bedeutung zugeschrieben wird. An solchen Orten ist in der Erfahrung einzelner oder vieler religiöser Menschen eine Geschichte der Anwesenheit göttlicher Transzendenz in der Immanenz des irdischen Lebens greifbar geworden. Wo in der gerade vorgestellten Typologie lassen sich solche Orte einbeziehen? Formal wären sakrale Orte unter zwei Ortstypen zu subsumieren: Zum einen als eine Unterklasse von Orten mit affirmativer Bedeutung, insofern der religiöse Mensch die Begegnung mit göttlicher Transzendenz idealtypisch zwar als herausfordernd, stets jedoch als existenziell positiv und bereichernd erfährt. Zum anderen als eine Unterklasse von Orten mit fiktionaler Bedeutung, was die Beispiele von den nicht-physisch vorkommenden Ortsbestimmungen der Seele und des Himmlischen Jerusalem anschaulich gemacht haben. Religionsphänomenologisch finden sich solche sakralen Orte weltweit in den meisten, wenn nicht in allen Religionen, was durch reichliches Anschauungsmaterial illustriert werden kann.[26]

26 Vgl. dazu J. Holm (Hg.), Sacred Place, London 2003.

Die vorläufige Definition sakraler Orte müsste noch in vielen Hinsichten verfeinert werden, etwa in Rekurs auf die klassische religionswissenschaftliche Unterscheidung zwischen dem Sakralen und dem Profanen. Darauf kann ich hier nicht eingehen.[27] Jedoch können die phänomenologischen Überlegungen im Ausgang von Heidegger dazu beitragen, den Typus sakraler Orte genauer zu beschreiben. Für religiöse Menschen sind solche Orte existenziell bedeutsame Plätze in ihrer Erfahrung. Sie sind Schnittpunkte zwischen Immanenz und Transzendenz für das religiös orientierte „Wohnen" in der Welt. Solche Orte beschreiben keine aus mathematischen Raumvorstellungen abgeleiteten Koordinaten, sondern grundlegenden Versammlungsstätten dessen, was Heidegger mit dem Begriff „Geviert" umschrieben hat und was sich durchaus in einem gegenüber Heidegger weiteren, weniger agrarisch bestimmten Sinne beschreiben lässt: Sakrale Orte als Plätze, an denen in der religiösen Erfahrung die Dimension des Göttlichen in der Verbindung mit dem endlich-sterblichen Menschen, mit seiner konkreten Lebenswelt und der ihn umgebenden Weite von Natur und Universum greifbar wird. Das heißt, sakrale Orte eröffnen den Raum für die religiöse Deutung der Welt und für die Konfrontation mit dem Göttlichen im Sinne des Leitgedankens: „Gott begegnen an heiligen Orten".

27 Vgl. dazu B. Irlenborn, Was sind sakrale Orte? Skizze einer theologischen Topologie, in: IKaZ 47 (2018) 145–158.

*Berthold Wald*

# Sakralität

## Eine Grundkategorie philosophisch-theologischer Anthropologie[1]

Für eine Verabschiedung vom philosophischen Lehrbetrieb ist das Thema „Sakralität. Eine Grundkategorie philosophisch-theologischer Anthropologie", sagen wir es vorsichtig, ein wenig überraschend. Die Zuständigkeit für das Sakrale scheint doch wohl bei der Theologie und nicht bei der Philosophie zu liegen. So hatte denn auch die Wahl des Themas zunächst nichts mit dem heutigen Anlass zu tun. In der Planungsphase der Montagsakademie war mir aufgefallen, dass unter den vielen bedenkenswerten Aspekten des Rahmenthemas „Gott begegnen an heiligen Orten" der Aspekt der „Sakralität" als solcher nicht eigens bedacht schien. Mein Hinweis führte dazu, dass mich der Leiter der Montagsakademie auf die liebenswürdigste Weise nötigte, das doch selbst zu tun. Auch Josef Pieper, für den ich hier an der Fakultät besonders zuständig sei, hätte doch einiges dazu gesagt. Und so gelangte dann das Thema „Sakralität" auf die Agenda der Montagsakademie.

Erst Monate später, zu Beginn des Wintersemesters, kam mein lieber Kollege Stefan Kopp überraschend auf mich zu mit der im Rektorat bereits abgesprochenen Frage, ob meine nun tatsächlich letzte öffentliche Vorlesung im Rahmen der Montagsakademie nicht zugleich auch als meine Abschiedsvorlesung vom philosophischen Lehrbetrieb deklariert werden könne. Das war nun in der Tat ein freundliches Angebot, das ich nicht gut ignorieren konnte. Aber nun sah ich mich doch ein wenig grundsätzlicher mit der Frage konfrontiert, ob das längst angekündigte Thema „Sakralität" denn ein geeignetes Thema für eine *philosophische* Abschiedsvorlesung sein könne – sozu-

1 Der Charakter des Beitrags als Abschiedsvorlesung auf dem Lehrstuhl für Systematische Philosophie wurde beibehalten.

sagen mein letztes Wort auf dem Lehrstuhl für Systematische Philosophie.

Das Ergebnis meines Nachdenkens ist offenkundig: Wir sind hier – Sie in der Erwartung, etwas zum Thema „Sakralität als philosophisch-theologischer Grundkategorie“ zu hören, und ich mit der Verpflichtung, Sie möglichst nicht zu enttäuschen. Doch zuvor muss ich etwas zu dem weniger offenkundigen und vielleicht auch kontroversen Grund sagen, weshalb mir das anfangs gewählte Thema nicht ungeeignet scheint für eine Abschiedsvorlesung in Philosophie. Das hängt natürlich davon ab, was unter Philosophie und einer philosophischen Fragestellung verstanden wird. Ich nenne vorab kurz die Hauptaspekte meines Vortrags. Ausgehend von einer Vorbemerkung zum Sinn des Philosophierens soll zunächst das philosophische Interesse am Thema „Sakralität“ begründet werden. Danach wird es um sachbezogene Abgrenzungen zu anderen Positionen und um eine Klärung der Bedeutung und Verwendung des Terminus „sakral“ gehen. Der dritte Teil konkretisiert und rechtfertigt meine These, Sakralität als eine philosophisch-theologische Grundkategorie zu verstehen. Die wichtigsten Aspekte sind hier: die Unterscheidung von Heiligkeit und Sakralität; die Bedeutung der leiblich-seelischen Einheit des Menschen für die Möglichkeit der Gottesbegegnung; die inkarnatorische Grundform aller Vermittlungen von absoluter Transzendenz und absoluter Nähe Gottes und schließlich die Notwendigkeit, zwischen Gottesbegegnung und Gotteserfahrung zu unterscheiden.

## 1 Vormerkung über Sinn und Aufgabe des Philosophierens

Zunächst aber – etwas zu plakativ und sicher unterkomplex – eine Vorbemerkung über Sinn und Aufgabe des Philosophierens, insbesondere an einer katholisch-theologischen Fakultät. „Philosophie“ ist keine Spezialdisziplin für philosophische Fragen, die außer Fachphilosophen kaum jemanden zu interessieren brauchen. Elementare Sachverhalte menschlicher Erfahrung waren von jeher Anlass des Philosophierens. Denken wir an die Anfänge der Philosophie. Da war es zuerst die staunenswerte Ordnung des Universums, aber auch das Phänomen des Lebendigen, woran sich die Frage nach dem Ursprung und der letzten Bedeutung der Wirklichkeit im Ganzen festmachte.

Doch schon mit Sokrates, dem Urvater des europäischen Philosophierens, wendet sich die philosophische Frage in besonderer Weise dem Menschen zu. Es ist der Mensch, er allein, der nach einer gültigen Bestimmung seines Lebens sucht: wer er ist und wie er leben soll und wohin das einmal führen wird. Wie Aristoteles lapidar feststellt: Nur der Mensch philosophiert. Gott braucht das nicht, ein Tier kann das nicht.

Nun gehört zum Bereich menschlicher Erfahrung auch die Tatsache, dass es Menschen gibt, die von sich behaupten, singuläre und dennoch *alle* Menschen betreffende Erfahrungen gemacht zu haben. Denken wir an die lange Reihe der jüdischen Propheten. Auch das Christentum beruht auf den außergewöhnlichen Erfahrungen vieler Einzelner, die allerdings alles bis dahin Bekannte in den Schatten stellen. Von Johannes dem Täufer als dem letzten in der Reihe der Propheten heißt es:

> „Ein Mensch trat auf, von Gott gesandt; sein Name war Johannes. Er kam als Zeuge, um Zeugnis abzulegen für das Licht, damit alle durch ihn zum Glauben kommen. Er war nicht selbst das Licht, er sollte nur Zeugnis ablegen für das Licht." (Joh 1,6–8)

Die Intention des Textes geht ersichtlich über eine bloße Information hinaus. Der Verfasser des Johannes-Evangeliums fordert uns auf, die singuläre Erfahrung und Sendung von Johannes dem Täufer als gültiges Zeugnis anzuerkennen für das Licht der Welt, „damit alle zum Glauben kommen". Er hat zwei Gruppen von Menschen im Blick: solche, die das Licht der Welt nicht erkannt haben und es ablehnen, und solche, die im Glauben aus Gott neu geboren sind und darum die Welt in neuem Licht, im Lichte Gottes zu sehen vermögen. Geht solche glaubensbedingte Erfahrung, die vom Standpunkt der Weltkinder aus gesehen ja nur eine behauptete Erfahrung ist, und geht der damit verbundene Geltungsanspruch den Philosophierenden überhaupt etwas an? Steht die Philosophie nicht auf Seiten der Kinder dieser Welt, die sehen, was alle sehen und darüber urteilen, wie alle urteilen, ohne glaubend etwas für wahr und wirklich zu halten, das sie nicht sehen können?

Dazu wäre einiges zu sagen. Zwei Hinweise müssen hier genügen, zunächst zur Berufung auf die Erfahrungsgrundlage der Philosophie. Die Annahme, dass Erfahrungen unabhängig sind von der Verfassung dessen, der sie macht, beruht auf einer Fiktion. Nicht jeder kann jederzeit dasselbe erfahren, was andere erfahren. Die Verfassung des Subjekts der Erfahrung ist entscheidend dafür, was erfahren wird. Wer nicht liebt, kann nicht wissen, was der Liebende erfährt, und wer nicht glaubt, kann nicht wissen, was der Glaubende im Licht seines Glaubens sieht und versteht. Sowenig man sich bloß hypothetisch auf den Standpunkt des Liebenden versetzen kann, um zu beurteilen, was Liebe ist und bewirkt, so wenig kann man bloß hypothetisch den Standpunkt des Glaubens einnehmen, um zu beurteilen, was ein anderer glaubt. Um urteilen zu können, muss man zuerst wirklich lieben, und man muss zuerst wirklich glauben. Die Fiktion von der subjektiven Voraussetzungslosigkeit und Gleichheit menschlicher Erfahrung bedeutet für den Begriff der Philosophie: Wir sollten uns von der Idee verabschieden, vom Standpunkt der reinen Vernunft zu philosophieren. Nicht die philosophische Vernunft als solche philosophiert, sondern der konkrete Mensch ist das Organ der philosophischen Erkenntnis. Diese für Aristoteles selbstverständliche Tatsache hat inzwischen durch die „virtue epistemology" neue Beachtung gefunden.[2]

Und nun der zweite Hinweis. Wann nennen wir eine Erkenntnis „philosophisch"? Was macht den Unterschied aus zwischen einer „wissenschaftlichen" und einer „philosophischen" Fragegestellung? Weil hier keine Zeit für lange Erörterungen ist, werde ich sinngemäß mit Josef Pieper antworten: Philosophisch ist eine Frage nur dann, wenn sie auf ein Gesamtverständnis der Wirklichkeit zielt und wenn dabei deutlich wird, was wir zu ihrer Beantwortung eigentlich wissen *müssten*. Philosophieren heißt ja nicht bloß, „die Gesamtheit dessen, was begegnet, auf ihre letztgründige Bedeutung hin bedenken"[3]. Offensichtlich bleibt ohne ein Verständnis des Ganzen auch das Einzelne in letzter Hinsicht unverstanden, auch wenn wir in vorletzten Hinsichten, und hier sind die Wissenschaften gemeint, vielerlei darüber wissen können. Sokrates wusste um die Begrenztheit menschlicher Erkenntnis vom Ganzen der Wirklichkeit. Er hat darum den Ehrentitel eines Weisen, also eines schlechthin Wissenden, für sich abgelehnt und mit beißender Ironie die Selbstzuschreibung erfolgs-

2 Vgl. dazu A. Koritensky, Glaube, Vernunft und Charakter. Virtue Epistemology als religionsphilosophische Erkenntnistheorie, Stuttgart 2018.

3 J. Pieper, Verteidigungsrede für die Philosophie, in: ders., Werke in acht Bänden, hg. von B. Wald, Band 3, Hamburg 2004, 76–155, hier: 79.

orientierter Sophisten destruiert, die vorgaben, weise zu sein. Das sokratische Wissen des Nichtwissens bewahrt genau jenen Wissensvorsprung vor allen anderen Arten des Wissens, der das Philosophieren menschlich gesehen fruchtbar sein lässt. Gerade der im ursprünglichen Sinn Philosophierende versteht sich nicht als ein schlechthin Wissender, sondern als einer, der auf das schlechthin Wissenswerte aus ist, und der zugleich darum weiß, dass ein Verständnis des Wirklichkeitsganzen durch menschliche Erfahrung und Vernunfterkenntnis *allein* nicht zu erreichen ist.

Ist dann aber die philosophische Frage nicht eine sinnlose Frage? Von Sokrates-Platon her gesehen: nein! Sinnlos sind philosophisch nicht abschließend zu beantwortende Fragen keineswegs, und zwar darum nicht, weil sich im Zulassen dieser Fragen eine sonst nicht zu realisierende Chance des Verstehens auftut. Es ist ja nicht bloß, und nicht einmal zuerst die Philosophie, die es mit der letzten Bedeutung von Mensch und Welt zu tun hat. Daneben – und kulturgeschichtlich weitaus früher – begegnet uns ein Gesamtverständnis der Wirklichkeit im Horizont der Religion. Am Verhältnis zur Religion und ihrer theologischen Deutung zeigt sich aber, ob es dem Philosophierenden wirklich Ernst damit ist, seine Frage, etwa, „Was ist der Mensch?“, unter jedem sinnvoll denkbaren Aspekt und im Horizont der Frage nach der letzten Bedeutung des Wirklichkeitsganzen zu stellen. Er kann versucht sein, sich auf das methodisch gesicherte Wissen zurückzuziehen, wie es in der Orientierung an den exakten Wissenschaften zum Paradigma der neuzeitlichen Philosophie geworden ist. Aber um welchen Preis? Entweder geht das eigentlich menschliche Interesse an der Philosophie verloren – aus der „Philosophie für das Leben“ wird eine „Philosophie für die Schule“, wie der alte Schelling mit Blick auf Kant gesagt hat.[4] Oder aber die Philosophie versucht, diese Engführung auf das unbezweifelbar Gewisse dadurch zu überwinden, dass sie sich selbst den Anschein von Weisheit gibt und führt damit die Menschen hinters Licht. Philosophie wird dabei zum Theologie-Ersatz und so zu einer heimtückischen Ideologie – paradigmatisch zu besichtigen in der hochspekulativen Philosophie He-

4 Vgl. B. Wald, Positive Philosophie. Der Ausgangspunkt des Philosophierens bei Josef Pieper im Blick auf Schelling, in: H.-G. Nissing (Hg.), Vernunft und Glaube. Perspektiven gegenwärtiger Philosophie, München 2008, 101–113, hier: 133.

gels samt ihren Folgen in linken und rechten Ideologien. Dazwischen – zwischen Selbsterniedrigung und Selbstüberhöhung der Philosophie – liegt als dritte Möglichkeit die Offenheit der Philosophie für den Wahrheitsanspruch des religiösen Glaubens und seiner theologischen Interpretation. Diese Offenheit hin zur Theologie bewahrt das sokratische Eingeständnis der Begrenztheit philosophischer Erkenntnis, ohne das Erkenntnisverlangen menschlicher Vernunft auf das natürlicherweise Erkennbare einzuschränken. Das zeigt sich bereits bei Platon im philosophierenden Umgang mit den religiösen Mythen. Josef Pieper hat in seiner Studie „Über die platonischen Mythen"[5] die paradigmatische Grundstruktur des platonischen Philosophiebegriffs freigelegt, dessen spätere theoretische Ausarbeitung bei Thomas von Aquin den bereits von Platon gesetzten Rahmen nicht prinzipiell verändert hat.[6] Von Thomas her gesehen erscheinen mir auch weiterhin zwei Elemente seines Philosophiebegriffs richtungweisend: Erstens, wo Vernunft und Glaube in kontrapunktischer Fügung auf einander bezogen sind, bleibt im Mehrwert der Erkenntnis nicht nur die Unterscheidung von Philosophie und Theologie gewahrt. Es ist, zweitens, gerade diese Hinordnung auf die Theologie, welche die Philosophie nicht bloß in Berührung hält mit den aufs Ganze des Lebens gesehen „heilsnotwendigen" Fragen. Durch die Anerkennung der Theologie in ihrer Zuständigkeit für „letzte Antworten" aus dem Glauben ist die Philosophie auch daran gehindert, „sich selbst für eine Heilslehre zu halten."[7]

## 2 Sakralität als anthropologisches Faktum – notwendige Abgrenzungen

Nach diesen mehr apologetischen Vorbemerkungen zur Verteidigung einer zur Theologie hin offenen Philosophie sind in der Sache zwei Hauptfragen zu klären: Was meint und worauf bezieht sich der Ausdruck „Sakralität", und was berechtigt dazu, Sakralität als eine

5 J. Pieper, Über die platonischen Mythen, in: ders., Werke in acht Bänden, hg. von B. Wald, Band 1, Hamburg 2002, 332–374.

6 Vgl. dazu J. Pieper, Über den Philosophiebegriff Platons, in: ders., Werke (s. Anm. 3), 156–172.

7 J. Pieper, Was heißt Philosophieren?, in: ders., Werke (s. Anm. 3), 15–69, hier: 55.

„Grundkategorie der philosophisch-theologischen Anthropologie" zu bezeichnen?

## 2.1 Das Sakrale als kulturgeschichtliches Phänomen

Auf die letzte Frage könnte etwa mit dem Hinweis geantwortet werden, dass das Sakrale und Heilige als kulturgeschichtliches Phänomen in den unterschiedlichsten Gestalten vorkommt und daher faktisch immer schon zum Menschen gehört. Es hat – außer in der modernen Zivilisation – keine Zeit gegeben, in welcher der Mensch nicht versucht hätte, sich in ein Verhältnis zum Heiligen zu setzen, vor allem, weil er selber machtlos und schutzbedürftig ist. Aber auch in der modernen aufgeklärten westlichen Zivilisation ist es keineswegs so, dass die fortschreitende Säkularisierung das Sakrale und Heilige zum Verschwinden gebracht hätte. Bereits Heribert Mühlen, der viele Jahre an dieser Fakultät Dogmatik gelehrt hat, weist auf dem Höhepunkt der nachkonziliaren Entsakralisierungswelle daraufhin, dass „das Sakrale als Grunddimension der menschlichen Existenz" nicht einfach verschwindet, etwa durch den bewussten Versuch, die bisherigen Träger des Sakralen zu entsakralisieren: heilige Orte, geweihte Personen, die Kirche als Institution. Es verlagere sich nur in andere Bereiche des Lebens, in denen das Außergewöhnliche eine „pseudosakrale Faszination" ausübt: als Personenkult im Bereich von Sport, Politik und Showbusiness, aber auch als Überhöhung menschlicher Sexualität.[8] Den großangelegten Nachweis für eine solche These, allerdings ohne einen Bezug auf Mühlens Buch „Entsakralisierung", verspricht eine aktuelle Studie des Soziologen Hans Joas: „Die Macht des Heiligen. Eine Alternative zur Geschichte der Entzauberung"[9]. Joas richtet sich darin vor allem gegen das von Max Weber vertretene Geschichtsbild einer unaufhaltsamen Säkularisierung. Eine aufschlussreiche Konkretisierung dieser Säkularisierungsskepsis findet sich bereits in Joas' Buch „Die Sakralisierung der Person"[10]. Dort heißt es:

8 H. Mühlen, Entsakralisierung. Ein epochales Schlagwort in seiner Bedeutung für die Zukunft der christlichen Kirchen, Paderborn 1970, 35ff., 40ff., 473ff.

9 H. Joas, Die Macht des Heiligen. Eine Alternative zur Geschichte der Entzaubeung, Frankfurt 2017.

10 H. Joas, Die Sakralisierung der Person, Frankfurt 2011.

> „Der Terminus ‚Sakralisierung' darf nicht so aufgefaßt werden, als habe er ausschließlich eine religiöse Bedeutung. Auch säkulare Gehalte können Qualitäten annehmen, die für die Sakralität charakteristisch sind: subjektive Evidenz und affektive Intensität. Sakralität kann neuen Gestalten zugeschrieben werden; sie kann wandern oder transferiert werden, ja, das ganze System der Sakralisierung, das in einer Kultur gilt, kann umgewälzt werden."[11]

Man könnte so den im Titel meines Vortrags benannten Zusammenhang von Sakralität und philosophisch-theologischer Anthropologie im Sinn von Joas verstehen. Aber in diesem rein funktionalen Sinn, wonach das Menschliche wegen der Austauschbarkeit sakraler Gehalte niemals ohne das Sakrale vorkommt, ist mein eigener Klärungsversuch nicht gemeint. Es mag sein, dass auf die Entsakralisierung an anderer Stelle eine Resakralisierung folgt, wie man ja auch häufiger sagen hört, dass es einen Werteverlust nicht gibt und auch nicht geben kann. Was es gibt, sei ein steter Wertewandel mit epochal unterschiedlicher Dynamik, worin alte Werte stets von neuen Werten abgelöst werden. Dahinter steht der Gedanke einer funktionalen Äquivalenz von Wertüberzeugungen: Wenn das eine verschwindet, kommt dafür ein anderes. Das klingt erst einmal beruhigend. Doch ein Denken in Äquivalenten beseitigt den Unterschied von wahr und falsch, gut und schlecht. Nicht jeder Wandel ist ein Wandel zum Guten und nicht jeder Verlust wird an anderer Stelle kompensiert. Es gibt auch einen prekären Wandel und es gibt echte Verluste.

### 2.2 Unterscheidung verschiedener Bedeutungen von „Sakralität"

Also gut, könnte einer jetzt fragen, wie ist der Zusammenhang des Sakralen und des Menschlichen denn nun gemeint? In welchem Sinn ist das Sakrale zum Menschen gehörig, etwa in dem Sinn, dass es etwas Gutes und Heilsames für den Menschen ist, und was genau ist mit dem Sakralen gemeint? Darauf würde ich zunächst noch allgemein antworten und für die konkrete Antwort abermals um Geduld bitten: Das Sakrale in einem erst noch genauer anzugebenden Sinn gehört wesenhaft zum Menschen und zwar so sehr, dass der Verlust des Sakralen durch nichts kompensiert werden kann. Doch um konkreter zu sehen, was gemeint ist und ob die dann präziser zu formulierende

11 Ebd., 18.

These von der wesenhaften Zusammengehörigkeit des Sakralen und des wahrhaft Menschlichen einer Prüfung standhält, muss zunächst einmal aus dem reichen Bedeutungsspektrum des Sakralen das für meine These Bedeutsame herausgehoben und unterschieden werden von dem, was nicht gemeint ist. Von der Bedeutungsvielfalt des Sakralen war ja schon bei Mühlen und Joas die Rede, wenn letzterer sagt, „der Terminus ‚Sakralisierung‘ [dürfe] nicht so aufgefaßt werden, als habe er ausschließlich eine religiöse Bedeutung.“[12] In Analogie zu der berühmten Feststellung des Aristoteles, wonach wir durchaus Verschiedenes meinen, wenn wir vom „Seienden“ sprechen, kann man wohl sagen: Nicht bloß „seiend“, auch der Terminus „sakral“ wird in vielfältigem Sinn gebraucht. Allerdings ist die sorgsame Beachtung von Bedeutungsunterschieden kein Selbstzweck. Sprachsensibilität ist unverzichtbar, weil sonst die Gefahr besteht, aneinander vorbei zu reden und, ohne es zu bemerken, bloß über Worte zu streiten. Doch muss der Streit um die Sache gehen, und den gibt es hier sehr wohl, wie sich noch zeigen wird.

Wenn wir zunächst auf den bloßen Wortgebrauch achten, also darauf, wofür wir die Worte „sakral“ und „heilig“ verwenden, dann bemerken wir zwei grundlegend verschiedene Bedeutungen von Sakralität und Heiligkeit. In einem ersten und grundlegenden Sinn ist Heiligkeit oder Sakralität verstanden als eine wesenhafte *intrinsische* Seinsqualität. Als „heilig“ gilt, was von einzigartigem Rang und von einer alles überragenden Würde ist. In diesem Sinn wird nicht nur Gott heilig genannt, sondern – wie Kant sagt – auch das moralische Gesetz, und neuerdings gilt das auch für die menschliche Person. Hans Joas spricht in einer eigenen Wortschöpfung von der „Sakralität der Person“ und meint damit die unvergleichliche achtunggebietende Qualität, die das Sein von Personen auszeichnet.

In diesem ersten Sinn bezeichnet der Terminus „Sakralität“ also die selbstbezügliche Qualität des *an sich* oder *durch sich selbst* Heiligen. Davon zu unterscheiden ist eine andere, nicht weniger grundlegende Bedeutung. „Sakralität“ meint dann zweitens eine *extrinsische* Beziehungsqualität, die auch nachträglich erworben sein kann: Etwas oder jemand wird geheiligt durch einen besonders gearteten Be-

12 Ebd.

zug zum heiligenden Gott. In diesem Sinn steht das Wort für wenigstens drei unterschiedliche Sachverhalte:

- Erstens, es kann bezogen sein auf die Wirklichkeit im Ganzen, die als Schöpfung Gottes immer schon heilig *ist.* Insofern hat alles Wirkliche einen geheiligten Bezug zu Gott, weil nichts Geschaffenes per se unheilig und profan sein kann.
- Zweitens bezeichnet das Wort „sakral“ die Heiligkeit von allem, was geheiligt *wird* in einer über die Relation der Geschöpflichkeit hinausgehenden und eigens von Gott gesetzten Beziehung zu ihm selbst durch sein geschichtliches Handeln und seine besondere Gegenwart zu dieser Zeit, an diesem Ort. Sakralität meint dann eine von Gott gestiftete zeitliche wie räumliche Dichte seiner Präsenz: im Allerheiligsten des jüdischen Tempels, im Tabernakel des christlichen Gotteshauses, in der Vergegenwärtigung des Kreuzesopfers Christi durch den Akt der Konsekration von Brot und Wein.
- Drittens begegnet der Terminus „sakral“ im Zusammenhang mit der Herrschaftsgewalt, deren Legitimität in früheren Kulturen über die sakrale Dimension vermittelt war, ob in der starken Form einer personifizierten Anwesenheit Gottes im Herrscher, wie im Fall der Pharaonen und im römischen Kaisertum, oder in der schwachen Form einer göttlichen Herrschaftslegitimation von Paulus bis Luther. Carl Schmitts berühmtes Wort, wonach alle grundlegenden politischen Kategorien auf säkularisierten theologischen Kategorien beruhen, behauptet einen solchen undeklarierten Begründungszusammenhang von Herrschaft und Sakralität auch noch für die gegenwärtige Zeit.

Wenn diese hier nur sehr summarisch angeführten Unterscheidungen vollständig sind, dann ist die Frage, welche der Bedeutungen von „sakral“ und „heilig“ in der These von der Sakralität als Grundkategorie philosophisch-theologischer Anthropologie *nicht* gemeint sind, leicht zu beantworten. Es dürfte klar sein, dass Sakralität in der zuerst genannten Bedeutung einer *intrinsischen Seinsqualität* der Heiligkeit nur Gott selbst zukommt: „*Tu solus sanctus* – Du allein bist der Heilige“, singt die Kirche im „Gloria“ zur Ehre Gottes. Wie es mit der von Kant behaupteten intrinsischen Heiligkeit des moralischen Gesetzes steht, soll uns hier nicht interessieren. Und die durch Joas in die Debatte eingeführte „Sakralität der Person“, wobei „Sakralität“

ausdrücklich *nicht* als Beziehungsqualität verstanden werden soll, ist nur ein schöner Titel, der auf der funktionalen Äquivalenz von Einstellungen und Empfindungen beruht: In früheren Zeiten war es Gott, dessen Sakralität „durch subjektive Evidenz und affektive Intensität" gegeben war, heute sei es die Person, welche dieselben Einstellungen und Empfindungen auf sich zieht und die darum „sakral" heißen kann. Das sagt nun aber nichts darüber aus, ob die menschliche Person aus sich selbst heraus nun wirklich heilig *ist* und sein kann. Und das *allein* wäre philosophisch relevant, nicht die bloße Feststellung veränderter Einstellungen und Empfindungen, die zu neuen Zuschreibungen führen.

Also bleibt für eine philosophisch relevante Explikation des Zusammenhangs von Sakralität und menschlicher Personalität nur die Bedeutung von Sakralität im Sinn einer *extrinsisch begründeten Beziehungsqualität*. Im Kern geht es da um den Eintritt in eine Gottesbeziehung, die von Gott selbst gestiftet ist durch die Erschaffung der Welt und durch seine Menschwerdung in Jesus Christus. Hören wir dazu noch einmal den Anfang des Prologs zum Johannes-Evangelium. Er hebt die absolute Abhängigkeit der Schöpfung vom göttlichen Logos hervor und verweist damit auf eine Relation, die ich die *schöpfungshafte Dimension* des Sakralen nennen möchte. Die Verse 1 bis 3 lauten:

> „Im Anfang war das Wort und das Wort war bei Gott und das Wort war Gott. Dieses war im Anfang bei Gott. Alles ist durch das Wort geworden und ohne es wurde nichts, was geworden ist." (Joh 1,1–3)

Doch bleibt es nicht bei dieser schöpfungshaften Dimension des Sakralen. Diese enthält zwar schon für sich den heiligenden Bezug auf den Menschen, wie es im darauf folgenden Vers angedeutet ist: „In ihm war Leben und das Leben war das Licht der Menschen." (Joh 1,4)

Wie Johannes bezeugt, wurde das Licht von den Menschen nicht erkannt. Er sieht hierin den Anlass für den neuen Beginn, den Gott mit den Menschen macht, damit sie endlich sehen lernen. Über die schöpfungshafte Dimension des Sakralen hinausgehend, eröffnet Gott selbst eine neue Dimension des Sakralen zur Rettung und Heiligung des Menschen. Nennen wir sie aufgrund ihres geschichtlichen Charakters die *gnadenhafte Dimension des Sakralen*. Von ihr heißt es bei Johannes:

> „Und das Wort ist Fleisch geworden und hat unter uns gewohnt und wir haben seine Herrlichkeit geschaut, die Herrlichkeit des einzigen Sohnes vom Vater, voll Gnade und Wahrheit." (Joh 1,14)

Was zuerst ist – im Anfang und geschaffen durch das Wort – wie das Wasser und das Feuer kann hineingenommen werden in diese neue Beziehung. Was von Schöpfungs wegen ist, kann zum Zeichen werden als Wasser der Taufe und als Feuer des Heiligen Geistes, das in die besondere Gegenwart Gottes führt. Es versteht sich von selbst, dass hier kein Raum mehr ist für die sakrale Dimension menschlicher Herrschaft. Sie ist durch die Menschwerdung Gottes ein für alle Mal überholt und aufgehoben: *„Quoniam tu solus sanctus, tu solus Dominus, tu solus altissimus, Jesu Christe."* Christus allein ist heilig, er allein ist der Herr, und er allein der Höchste, wie es im Lobpreis des „Gloria" schon zu Beginn der Heiligen Messe verkündet wird.

## 3 Gott begegnen im Raum des Sakralen

Wir hatten zunächst einen der aktuellen Diskussion um das Sakrale geschuldeten Umweg gemacht, um die im Titel meines Vortrags behauptete grundlegende Beziehung der Sakralität zur Anthropologie abzugrenzen von einer funktionalistischen Auffassung des Sakralen, wie sie heute von Hans Joas vertreten wird. Ein wesentlicher Unterschied zeigte sich bereits, wenn wir verschiedene Grundbedeutungen von Sakralität auseinanderhalten: eine intrinsisch begründete und eine extrinsisch begründete Sakralität. Für unsere These ist die extrinsische Bedeutung grundlegend: Sakralität in ihrem Bezug auf den Menschen ist dann *nicht* wie bei Hans Joas zu verstehen als geschichtliches Resultat einer Selbstsakralisierung der Person, sondern als eine für den Menschen wesenhafte Beziehung zu Gott, die nicht von ihm selbst, sondern von Gott gesetzt ist. Zuletzt haben wir dann innerhalb der extrinsischen Grundbedeutung von Sakralität noch einmal unterschieden zwischen der schöpfungshaften Dimension und der gnadenhaften Dimension des Sakralen, um die geschichtliche Zuwendung Gottes zu den Menschen von der bereits mit der Schöpfung gegebenen Beziehung abzuheben.

### 3.1 Notwendige Unterscheidung von Sakralität und Heiligkeit

Im Folgenden ist nun eine Präzisierung wichtig. Wir hatten bisher die Ausdrücke „Sakralität“ und „Heiligkeit“ weitgehend synonym verwendet. So können wir beispielsweise eine katholische Kirche ohne Bedeutungsunterschied als Sakralbau oder auch als heiligen Ort bezeichnen. Die Heiligkeit des Ortes bzw. Sakralität des Gebäudes beruht auf der Weihe, wodurch der sakrale oder heilige Ort aus der profanen Umgebung herausgenommen und in die besondere Verfügung Gottes gestellt ist: zum Vollzug heiliger Handlungen. Aber auch solche Handlungen selbst können ohne Bedeutungsunterschied heilig oder sakral genannt werden: die Kirchweihe, die Priesterweihe, die Konsekration von Brot und Wein. „Heilig“ und „sakral“ sind hier austauschbare Bezeichnungen, weil immer dasselbe gemeint ist und geschieht: die Übereignung von etwas oder jemanden an Gott, worin eben diese neue Qualität der Heiligkeit oder Sakralität begründet liegt.

Eine Synonymität von „sakral“ und „heilig“ kann es jedoch nicht geben, wenn wir von Gott sprechen. Gott ist heilig, aber nicht sakral. Der Grund ist leicht einzusehen und wird auch sprachgeschichtlich gestützt. Ich zitiere Heribert Mühlen:

> „Das Wort ‚sakral‘ bedeutet seiner Etymologie nach nämlich das, was dem Heiligen zugeordnet ist. Gott aber ist nicht sich selbst zugeordnet, er ist deshalb niemals ‚sakral‘“.[13]

Gott ist wesenhaft heilig, das Sakrale dagegen ist heilig durch Teilhabe an der Heiligkeit Gottes. Wenn Sakralität also nicht Gott selbst, sondern den Bezug auf Gott und insbesondere den kultischen Bereich sakraler Präsenz Gottes meint, dann gehört Sakralität kategorial zur Welt des Menschen in ihrer Beziehung zu Gott. Die Behauptung, dass Sakralität in philosophisch-theologischer Perspektive eine Grundkategorie des Menschen ist, erhält so schon ein gewisses Maß an Plausibilität. Das wird noch deutlicher werden mit Blick auf die Unterscheidung des Sakralen vom Profanen.

13 H. Mühlen, Entsakralisierung (s. Anm. 8), 71.

### 3.2 Unterscheidung sakral – profan

Die Frage nach dem Verhältnis von „sakral“ und „profan“ wird nicht selten „sakralitätskritisch“ diskutiert. Im Christentum könne es, im Unterschied zum jüdischen Tempelkult, nichts Sakrales mehr geben, heißt es dann, weil alle Wirklichkeit durch die Menschwerdung Gottes in eine absolute Nähe zu Gott gerückt und geheiligt sei. Diese Argumentationsfigur lässt auch die gegenteilige Schlussfolgerung zu: Es gibt nichts Profanes mehr, weil alles zum Ort der Gottesbegegnung geworden und darum sakral und heilig ist. Es ist dann sachlich unerheblich, ob man die eine oder die andere Behauptung vertritt. Im Ergebnis kommen beide Auffassungen darin überein, den sachlichen Unterschied zwischen sakral und profan zu bestreiten und damit den Sachverhalt selbst zum bloßen „Wortverhalt“ zu degradieren.

Mir scheint, dass hinter solchen Behauptungen zwei Voranahmen stehen, die nichts mit den theologischen Gründen für die Ablehnung der Unterscheidung sakral – profan zu haben. Die eine halte ich für eine metaphysische und die andere für eine anthropologische Häresie. Zum einen wird unterstellt, dass die Unterscheidung eine Abwertung des Profanen zum Ausdruck bringe. Das Sakrale, das ist das Heilige, von Gott erfüllte, und das Profane, so wird dann gefolgert, ist als sein Gegenteil das Unheilige, Wertlose, Gottferne. Demgegenüber darf man wohl daran erinnern, dass es keine von Gott geschaffene Wirklichkeit gibt, die per se unheilig, gottfern und wertlos wäre. Schöpfung besagt, von Gott im Sein gehalten sein. Nichts Wirkliches kann jemals aus sich selber existieren. Sein Wirklich-sein besteht in seinem Geschaffen-sein und Geliebt-sein durch Gott. Alles Sein hat daher „schöpfungshaft-sakralen“ Charakter, während das davon zu unterscheidende geschichtliche Heilshandeln Gottes einen „gnadenhaft-sakralen“ Charakter hat. Weil aber das gnadenhaft-sakrale Handeln Gottes nicht bloß über seine schöpfungshaft gegebene Präsenz hinausgeht, sondern sich als geschichtliches Handeln in Raum und Zeit vollzieht, darum kann dieselbe Unterscheidung ohne Abwertung auch durch die Entgegensetzung des Sakralen zum Profanen ausgedrückt werden: Das Sakrale meint dann die von Gott selbst bewirkte geschichtliche Präsenz, in welcher er sich gewissermaßen „lokalisierbar“ an Raum und Zeit gebunden hat, während das Profane den Raum und die Zeit außerhalb dieser besonderen Präsenz meint, der darum aber nicht per se gottfern oder gar gottlos sein muss.

Das ist, wie gesagt, die erste Vorannahme, die für ein angemessenes Verständnis der Unterscheidung sakral – profan korrigiert werden muss. Eine zweite ebenso folgenschwere Vorannahme führt nun unmittelbar auf den Boden der Hauptfrage zurück, weshalb denn das Sakrale als eine zum Menschen gehörige Grundkategorie zu verstehen sei. Die zweite irrige Vorannahme folgt aus einer anthropologischen Häresie, wonach es einer gnadenhaft-sakralen Präsenz Gottes gar nicht *bedürfe*. Schließlich sei Gott ja überall anwesend, wie auch der Glaubende jederzeit und an jedem Ort die Möglichkeit habe, sich dem allpräsenten Gott zuzuwenden: in einem rein innerlichen Akt der Anbetung und Gottesverehrung, der keinerlei äußerer Bezugspunkte und Vollzüge bedürfe und darum nicht an heilige Orte, heilige Zeichen und heilige Handlungen gebunden sei. Wenn aber die menschliche Zuwendung zu Gott immer und zuerst ein *innerlicher* Akt ist, dann hat alles Zeichenhaft-sakrale nur eine sekundäre Bedeutung. Ist das wirklich so? Man kann die Frage auch so stellen: Ist die sakrale Form der Gottesbegegnung wirklich „grundlegend“ für den Menschen, weshalb dann zu Recht „Sakralität“ als eine „Grundkategorie der philosophisch-theologischen Anthropologie“ gelten kann?

Um sich hier Klarheit zu verschaffen, müssen wir die Frage noch grundsätzlicher stellen. Was heißt eigentlich Gottesbegegnung, und wie ist Gottesbegegnung möglich? Dazu sind im Grunde zwei Teilfragen zu beantworten: Wer oder wie ist der Mensch, dass er *Gott* begegnen *kann*, und wer oder wie ist Gott, dass er dem *Menschen* begegnen *kann*? Die erste Teilfrage impliziert die Frage nach der Natur des Menschen, die zweite die Frage nach der Natur Gottes. Es ist klar, dass auf beide Fragen keine umfassende Antwort zu erwarten ist, auch dann nicht, wenn wir alle Zeit der Welt hätten. Es geht mir nur um einen einzigen Punkt, nämlich darum, vom Menschen her wie von Gott her zu verstehen, wie Gott und Mensch sich begegnen können – wie also der Mensch in Berührung kommt mit Gott. Es sind mehrere Aspekte, die hier zur Sprache kommen müssen, allen voran die Seinsverfassung des Menschen.

### 3.3 Die leibliche Verfasstheit des Menschen als Synthese von innen und außen

Dass die leib-seelische Verfassung für den Menschen von grundsätzlicher Bedeutung ist, ist leicht einzusehen. Wenn ich wissen will, wie viele Personen hier im Raum sind, dann zähle ich durch, wie viele Leiber ich hier sehe. Leiblichkeit und Personalität sind beim Menschen eine Einheit. Wie eine solche Einheit denkmöglich ist, darüber wird seit den Anfängen der Philosophie und bis heute nachgedacht und gestritten. Aber das muss uns hier nicht interessieren. Wir setzen einfach das Faktum als durch unsere Selbsterfahrung gesichert voraus, dass jeder von uns eine solche Einheit aus Leib und Seele ist.

Wenn dem so ist, dann sind damit sowohl eine spiritualistische wie eine materialistische Sicht des Menschen grundsätzlich verfehlt. Insbesondere die spiritualistische Sicht erfreut sich gleichwohl auch innerhalb des christlichen Denkraums einer hohen Akzeptanz. Josef Pieper, den ich im Folgenden mehrfach zitieren werde, einfach weil niemand sonst so wie er um Klarheit in diesem Punkt bemüht war, sagt:

> „Der Mensch ist nicht reiner Geist. – Man kann diesen Satz mit verschiedenartiger Betonung aussprechen. Es ist nicht ungebräuchlich, ihn auf die Weise des Bedauerns auszusprechen – eine Akzentuierung, die für etwas spezifisch Christliches gehalten zu werden pflegt, von Christen wie Nicht-Christen. Der Satz kann auch so ausgesprochen werden, daß er besagt: gewiß, der Mensch ist nicht reiner Geist, aber der ‚eigentliche Mensch' ist doch die geistige Seele."[14]

Wenn das so wäre, dann wäre die rein innerliche Gottesbeziehung nicht bloß möglich, sondern auch dem Menschen zutiefst angemessen. Aber ist das so – ist der Mensch „eigentlich" die geistige Seele? Mit den Worten Piepers: Zu fragen ist nach „der Bauform der menschlichen Natur". Und die zeigt sich darin,

> „daß es nämlich im Menschen weder etwas ‚rein Geistiges' noch etwas ‚rein Materielles' geben kann (was übrigens die empirische Erforschung menschlichen Lebens jeden Tag neu bestätigt)."[15]

14 J. Pieper, Was heißt Philosophieren?, in: ders., Werke (s. Anm. 3), 15–69, hier: 39.
15 J. Pieper, Ansprache zur Einweihung der Domkammer in Münster, in: ders., Werke in acht Bänden, hg. von B. Wald, Band 7, Hamburg 2000, 530–536, hier: 533.

Die hier zugrundeliegende, bereits von Aristoteles und später von Thomas von Aquin bestätigte Einsicht ist in dem anthropologischen Grundgesetz formuliert: „‚Anima forma corporis‘: die Seele ist die gestaltgebende forma des Leibes und der Leib das durch die geistige Seele Geformte.“[16] Das ist, wie Pieper deutlich macht,

> „eine höchst konsequenzenreiche Konzeption, die nicht nur besagt, der Mensch als Ganzes sei von Natur, also von Schöpfungs wegen, ein leibhaftiges Wesen, sondern auch, die Seele, als das dem Leibe von innen her Gestalt gebende Lebensprinzip, sei in gewissem Sinne selber leibhaftig.“[17]

Wenn aber die menschliche Seele, recht verstanden, selber leibhaftig ist, dann ist eine unmittelbare Folge die, dass nichts

> „von dem, was [der Mensch] empfindet oder als Gesinnung hegt, rein innerlich bleiben könnte; sondern es geht gar nicht anders, als dass er es ‚äußern‘, das heißt leibhaftig zeigen muß – im Gesichtsausdruck, in der Gebärde, im Lachen; im hörbaren Laut und natürlich vor allem im Wort, aber auch im Kleid, das Festesfreude ausdrücken kann oder auch Trauer.“[18]

Pieper erinnert in diesem Zusammenhang an Romano Guardini, der von diesem Satz „anima forma corporis“, „die Seele ist das gestaltgebende Prinzip des Leibes“, mit Recht gesagt habe, er sei „die Grundlage aller liturgischen Bildung; was ja wohl heißt: dies sei das Fundament jeglichen Verständnisses für die heiligen Zeichen, deren Gesamtheit den christlichen Kult konstituiert.“[19]

Von dorther lässt sich die unvermeidliche Folge der anthropologischen Häresie „reiner Innerlichkeit“ für die sakrale Form der Gottesbegegnung leicht angeben:

> „Wer [...] nicht realisiert, daß der Mensch ein Wesen ist, in welchem es nichts ‚rein Geistiges‘ gibt, aber auch nichts ‚rein Körperliches‘, der ist höchst erwartbarerweise außerstande, jenes ‚Gefüge von sichtbaren und sinnlich faßbaren Formen‘, das wir heilige Handlung nennen, überhaupt zu würdigen und sinngemäß zu vollziehen.“[20]

16 J. Pieper, Zeichen und Symbol als Sprache des christlichen Glaubens, in: ders., Werke (s. Anm. 15), 512–529, hier: 521.

17 Ebd.

18 Ebd.

19 Ebd.

20 J. Pieper, Sakralität und „Entsakralisierung“, in: ders., Werke (s. Anm. 15), 394–419, hier: 413.

Wir könnten hier Schluss machen und die These als hinreichend erwiesen ansehen, dass Sakralität, genauer gesagt, die sakrale Form der Gottesbegegnung, wesenhaft zum Menschen gehört, weil der Mensch als Person ein leibliches Geistwesen ist. Die Berechtigung dieser These zeigt sich aber auch von der anderen Seite her, von Gott her gesehen, der dem Menschen begegnen will und durch seine Menschwerdung in Jesus Christus uns für immer nahe gekommen ist. Deshalb sollten wir ebenso fragen: Wer ist oder wie ist Gott, dass er dem Menschen an heiligen Orten begegnen kann?

### 3.4 Absolute Transzendenz und absolute Nähe Gottes

Grundlegend dafür ist die Spannung von absoluter Transzendenz und absoluter Nähe Gottes, wie sie in den vier Evangelien, besonders aber im Prolog des Johannes-Evangeliums bezeugt wird. Die zentrale Botschaft von der absoluten Nähe Gottes hat Papst Franziskus kürzlich in seiner Predigt zum Hochfest der Gottesmutter am Neujahrstag ebenso schön wie klar formuliert:

> „Seit der Herr in Maria Mensch geworden ist, ist unsere Menschheit für immer Teil von ihm. Gott gibt es nicht mehr ohne seine Menschsein: Der menschliche Leib, den Jesus von seiner Mutter bekam, ist jetzt auch sein Leib und wird es immer bleiben.“[21]

Diese rettende Botschaft von der Menschwerdung Gottes ist bei Johannes zu Beginn und zum Schluss des Prologs gerahmt mit dem Hinweis auf die absolute Transzendenz Gottes. Das reine Bei-sich-Sein des Wortes „im Anfang“ und die absolute Transzendenz Gottes sind zwei Seiten desselben Sachverhalts. Darum endet der Johannes-Prolog mit dem Vers: „Niemand hat Gott je gesehen. Der Einzige, der Gott ist und am Herzen des Vaters ruht, *er* hat Kunde gebracht.“ (Joh 1,18)

Die Inkarnation, wörtlich: die Fleischwerdung und leibliche Präsenz in seiner Geburt als Mensch und in seinem Tod am Kreuz, ist die von Gott selbst gewählte Weise, seine barmherzige Liebe den Menschen kund zu tun. Die leibliche Präsenz ist die Grundlage aller menschlichen Kommunikation und findet von dorther ihre angemessene Fortsetzung in der sakramentalen Präsenz. Begegnung ist

21 https://w2.vatican.va/content/francesco/de/homilies/2018/documents/papa-francesco_20180101_omelia-giornata-mondiale-pace.html (Download: 08.01.2018).

für den Menschen gebunden an Raum und Zeit. „Gott wird Mensch" bedeutet anthropologisch die Selbstverortung Gottes für den Menschen in Raum und Zeit. Die inkarnatorische und sakramentale Nähe Gottes zu den Menschen ist daher erst in ihrer Bindung an Raum und Zeit verstanden. Einige wesentliche Aspekte von Räumlichkeit und Zeitlichkeit für die Gottesbegegnung können hier nur stichwortartig angedeutet werden, zunächst mit Bezug auf die räumliche Präsenz:

- Erstens, Primärort der Gottesbegegnung ist der leibliche Eintritt Gottes in die Geschichte des Menschen. „Was wir gesehen und gehört haben, das verkündigen wir euch." (1 Joh 1,3) Wer dieses Zeugnis nur „kerygmatisch" als nachträgliche Audrucksform der Verkündigung gelten lässt, entwertet damit die kommunikative Bedeutung der Inkarnation.
- Zweitens, die sakramentale Anwesenheit Gottes an den eigens dazu geweihten heiligen Orten ist für die Begegnung von Gott und Mensch die der leib-seelischen Verfassung des Menschen unmittelbar angemessene Form göttlicher Präsenz. Entsakralisierung ist im Kern Entleiblichung und beseitigt damit wiederum die Basis einer wirklichen Kommunikation. Die Kommunion im katholischen Gottesdienst ist daher als ein leib-seelischer Akt die intensivste Form sakramentaler Kommunikation.
- Drittens, weil der Mensch, wie wir gesehen haben, als Spannungsgefüge von Innen und Außen, Seele und Leib existiert, darum ist die Erfüllung des Inneren an das von außen sinnenhaft Gegebene gebunden.

In gleicher Weise lässt sich nun auch die Bedeutung der Zeit für die Gottesbegegnung wiederum stichwortartig angeben:

- Erstens, Gott ist Mensch geworden und für uns – unter Pontius Pilatus – am Kreuz gestorben. Das bedeutet in zeitlicher Hinsicht: Die endlos dahinfließende Zeit erhält eine Richtung. Aus der bedeutungsleeren Zeit von Entstehen und Vergehen, Aufstieg und Verfall wird Geschichtszeit.
- Zweitens, der Ruf des Täufers „Kehrt um, denn das Reich Gottes ist nahe!" (Mt 3,2) kündet von der Zeitenwende. Ab sofort bedeutet Zeit immer Endzeit. Die Inkarnation ist die Botschaft von der befristeten Zeit, die der befristeten zeitlichen Existenz des Menschen gesetzt ist.

– Drittens, Menschsein vollzieht sich im Spannungsgefüge von Gegenwart und Zukunft. Die sakramentale Vergegenwärtigung des Kreuzesopfers in der Feier der Eucharistie ist unter den Bedingungen der Zeitlichkeit der Eintritt in die erfüllte Zeit.

Es dürfte nun auch von Seiten der leiblich-sakramentalen Zuwendung Gottes zum Menschen her noch einmal deutlicher geworden sein, wie sehr die wesenswidrige Reduktion des Menschen auf bloße Innerlichkeit der inkarnatorischen und sakramentalen Grundform der Begegnung zwischen Gott und Mensch nicht bloß widerspricht, sondern diese auch behindert und vereitelt. Sakralität ist die dem Menschen zutiefst angemessene Form der Gottesbegegnung, weil darin der ganze Mensch seiner leib-seelischen Natur gemäß mit Gott in Beziehung treten kann.

## 4 Gottesbegegnung oder Gotteserfahrung?

Nun zum Schluss ein letzter Punkt, den ich mir im Blick auf die These zwar sparen könnte, der mir aber signifikant erscheint mit Bezug auf einen immer deutlicher zutage tretenden Mangel an Verstehen, wie Gott zu begegnen ist. Diese Vorlesungsreihe steht unter dem Leitwort „Gott begegnen an heiligen Orten". Heißt Gott begegnen Gott erfahren? Immer häufiger ist in Predigten und erbaulichen Schriften von Gotteserfahrungen die Rede, wobei nicht etwa außerordentliche Ereignisse, sondern positive menschliche Erfahrungen im alltäglichen Umgang miteinander als Gotteserfahrungen qualifiziert werden. Die sakramentale Begegnung wird so zunehmend von einer Unmittelbarkeit des Erlebnisbezugs ersetzt, der auf eine Erlebniserwartung reagiert. Das zeigt sich nicht nur im pastoralen Reden, sondern auch im Verhalten. Wenn beispielsweise eine schon etwas betagte Damenriege, in der Kirchbank hinter mir sitzend, sich vor Beginn der Messfeier mit einiger Lautstärke über die Familienereignisse der vergangenen Woche austauscht, muss sich etwas verändert haben. Schweigen und Ehrfurcht an heiligen Orten können zumindest als Zeichen der inneren Realisierung sakramentaler Präsenz gedeutet werden. Wie hatte Josef Pieper es formuliert: Es ist aufgrund der leib-seelischen Verfassung des Menschen gar nicht möglich, dass das Innerliche rein innerlich bleibt; es will und wird sich – sogar wider Willen – zeigen. Bei den Damen hinter mir brauchte ich nicht lange zu rätseln, wie es um ihr Verständnis der sakramentalen Präsenz bestellt ist. Auf meine Bitte, sich diese Dinge doch nach der Messe zu erzählen, kam es mit entwaffnender Spontaneität zurück: „Wieso denn, es hat doch gar nicht angefangen!" Der Erlebnisbezug ist offenbar entscheidend und dazu passt dann auch die Rede von Gotteserfahrungen, die wir alltäglich machen können.

Wenn wir noch Zeit hätten, wäre jetzt zu klären, was denn nun der Unterschied zwischen sakramentaler Gottesbegegnung und alltäglicher Gotteserfahrung sei, weil ich natürlich auf die Frage gefasst bin, ob da überhaupt ein Unterschied ist. Ich denke nicht, dass es ein Streit um Worte ist. Das ließe sich auch begründen. Wir brauchen nur darauf zu achten, wie wir die Worte verwenden. *Ein* wesentlicher Unterschied ist dieser: Erfahrung ist stets unvermittelt – Begegnung kann vermittelt sein. Eine Erfahrung machen bedeutet: Das Erfahrene ist in der Erfahrung unmittelbar gegeben. Es zeigt sich mir, dass und wie es ist. Eine Begegnung mit jemandem ist auch ohne direkte Erfahrung möglich – durch zeichenhafte Repräsentation. Der Anfang eines bekannten eucharistischen Hymnus mag das Gemeinte verdeutlichen: „Adoro te devote latens deitas" – zu deutsch:

> „Gottheit, tief verborgen, betend nah ich Dir;
> unter den Gestalten bist Du wahrhaft hier,
> Sieh, mit ganzem Herzen schenk ich Dir mich hin,
> weil vor solchem Wunder ich nur Armut bin."[22]

Es gibt keine Möglichkeit, Gott zu erfahren, jedenfalls nicht in diesem Leben. Gott ist absolut transzendent und doch absolut nah, vermittelt durch die leiblich-sakramentale Gestalt seiner Gegenwart. Gott zu begegnen ist menschenmöglich für den, der glaubt, und diese Begegnung kann und soll sein Herz erfüllen. Die Erhabenheit heiliger Orte, die Schönheit des liturgischen Geschehens, der tiefe Sinn des gesprochenen und gesungenen Wortes: All das ist dazu angetan, das Herz der Gläubigen zu erheben. Darum ist die Sakralität heiliger

22 Sein Verfasser ist Thomas von Aquin, dessen Eucharistielehre neu erschlossen ist in dem Band: H.-G. Nissing, B. Wald (Hg.), Thomas von Aquin, Das Herrenmahl. Der Eucharistie-Traktat der Summa theologiae, lat.-dt. (Übers. J. Pieper), München 2018.

Orte und heiliger Handlungen die dem Menschen zutiefst angemessene Weise Gott zu begegnen, unter einer Voraussetzung, dass

> „man es zustande bringt, wirklich zu *glauben*, was schließlich nichts anderes besagt als: Gott selber, seine Menschwerdung, ihre ‚Fortsetzung' im Leben der Kirche, die sieben Sakramente und vor allem die reale Anwesenheit Christi in der Eucharistie wie auch, auf andere Weise, in dem sie vollziehenden geweihten Priester – dies alles unbezweifelt als objektive, das heißt als dem Bewusstsein vorgegebene, schlichthin standhaltende *Wirklichkeit* zu akzeptieren."[23]

23 J. Pieper, Was unterscheidet den Priester? Ein notgedrungener Klärungsversuch, in: ders., Werke (s. Anm. 15), 468.

Michael Konkel

# Einmal heilig, immer heilig
## Zur Kontinuität von Ortstraditionen in Judentum, Christentum und Islam am Beispiel der Stadt Jerusalem

*Martin Metzger (1928–2018) in memoriam*

## 1 „Einmal heilig – immer heilig"

Der Grundsatz „Einmal heilig – immer heilig"[1] besagt, dass durch die Zeiten hindurch die Religionen an einem Ort wechseln mögen, die grundsätzliche Heiligkeit dieses Ortes aber meist bestehen bleibt. Nur selten werden heilige Orte ausgelöscht und einer *damnatio memoriae* anheim gegeben. Vielmehr besteht die Regel darin, dass jede Religion die Traditionen ihrer Vorläufer inkorporiert und transformiert, und dass dieser Prozess insbesondere an der Übernahme heiliger Orte sichtbar wird. Diese weitgehend allgemeingültige Regel möchte ich im Folgenden am Beispiel der Stadt Jerusalem und ihrer wichtigsten Ortstraditionen vor Augen führen. Als Hinführung sei jedoch zunächst ein Blick darauf geworfen, wie bereits im Alten Testament die Regel „Einmal heilig – immer heilig" Anwendung findet.

## 2 Gen 28,10–22 als biblische Urszene eines heiligen Ortes

Die älteste biblische Definition eines heiligen Ortes findet sich in der Genesis, genauer gesagt in Jakobs Traum der sogenannten „Himmelsleiter" (Gen 28,10–22):

1 Die Formel, mit der ich meinen Vortrag überschrieben habe, stammt von meinem Lehrer in der biblischen Archäologie, Prof. Dr. Martin Metzger. Während des Studienjahres 1991/92 an der Dormition Abbey in Jerusalem führte er uns Studierende auf zahlreichen Exkursionen die Gültigkeit dieses Grundsatzes vor Augen.

11 Da traf er auf einen Ort,
und er übernachtete dort,
denn die Sonne war untergegangen.
Und er nahm einen von den Steinen des Ortes
und legte ihn unter seinen Kopf.
Und er schlief an jenem Ort.
12 Und er träumte, und siehe:
eine Treppe stand auf der Erde
und ihr Ende reichte bis in den Himmel.
Und siehe: Boten Gottes
stiegen auf ihr auf und nieder. [...]
17 Und er fürchtete sich und sagte:
Wie furchtbar ist dieser Ort,
Dieser ist nichts anderes als ein Haus Gottes,
und dies ist das Tor des Himmels!
18 Und Jakob stand früh am Morgen auf,
und er nahm den Stein, der unter seinem Kopf war,
und er richtete ihn auf als Mazzebe.
Und er goss Öl auf seine Spitze.
19 Und er nannte den Namen des Ortes: „Das ist Bet-El."
Früher aber nannte man den Namen der Stadt Lus.

In der Forschung besteht ein Konsens, dass in Gen 28,10–22 die Ätiologie des Ortsheiligtums von Bet-El vorliegt. In ihrem Kern dürfte die Erzählung noch aus der vorexilischen Zeit (9.–8. Jh. v. Chr.) stammen.[2]

Auf der Flucht vor seinem Bruder Esau übernachtet Jakob im Freien. Was nun folgt, ist keine prophetische Vision, sondern ein Traum, wie ihn beispielsweise auch der Pharao in der Josefserzählung träumt. Weniger klar als die Übersetzungen suggerieren ist jedoch, was Jakob in seinem Traum sieht. Das Wort *sullam* ist einzig an dieser Stelle im Alten Testament belegt. Mit an Sicherheit grenzender Wahrscheinlichkeit ist damit keine Sprossenleiter gemeint, wie dies in der abendländischen Ikonographie maßgeblich wurde. Eher

2 Klassisch gilt Gen 28,10–22 als Kompilation der beiden Quellen Jahwist (V. 10.13–15.19.19a) und Elohist (V. 11f.17f.20–21a.22, siehe hierzu A. Graupner, Der Elohist. Gegenwart und Wirksamkeit des transzendenten Gottes in der Geschichte [WMANT 97], Neukirchen-Vluyn 2002, bes.: 225–241). Demgegenüber wird heute die Genese des Textes im Anschluss an E. Blum, Die Komposition der Vätergeschichte (WMANT 57), Neukirchen-Vluyn 1984, 7–35, mehrheitlich über eine Ergänzungshypothese erklärt. Ich rechne mit einer Grundschicht in V. 11–12.17–19a.(20–21a.22), die einem elohistischen Erzählkranz aus dem Nordreich entstammt. Sie ist mit Sicherheit vordeuteronomistisch und dürfte ins 9./8. Jh. zu datieren sein. Mittels V. 10 wird die Erzählung mit Gen 25*; 27* verknüpft. Die V. 13–15.21b stellen eine späte Fortschreibung dar.

dürfte an eine Rampe bzw. an eine Treppenanlage gedacht sein (akk. *simmiltu*).[3] Der Text macht zweierlei deutlich: Diese steht fest auf der Erde, und sie berührt den Himmel. Der *sullam* ist also die feste Verbindung zwischen Himmel und Erde. Wenn sich auch kein direkter Einfluss auf Gen 28 nachweisen lässt, so dürften doch die assyrisch-babylonischen Tempeltürme als Parallele gesehen werden. Diese repräsentieren zwar primär den Urhügel, aus dem die Schöpfung zum Sein aufsteigt, zugleich aber symbolisieren sie die Verbindung von Himmel und Erde. So lautet der Name der Zikkurat von Sippar „Haus der Treppe zum heiligen Himmel". Der Tempel ist der Ort der Verbindung zwischen Himmel und Erde.

Entsprechend sieht Jakob Götterboten, welche auf der Treppe auf- und niedersteigen. Diese sollte man sich nicht als geflügelte Engel vorstellen: *mal'ak* bedeutet einfach „Bote", so dass hier an anthropomorph vorgestellte Wesen zu denken ist, die zwischen Himmel und Erde vermitteln. Die Blickrichtung geht von unten nach oben: Die Boten steigen zum Himmel hinauf und von dort wieder hinab, was ganz der Richtung des Kults im Tempel entspricht: Das Opfer bzw. das Gebet wandert vom Tempel bzw. Beter in Richtung des Himmels.

Am kommenden Morgen nimmt Jakob den unter bzw. neben seinem Kopf befindlichen Stein, richtet ihn als Mazzebe auf und gießt Öl über dessen Spitze. Das Wort *maṣṣebah* kommt von der Wurzel *naṣab* „stehen", die bereits in V. 12 für die auf der Erde stehende Treppe verwendet wurde (vgl. auch V. 13). Eine Mazzebe ist also ein aufgerichteter Stein.

Solche sind in Kanaan seit der Mittleren Bronzezeit breit belegt. Mazzeben gab es sowohl bei Freiluftheiligtümern als auch vor bzw. in Tempeln. Die exakte Funktion dieser Mazzeben ist nicht klar. Gemeinhin wird davon ausgegangen, dass sie in anikonischer Form die Gottheit repräsentieren. Gen 28 legt jedoch nahe, den Stein als Symbol für die Himmelstreppe zu sehen, die Jakob im Traum sah. Dafür spricht meines Erachtens auch die mittlere Stele des Heiligtums von Hazor (s. Abb. 1): Sie zeigt zwei betende Hände, die in Richtung eines Astralsymbols (Mondsichel und Sonnenscheibe) ausgestreckt sind.

3 Siehe hierzu und zum Folgenden J. Lanckau, Himmelsleiter, in: WiBiLex (Das Wissenschaftliche Bibellexikon im Internet), Stuttgart 2009 (https://www.bibelwissenschaft.de/stichwort/21230/).

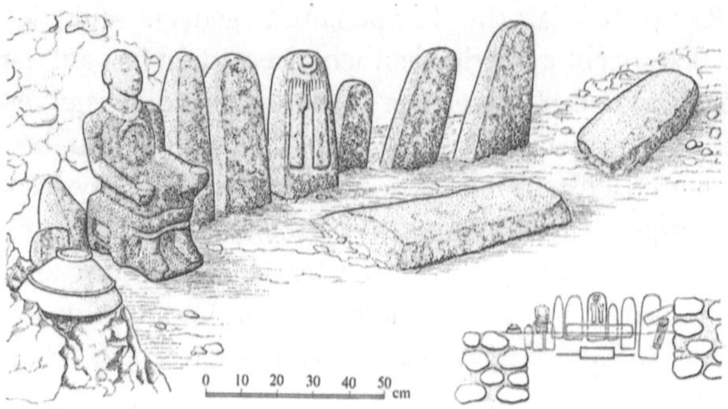


Abb. 1 | Das Stelenheiligtum von Hazor (Späte Bronzezeit, ca. 1400–1200 v. Chr.)

Die Mazzebe repräsentiert hier also nicht als Ganze eine bestimmte Gottheit, sondern bildet die Verbindung von Himmel und Erde ab.

Was aber hat Gen 28 mit unserem Thema „Einmal heilig – immer heilig“ zu tun? Eine genaue Lektüre des Textes führt zur Beantwortung dieser Frage. In V. 19 heißt es: „Und er nannte den Namen des Ortes ‚Bet-El‘. Früher aber nannte man den Namen der Stadt Lus.“ Völlig überraschend ist nun von einer Stadt die Rede. Dies widerspricht der ganzen zuvor gezeichneten Szenerie. Wenn Jakob zu einer Stadt gekommen wäre, hätte er schwerlich im Freien übernachten müssen. Ein weiterer Punkt kommt hinzu: Bet-El heißt übersetzt „Haus Gottes“. Nur in V. 19 wird diese Gottesbezeichnung verwendet. Sonst ist im Text entweder von *ælohim* die Rede, oder aber es wird der Gottesname JHWH als Gottesbezeichnung verwendet. El will hier in V. 19 als Gottesbezeichnung verstanden sein, ursprünglich jedoch war dies ein Eigenname. El war der höchste Gott im kanaanäischen Pantheon. Er war der Schöpfer- und Königsgott, wie dies beispielsweise in den spätbronzezeitlichen Texten aus Ugarit in Syrien belegt ist. Ursprünglich dürfte der Name also zu verstehen sein als „Haus Els“. Damit ist der Schlüssel zum Verständnis dessen, was hier in Gen 28 geschieht, gegeben: Bet-El liegt ca. 16 km nördlich von Jerusalem an der Kreuzung der wichtigen Nord-Süd-Route durch das Bergland und der Ost-West-Straße, die Jericho mit dem Mittelmeer verband.[4] Neben Jerusalem ist Bet-El der Ort, der in der Bibel am häu-

4 Zu Bet-El siehe K. Koenen, Bethel [Ort], in: WiBiLex (Das Wissenschaftliche Bibellexikon im Internet), Stuttgart 2010 (https://www.bibelwissenschaft.de/stichwort/10612/); ders., Bethel. Geschichte, Kult und Theologie (OBO 192), Fribourg – Göttingen 2003; M. Köhlmoos, Bet-El – Erinnerungen an eine Stadt.

figsten erwähnt wird. In Bet-El gab es einen Staatstempel des Nordreichs Israel, der in Konkurrenz zum Tempel in Jerusalem stand (vgl. Am 4,4; 5,4f; 7,10–17). Entscheidend ist, dass Bet-El ein kultisches Zentrum an der Südgrenze des palästinischen Berglandes war und dass dieses eine *vor*israelitische, kanaanäische Kulttradition hatte, die bis weit in die Bronzezeit zurückreichte. Ursprünglich dürfte hier ein Tempel des kanaanäischen Gottes El gestanden haben. Der heute vorliegende Text setzt freilich alles daran, diese vorisraelitische Geschichte des Ortes unsichtbar zu machen. Alles wird so inszeniert, als habe Jakob den Ort neu entdeckt und hier einen Kult des Gottes JHWH neu gegründet. Die alte kanaanäische Kulttradition wird jahwisiert, indem der ursprünglich dort verehrte Gott El mit JHWH, dem Gott Israels, identifiziert wird. Vermutlich stand eine Mazzebe im Bereich des Tempels von Bet-El zum Zeitpunkt, als der Text geschrieben wurde. Der Text führt ihre Errichtung auf Jakob zurück, was historisch bestenfalls als unwahrscheinlich zu gelten hat.

Was ich hier an Gen 28 exemplarisch zu zeigen versucht habe, lässt sich auch für die weiteren in der Genesis den Erzvätern zugeschriebenen Kultgründungen zeigen: Die Erzählungen sind so konstruiert, als sei das Land Kanaan bei seiner Erwanderung durch die Erzväter eine religiöse *tabula rasa* gewesen, und die Erzväter hätten an zentralen Stellen im Land jeweils Kultstätten für den Gott JHWH gegründet. Historisch gesehen handelt es sich jedoch bei diesen Orten um bedeutende Kultzentren bereits der vorisraelitischen Zeit. Gen 28,10–22 ist somit, wie die erzählten Kultgründungen durch die Patriarchen insgesamt, ein Paradebeispiel für die Regel: „Einmal heilig, immer heilig." Heilige Orte behalten ihre Qualität, auch wenn die Religionen bzw. die Götter, die an diesen Orten verehrt werden, wechseln. Das Alte Testament kennt also bereits das, was man heute Inkulturation nennt: Elemente der kanaanäischen Religion werden in den JHWH-Glauben des alten Israel integriert, was nicht ausschließt, dass die Texte zugleich eine scharfe Opposition zwischen israelitisch und kanaanäisch konstruieren, die historisch in dieser Form nie bestanden hat.[5]

Perspektiven der alttestamentlichen Bet-El-Überlieferung (FAT 49), Tübingen 2006.

5 Siehe hierzu M. Weippert, Synkretismus und Monotheismus. Religionsinterne Konfliktbewältigung im alten Israel, in: J. Assmann, D. Harth (Hg.), Kultur und Konflikt (es 1612), Frankfurt a. M. 1990, 143–179.

Abb. 2 | Der Ḥaram aš-Šarif

# 3 Jerusalem – Schnittpunkt von Judentum, Christentum und Islam

## 3.1 Der heilige Felsen auf dem Ḥaram aš-Šarif als Kristallisationspunkt islamischer Ortstraditionen

Das Panorama der Stadt Jerusalem vom Ölberg aus gesehen mit dem Felsendom im Vordergrund gehört zu den markantesten und berühmtesten Städteansichten der Welt. Die Bezeichnung „Felsendom" ist freilich bereits eine christliche Überformung. Auf Arabisch lautet der Name vielmehr *Qubbat as-Sachra,* was übersetzt „Felsenkuppel" bedeutet. „Der mit blauen Kacheln verkleidete oktogonale Schrein mit seiner goldenen Kuppel im Zentrum des Haram ist das älteste erhaltene Bauwerk der islam. Welt."[6] Erbaut wurde es unter dem omaijadischen Kalifen ʿAbd el Malik (685–705) im ausgehenden 6. Jh. n. Chr. Neben den Heiligtümern von Mekka und Medina gilt der Ḥaram aš-

6 K. Bieberstein, Die Bauten auf dem Haram – Der biblische Tempelberg in seiner islamischen Rezeption, in: M. Küchler u. a., Jerusalem. Ein Handbuch und Studienreiseführer zur Heiligen Stadt (OLB IV,2), Göttingen 2007, 220–277, hier: 236.

Šarif („der erhabene heilige Bezirk“), d. h. die Plattform mit Felsendom und Al-Aqsa-Moschee, als drittheiligste Stätte des Islam.[7]

Die Kuppel des Felsendoms erhebt sich über einem natürlichen Felsen, der den höchsten Punkt des Nordosthügels der Stadt markiert. Kommemoriert wird heute an diesem Felsen die Himmelsreise des Propheten Muḥammad. Diese Tradition basiert auf der knappen Notiz in Sure 17,1, derzufolge Muḥammad des Nachts von Mekka nach Jerusalem versetzt wurde:

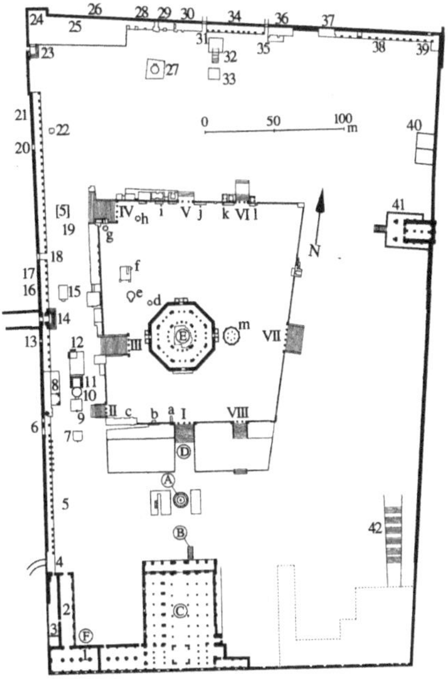


Abb. 3 | Der Ḥaram aš-Šarif; E = Felsendom, C = al-Aqsa-Moschee, m = Kettendom

„Gepriesen sei der, der mit seinem Diener (d. h. Mohammed) bei Nacht von der heiligen Kultstätte (in Mekka) nach der fernen Kultstätte (in Jerusalem), deren Umgebung wir gesegnet haben, reiste, um ihn etwas von unseren Zeichen sehen zu lassen (w. damit wir ihn etwas von unseren Zeichen sehen lassen)! Er (d. h. Gott) ist der, der (alles) hört und sieht.“[8]

„Zwar spricht Sure 17,1 nur von einer nächtlichen Reise (arab. *isra'*) von Mekka nach Jerusalem, doch spielt Sure 17,93 […] auf eine Himmelsreise (arab. *mi'radsch*) des Propheten an. Die Verbindung beider Motive, die erstmals in der Vita des Propheten *(Sirat al-Nabi)* des *Ibn Isḥaq* (ca. 704–767p) vorliegt, hat dann zur populären Vorstellung geführt, Mohammed sei auf seinem wunderbaren Reittier *al-Buraq* […] nachts nicht nur von Mekka nach Jerusalem, sondern auch von Jerusalem in den Himmel entrückt worden, um Offenbarungen zu

7 Siehe hierzu A. Neuwirth, Erste Qibla – Fernstes Masğid? Jerusalem im Horizont des historischen Muḥammad, in: F. Hahn u. a. (Hg.), Zion – Ort der Begegnung [FS L. Klein] (BBB 90), Hanstein 1993, 227–270.

8 Übersetzung nach R. Paret, Der Koran, Stuttgart $^{12}$2014 ($^{1}$1979), 196.

empfangen, und er sei noch in derselben Nacht wieder nach Mekka zurückgekehrt."[9] Die Überlieferungsgeschichte der verschiedenen Traditionen um *isra'* und *mi'radsch* ist hoch komplex. Entscheidend ist, dass ihre Verbindung mit dem heiligen Felsen in Jerusalem ein recht spätes Konstrukt darstellt, das in den ersten hundert Jahren nach dem Bau des Felsendoms entwickelt wird.[10]

Ursprünglich war der Bau mit einer anderen Tradition verbunden. Der Felsendom war „als Nachfolgebau des jüdischen Tempels"[11] geplant. Das älteste literarische Zeugnis hierfür stammt von Ibn Sa'd aus der ersten Hälfte des 9. Jhs.:

> „Ich werde Könige und Propheten aus deinen [d. h. Jakobs; M.K.] Nachkommen berufen, bis ich den Propheten aus Mekka *(al-nabi al-ḥarami)* berufen werde, der den Tempel von Jerusalem *(haikal bajt al-maqdis)* wiederaufbauen wird. Er ist das Siegel der Propheten, sein Name ist *Aḥmad.*"[12]

Dass der Bau als Erneuerung des Tempels verstanden wurde, ergibt sich auch aus der ältesten Beschreibung des Baues bei Ibn al-Faqih. Dieser schreibt in seinem „Buch der Länder" (903 n. Chr.):

> „In der Mitte des Haram liegt eine Plattform, 300 Ellen lang und 140 Ellen breit, und ihre Höhe beträgt 9 Ellen. Sie hat sechs Treppen, die zum Felsendom hinaufführen. Der Kuppelbau erhebt sich in der Mitte der Plattform. Der Grundriss desselben misst 100 auf 100 Ellen."[13]

Umgerechnet ergibt sich eine Grundfläche von ca. 150 × 70 m. Diese Maßangaben entsprechen nicht der heute sichtbaren Plattform, auf welcher der Felsendom steht. Eine in der Forschung weitgehend unbeachtete Parallele findet sich jedoch in der Beschreibung des zweiten Tempels bei Pseudo-Hekataios:

9 M. Küchler, Jerusalem, Ein Handbuch und Studienreiseführer zur Heiligen Stadt (OLB IV,2), Göttingen 2007, 147–148.

10 Siehe hierzu A. Kaplony, The Ḥaram of Jerusalem 324–1099. Temple, Friday Mosque, Area of Spiritual Power (Freiburger Islamstudien 22), Stuttgart 2002.

11 H. Busse, Tempel, Grabeskirche und Ḥaram aš-Šarīf. Drei Heiligtümer und ihre gegenseitigen Beziehungen in Legende und Wirklichkeit, in: ders., G. Kretschmar, Jerusalemer Heiligtumstraditionen in altkirchlicher und frühislamischer Zeit, Wiesbaden 1987, 1–27, hier: 24.

12 Zitiert nach Bieberstein, Bauten auf dem Haram (s. Anm. 6), 238.

13 Zitiert nach Bieberstein, Bauten auf dem Haram (s. Anm. 6), 237.

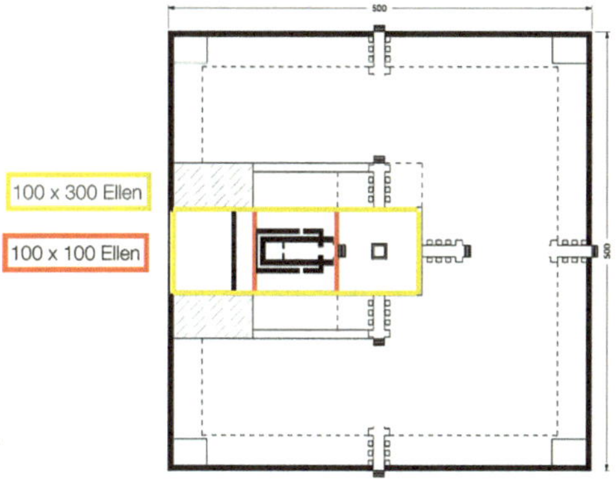


Abb. 4 | Der Tempelentwurf des Ezechielbuches (Ez 40–48)

> „Dort [d. h. in Jerusalem; M.K.] gibt es, ziemlich genau in der Mitte der Stadt, einen mit einer Steinmauer umfriedeten Bezirk von etwa 5 Plethren Länge und 100 Ellen Breite mit doppelten Toren, in dem sich ein viereckiger Altar befindet, der aus unbehauenen rohen Findlingen zusammengesetzt ist, 20 Ellen im Quadrat und 10 Ellen hoch. Neben diesem (steht) ein großes Gebäude, worin sich ein Altar und ein Leuchter befinden, beide aus Gold und (je) 2 Talent schwer. Auf ihnen brennt Licht, das nachts und tags nicht verlöscht. Ein Gottesbildnis gibt es nicht, auch überhaupt kein Weihgeschenk, und eine Anpflanzung, so etwas wie einen heiligen Hain oder dergleichen, gibt es (ebenfalls) ganz und gar nicht. In diesem (Bezirk) halten sich Tag und Nacht Priester auf, die bestimmte heilige Riten vollziehen und überhaupt keinen Wein im Tempelbereich trinken."[14]

Vermutlich entstand dieser Text in der hasmonäischen Zeit (zweite Hälfte des 2. Jh. v. Chr.). Das hier beschriebene Rechteck umfasst eine Fläche von ca. 150 × 50 m. Es dürfte hier nicht das gesamte Temenos beschrieben sein, sondern nur der Kultbereich der Priester, da allein für diesen das Weinverbot galt (vgl. Lev 10,10; Ez 44,21). Die Beschreibung dürfte ein recht präzises Bild dieses Bereiches im 2. Jh. v. Chr. zeichnen. Inwieweit ein solcher Bereich auch noch im herodianischen Tempel abgegrenzt war, lässt sich heute nicht mehr sagen. Meines Erachtens aber ist es sehr wahrscheinlich, dass diese Maße eines hochheiligen Priesterdienstbereiches noch in der Beschreibung der Plattform des Ḥaram von Ibn al-Faqih fortwirken.

Traditionsgeschichtlich lässt sich dies noch einen Schritt weiter zurückverfolgen. Denn die Ausgrenzung eines 300 × 100 Ellen (ca. 150 × 50 m) messenden hochheiligen Priesterdienstbereiches geht auf

14 Bei Flavius Josephus, Ap 1,199, zitiert nach N. Walter, Fragmente jüdisch-hellenistischer Historiker (JSHRZ 1), 91–163, hier: 156.

die visionäre Beschreibung des neuen Tempels im Buch Ezechiel (Ez 40–42) zurück.[15]

Das eigentliche Tempelgebäude misst dort 100 × 50 Ellen. Es wird aber an der Nord- und Südseite von Mauern begrenzt, die eine vertikal abgesetzte Plattform von 100 × 100 Ellen aussparen. Dies entspricht exakt den bei Ibn al-Faqih genannten Grundrissmaßen des Felsendoms.[16] Im Westen befindet sich ein Gebäude hinter dem eigentlichen Tempelgebäude, das ebenfalls in ein Quadrat von 100 × 100 Ellen eingepasst ist. Im Osten des Tempelgebäudes wiederum befindet sich der innere Vorhof mit dem Brandopferaltar. Er misst erneut 100 × 100 Ellen und ist selbst vertikal vom äußeren Vorhof abgehoben. Somit ergibt sich ein innerer hochheiliger Bereich von 300 × 100 Ellen. An diesen schließen sich im Norden und Süden Toranlagen zum Innenhof sowie Priestersakristeien an. Dieser Komplex ist jeweils 50 Ellen breit, so dass sich eine Gesamtbreite von 200 Ellen ergibt. Dies korrespondiert zwar nicht exakt den 140 Ellen bei Ibn al-Faqih, aber man wird berücksichtigen müssen, dass natürlich die real vorgegebenen Maße der Tempelplattform entscheidend sind, die sich eben nicht exakt an den Ezechielentwurf hielten. Entscheidend ist, dass die Grundmaße des Felsendoms exakt dem Bereich entsprechen, den im Ezechielentwurf das Tempelgebäude einnimmt.

Ein weiteres Moment sei genannt: Östlich des Felsendoms befindet sich der sog. Kettendom, der in zeitlicher Nähe zum Felsendom errichtet wurde (s. Abb. 3). Die Funktion dieses Baus ist bis heute unklar.[17] Er liegt jedoch ungefähr im Zentrum des Ḥaram. Schaut man nun erneut auf den Tempelentwurf des Ezechielbuches, so fällt auf, dass an dieser Stelle der Brandopferaltar positioniert ist. Das Ensemble von Felsendom und Kettendom bildet somit die Zuordnung von Tempelgebäude und Brandopferaltar ab, wie sie im Ezechielentwurf gezeichnet wird und baulich auch im herodianischen Tempel umgesetzt war. Das Ganze wird freilich überlagert von der Ausrichtung des

15 Siehe hierzu M. Konkel, Paradies mit strengen Regeln. Die Schlussvision des Ezechielbuches (Ez 40–48), in: BiKi 60/3 (2005) 167–172; ders., Architektonik des Heiligen. Studien zur zweiten Tempelvision Ezechiels (Ez 40–48) (BBB 129), Berlin 2001.

16 Legt man die biblische königliche Elle zugrunde, ergibt sich eine Seitenlänge von 52,5 m. Der tatsächliche Durchmesser des heutigen Oktogons beträgt 55 m.

17 Siehe hierzu Kaplony, Ḥaram (s. Anm. 10), 298–307.

Felsendoms hin zur al-Aqsa-Moschee (s. u.). Das Ensemble von Felsendom und al-Aqsa-Moschee ist nach Süden, in Richtung Mekka, orientiert. Die alte Tempeltradition wird somit auf subtile Weise integriert, zugleich aber wird deutlich angezeigt, dass das Zentrum der Welt für den Islam in Mekka liegt.

Der Tempel gilt nicht nur, wie wir in der Analyse von Gen 28 gesehen haben, als Schnittpunkt von Himmel und Erde. Der Tempel ist auch „jener zentrale Ort, von dem alles Heil seinen Ausgang nahm – visualisiert als ein paradiesischer Garten, in dem Quellen des Lebens entspringen.“[18] In der bereits erwähnten Tempelvision des Ezechielbuches wird in Ez 47,1–12 entsprechend eine Quelle beschrieben, die vom Allerheiligsten im Tempel ausgehend, Richtung Osten fließend die Wüste Juda und das Tote Meer in einen Paradiesgarten verwandelt. Es gehört daher zum Standardrepertoire der Ikonographie altorientalischer Tempelbauten, dass sie mit Elementen ausgestaltet waren, die den Tempel als Ort des Paradiesgartens erscheinen lassen. Klaus Bieberstein hat gezeigt, dass diese Symbolik auch die Innengestaltung des Felsendoms prägt.[19] Die heutige Verkleidung des Felsendoms mit blauen Kacheln stammt erst aus der Zeit Suleimans des Prächtigen (1520–1566), und die Kacheln sind auch keine Originale mehr, sondern Repliken. Ursprünglich war der Bau mit Mosaiken verkleidet, die „auf goldenem Grund vor allem florale Motive und Flügelpaare“[20] zeigten. Im Innern sind diese Mosaike noch in Teilen erhalten. Dargestellt sind Palmen, Weinranken und Flügel. K. Bieberstein hat dies in Parallele zur Innenausstattung des salomonischen Tempels gestellt, die in 1 Kön 6 beschrieben wird:

> „An allen Wänden des Hauses, im inneren wie im äußeren Raum, ließ er [d. h. Salomo; M.K.] ringsum Keruben, Palmen und Blütenranken einschnitzen. [...] An den beiden Türflügeln aus Olivenholz ließ er Keruben, Palmen und Blütenranken einschnitzen und sie mit Gold überziehen, indem er auf die Keruben und die Palmen Gold auftragen ließ.“ (1 Kön 6,29.32)

Auch der von Ezechiel visionär geschaute Tempel soll entsprechend ausgestaltet sein:

18 Bieberstein, Bauten auf dem Haram (s. Anm. 6), 249.
19 Vgl. Bieberstein, Bauten auf dem Haram (s. Anm. 6), 249–251.
20 Bieberstein, Bauten auf dem Haram (s. Anm. 6), 241.

„Auf allen Wänden ringsum, auch auf den Wänden zum Innenraum und nach draußen, war die Täfelung in Felder eingeteilt, auf denen geschnitzte Keruben und Palmen zu sehen waren, je eine Palme zwischen zwei Keruben. [...] Vom Fußboden bis über die Türöffnungen hinauf waren an der Tempelwand Keruben und Palmen angebracht. [...] An den Türen der Tempelhalle waren Keruben und Palmen angebracht wie an den Wänden." (Ez 41,17–18.20)

Keruben sind geflügelte Mischwesen, die ägyptischen Sphingen, welche dem Schutz des Heiligen dienen (vgl. auch die beiden Keruben am Eingang des Garten Eden in Gen 3,24). Versteht man die auf den omaijadischen Mosaiken dargestellten Flügel als versteckten Hinweis auf die im Kontext des islamischen Bilderverbots natürlich nicht direkt darstellbaren Keruben, dann kehren alle diese Elemente des Tempels der Heilszeit in der Ausstattung des Felsendomes wieder! Verbunden mit der Orientierung der Maße am Tempelentwurf des Ezechielbuches ergibt sich, dass der Felsendom in seiner Erstausstattung als intendierte *Verwirklichung* des Tempels der Heilszeit gesehen werden kann.

Auffällig ist das Fehlen jeglicher Polemik in der Rezeption jüdischer Tempelmotive.

„Offenkundig erfolgte die Renaissance der biblischen Stätte und der Bau des Felsendomes unter dem Vorzeichen einer engen jüd.-islam. Symbiose, die frühislam. Gemeinde suchte ihre eigene Identität duchaus im Anschluss an biblische Traditionen, und es wird darum auch nicht verwundern, wenn literarischen Quellen zufolge auch die Sakristanendienste im Felsendom zumindest bis unter Kalif *'Umar ibn 'Abd al-'Aziz* (717–720p) in jüd. Händen lagen."[21]

Freilich traten dann im weiteren Verlauf die biblischen Traditionen zunehmend in den Hintergrund zugunsten der rein islamischen Tradition einer Entrückung und Himmelfahrt Muhammads. Heute wird die jüdische Vorgeschichte des Ḥaram vom Waqf, der islamischen Stiftung, welche die Aufsicht über den Haram hat, explizit geleugnet bzw. durch jüngste Baumaßnahmen werden evtl. vorhandene Überreste des jüdischen Tempels unsichtbar gemacht oder zerstört.

21 Bieberstein, Bauten auf dem Haram (s. Anm. 6), 238f.

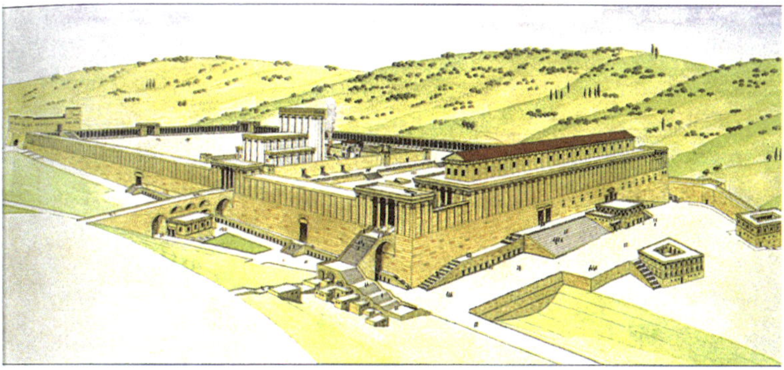

Abb. 5 | Rekonstruktionszeichnung des herodianischen Tempelareals

## 3.2 Der heilige Felsen als Ort des Jerusalemer Tempels

Vor diesem Hintergrund ist es notwendig, nun konkret nach Ort und Gestalt des Jerusalemer Tempels zu fragen. Als die Araber im Jahre 635 Jerusalem eroberten, fanden sie die Plattform, die heute den Ḥaram bildet, bereits vor. Dessen trapezoide Gestalt geht auf Herodes den Großen (37–4 v. Chr.) zurück, der den Tempelberg großflächig umgestalten ließ. Archäologische Grabungen auf dem Ḥaram sind aufgrund der politischen Situation nicht möglich, so dass unsere Kenntnisse der Geschichte des Jerusalemer Tempels auf den literarischen Quellen einerseits, den Oberflächenuntersuchungen im 19. Jh. und den neueren Grabungen im Bereich außerhalb der Mauern des Ḥaram beruhen.

Herodes gestaltete die Kuppe des Nordosthügels massiv um.[22] Durch Substruktionen und Aufschüttungen schuf er ein trapezoides Areal von insgesamt 141 500 m² Fläche. Das so geschaffene Temenos bildete den größten heiligen Bezirk der römischen Antike.

Die exakte Lage des eigentlichen Tempelgebäudes ist nicht eindeutig geklärt, aber *de facto* bestehen nur zwei Möglichkeiten: Entweder der Tempel stand an der Stelle des heutigen Felsendoms, oder aber der Felsendom markiert die Stelle des Brandopferaltars vor dem Tempelgebäude, so dass dieses westlich davon gelegen hätte. Beide Posi-

22 Zum Tempel des Herodes siehe L. Ritmeyer, The Quest. Revealing the Temple Mount in Jerusalem, Jerusalem 2006.

tionen werden in der Forschung vertreten. Ich persönlich halte im Anschluss an die Untersuchungen von Leen Ritmeyer die erste Option für die wahrscheinlichere.[23] Der heilige Felsen markiert in diesem Fall die Stelle des Allerheiligsten des jüdischen Tempels. Aber auch wenn der Fels den Ort des Brandopferaltars markieren sollte, ist eine direkte Kontinuität zur Ortstradition des Tempels vorhanden, da der Altar den *kultischen* Mittelpunkt des Tempelareals darstellte.

So gigantisch das von Herodes geschaffene Temenos war, so ‚bescheiden' präsentierte sich das eigentliche Tempelgebäude. Dies hat seinen Grund darin, dass Herodes bei der Erneuerung des Tempelgebäudes die Maße der Vorgängerbauten respektierte. Herodes war daran gelegen, sich als *Salomo redivivus* in Szene zu setzen – wenn nicht sogar diesen zu übertreffen. So schreibt Flavius Josephus:

> „Im achtzehnten Jahr seiner Regierung [= 20/19 v. Chr.; M. K.] nahm Herodes [...] noch ein schwieriges Werk in Angriff. Er ging nämlich daran, den Tempel Gottes in weit größerem Umfang und viel höher zu errichten; denn er glaubte, dieses Werk müsse, wenn er es vollendete, wie es auch wirklich der Fall war, herrlicher sein als alles, was er bisher zustande gebracht, und er würde sich dadurch ein dauerndes Andenken sichern." (Ant 15,380)[24]

Herodes berücksichtigte bei seiner Neugründung die ‚kanonischen' Maße des Salomotempels (vgl. 1 Kön 6), nach denen vermutlich auch der nach dem Ende des Exils errichtete zweite Tempel erbaut worden war.

Von daher ist es legitim, noch einen Schritt zurückzugehen und den ersten Tempel genauer zu betrachten, da dessen Tradition im Herodestempel weiterlebte.[25] Den Kernbereich des Tempels bildete ein langgezogenes Rechteck von 60 × 20 Ellen (31,5 × 10,5 m). Das Gebäude hatte eine Höhe von 30 Ellen (15,75 m). Innen war es unterteilt in ein quadratisches Allerheiligstes von 20 × 20 Ellen (10,5 × 10,5 m) und einen Hauptraum von 40 × 20 Ellen (21 × 10,5 m). Der Bau

23 Ritmeyer, The Quest (s. Anm. 22), 146–186. Dagegen identifiziert Bieberstein, Bauten auf dem Haram (s. Anm. 6), 194f., den heiligen Felsen mit dem Ort des Brandopferaltars.

24 Übersetzung nach Flavius Josephus, Jüdische Altertümer. Übersetzt und mit Einleitung und Anmerkungen versehen von Dr. Heinrich Clementz, Wiesbaden 2004.

25 Siehe hierzu W. Zwickel, Der salomonische Tempel (Kulturgeschichte der Antiken Welt 83), Mainz 1999.

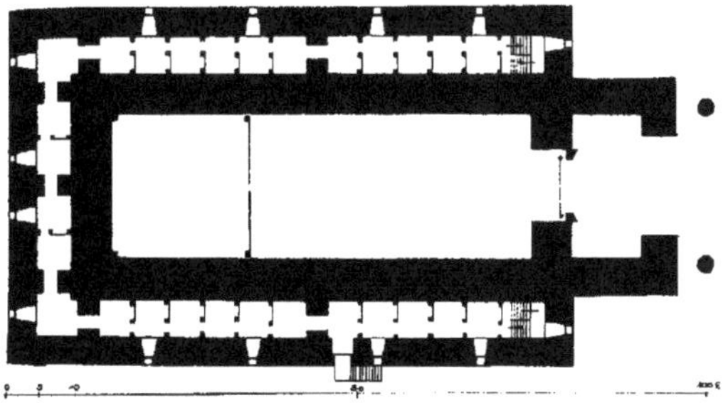

Abb. 6 | Der Grundriss des salomonischen Tempels

war von einem dreistöckigen Umbau umgeben. Dem ganzen war eine Vorhalle von 10 × 20 Ellen (5,25 × 10,5 m) vorgelagert, die von zwei Säulen mit dem Namen Jachin („er hat festgemacht") und Boas („mit Macht") flankiert wurden. Solche vorgelagerten Säulen sind in Tempelgrundrissen und Tempelmodellen der späten Bronze- und der Eisenzeit belegt. Sie symbolisieren einerseits die Macht und den Bestand der Herrschaft des im Tempel residierenden Gottes und andererseits den Lebensbaum. Die Säulen sind somit ein Symbol der Fruchtbarkeit und der Beständigkeit der Schöpfung.

Es handelt sich beim Jerusalemer Tempel somit um einen sog. Langhaustempel. Die nächsten Parallelen hierzu stellen die nordsyrischen Tempel von *Tell Ta'yinat* (westlich von Aleppo) und *'Ain Dara* (nordwestlich von Aleppo) dar. Letzterer bezeugt sogar das System von umlaufenden Magazinräumen. Der vorexilische Tempel stellt nicht nur das einzige Zeugnis dieses Architekturtypus in der eisenzeitlichen südlichen Levante dar, sondern er ist auch deutlich monumentaler als die syrischen Parallelen. Dies bestätigt die Angaben der biblischen Erzählung, der zufolge Salomo beim Tempelbau auf phönizisches Know-how zurückgegriffen haben soll (vgl. 1 Kön 5,15–32). Der salomonische Tempel war ein Import nordsyrischer Sakralarchitektur.

Schaut man genauer hin, stellt man fest, dass dieser Tempel eben kein Zeugnis des Anfangs einer spezifisch israelitischen JHWH-Religion ist, vielmehr muss der Tempel als Wiederaufleben bzw. Fortführung bronzezeitlicher kanaanäischer Religion verstanden werden. Wir hatten bereits gesehen, dass die Innenausstattung des Tempels stark von einer Fruchtbarkeitssymbolik geprägt ist, die ihre Wurzeln in der Religion Kanaans des 3. und 2. Jt. v. Chr. hat. Als weiteres Moment kommt die Ausrichtung des Tempels von West nach Ost hinzu. Diese läuft quer zur Nord-Süd-Achse der Stadt, was auf eine bewusste Wahl dieser Ausrichtung schließen lässt. „Offensichtlich war bei der Planung des Tempels ein kultisches Element mitbestimmend, das mit dem Aufgang der *Sonne* im Osten verbunden war."[26] Es spricht vieles dafür, dass hierin die Reste des vorisraelitischen Kultes des (ägyptischen) Sonnengottes zu sehen sind, der archäologisch in Jerusalem für das 2. Jt. v. Chr. belegt ist.[27] JHWH hingegen war ursprünglich ein Sturmgott, dessen Heimat vermutlich im nördlichen Hedjaz lag, und der nicht zum kanaanäischen Pantheon gehörte. Mit dem Bau des Tempels begann nun der Prozess, innerhalb dessen dieser JHWH die Attribute der kanaanäischen Gottheiten Palästinas an sich zog, bis er schließlich – gute fünfhundert Jahre später – zum einen und einzigen Gott schlechthin wurde.[28]

Nicht sicher kann mehr geklärt werden, ob der von Salomon erbaute Tempel eine wirkliche Neugründung darstellte,[29] oder ob dieser – was das Wahrscheinlichere ist – die Ortstradition eines vorisraelitischen Tempels des jebusitischen Jerusalems fortführte.[30] Wie bereits bei den Kultgründungen der Genesis setzen die biblischen Darstellungen alles daran, eine mögliche Vorgeschichte des Tempelbergs auszulöschen. Die rätselhafte Erzählung, dass David die Tenne des Jebusiters Arauna kaufte, um dort einen Altar zu errichten (2

26 Küchler, Jerusalem (s. Anm. 9), 135.

27 Küchler, Jerusalem (s. Anm. 9), 134.

28 Zur Entstehung des Monotheismus siehe O. Keel, Jerusalem und der eine Gott. Eine Religionsgeschichte, Göttingen 2011.

29 In der Forschung wird zunehmend diskutiert, ob Salomo wirklich als Erbauer des ersten Tempels gelten kann oder ob der Bau nicht etwa hundert Jahre später anzusetzen ist (so z. B. K. Bieberstein, A Brief History of Jerusalem. From the Earliest Settlement to the Destruction of the City in AD 70 [ADPV 47], Wiesbaden 2017, 46–49). Es ist durchaus wahrscheinlich, dass die in 1 Kön 5ff überlieferte Baubeschreibung einen späteren Zustands des Baus widerspiegelt. Nichtsdestoweniger scheint es mir weiterhin wahrscheinlich, dass Salomo der Erbauer des ersten Tempels war, denn die dtr Geschichtsschreibung müht sich zu erklären, warum nicht schon David, sondern erst sein Sohn Salomo den Tempel erbaute. Dies erklärt sich am leichtesten, wenn Salomo wirklich der Erbauer des Tempels war.

30 Vgl. 2 Sam 12,20; 22,7, die auf die Existenz eine Tempels in Jerusalem zur Zeit Davids hindeuten. Freilich ist unklar, ob hiermit bereits ein Tempel auf dem Nordosthügel gemeint ist, oder nicht eher ein Tempel in Kernbereich der Stadt auf dem Südosthügel.

Sam 24), könnte darauf hinweisen, dass der Nordosthügel bereits vor der Eroberung Jerusalems durch David als heiliger Ort galt. In jedem Fall identifiziert 2 Chr 3,1 die „Tenne des Jebusiters Arauna" mit der Stelle, an dem dann Davids Sohn Salomo den Tempel errichten ließ. Dass dieser Ort in 2 Sam 24 von einem Jebusiter, also einem Repräsentanten der vor- bzw. nichtisraelitischen Bevölkerung Jerusalems als Dreschplatz verwendet wird, dürfte als bewusste literarische Profanisierung des Ortes zu deuten sein, um David bzw. Salomo als Neugründer zu inszenieren. Historisch ist es wahrscheinlich, dass die „Tenne" in Wirklichkeit bereits als heiliger Ort verehrt wurde, und dass hier wenn nicht gar ein Tempel, so doch zumindest ein Freiluftheiligtum bereits im bronzezeitlichen Jerusalem gestanden hat. So wie der Felsendom jüdische Tradition islamisiert, dürfte der Tempel Salomos vorisraelitische Jerusalemer Kulttraditionen jahwisiert haben.

## 3.3 Die Grabeskirche als Archetyp christlicher Ortstraditionen

Was hat mit all dem das Christentum zu tun? Auf den ersten Blick nicht viel. Für das christliche Jerusalem der byzantinischen Zeit spielte der Tempelberg keine Rolle. Die Trümmer des von den Römern im Jahre 70 n. Chr. zerstörten herodianischen Tempels wurden sich selbst überlassen. Nur nach der Eroberung Jerusalems durch die Kreuzfahrer im Jahr 1099 kam es zu einem kurzen christlichen Zwischenspiel auf dem Tempelberg: „Der Felsendom wurde mit einem Kreuz versehen und zum *Templum Domini* erklärt, ohne dass eine spezifische Sinngebung im Zusammenhang mit dem Leben Jesu geschaffen wurde."[31] Gottfried von Bouillon setzte am Felsendom Säkularkanoniker ein, deren Stift einige Zeit später „als Kollegiatstift regulierter Augustinerchorherren reformiert"[32] wurde. Um 1115 wurde der Fels mit Marmorplatten verkleidet, ein Hochaltar über ihm errichtet, und im Jahr 1141 wurde die Kirche dann „von Kardinallegat

31 Küchler, Jerusalem (s. Anm. 9), 150.
32 Bieberstein, Bauten auf dem Haram (s. Anm. 6), 239.

Alberich von Ostia als Marienkirche neu konsekriert."[33] Die al-Aqsa-Moschee wurde zunächst von Gottfried von Bouillon als Königspalast genutzt und *Templum Salomonis* genannt. Die Kreuzfahrer sahen sich in der Nachfolge Salomos! Das Ganze blieb jedoch ein relativ kurzes Zwischenspiel, dem Saladin durch die Rückeroberung Jerusalems ein Ende machte. „Saladin ließ nach seinem Einzug in Jerusalem 1187p die Plattform von fast allem reinigen, was an ihre christl. Vergangenheit erinnern konnte".[34] Das Ganze ist freilich insofern bemerkenswert, als wir es hier mit einem Beispiel von Diskontinuität zu tun haben, das durchaus untypisch für die Geschichte eines heiligen Ortes ist. Man könnte auch sagen: Das Christentum lässt – von kurzem Zwischenspiel unter den Kreuzfahrern abgesehen – den alten Tempelberg links liegen.

Der Grund für das christliche Desinteresse am Tempelberg liegt in einer anderen, konkurrierenden und für das Selbstverständnis des Christentums essentiellen Ortstradition begründet: der des Grabes Jesu Christi. Die heutige Grabeskirche ist auf den ersten Blick ein einziger Wirrwarr von versteckten Kapellen, welche die einzelnen christlichen Konfessionen unter sich aufgeteilt haben. Die Grabkapelle wurde jüngst umfassend renoviert und erstrahlt nun wieder in altem Glanz. Anders als der exponierte Felsendom liegt die Grabeskirche inmitten der heutigen Altstadt und ist für den Ortsunkundigen nur schwer zu finden. Auch ragt sie kaum aus den sie umgebenden Bauten hervor.

Die Lage der Grabeskirche inmitten der Altstadt lässt die Frage nach der Authentizität der Grabtradition aufkommen; denn die Evangelien sind sich in ihrer Darstellung darin einig, dass Jesus vor den Mauern der Stadt gekreuzigt – und jüdischer Tradition entsprechend – auch außerhalb der Stadtmauern begraben wurde.

Grundsätzlich gilt, dass sämtliche christlichen Ortstraditionen im Heiligen Land erst ab dem 4. Jh. greifbar sind, bzw. sich überhaupt erst ab dem 4. Jh. entwickeln. Nachdem das Christentum unter Kaiser Konstantin zur *religio licita* geworden war, entwickelte sich rasch ein Pilgerwesen, das von einer schnell anwachsenden Pilgerindustrie gefördert wurde. Die christlichen Pilger hatten ein starkes Be-

33 Bieberstein, Bauten auf dem Haram (s. Anm. 6), 239.
34 Bieberstein, Bauten auf dem Haram (s. Anm. 6), 229.

Abb. 7 | Der Verlauf der Stadtmauern in römischer Zeit

dürfnis, die einzelnen Orte des Lebens Jesu ‚erleben' zu können, so dass nahezu jedes Ereignis des Alten wie des Neuen Testaments mit einer Ortstradition versehen wurde. Die Authentizität dieser Ortstradition ist dabei in der überwältigen Mehrheit der Fälle mehr als zweifelhaft. In jedem Fall klafft eine Lücke von etwa dreihundert Jahren zwischen der Zeit Jesu und der Bezeugung der ältesten christlichen Ortstraditionen.

Bezüglich der Tradition des Grabes Jesu ist der Verlauf der Stadtmauer im römischen Jerusalem entscheidend.[35] Die heutige Stadtmauer stammt von den Kreuzfahrern bzw. von Sultan Suleiman dem Prächtigen (1520–1566). Klar erwiesen ist, dass in römischer Zeit der Verlauf der Stadtmauer mehrfach wechselte und die Stadt dabei jeweils in Richtung Norden erweitert wurde. Unterschieden werden drei Mauerverläufe. Die sog. 3. Mauer wurde unter König Herodes Agrippa (40–44 n. Chr.) errichtet. Auch wenn ihr genauer Verlauf bis heute umstritten ist – vermutlich verlief sie deutlich nördlich der heutigen Stadtmauer – ist klar, dass bereits etwa zehn Jahre nach dem Tod Jesu der Bereich der heutigen Grabeskirche innerhalb der Stadtmauern zu liegen kam. Wie aber sah es in den Jahren davor aus? Die sog. 2. Mauer wurde in der Zeit von Herodes dem Großen er-

35 Grundlegend zum Folgenden weiterhin G. Kroll, Auf den Spuren Jesu, Leipzig [10]1988 ([1]1964); weiterhin Küchler, Jerusalem (s. Anm. 9), 290–305.

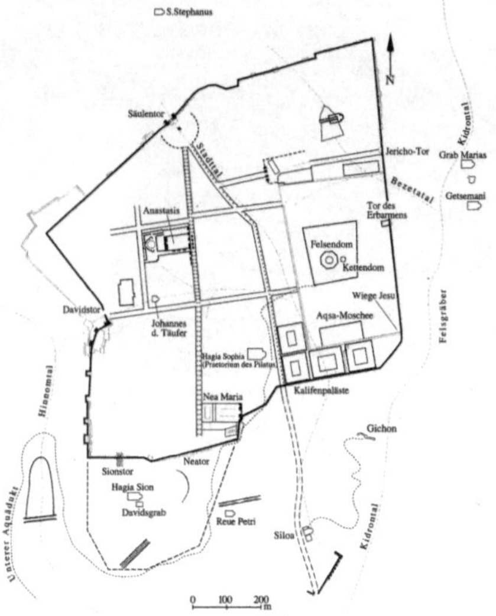


Abb. 8 | Jerusalem in byzantinischer und frühislamischer Zeit (324–1099 n. Chr.)

richtet. Man ging beim Bau der Mauer erstmalig über das von West nach Ost verlaufende Quertal hinaus, nördlich dessen die heutige Grabeskirche liegt. Die Beschreibung bei Josephus lässt allerdings eine genaue Nachzeichnung des Mauerverlaufs nicht zu und substantielle Teile der Mauer konnten bisher archäologisch nicht nachgewiesen werden. Allerdings haben Grabungen unter dem Alexanderhospiz und der Erlöserkirche in unmittelbarer Nähe der Grabeskirche zeigen können, dass dieser Bereich ein Steinbruchareal war. Darüber hinaus sind noch heute im Bereich der Grabeskirche frühjüdische Schachtgräber zu sehen (sog. „Grab des Josef von Arimatäa"), die außerhalb der Stadtmauern gelegen haben müssen. Wenn sich auch der exakte Verlauf der 2. Mauer nicht rekonstruieren lässt, somit ist damit doch erwiesen, dass der Bereich innerhalb der Grabeskirche, der heute als Golgotafelsen kommemoriert wird, zur Zeit Jesu Teil eines Steinbruchs gewesen ist, und dass sich westlich davon, im Bereich der heutigen Grabkapelle, ein Gräberfeld befand. Es hat sich daher „ein weitgehender wissenschaftlicher Konsens zugunsten der Grabeskirche etabliert."[36]

Die Ortstradition der Grabeskirche steht damit auf vergleichsweise sicherem Boden. Freilich gilt, dass Kaiser Hadrian nach der Niederschlagung des zweiten jüdischen Aufstandes und der großflächigen Umwandlung der Stadt in die Aelia Capitolina im 2. Jh. just an dieser Stelle das Forum der Stadt und einen Tempel für die kapitolinische Trias (Jupiter, Minerva und Juno) errichtete! Wie ist ent-

36 Küchler, Jerusalem (s. Anm. 9), 415.

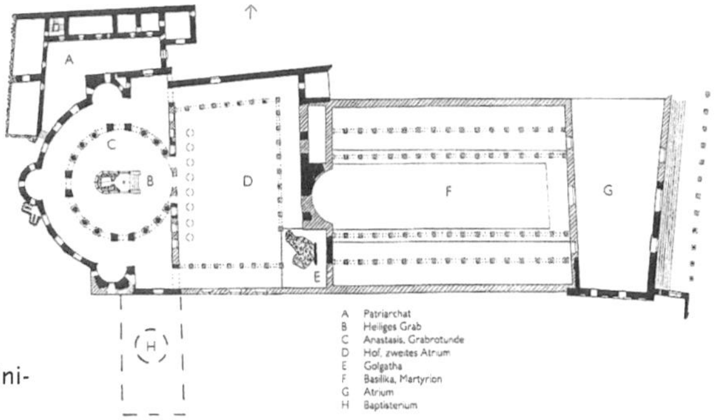


Abb. 9 | Die konstantinische Grabeskirche

sprechend hier die Regel „einmal heilig, immer heilig“ anzuwenden? Wählte Hadrian diesen Ort, weil er durch die christliche Grabtradition bereits als sakral galt? Dies ist die Argumentationslinie der frühchristlichen Autoren – und in der Tat ist es plausibel, dass Hadrian diesen Ort wählte, weil für ihn das Christentum kaum etwas anderes als eine jüdische Sekte gewesen sein dürfte, so dass eine solche Baupolitik durchaus in sein Programm einer ‚Dejudaisierung‘ Jerusalems gepasst hätte. Es ist aber auch der umgekehrte Weg denkbar, nämlich dass Konstantin für seinen Bau den Ort wählte, der zu seiner Zeit bereits seit etwa hundert Jahren den Haupttempel des römischen Jerusalem bildete. Letzte Klarheit wird hier wohl kaum zu erreichen sein.

Nach dem Konzil von Nicäa (325) gab Kaiser Konstantin den Auftrag zum Bau dreier Kirchen im Heiligen Land: einer Kirche zur Kommemoration der Geburt Jesu in Betlehem, eine zur Kommemoration von Leiden und Auferstehung in Jerusalem und schließlich eine dritte zum Gedenken der Himmelfahrt am Ölberg. Der Bau dieser drei Kirchen entsprach „geradezu wörtlich den Stationen des Glaubensbekenntnisses von Nicäa, so dass sein Bauauftrag als ein Programm zur Monumentalisierung dieses Glaubensbekenntnisses, als eine Programmsymphonie in Stein, erklärt werden kann.“[37] Die Bauzeit der Kirchenanlage in Jerusalem dauerte zehn Jahre. Im Jahr 335 schließlich wurde sie eingeweiht.

37 K. Bieberstein, „Zum Raum wird hier die Zeit“. Drei Erinnerungslandschaften Jerusalems, in: JBTh 22 (2007) 3–39, hier: 22.

Die heutige Grabeskirche, die in ihrer Gestalt auf die Zeit der Kreuzfahrer zurückgeht, lässt nur wenig von der einstigen Pracht des konstantinischen Baus erahnen. Dieser wurde Anastasis „Auferstehung(skirche)“ genannt, was theologisch weitaus gelungener ist als die Bezeichnung „Grabeskirche“. Heute ist nicht mehr erkennbar, dass Konstantin eine monumentale, von West nach Ost ausgerichtete Doppelkirchenanlage errichten ließ, deren Eingang auf der Höhe des römischen Cardo maximus der Stadt lag, dem heutigen Suq Ḫan az-Zait im arabischen Viertel. Über ein Atrium betrat man zunächst eine fünfschiffige Basilika, die der Kommemoration von Leiden und Sterben Jesu diente. Daran schloss sich ein weiteres offenes Atrium an, in dem der Golgotafelsen lokalisiert wurde. Westlich davon schließlich erhob sich die als Rotunde angelegte eigentliche Anastasis, die über dem Grab errichtet wurde.

Auffällig ist die Ausrichtung der Anlage von West nach Ost. Diese ist natürlich zum einen der Lage von Grab, Golgotafelsen und Cardo geschuldet, sie bildet aber zugleich in frappanter Weise die West-Ost-Ausrichtung des jüdischen Tempels ab. Dem entspricht nun eine Notiz bei Eusebius von Cäsarea:

> „[I]n dem *Martyrion* des Erlösers selbst wurde das Neue Jerusalem gegründet, gegenüber dem altberühmten, das nach der Befleckung durch die Ermordung des Herrn in die äußerste Verwüstung gestürzt worden war und so die Strafe für seine gottlosen Einwohner büßte. Diesem gegenüber nun ließ der Kaiser den Sieg des Erlösers über den Tod durch reiche und prachtvolle Ehrenbezeugungen verherrlichen“.[38]

Jerusalem steht hier synonym für „Tempel“. Die Grabeskirche wird als „neuer Tempel“ verstanden. Dem entsprechen auch die Maße der neuen Kirchenanlage: Die Länge beträgt gut 150 m, die Breite gut 50 m. Das entspricht 300 × 100 Ellen – womit wir exakt wieder bei den Maßen des hochheiligen Bereiches des Ezechieltempels sind.

Grundlage für ein Verständnis der Grabeskirche als neuer Tempel dürfte Joh 2,13–21 bilden, wo es heißt: „Er aber redete von dem Tempel seines Leibes.“ „Mit der Grabeskirche als Nachfolgerin des Tempels ist Jesu Wort von seinem Leib als Tempel Gottes auf überraschende Weise in eine bauliche Wirklichkeit übersetzt worden.“[39] Tat-

38 Eusebius von Cäsarea, De Vita Constantini, 3,33,1–2 (Fontes Christiani 83, Turnhout 2007, 355).

39 Busse, Tempel (s. Anm. 11), 8.

sächlich ist es so, dass nun die zuvor mit dem Tempel verbundenen Traditionen nahezu komplett hin zur Grabeskirche wandern: „Hier war Adams Grab, hier hatte das Isaakopfer stattgefunden; Golgatha ist der Weltenberg und der Ort, an dem die Paradiesströme ihren Ausgang nehmen."[40]

Das christliche byzantinische Jerusalem zeichnet sich somit durch eine prägnante Diskontinuität aus: Der Tempelberg verliert im christlichen Symbolsystem seine Bedeutung. Die mit ihm verbundenen Traditionen aber werden nicht aufgegeben, sondern wandern nun nach Westen hin zur Anastasis. Wie bei Eusebius ersichtlich, geht die Transformation jüdischer Traditionen dabei – anders als beim Felsendom – mit einer deutlichen Polemik einher: Der in Ruinen darliegende Tempelplatz ist Zeugnis des Gerichts über die Juden. Das neue Gottesvolk tritt in der Theologie des Eusebius an die Stelle des alten. Man kann geradezu von einer Enteignung jüdischer Traditionen durch das byzantinische, christliche Jerusalem sprechen.

Diese Ausnahme bestätigt freilich nur unsere Regel: Denn letztlich bleibt der Versuch, die mit dem Tempelberg verbundenen Ortstraditionen von ihrem Ort zu lösen nur ein Zwischenspiel – mehr als sechshundert Jahre nach der Zerstörung des jüdischen Tempels brechen sich die alten Traditionen wieder ihre Bahn und leben dann im Felsendom fort.

## 3.4 Felsendom und Grabeskirche

Der Felsendom dürfte nicht nur als *interpretatio islamica* jüdischer, mit dem Tempel verbundener Traditionen zu interpretieren sein, sondern als *Verwirklichung* des Tempels der Heilszeit. Dabei fällt auf, wie unpolemisch die Rezeption und Aneignung jüdischer Tradition geschieht – vor allem im Vergleich zur Enteignung jüdischer Tradition durch die christliche Grabeskirche. Nichtsdestoweniger ist mit dem Bau des Felsendoms auch Polemik verbunden. Sie hat nur eine andere Stoßrichtung. In welche Richtung diese Polemik geht, zeigt ein Zitat des arabischen Geographen al-Muqaddasi aus dem Jahr 985 n. Chr.:

40 Busse, Tempel (s. Anm. 11), 8.

> „Du weißt, dass ʿAbd al-Malik, als er die Pracht und edle Form der Kuppel der Auferstehungskirche sah, aus Furcht, dass diese auf die Muslimen zu großen Eindruck mache, über dem Felsen die gegenwärtige Kuppel errichtete.“[41]

Tatsächlich ist es so, dass der Durchmesser der Kuppel des Felsendoms (20,44 m) bis auf zwei Zentimeter dem Durchmesser der Kuppel der Anastasis (20,46 m) entspricht.[42] Hinzu kommt, dass die Architekturform des Oktogons „in der islam. Bautradition keinerlei Vorläufer kennt [...] und der Felsendom hat auch in der späteren islam. Architektur keine Fortschreibungen gefunden.“[43] Parallelen zu oktogonalen Zentralbauten finden sich vielmehr reichlich in der byzantinischen Architektur.[44] Die Architektur des Felsendoms orientiert sich also an der byzantinisch-christlichen Kirchenarchitektur.

Auf ein weiteres Moment hat Heribert Busse aufmerksam gemacht: Dem Felsendom selbst fehlt als Zentralbau zwar auf den ersten Blick eine eindeutige Ausrichtung, und wie wir gesehen haben, ergibt sich durch den Kettendom eine gewisse Ausrichtung nach Osten, welche – wie auch die Grabeskirche – die West-Ost-Ausrichtung des jüdischen Tempels abbildet. Aber dies ist nur ein Nebengleis. Durch die besondere Ausgestaltung des südlichen Eingangs ergibt sich eine klare Ausrichtung hin zur al-Aqsa-Moschee, die dem Ḥaram eine Nord-Süd-Achse verleiht, die gegenüber dem Zentrum des Ḥaram deutlich nach Westen hin verschoben ist (s. Abb. 2 und 3). Felsendom und al-Aqsa-Moschee sind einander zugeordnet und wollen als ein Ensemble wahrgenommen werden. Die al-Aqsa-Moschee wird baulich nur deshalb vom Felsendom so deutlich getrennt, um sie möglichst weit im Süden des Ḥaram zu platzieren, d. h. so nah es geht an Mekka. Vor diesem Hintergrund verdient nun Beachtung, dass die konstantische Anastasis eine Doppelkirchenanlage war, bei der Rotunde und Basilika durch einen Hof ebenfalls baulich deutlich voneinander getrennt waren, die Basilika jedoch klar auf die Rotunde mit der Grabkapelle ausgerichtet war. Busse folgert hieraus:

> „Der Rotunde mit dem hl. Grab entspricht auf dem *Ḥaram* der Felsendom mit dem hl. Felsen, der Konstantinsbasilika die Aqsa-Moschee. Der Felsendom ist wie die Ro-

41 Zit. nach Bieberstein, Bauten auf dem Haram (s. Anm. 6), 239.

42 Vgl. Bieberstein, Bauten auf dem Haram (s. Anm. 6), 246.

43 Ebd.

44 Vgl. als geographisch nächste Parallele die neuentdeckte Kathisma-Kirche zwischen Jerusalem und Betlehem.

> tunde ein Zentralbau, der als eine Art Reliquienschrein den hl. Fels birgt. Die vier Türen öffnen sich nach den vier Himmelsrichtungen. Die südliche Tür, die sich nach der Aqsa-Moschee hin öffnet, ist durch den Porticus vor den anderen Türen hervorgehoben und dadurch als Haupteingang gekennzeichnet; einen ähnlichen Porticus gab es vor der östlichen Tür der Rotunde der Grabeskirche. [...] Dem Altar der Konstantinsbasilika entspricht in der Aqsa-Moschee der *miḥrāb*, nur daß der vor dem *miḥrāb* Betende den hl. Fels im Rücken hat, während der Altar in der Konstantinsbasilika auf das hl. Grab ausgerichtet war: das eine ist ein christliches, das andere ein islamisches Heiligtum. Das Zentrum der Welt ist für den Muslim nicht mehr der hl. Fels (bzw. der Tempel), sondern die *Ka'ba* in Mekka. In der Funktion hingegen gibt es eine vollkommene Entsprechung: der Gemeindegottesdienst fand dort in der Konstantinsbasilika, hier in der Aqsa-Moschee statt; die Rotunde umschließt als Memorialbau das hl. Grab, der Felsendom den hl. Fels."[45]

Die These wird durch die Gründungsinschrift des Felsendoms bestätigt. Diese ist „an der Außenseite des oktogonalen Stützenkranzes unmittelbar unter dem Deckengesims erhalten."[46] Sie besteht aus fünf Strophen, von denen die erste zitiert sei:

> „I. (a) Im Namen des barmherzigen und gnädigen Gottes. Es gibt keinen Gott außer Gott allein; er hat keinen Teilhaber. *Sag: Er ist Gott, ein Einziger, Gott, der souveräne (Herrscher?). Er hat weder Kinder gezeugt, noch ist er (selber) gezeugt worden. Und keiner kann sich mit ihm messen* (Sure 112,1–4). (b) Mohammed ist der Gesandte Gottes. (c) Gott möge den Segen über ihn sprechen und ihn grüßen."[47]

Leider verbleibt kein Raum, um diese Inschrift detailliert zu analysieren. Ihre Stoßrichtung ist klar: Sie wendet sich gegen das christliche Bekenntnis der Gottessohnschaft Jesu. Es wird somit exakt das negiert, was die Architektur der Grabeskirche als Stein gewordene Botschaft des Symbolums von Nicäa aussagen will. Spannend ist jedoch, dass die Kritik mittels des Zitats von Sure 112 geschieht, welche eingeleitet wird mit: „Er ist Gott, ein Einziger!" Es dürfte kaum Zufall sein, dass dies dem *Sch$^{e}$ma'-Ysrael* von Dtn 6,4 entspricht: „Höre Israel, JHWH, unser Gott, JHWH ist einer / einzig!", das bis heute die Essenz des jüdischen Glaubens definiert.

Ich breche an dieser Stelle ab. Die Bauten auf dem Ḥaram führen die Trennung des entstandenen muslimischen Jerusalem vom christlichen Jerusalem bildhaft vor Augen. Diese Trennung geschah mittels eines Rückgriffes auf jüdische Traditionen und wurde erst später

45 Busse, Tempel (s. Anm. 11), 5–6.
46 Bieberstein, Bauten auf dem Haram (s. Anm. 6), 246.
47 Zitiert nach Bieberstein, Bauten auf dem Haram (s. Anm. 6), 247.

durch rein islamische Traditionen ersetzt, so dass nach der physischen Eroberung Jerusalems durch den Kalifen Omar etwa hundert Jahre später dann auch die symbolische Inbesitznahme Jerusalems vollendet wurde.

Die sakrale Architektur Jerusalems ist Zeugnis eines hoch komplexen Miteinanders und spannungsvollen Gegeneinanders der drei monotheistischen Religionen, die im Fall des Tempelbergs sogar in vorisraelitische Zeit zurückreicht. Jeder Stein in Jerusalem ist symbolisch aufgeladen. Die aktuelle Diskussion um den politischen Status der Stadt scheint ausweglos. Umso wichtiger ist es zu betonen, dass am Anfang der islamischen Geschichte in Jerusalem eine enge theologische Symbiose zwischen Judentum und Islam bestand. Die heutige Konfrontation von Judentum und Islam ist keineswegs ‚alternativlos'. Der Blick in die Geschichte zeigt, wie eng die drei monotheistischen Religionen in dieser Stadt miteinander verbunden sind und dass ihre Geschichte nichts zwangsläufig in Ausgrenzung und Gewalt enden muss. Die fünftausendjährige Geschichte der Stadt Jerusalem ist reicher. Aber bei alldem gilt: „Einmal heilig, immer heilig."

*Cordula Heupts und Idris Nassery*

# Heiliger Boden?
## Ein Gespräch über (Ent-)sakralisierung von Räumen in Christentum und Islam

### Hinführung

Was macht Räume zu heiligen Orten? Dieser Frage soll nicht nur aus christlicher Perspektive, sondern auch aus islamischer Perspektive nachgegangen werden. Der Islam, der im siebten Jahrhundert auf der arabischen Halbinsel entstand, ist in vielerlei Hinsicht mit dem Christentum verwandt, bezieht sich aber auf seine eigene Offenbarung des Korans und seine Traditionen. In diesem Artikel sollen durch eine islamische Perspektive auf heilige Orte Erkenntnisse gewonnen werden, die Gemeinsamkeiten und Unterschiede entdecken lassen und dazu anregen können, über die christliche Sicht neu nachzudenken. Dazu wird aber zunächst die christliche Perspektive in den Blick genommen und von Cordula Heupts die Frage gestellt, woher Kirchenräume ihre Bedeutung nehmen und erklärt, was (Ent-)sakralisierung bedeuten kann. Im zweiten Teil wird Idris Nassery die Heiligkeit von Orten im Islam diskutieren. Den Schluss bildet eine gemeinsam verfasste Zusammenschau.

### 1 Kirchenräume und ihre (Ent-)sakralisierung

In Paderborn wird im Jahr 2018 das 1000jährige Jubiläum der Bartholomäuskapelle und das 950jährige Jubiläum des Imad-Doms gefeiert. Allein das zeigt schon, dass diesen beiden Kirchenräumen eine große Bedeutung zukommt, die sich schon über einen unvorstellbar langen Zeitraum erstreckt. Doch was gibt ihnen diese Bedeutung? Ist es allein der Zeitraum, ist es die wunderbare Architektur? Ist es die Sakralität oder Heiligkeit des Raumes? Und was kann das heißen? Können wir Gott begegnen in heiligen Räumen, wie es

Abb. 1 | Der Paderborner Dom

die Montagsakademie zum Thema gemacht hat? Diese Fragen lassen sich natürlich in diesem Beitrag nicht umgreifend beantworten, aber es sollen für das interreligiöse Gespräch ein paar Schlaglichter auf diese Fragen geworfen werden. „Das Heilige ist zunächst jenes grenzenlos Unbegrenzte, das dem Menschen Heil und Heilung ist, da es ihn entgrenzt auf das je Größere hin."[1] So beschreibt Heribert Mühlen in seiner zunächst religionswissenschaftlichen Beobachtung das Heilige. Auf Mühlen möchte ich mich für den ersten Zugang beziehen. Für ihn hat das Heilige etwas Anziehendes und Hinreißendes und gleichzeitig Schauervolles und Abstandgebietendes.[2] Es geht Mühlen um die Erfahrung der existentiellen Betroffenheit durch etwas Außergewöhnliches, das sich im selben Moment wieder entzieht.[3]

Diese Momente lassen sich auch in der Erfahrung des Volkes Israel finden. Alles Heilige ist auf JHWH als den einzig Heiligen, den Quell aller Heiligkeit bezogen.[4] Allein ihm darf Ehre und Opfer dargebracht werden (Ex 32–33). Doch auch wenn seine Schöpfung immer von seiner Heiligkeit unterschieden werden muss, so lässt Gott doch die gesamte Schöpfung an seiner Heiligkeit teilhaben, indem die Schöpfung immer auf ihn als die Heiligkeit bezogen ist.[5] Dadurch

1 H. Mühlen, Entsakralisierung. Ein epochales Schlagwort in seiner Bedeutung für die Zukunft der christlichen Kirchen, Paderborn [2]1970, 10.

2 Diese beiden Momente der Begegnung mit dem Heiligem sieht auch der Religionswissenschaftler Rudolf Otto, wenn er vom *„mysterium tremendum et fascinosum"* schreibt. Vgl. R. Otto, Das Heilige. Über das Irrationale in der Idee des Göttlichen und sein Verhältnis zum Rationalen, München [31–35]1963.

3 Vgl. Mühlen, Entsakralisierung (s. Anm. 1), 13f.

4 Vgl. ebd., 133.

5 Vgl. ebd., 94.

sind wir Menschen in unserer Geschöpflichkeit immer auch hinweisendes Zeichen auf unseren Schöpfer. In der Erfahrung Israels ist Gott der, der mit seinem Volk geht, aber auch der, der sich aufgrund seiner übergroßen Heiligkeit und Herrlichkeit nicht direkt anschauen lässt, weil dies kein Mensch ertragen könnte. Das zeigt sich zum Beispiel an der Erfahrung des Moses, als er Gott bittet, seine Herrlichkeit sehen zu dürfen. Gott lässt seine Herrlichkeit nur vorüberziehen, während Moses in einem Felsspalt steht und Gott seine Hand über ihn hält, um ihn zu schützen und zu Moses spricht: „Dann ziehe ich meine Hand zurück und du wirst meinen Rücken sehen. Mein Angesicht aber kann niemand sehen“ (Ex 33,23). Die enge Verbindung von Heiligkeit und Herrlichkeit wird auch im bekannten Abschnitt aus dem Jesajabuch deutlich: „Heilig, heilig, heilig ist der Herr der Heere. Von seiner Herrlichkeit ist die ganze Erde erfüllt“ (Jes 6,3). Aber auch wenn die ganze Erde von Gottes Herrlichkeit erfüllt ist, braucht der Mensch als leiblich-sinnliches Wesen doch besondere Orte, um Gottes Präsenz zu erfahren. Das wird auch in der Erzählung vom brennenden Dornbusch und in der Vorstellung des Tempels als Wohnstatt Gottes (vgl. Ez 43,44) deutlich.

Diese sinnlichen Erfahrungen finden sich vielfach im Kult, aus dem auch die Unterscheidung von heilig und profan kommt, im Hebräischen *kadosch* und *chol*. Das lateinische Wort *profan* im Gegensatz zu *sanctus* zeigt das besonders gut, weil es „vor *(pro)* dem heiligen Bezirk *(fanum)*“ bedeutet. Es ist also das Gewöhnliche, das Weltliche. Das Heilige hingegen ist von den Wurzeln der Wörter her das Abgeschiedene, das Ausgesonderte.

Von diesen jüdischen und alttestamentlichen Wurzeln komme ich nun zur christlichen Sicht. Darin hat sich Gott in Jesus Christus selbst offenbart und ist Mensch geworden. Die Fülle der Gottheit wohnt nicht mehr im Tempel, sondern in Jesus Christus als Sohn Gottes (vgl. Kol 2,9). Er wird selbst zum Tempel, wie in Joh 2,13–21 deutlich wird, wo es heißt: „Er aber redete von dem Tempel seines Leibes.“ Dieser Tempel des Leibes Jesu Christi wird auch heute noch spürbar und erlebbar im Sakrament der Eucharistie, in Leib und Blut Christi. Die konsekrierten Hostien werden deshalb auch als das Allerheiligste bezeichnet. Zum anderen wird die Gegenwart Christi in der Gemeinschaft der Christen und im Wort des Evangeliums erlebbar. Im ersten Petrusbrief heißt es: „Lasst euch als lebendige Steine zu einem geistigen Haus aufbauen" (1 Petr 2,5). Und im Matthäusevangelium wird deutlich: „Denn wo zwei oder drei in meinem Namen versammelt sind, da bin ich mitten unter ihnen" (Mt 18,20). Was kann das über kirchliche Räume aussagen? Es lässt sich schließen, dass sie durch den Leib Christi in der Eucharistie und in der Gemeinschaft der Gläubigen zu besonderen Orten der Begegnung Gottes werden. Nach Michael Kunzler hat sich jede Theologie der Kirche als Gebäude an diesen Formen der Gegenwart Jesu Christi zu orientieren: „Jedes aus Steinen erbaute ‚Gotteshaus' leitet seine Würde von dieser Gemeinschaft Gottes mit den Menschen her, die sich in der liturgischen Feier darin ereignet."[6]

Aber es kommt in der katholischen Kirche auch noch die Besonderheit der Reliquienverehrung hinzu. Einen ersten biblischen Beleg für Reliquien gibt es bereits in der Apostelgeschichte, wo Gläubige die Schweißtücher des Paulus entwendeten, um sie Kranken aufzulegen (vgl. Apg 19,12). Heute befindet sich in fast jeder Kirche eine Reliquie im Altar. Begründet ist diese Tradition in dem Schriftwort, dass sich die Seelen unter dem himmlischen Altar befänden (vgl. Offb 6,9). Zunächst wurden die Altäre direkt über die Gräber der Märtyrer gebaut. Mitte bis Ende des vierten Jahrhunderts gab es die ersten Überführungen von Märtyrergebeinen, wie durch Ambrosius im Jahr 386.[7] Bis heute sieht das Kirchenrecht vor, diese alte Tradition beizubehalten, unter einem feststehenden Altar Reliquien von Märtyrern oder Heiligen beizusetzen.[8] Für mich zeigt sich in der sich hingebenden Liebe der Märtyrer und Heiligen auch heute noch, was Nachfolge Jesu Christi bedeuten kann.

Weil der Mensch außergewöhnliche Orte braucht, um die Präsenz Gottes wahrzunehmen, sondert er, nach Ansicht Mühlens, besondere Orte von der Alltagswelt ab.[9] Diese Absonderung von etwas Gewöhnlichem für den Kult nennt er *Sakralisierung*. Mühlen unterscheidet sehr deutlich zwischen Gott als dem allein Heiligen und dem Sakralisierten, das insofern profan bleibt, als es immer von Gott selbst unterschieden ist. Aber das Sakralisierte macht das *Immer-auf-Gott-*

6 M. Kunzler, Liturge sein. Entwurf einer Ars celebrandi, Paderborn $^{2}$2009, 307.

7 Vgl. A. Legner, Reliquien in Kunst und Kult. Zwischen Antike und Aufklärung, Darmstadt 1995, 11.

8 Vgl. CIC, can. 1237.

9 Vgl. für diesen Abschnitt Mühlen, Entsakralisierung (s. Anm. 1), 95f.

*bezogen-sein*, das Teilhaben an der Heiligkeit Gottes, sichtbar. Es ist also eine Konkretion, Veranschaulichung oder auch Verleiblichung der immer schon mitgegebenen Erfahrung des Sakralen. Wie lassen sich nun von Menschenhand errichtete Kirchen, die Reliquienbeisetzung und die damit verbundene Kirchweihe verstehen? Nach den bisherigen Überlegungen sicher nicht als eine Heiligung von Steinen. Bei der Kirchweihe wird der betreffende Ort Gott geweiht. Das kann als eine „*Indienstnahme*“ und symbolische Aufladung des Ortes für die Versammlung und zur Feier der Eucharistie verstanden werden.[10] Dem heiligen Geschehen, das die Gemeinde feiert, wird Raum gegeben und keine wesensmäßige, ontologische Veränderung des Ortes bewirkt.[11] Joseph Ratzinger hat bezüglich der Kirchengebäude sehr schön formuliert, dass sich in den Kirchenbauten eine „Freude an der Versichtbarmachung des Glaubens“ zeigt. Sie sind Aufrichtung der Zeichen Gottes, Verherrlichung und Lobpreis Gottes bis in den Stein hinein, um „so die kommende Zeit vorwegzunehmen“. Dadurch werden die Bauten „vergegenwärtigte Hoffnung und zuversichtliche Aussage dessen, was werden kann, in die Gegenwart hinein“[12].

Die Gebäude, die für die gemeinsame Feier der Liturgien in Dienst genommen werden, haben im Laufe der Geschichte die unterschiedlichsten Formen und künstlerischen Gestaltungen angenommen. Welche Bedeutung haben diese für die Sakralität von Räumen? Denn die Architektur ist offensichtlich zeitbedingt und ihre Ausstattung spiegelt die Gesellschaft und ihr Gottesverhältnis wieder. So distanzierten sich die frühen Christengemeinden von festen Kultorten, wie dem jüdischen Tempel, und feierten das Herrenmahl in Wohnhäusern.[13] Im Laufe der Zeit gewann das Gebäude mehr Bedeutung, die Symbolik des Geschehens wird auf den Ort übertragen. Er wird Erscheinungsort der Gegenwart Christi und der himmlischen Wirklichkeit nach dem Urbild-Abbild-Schema. Diese Sakralisierung

10 Vgl. D. Emeis, Pastoraltheologische Aspekte zum Kirchenbau, in: A. Gerhards, M. Struck, Umbruch – Abbruch – Aufbruch? Nutzen und Zukunft unserer Kirchengebäude, Regensburg 2008, 59.

11 Vgl. J. Meyer zu Schlochtern, Interventionen. Autonome Gegenwartskunst in sakralen Räumen, Paderborn 2007, 65.

12 J. Ratzinger, „Auferbaut aus lebendigen Steinen“, in: W. Seidel (Hg.), Kirche aus lebendigen Steinen, Mainz 1975, 42.

13 Vgl. für diesen Abschnitt J. Meyer zu Schlochtern, Interventionen. Autonome Gegenwartskunst in sakralen Räumen, Paderborn 2007, 58–61.

macht das Haus der Gemeinde *(„domus ecclesiae“)* zum Haus Gottes *(„domus Dei“)*, zum heiligen Ort. Durch Lettner oder Chorschranken wird gezeigt, dass der Chorraum dem Klerus vorbehalten ist, der deutlich von der Gemeinde getrennt wird. In der Romanik werden Kirchen zu Gottesburgen, die Gotik lässt Gottes Gegenwart durch die Symbolik des Lichts sichtbar werden, die Kirchen der Barockzeit zeigen als Thronsäle die Majestät Gottes. Nachdem man im 19. Jahrhundert noch nach den traditionellen Formen suchte, die das Christliche besonders gut ausdrücken könnten, trennte man sich im 20. Jahrhundert ganz von historischen Formen.[14]

Zur Ehre Gottes wurden architektonische und künstlerische Meisterleistungen vollbracht, wobei auch politische Gründe und der Stolz der mächtigen Bauherren keine unerhebliche Rolle gespielt haben dürften. Die Lateranbasilika kann als frühestes Beispiel für die repräsentative Darstellung des Christentums gelten.[15] Die Kuppel der Hagia Sophia wurde von Justinian I. als größter Kuppelbau der Antike verwirklicht.[16] Doch welche Bedeutung hat die Gestaltung und Kunst in den Kirchen bei aller historischen Bedingtheit für die Menschen von heute? In der Gestaltung von Kirchenräumen zeigt sich der Wunsch des Lobpreises Gottes und der Wunsch, der Begegnung mit ihm eine würdige Form zu geben. Sakrale Kunst soll auch nach dem Zweiten Vatikanum als „Zeichen und Symbol überirdischer Wirklichkeit“ (*Sacrosanctum Concilium* 122) dienen. Sie hat vor allem hinweisenden Charakter auf das, was in der Liturgie geschieht. Aber auch außerhalb der liturgischen Funktionen gibt es noch viele weitere Gründe, warum Kirchenbauten meiner Ansicht nach eine Bedeutung für Menschen haben. Allein dadurch, dass in Kirchen über Jahrhunderte Menschen gebetet haben, sich versammelt haben, Liturgie gefeiert haben, kann ein Raum spirituell aufgeladen sein. Kirchen

14 Vgl. H. Schwebel, Die Bedeutung der Kirchengebäude für die Kirchen – Kirchenbau und Kirchenidentität, in: A. Gerhards, M. Struck, Umbruch – Abbruch – Aufbruch? Nutzen und Zukunft unserer Kirchengebäude, Regensburg 2008, 95. Dieses Phänomen der Auflösung oder Distanzierung von traditionellen Formen scheint mir aber nicht nur die Kirchengebäude, sondern fast alle Kunstformen zu Beginn des 20. Jahrhunderts zu betreffen.

15 Vgl. F.-H. Beyer, Geheiligte Räume. Theologie, Geschichte und Symbolik des Kirchengebäudes, Darmstadt 2008, 18.

16 Vgl. H. Schwebel, Die Bedeutung der Kirchengebäude für die Kirchen (s. Anm. 14), 95.

haben Hinweischarakter, nicht nur auf Gott, sondern auch darauf, dass der Mensch Freiraum außerhalb der Alltagszwänge braucht.[17] Kirche ist nicht nur Ausdrucksgestalt von Religion, sondern auch von Kunst. Das Bilderprogramm vieler alter Kirchen, ihre Akustik, das Licht durch die bunten Glasfenster, die Stille des Raums haben ästhetische Qualitäten. Die entstehenden Raumgestalten können mit Gernot Böhme „Anmutungsqualitäten“ gewinnen, die besondere Atmosphären erzeugen.[18] Davon lassen sich auch Menschen betreffen, die nicht religiös sind. Josef Meyer zu Schlochtern beschreibt diese Qualitäten mit den folgenden Worten:

> „Solche Stimmungen gehen zum Teil von den Gegenständen aus, ihrer räumlichen Beschaffenheit, den Gegebenheiten von Licht, Klang und Geruch. All das spielt mit der Disposition des wahrnehmenden Leibsubjekts zusammen; in diesem Miteinander baut sich die spezifische Atmosphäre eines Raumes auf.“[19]

Und auch eine Bilderlosigkeit von oftmals modernen Kirchen kann als „Kontrasterfahrung angesichts des Überangebots an Bildprodukten“[20] dienen. Kirchen können aber auch als „Geschichtsspeicher“[21] wahrgenommen werden oder an wichtige Lebenssituationen erinnern, wie die eigene Hochzeit. Und schlussendlich muss auch die Unverfügbarkeit der Gegenwart Gottes in den kirchlichen Räumen eingestanden werden. Es lässt sich nicht ausreichend begründen, warum ein Ort zu einem Ort der Gottesbegegnung geworden ist.

Wie sich in dem geschichtlichen Abriss gezeigt hat, gab es eine Tendenz der Sakralisierung, nachdem das frühe Christentum den Ort der Liturgie in Absetzung zum jüdischen und zu heidnischen Tempeln zunächst entsakralisiert hatte.[22] Was aber meint nun Entsakralisierung und wo ist in unseren sakralen Räumen eine Entsakralisierung oder eine Sakralisierung nötig? Dass Menschen nicht nur Orte für den Kult sakralisieren, sondern zum Beispiel auch technische Perfektion, Sportler, politische Führer, Popsänger, zeigt sich

17 Vgl. F.-H. Beyer, Geheiligte Räume (s. Anm. 15), 19f.
18 Vgl. ebd., 19.
19 J. Meyer zu Schlochtern, Interventionen (s. Anm. 11), 29f.
20 Vgl. Sekretariat der Deutschen Bischofskonferenz (Hg.), Liturgie und Bild. Eine Orientierungshilfe (ADBK 132), Bonn 1996.
21 H. Schwebel, Die Bedeutung der Kirchengebäude für die Kirchen (s. Anm. 14).
22 Vgl. J. Meyer zu Schlochtern, Interventionen (s. Anm. 11), 61.

an ihrer Verehrung derselben, wie Mühlen ausführlich zeigt.[23] Gefährlich ist dabei eine Verabsolutierung, weil dadurch die Erfahrung selbst zum Zweck wird und nicht mehr ihren durchscheinenden Charakter auf Gott hin behält. Das Sakralisierte bekommt den Anschein, dass es selbst heilig ist. Entsakralisierung hingegen meint dann nach Mühlen den kritischen Prozess, in dem die Verabsolutierung von etwas aufgedeckt und wieder rückgängig gemacht wird, um den auf Gott durchscheinenden Charakter zurückzugewinnen. Bezüglich des Kirchenraums ist nun zu fragen, wo eine erneute Sakralisierung oder Entsakralisierung nötig wäre, um den Raum wieder zu einem Ort der Begegnung mit Gott zu machen. Meiner Ansicht nach wäre heute eine erneute Sakralisierung da nötig, wo Kirche nur noch kunsthistorisches Museum ist oder von Menschen nicht mehr als Raum der Begegnung mit Gott wahrgenommen wird. Es wäre wünschenswert, dass Menschen wieder dafür sensibilisiert werden, was in Kirchen geschieht. Dafür könnten die Kunst und der Erlebnischarakter durchaus genutzt werden, um den Menschen wieder einen Zugang zu Religion und Glaube zu geben. Die ästhetischen, spirituellen und katechetischen Dimensionen der Gestaltung von Kirche können als Erfahrungsdimension zum Beispiel bei Kirchenführungen dienen, die zumindest an touristischen Orten beliebt sind.[24] Eine Chance bietet dabei das Bilderprogramm, das über ästhetische Erfahrung erschlossen werden kann, aber auch die Kirchenmusik, die derzeit noch einige Menschen dazu bewegt, in eine Kirche zu gehen. Andererseits ist meiner Ansicht nach auch eine Entsakralisierung notwendig, wenn der Kirchenraum mancherorts nur noch exklusiv für Gottesdienstbesucher geöffnet ist und alles andere Leben aus der Kirche ausgeschlossen wird. Auch wenn die liturgische Feier und die Gemeinschaft der Gläubigen die ausschlaggebenden Gründe für die Heiligkeit des Ortes sind, ist es wichtig, dass Kirchen offenbleiben, um als Orte der Stille und der Einkehr für alle Menschen zur Verfügung zu stehen. Kirchen sollten möglichst belebte Orte sein und sich auch als Ausstellungsräume und Konzerträume anbieten, um die im Zweiten Vatikanum geforderte Hinwendung zur Welt ernst zu

23 Vgl. Mühlen, Entsakralisierung (s. Anm. 1), 20–47.

24 Vgl. A. Gerhards, Wo Gott und Welt sich begegnen. Kirchenräume verstehen, Kevelaer 2011, 182.

nehmen. Denn wie Josef Meyer zu Schlochtern deutlich macht, kann sogar autonome, zeitgenössische Kunst in Sakralräumen durch das entstehende Spannungsverhältnis zum Durchbrechen von Wahrnehmungskonventionen und zu neuen ästhetischen Einsichten führen.[25] An diesen Vorschlägen zeigt sich sowohl die immer gegebene Gefahr einer einseitigen Nutzung der Kirchenräume, aber auch die Chance, Kirchen wieder zu Räumen der Gottesbegegnung zu machen.

## 2 Sakralisierung des Profanen – Profanisierung des Sakralen

> „Wie wunderbar du und dein Duft seid, wie großartig du und deine Heiligkeit seid. Aber bei Dem, der meine Seele in den Händen trägt, die Heiligkeit des Lebens eines Menschen ist bei Gott größer als deine Heiligkeit [...]."[26]

Als der US-Präsident Trump in Dezember 2017 mit einem bis dahin beispiellosen Schritt Jerusalem als die Hauptstadt Israels bezeichnete und damit entsprechend seines gewöhnlichen Duktus als Elefant im Porzellanladen eine jede Komplexität der Nahost-Verästelungen und der damit seit Jahrzehnten verbundenen Friedensbemühungen des Konflikts ad absurdum führte, reagierten vor allem die arabischen Führer auf Trumps Jerusalem-Entscheidung mit Fassungslosigkeit und verwiesen dabei abermals auf die symbolische wie auch religiöse Bedeutung Jerusalems für Muslime weltweit. Der libanesische Außenminister Gebran Bassil hob hierbei insbesondere hervor, dass die religiöse Heiligkeit Jerusalems als Ort für Muslime nicht der menschlichen Disponibilität unterliege und daher die Entscheidung Trumps nichts an den tatsächlichen Gegebenheiten vor Ort ändern werde. Hierbei schien der libanesische Außenminister zwar zwecks des Anlasses die zentrale Bedeutung Jerusalems, die sich dem Koran und der Offenbarungsgeschichte um den Propheten Muhammad entnehmen lässt, im Auge gehabt zu haben, jedoch wird dabei zugleich die Relation zwischen dem religiös Sakralen und spezifischen

25 Vgl. J. Meyer zu Schlochtern, Interventionen (s. Anm. 11), 70.

26 ʿAbdallāh Muammad b. Yazīd b. Māǧǧa ar-Rabʿī al-Qazwīnī, Kitāb as-sunan, Band 2, o. O., o. J. Buch über die aǧǧ, überliefert von Abdullah Amr, der den Propheten Muhammad beim Vollzug der siebenmaligen Umkreisung (Ṭawāf) der Kaaba in Mekka diese Sätze in Richtung der Kaaba sagen hörte.

Abb. 2 | Kaaba in Mekka

Orten im Islam deutlich. Die Sakralität von Orten bzw. Räumen ist dabei im Kontext der islamischen Theologie nicht nur beschränkt auf die Gestaltung von Räumlichkeiten des Gottesdienstes oder der Inszenierung des religiösen Kultes an einem spezifischen Ort, sondern umfasst im Kern diverse Themen der Ästhetik des Göttlichen, die immer wieder auch Gegenstand wissenschaftlicher und öffentlicher Diskurse sind.[27]

Besonders auffallend ist im Rahmen dieser Diskurse, dass die historisch gewachsene Definition von Heiligkeit im Christentum und Judentum samt des jeweiligen kulturellen und religiösen Horizonts nicht selten ohne eine nähere Würdigung auf die Diskussion im Islam übertragen wird. Dabei bereitet eigentlich dem Grunde nach bereits die Auffindung eines begrifflichen Pendants im Islam, das sich mit dem Verständnis von Heiligkeit im Christentum und Judentum decken könnte,[28] erhebliche Schwierigkeiten. Denn sowohl im Koran als auch in der prophetischen Praxis Muhammads als Primärquellen des Islams lassen sich entsprechend dem jeweiligen Kontext diverse Wendungen finden, die einen Ort bzw. Raum eine besondere – jedenfalls vom Profanen abgesonderte – Stellung zuweisen. Dabei werden am häufigsten die Begriffe *quddūs* und *ḥaram* in unterschiedlichen Erscheinungsformen verwendet, um die Aussonderung eines Ortes gegenüber dem Profanen zu bezeichnen. Entsprechend des je-

27 Vgl. H. Munt, The Holy City of Medina, Cambridge 2014, 1–14.

28 Vgl. M. Eliade, Das Heilige und das Profane. Vom Wesen des Religiösen, Frankfurt am Main ³1987.

weiligen Kontexts wird *quddūs*, das auf die Wortwurzel q-d-s zurück zu führen ist, in direkter oder indirekter Konnotation mit Gott als dem Reinen, Vollkommenen und Heiligen verwendet, was auch erklärt, weshalb *al-Quddūs* als Synonym für einen der schönsten Namen *(asmā' Allāh al-ḥusnā)* Gottes gilt.[29] Eine nähre Betrachtung des Kerns des Begriffs *quddūs* unter Berücksichtigung der konkreten Verwendung im Koran und den Überlieferungen des Propheten Muhammad verdeutlicht, dass die Eigenschaft der Heiligkeit eine ganz eigene und exklusive Qualität Gottes ist. In ähnlicher Hinsicht wird ebenfalls mit dem Autoantonym *ḥaram*, das der Wurzel ḥ-r-m entlehnt ist, auf der einen Seite das Unverletzliche, Heilige bzw. Geheiligte eines Ortes oder Raumes und auf der anderen Seite mit einer lediglich minimal veränderten Akzentuierung des Wortes als *ḥarām* das Verbotene oder Verfluchte beschrieben. Kernmerkmal hinsichtlich aller Bedeutungsvariationen des Begriffs *ḥaram* ist dabei, dass das Heilige und Verbotene vom Profanen und Erlaubten abgrenzbar ist.[30] Die Wendung *ḥaram* wurde bereits in der vorislamischen Zeit vor allem für die Bezeichnung heiliger und von den kriegerischen Auseinandersetzungen ausgenommener Orte, Zeiten oder Symbole verwendet. Der Koran greift diese Wendung in Bezug auf bestimmte Orte, Zeiten oder Symbole auf und weist diesen eine für Muslime identitätsstiftende und vor allem vom Profanen gesonderte Stellung zu. Besonders prägnant lässt sich dies an den Orten Mekka, Medina und Jerusalem veranschaulichen, die ebenso durch diverse Überlieferungen des Propheten Muhammad als die drei heiligen Pilgerorte benannt werden.[31]

Als der buchstäbliche *axis mundi* für das islamische Religionsverständnis und das religiöse Leben der Muslime gilt die Stadt Mekka, da sie nicht nur Ort der ersten koranischen Offenbarung, sondern zugleich der Standort der heiligen Moschee *(al-masǧid al-ḥarām)* ist,[32] die alljährlich von Millionen von Muslimen als Wallfahrtstätte aufge-

29 So etwa in der Sure 59, Vers 23.

30 Vgl. Muḥammad ibn Manẓūr, Lisān al-ʿArab, Beirut 1956, Dar Sadir, Band 6, 168–169.

31 Für eine umfassende Auseinandersetzung mit den Aussprüchen des Propheten Muhammad in Bezug auf die Orte Mekka, Medina und Jerusalem vgl. M. J. Kister, You Shall only Set Out for Three Mosques, in: Le Museon 32 (1969) 173–196.

32 Die Wendung, *al-masǧid al-ḥarām*' wird mehrfach im Koran verwendet und so etwa in der Sure 2, Vers 144 als Gebetsrichtung (Qibla) für das rituelle Gebet festgelegt.

sucht wird. Von maßgeblicher Bedeutung für den mit der Wallfahrt verbundenen Ritus ist dabei die sich im Zentrum des Innenhofs der *masğid al-ḥarām* befindliche Kaaba. Nach islamisch-theologischem Verständnis geht die Erbauung der Kaaba, die im Koran u. a. „heiliges Haus" genannt wird, auf Adam zurück. Die später mehrfach zerstörte Ruine der Kaaba soll dann Abraham entsprechend der ursprünglichen Struktur mit der Platzierung des himmlischen schwarzen Steins *(al-ḥağar al-aswad)* an der östlichen Ecke bzw. schwarzen Ecke *(ar-rukn al-aswad)* wiedererrichtet haben. Die Bezeichnung der Kaaba als Haus Allahs *(bayt Allāh)* ist hierbei als ein Anbetungssymbol für Gott zu verstehen, der nach islamisch-theologischer Konzeption mit der Sendung Adams auf Erden zugleich die Erbauungsstruktur der Kaaba auf Erden sandte. Dabei soll nach islamischen Verständnis die Lobpreisung Gottes um die Kaaba herum durch den Menschen auf der Erde analog dem himmlischen Ritus entsprechen, bei dem die Engel Gott preisen. Somit manifestiert sich symbolisch ununterbrochen an der Kaaba die unmittelbare Verbindung zwischen dem Diesseits und Jenseits, dem Endlichen und Ewigen sowie der Erde und dem Himmlischen. Diese ununterbrochene Konnexität zwischen der Kaaba und dem Himmlischen wird besonders deutlich durch die Bekleidungs- und Verhaltensvorschriften während der jährlichen Hajj-Wallfahrt in Mekka sowie anhand des Spezifikums als Ort der absoluten und unverletzlichen Sicherheit eines jeden Individuums.[33] Der sakrale Charakter der Kaaba und des Areals der *masğid al-ḥarām* wird somit durch Gott mit der Sendung Adams vermittelt und nach islamisch-theologischen Verständnis durch die Offenbarung des Koran in Mekka und dem Leben und Wirken Muhammads in seiner sakralen Stellung wiederbelebt. Die Kaaba erhält durch ihre Bezogenheit hin auf Gott, dem allein die Qualität der Heiligkeit zu zusprechen ist, ihre heilige Stellung. Damit weist Gott koranisch dem zuvor profan existierenden Ort Mekka einen sakralen Charakter zu.

Nach Mekka wird hierarchisch in einer vielfach zitierten Überlieferung des Propheten Muhammad den Anhängern des Islams die Wallfahrt nach Medina als sakraler Ort empfohlen.[34] Anders jedoch

33 Vgl. B. Wheeler, Mecca and Eden, Chicago 2006, 64–67.

34 Muḥammad al-Buḫārī, al-Ğāmiʿu ʾṣ-ṣaḥīḥ, Dar Al-Kotob Al-Ilmiyah, Band 2, Beirut 2003, Buch 21, Hadithnr. 288.

als die Kaaba bzw. Mekka findet die erleuchtete Stadt Medina *(madīna al-munawwara)* mit der dort sich befindlichen Prophetenmoschee nicht im Koran explizit Erwähnung.[35] Vielmehr wird der sakrale Charakter des Ortes Medina durch das Wirken und den Tod des Propheten Muhammad sowie durch die teilweise Offenbarung des Korans in Medina vermittelt. Ferner wird von dem Propheten Muhammad überliefert, dass er Gott um die Segnung und Heiligung der Stadt Medina gebeten habe.[36] Die Sakralität der Stadt Medina ergibt sich somit nicht allein aus dem prophetischen Wirken, sondern ebenso kommt der Stadt auch in religiös-identitätstiftender Perspektive als Ort der ersten islamischen Gemeinde *(umma al-islāmīya)* und Ausgang der islamischen Zeitzählung nach der Flucht *(hiǧra)* aus Mekka im Jahre 622 eine maßgebliche Rolle zu. Medina lässt sich somit als eine Art Bindeglied zwischen der jüdisch-christlichen Tradition, mit der die erste islamische Gemeinde erstmals in gesellschaftsprägenderweise in Berührung kommt, und der theologischen Narrative des Islams betrachten, die auch in geographischer Hinsicht als Ort der Mitte zwischen Mekka und Jerusalem seine Parallele findet[37].

Jerusalem bildet dabei das religiöse Komplementär zu Mekka und erhält seinen sakralen Charakter insbesondere durch die koranisch beschriebene nächtliche Reise *(isrāʾ)* Muhammads von einem Ort im Kaaba-Heiligtum in Mekka nach Jerusalem und der anschließenden Himmelfahrt *(miʿrāǧ)* von Jerusalem.[38] Die im Koran lediglich fragmentarisch beschriebenen Ereignisse der Nachtreise und Himmelfahrt werden in der Koranexegese durch zahlreiche Überlieferungen des Propheten und Prophetenerzählungen ergänzt. Ebenso wird die theologische Relevanz Jerusalems mit dem Verweis, dass Jerusalem vor Mekka über mehrere Jahre der muslimischen Gemeinde als Ge-

35 Zwar wird Yathrib, das als der ursprüngliche Name des heutigen Medina gilt, im Koran in Sure 33, Vers 13 erwähnt, aber hat dabei keinen konkreten Bezug.

36 So wird in der Sammlung von Buḫārī ein ganzes Buch allein den Aussprüchen des Propheten über die Vorzüge der Stadt Medina gewidmet. Vgl. Buḫārī, ṣaḥīḥ, Band 2, Buch 30.

37 Die enge Verbindung zwischen Mekka und Jerusalem wird besonders in der Sure 17, Vers 1 deutlich.

38 Das Ereignis der Nachtreise wird in der Sure 17, Vers 1 und die der Himmelsfahrt in Sure 53, Vers 1–18 und Sure 81, Vers 19–25 beschrieben, wobei hinsichtlich der Natur und der Einzelheiten der Reisen in der Historiographie Uneinigkeit besteht.

betsrichtung durch den Propheten benannt wurde, hervorgehoben. Jerusalem als Ort der fernen Kultstätte *(masǧid al-aqṣā)*, wie es im Koran bezeichnet wird, erhält somit in erster Linie seinen sakralen Charakter durch die Offenbarung. Historisch wird dieser sakrale Charakter Jerusalems durch diverse machtpolitische Interessen bis in die heutige Gegenwart instrumentalisiert und entsprechend der jeweiligen Ziele ins Bewusstsein der Menschen gerufen.

Bereits diese kurze Darstellung der drei sakralen Orte im Kontext der islamischen Theologie verdeutlicht, dass die exklusiv von Gott zugesprochene Qualität der Heiligkeit durch Offenbarung und damit Vergegenwärtigung des Heiligen unmittelbar oder mittelbar zur Heiligung eines Ortes oder Raumes führen kann. Somit ist allein heilig, was auf Gott bezogen ist und wo Gott diesen Bezug den Orten bzw. Räumen zuweist. Ein Ort wird damit niemals aus sich selbst heraus sakral, sondern bedarf stets der göttlichen oder göttlich inspirierten Zuweisung. Aus der Symbolik der sakralen Orte im Islam ergibt sich zugleich, dass die Zuweisung eines Ortes als sakral durch Gott nicht als einmaliger Akt verstanden werden kann, der etwa versteinert oder in Wasserflaschen abgefüllt werden kann, sondern sich stets durch die Vergegenwärtigung der Offenbarung und des Ritus wiederholt. Bemühungen wie die des saudischen Königshauses mit ihrer puristischen Ideologie des Wahhabitentums seit der Einnahme von Mekka und Medina im Jahre 1804 durch vermeintlich notwendige Ersatzbaumaßnahmen einzelne Erinnerungsorte und -gegenstände des Sakralen auf den Flächen dieser Kultstätten zu zerstören[39], lassen entsprechend die Heiligung dieser Orte und Räume unberührt. Der Versuch der Profanisierung der heiligen Stätte Mekka und Medina etwa durch den Bau völlig unnötiger Luxushotels, Einkaufszentren und Gewerbeflächen, die zum Teil wie mammonische Götzen in den Himmel ragen, führen daher nicht zur Entheiligung der religiösen Symbolik

39 Das wahabitische Könighaus Saudi-Arabiens beabsichtigte sogar das Grab des Propheten Muhammads zu zerstören, schreckte aber aufgrund der eventuell drohenden Konsequenzen für den eigenen Machterhalt vor dem Schritt zurück. Vgl. A. Johnson, Saudi Arabia's proposal to destroy Prophet Mohammed's tomb and move remains to anonymous grave risks new Muslim division, in: Belfast Telegraph vom 3. September 2014 (https://www.belfasttelegraph.co.uk/news/world-news/saudi-arabias-proposal-to-destroy-prophet-mohammeds-tomb-and-move-remains-to-anonymous-grave-risks-new-muslim-division-30557589.html, Download: 23.01.2018)

eines einmal sakralen Ortes, sondern offenbaren vielmehr die Verblendung eines ideologisch motivierten Regimes, dem nichts mehr heilig ist.

Zugleich lassen sich in umgekehrter Hinsicht bereits in den ersten Generationen nach dem Ableben des Propheten Muhammad wie auch zum Teil in der Gegenwart Tendenzen beobachten, bei denen zumeist durch gewisse Herrscher prunkvoll errichteten Moscheen aus machtpolitischem Interesse ein sakraler Charakter, ohne eine theologische Grundlage, zugesprochen wird. Die hierbei mit erheblichem finanziellen Aufwand errichteten Moscheen wurden objektiv erkennbar als Ausdruck vermeintlich theologisch legitimierter Macht an zentralen Orten positioniert. Entsprechend eint derartige Moscheen ihre imposante Größe, die durch die jeweilige geographische Vielfalt aus Kunst und Architektur ergänzt wird. Dabei drückt sich im Bau und Gestaltung der Moscheen zugleich in beeindruckender Weise das ästhetische Gedächtnis islamischer Kunst aus, was optisch insbesondere durch die facettenreiche Kalligraphie und Lichteinfallstechniken wahrzunehmen ist und akustisch durch die Raumgestaltung und -wölbungen. Unterstützt durch die eindrucksvolle Ästhetik islamischer Künste schufen so die Herrscher mit der Erbauung solcher Moscheen gewissermaßen eine Art Sakralisierung profaner Orte und pervertierten damit die Praxis des Propheten Muhammad. Denn bereits ein flüchtiger Blick auf das Wirken des Propheten Muhammad in Medina und der dort von ihm errichteten Moschee verdeutlicht, dass die Moschee als Ort des Gemeindelebens konzipiert war und sich im Wesentlichen durch Schlichtheit und Praktikabilität kennzeichnete. Es ging dem Propheten daher nicht darum, tonnenweise Marmor und Blattgold für ein menschliches Machtsymbol zu verschwenden[40], sondern vielmehr einen schlichten und reinen Ort der inneren Besinnung und Vergegenwärtigung der heiligen Offenbarung zu schaffen. Heilig war dem Propheten entsprechend der koranischen Offenbarung allein die Schöpfung, so dass er ein jedes Vermögen im Sinne des Gemeinwohls aufwenden ließ und nicht für die Wahrung weltlicher Machterhaltung.

40 Ein besonders anschauliches Beispiel für die Pervertierung der prophetischen Botschaft ist die im Jahre 2007 für 600 Millionen US-Dollar errichtete Masdschid asch-Schaich Zayid in Abu Dhabi.

## 3 Zusammenschau

In der Zusammenschau der beiden Perspektiven fällt besonders die Tatsache ins Auge, dass nur Gott selbst als der Heilige gilt und alles Sakrale der Welt nur in Bezug auf ihn seine Heiligkeit erhält. Welche Orte von der Heiligkeit Gottes besonders erfüllt sind, wird im Islam durch die Offenbarung des Koran und die Überlieferungen der Aussprüche des Propheten Muhammads vorgegeben. Und im Christentum ist es die Offenbarung Gottes in Jesus Christus, die in der Bibel und der kirchlichen Tradition verkündet wird, die von der Gegenwart Gottes in der Liturgie, der Gemeinschaft und dem Kirchenraum sprechen lässt.

Während sich die Heiligkeit von Räumen in der christlichen Perspektive auf die Kirchenräume bezog, waren in der islamischen Perspektive weniger die Moscheen als Gebetsräume, als Mekka, Medina und Jerusalem im Fokus. Das lässt im interreligiösen Gespräch natürlich die Frage wach werden, welche Bedeutung Jerusalem und Rom als religiöse Zentren für den katholischen Glauben haben. Und auch nach der Bedeutung von Wallfahrtsorten kann hier gefragt werden. Das christliche Pilgerwesen und die damit verbundene Wertschätzung von heiligen Orten entstand in der konstantinischen Zeit (4. Jh.), wenn es auch schon vorher einzelne besonders verehrte Orte gab, wie das Petrushaus in Kapernaum (Mitte des 1. Jh.).[41] Kaiser Konstantin ließ an den wichtigen heilsgeschichtlichen Orten Kirchen errichten, wie Geburts- und Grabeskirche in Jerusalem, die dadurch zu Pilgerorten wurden. Sie dienen auch heute noch den Menschen zur berührbaren Erinnerung an das Heilsgeschehen.[42] Neben Jerusalem waren Rom und Santiago mit ihren Apostelgräbern bis zum Mittelalter die einzigen Pilgerstätten. Danach entstanden im Rahmen der Heiligenverehrung und Marienverehrung zahlreiche Pilgerorte auf der ganzen Welt, an denen häufig eine Wallfahrtskirche errichtet wurde. Und wie bei den Kirchen als sakralen Orten, so kann auch für die Wallfahrtsorte gesagt werden, dass sie durch die an ihnen gefei-

41 Vgl. P. Hirschberg, Heilige Stätten, in: http://www.bibelwissenschaft.de/stichwort/46879/ (Download: 01.04.2018).

42 Vgl. ebd.

erte Liturgie und die Gemeinschaft der Gläubigen zu lebendigen Orten der Begegnung mit Gott werden können.

Bezüglich des gemeinsamen Pilgerortes Jerusalem ist zu hoffen, dass trotz der verfahrenen politischen Situation ein gegenseitiges Verständnis für die Besonderheit des Ortes entstehen kann, das nicht auf dem Denken der Überhöhung, Überwindung oder Überbietung der anderen Religionen beruht, sondern auf Wertschätzung. Dafür ist natürlich ein Wissen über die verschiedenen Bedeutungen und die Geschichte der Orte und Räume wichtig. Aber auch die Öffnung der Orte für den religiös Anderen wäre ein Schritt zum gegenseitigen Verständnis. Vielleicht kann sogar der sakrale Raum eines religiös Anderen zu einem eigenen sakralen Ort werden. So kann in der Begegnung mit Muslimen und ihrer Gebetspraxis die Gottesfürchtigkeit der Menschen, ihre Demut, im knieenden Gebet erfahren werden. Die Moscheen als Orte des gemeinsamen Gebets und des Studiums des Korans, ihre angenehme Atmosphäre durch Kalligraphie, Mosaike und Teppichboden sind zumindest für mich, Cordula Heupts, zu besonderen Orten der Begegnung mit Gott geworden, ohne alle Glaubenslehren zu teilen oder die mir wichtigen christlichen Inhalte aufzugeben. Ähnlich erging es mir, Idris Nassery, während ich den christlichen Liturgien in Jerusalem beiwohnen durfte und dabei insbesondere durch die Verwendung der lateinischen Sprache in Jahrhunderte alten Kirchen am Wirkungsort von Jesus von dem Vollzug des Gottesdienstes berührt war.

Michael Meyer-Blanck

# Der Kirchenraum als Ort der Gottesbegegnung

## Eine evangelische Perspektive

### 1 „Die Wahrheit braucht keine Dome"

Für evangelische Christen gibt es keine heiligen Dinge, Zeiten, Rituale – und damit auch keine heiligen Räume. Nichts ist an sich heilig. Aber alles wird geheiligt[1] durch das Evangelium, das den Menschen in Zeit und Raum, aber nicht abhängig von bestimmten Zeitumständen und Räumlichkeiten, erreicht und verändert. Heilig ist allein das Wort Gottes, geheiligt wird der Mensch durch seine Beziehung zu Gott und dieses Geschehen kann als Rechtfertigung, Erlösung und Heiligung beschrieben werden. Darauf kommt es vor allem an.

Zum Protestantismus gehört darum eine gewisse Freude und Lust an der Nachlässigkeit in äußeren Dingen. Je weniger Ernst man der Form entgegenbringt, desto ernsthafter ist man gegenüber dem Wort Gottes. Am treffendsten hat diese grundlegende Sicht der damalige Präses der Evangelischen Kirche im Rheinland, Peter Beier (1934–1996), am 6. Juni 1993 aus Anlass der Wiedereinweihung des Berliner Domes, des damals (vor der Eröffnung der neuen Dresdner Frauenkirche 2005) prominentesten evangelischen Kirchenraumes in Deutschland, formuliert: „Die Wahrheit braucht keine Dome. Das liebe Evangelium kriecht in jeder Hütte unter und hält sie warm."[2]

1 Typisch für dieses evangelische Verständnis ist der Buchtitel von F.-H. Beyer, Geheiligte Räume. Theologie, Geschichte und Spiritualität des Kirchengebäudes, Darmstadt 2008. – Besonders detailliert in Sachen Kirchenbau ist das umfangreiche Werk von R. Volp, Liturgik. Die Kunst, Gott zu feiern, Band 1: Einführung und Geschichte, Gütersloh 1992.

2 Dazu s. ausführlich M. Meyer-Blanck, Der Berliner Dom. Denk-Zeichen und Praxis-Medium, in: W. Gräb, B. Weyel (Hg.), Praktische Theologie und protestantische Kultur (PThK 9), Gütersloh 2002, 179–190. Dazu s. auch P. Beier, Über die Schwierigkeiten der Protestanten, mit Räumen umzugehen, in: R. Bürgel (Hg.),

Heilig sind Gott und sein Wort, aber nicht von Menschen errichtete Gebäude (1 Kön 8,26f.).

So etwa lässt sich das landläufige Verständnis evangelischer Kirchenräume zusammenfassen, und das ist nicht ganz falsch. Andererseits ist die damit skizzierte Auffassung auch nicht ganz richtig so und in letzter Zeit mehrfach hinterfragt und modifiziert worden.[3] Bei der einleitend plakativ zugespitzten Beschreibung des evangelischen Raumverständnisses sind einige Relativierungen anzubringen. Man könnte geradezu sagen, dass das evangelische Verständnis katholischer geworden ist (wie das katholische Gottesdienstverständnis mit der stärkeren Betonung des Wortes seit der Liturgiekonstitution von 1963 evangelischer geworden ist).

Zur Relativierung des evangelischen Desinteresses an Form und Raum haben mehrere Entwicklungen beigetragen. Zunächst gibt es konfessionelle Unterschiede zwischen lutherischen und reformierten Christen. Es sind vor allem die letzteren, die allem Äußerlichen abhold sind und die gerade darum – *via negativa* – besonders stark an das Äußere gebunden bleiben. Indem es nicht sein soll und vermieden werden muss, kommt dem Äußeren gerade eine besondere Bedeutung zu. Zweitens hat es in der evangelischen Christenheit und Praktischen Theologie in den letzten drei Jahrzehnten so etwas wie eine ästhetische Wende gegeben. Das Interesse für die Liturgik ist ebenso gewachsen wie für ästhetische Zugänge in der Theorie und Praxis des Unterrichtens und für ästhetische Theorien in der Prak-

Raum und Ritual. Kirchbau und Gottesdienst in theologischer und ästhetischer Sicht, Göttingen 1995, 39–45.

3 Weitere frühere Texte von mir zu diesem Themenfeld sind die folgenden: M. Meyer-Blanck, Die Predigt in Raum und Ritual, in: PT 34 (1999) 163–173; ders., Inszenierung und Zeichen. Pastoralästhetik aus evangelischer Perspektive, in: W. Fürst (Hg.), Pastoralästhetik. Die Kunst der Wahrnehmung und Gestaltung in Glaube und Kirche (QD 199), Freiburg 2002, 119–129; ders., Religion zeigen im heiligen Raum. Kirchenraumpädagogik und Liturgiedidaktik, in: Die Christenlehre 56 (2003) 4–7; ders., Schau hin! Wahrnehmung des Heiligen. Heilige Räume aus evangelischer Sicht, in: Deutscher Evangelischer Kirchentag Köln 2007. Dokumente, hg. im Auftrag des Deutschen Evangelischen Kirchentages von S. Lechner und C. Urban, Gütersloh 2007, 249–255; Heilige Räume als Zeichen, in: A. Gerhards, K. de Wildt (Hg.), Der sakrale Ort im Wandel, Würzburg 2015, 31–38. Aus diesen Veröffentlichen nehme ich im Folgenden jedoch nur einzelne Gedanken auf.

tischen Theologie.[4] Drittens ist die gesamte kulturwissenschaftliche Forschung in den letzten 15 Jahren von einem besonderen Interesse für das Räumliche und den Raum erfasst worden, so dass auch die evangelische Praktische Theologie davon erfasst wurde. Der sogenannte „spatial turn“[5] in den Kulturwissenschaften hat die theoretische und praktische Ignoranz auch gegenüber dem Kirchenraum obsolet werden lassen. Der „Raum“ ist zu einer umfassenden kulturwissenschaftlichen Wahrnehmungskategorie geworden, die sowohl wörtlich als auch metaphorisch zu großer Bedeutung gelangt ist. Und schließlich hat sich herausgestellt, dass Kirchenräume – und besonders auch Kirchtürme – Identitätsmarker eines Ortes bzw. einer Wohnbevölkerung sind. Nicht zuletzt in Ostdeutschland, wo nur ein Fünftel bis ein Viertel (in Thüringen ein knappes Drittel) der Bevölkerung einer der beiden großen Kirchen angehört, haben sich vielfach Kirchbauvereine oder Zusammenschlüsse zur Nutzung von Dorf- und Stadtkirchen als Kulturkirchen gebildet.[6]

Es gibt ein Interesse an Kirchen als Räumen gelebter Intensität und verdichteter Ortsgeschichte – auch weit über die Kirchenmitglieder und Christen hinaus. Der Kirchenraum wird als ein besonderer Raum erfahren, der irgendwo zwischen Verkündigung, Spiritualität im weiteren Sinne und Kultur changiert. Seine Stärke ist diese Unbestimmtheit. Diese ist nicht vorschnell zu kritisieren, sondern als Chance ernst zu nehmen und aufzugreifen. Diese im besten Sinne „kulturprotestantische“ Lesart bedeutet keine oberflächliche Anpassung an den Zeitgeist. Sie entspricht vielmehr der theologischen Beschreibung ästhetischer Kommunikations- und Rezeptionsprozesse, die immer in der Dialektik von Repräsentation und Entzug verstanden werden müssen. Das Heilige, das Wort und das Wirken Gottes ist nicht dingfest zu machen, aber es ergreift Menschen im Zusammenhang kultureller Repräsentationen. Es entspricht der Freiheit

4 Der ästhetische Aufbruch in der evangelischen Praktischen Theologie begann mit A. Grözinger, Praktische Theologie und Ästhetik. Ein Beitrag zur Grundlegung der Praktischen Theologie, München $^{2}$1991 [1987]; zur jüngsten ästhetischen Grundorientierung s. auch M. Meyer-Blanck, Praktische Theologie 1999 bis 2014, in: ThR 80 (2015) 56–102, hier: 80–85.

5 J. Dünne, S. Günzel (Hg.), Raumtheorie. Grundlagentexte aus Philosophie und Kulturwissenschaften, Frankfurt a. M. 2006.

6 U. Schäfer-Streckenbach, Kulturkirchen. Wahrnehmung und Interpretation (PThK 19), Gütersloh 2007.

Gottes wie der Freiheit des glaubenden Menschen, dass sich die Gottesbegegnung „in, mit und unter"[7] den Zeichen des Raumes einstellen kann, aber nicht einstellen muss. Das Evangelium braucht keine Dome, aber es gebraucht bisweilen auch Dome. Das Leben schaffende Wort wird in Domen wie in Hütten lebendig, so dass Gott selbst vernommen wird.

## 2 Der Kirchenraum als Ort der Wahrheitsgewissheit

Prinzipiell steht für den evangelischen Glauben das funktionale Verständnis im Mittelpunkt: Der Kirchenraum dient der Mitteilung und Darstellung des Evangeliums in seinen verschiedenen Gestalten; mit den klassischen Formulierungen aus dem 7. Artikel der Augsburgischen Konfession (Confessio Augustana) von 1530: „Kirche" im ekklesiologischen und damit auch im räumlichen Sinne ist da, wo das Evangelium rein gepredigt und die Sakramente in angemessener Weise zu den Menschen kommen.[8] In diesen Formen vollzieht sich die Begegnung mit Gott.

### 2.1 Gebet in Stein: Die Begegnung mit Gott als Ausgangspunkt, Mitte und Ziel der Gestaltung des Kirchenraumes

Man kann die primäre Bestimmung des Kirchenraumes, die Feier der Liturgie, insgesamt als Begegnung mit Gott, oder einfacher formuliert: als Gebet beschreiben. Die gesamte Liturgie ist Gebet. Nicht alle Handlungen im Gottesdienst sind Gebete, aber alle Handlungen erfolgen im Horizont, in der Haltung des Gebetes. Das gilt für die gottesdienstliche Musik ebenso wie für die Predigt und die Mahlfeier. In ihnen soll die Begegnung mit Gott erfahren werden können. Versteht

7 Mit diesen drei Präpositionen wird in der lutherischen Abendmahlslehre die reale Gegenwart Christi in der Mahlfeier umschrieben: „in dem Brot, mit dem Brot, unter dem Brot" heißt es in der Formula Concordiae, Solida Declaratio von 1577 (FC SD VII = BSLK 984,8ff.). Die Wendung hat sich in der evangelischen Theologie und Kirche als allgemeine abkürzende Redeweise für die Beschreibung von Repräsentation und Präsenz Gottes eingebürgert.

8 *„Est autem ecclesia congregatio sanctorum, in qua evangelium pure docetur et recte administrantur sacramenta."* (CA VII, BSLK 61)

man das Gebet nicht primär in linguistischer Weise als bestimmte Sprechakte, sondern im umfassenden Sinne von Handlungsformen, in denen die Erfahrung Gottes möglich wird, dann kann man sagen: Kirchenräume sind Häuser des Gebets. Andere Kommunikationsformen darin sind sekundär oder gar missbräuchlich: „Mein Haus soll ein Bethaus heißen für alle Völker", zitiert Jesus aus Jes 56,7 bei der Tempelreinigung (Mk 11,17). Der Tempel ist auch der Ort des Opfers und des Ritus; aber diese haben ihr Wesen im Gebet.

Für das biblische Raumverständnis ist grundlegend, dass Gott nicht eigentlich im Tempel „wohnt", weil er der Gott des wandernden Gottesvolkes ist, ein Gott der Lebenssituation und kein Gefangener einer seinshaften Ordnung. Gott will sich nach dem biblischen Zeugnis zwar an bestimmten Orten als der Lebendige erweisen (Ex 3,1–14), aber er ist weder an Zeit noch Raum gebunden (Offb 1,17f.). Gerade so, als der Lebendige, zeigt er sich zur bestimmten Zeit am bestimmten Ort und deshalb gibt es „Bethäuser".

Folgt man der Erzählung von Salomos Tempelweihgebet in 1 Kön 8, dann geht es im Kirchenraum nicht um die Präsenz Gottes, sondern um die Begegnung mit Gott. Gott erweist sich als präsent in Form der Begegnung. Der Unterschied liegt im Modus der Beteiligung der jeweiligen Menschen. Sie können die *praesentia Dei* nicht unbeteiligt konstatieren. Sie begegnen Gott vielmehr dadurch, dass sie selbst in das Geschehen verwickelt werden. Sie sind selbst Teil jenes Begegnungsgeschehens, innerhalb dessen von Gott immer nur die Rede sein kann. Gottes Dasein kann nicht unbeteiligt beobachtet werden. Wo Gott wohnt, wird der Mensch in das Geschehen hineingezogen. In der Bibel wird Gott als derjenige beschrieben, der sich dann, wenn er vernommen wird, als gebietender und als erbarmender Gott erweist. Er ist der Schöpfer und Herrscher auch über das mächtigste Gestirn, die Sonne – aber er hat sich dafür entschieden, im Dunkel zu wohnen. Mit dieser metaphorisch aufgeladenen Einleitung beginnt Salomo das Tempelweihgebet (1 Kön 8,12), das in V. 27 die bekannte raumtheologische Frage enthält: „Aber sollte Gott wirklich auf Erden wohnen? Siehe, der Himmel und aller Himmel Himmel können dich nicht fassen – wie sollte es dann dies Haus tun, das ich gebaut habe?" Diese theoretische Einschränkung wird aber im Folgenden überboten durch die Erfahrung, dass Gott sich zwar nicht an Orte und Räume binden, sich aber gleichwohl dort erfahren lässt. Der Mensch erfährt die göttliche Präsenz im Medium der an Gott gerichteten Bitte. Salomo fährt fort: „Wende dich aber zum Gebet deines Knechts und zu seinem Flehen, Herr, mein Gott [...]: Lass deine Augen offenstehen über diesem Hause Tag und Nacht, über der Stätte, von der du gesagt hast: Da soll mein Name sein“ (28f.).

Das Wohnen Gottes realisiert sich im Flehen des Menschen, in der Sehnsucht nach der Zuwendung Gottes – es wird Ereignis im Gebet. Theologisch genau muss man formulieren: Gottes Dasein für den Menschen steht am Anfang und im Flehen *antwortet* der Mensch auf das Sein Gottes für die Menschen in dem Sinne, dass dieses grundsätzliche Sein für den *Menschen* auch zur eigenen Erfahrung, zum Sein für *mich* werden möge. Gott wendet sich dem Menschen zu und dieser antwortet: Das ist die zutreffende Beschreibung der theologischen Einsicht, dass ich „nicht aus eigener Vernunft noch Kraft an Jesus Christus, meinen Herrn, glauben oder zu ihm kommen kann.“[9] Psychologisch genau verhält es sich allerdings in der Regel so, dass das Flehen des Menschen am Anfang steht und das Wohnen Gottes, die glaubende Gewissheit, dass das Flehen Sinn hat, darauf folgt. *Sachlich* erfährt der suchende Mensch, dass er von Gott immer schon gefunden ist; *chronologisch* aber steht seine eigene Aktivität am Anfang. Der Kirchenraum steht für die sachliche Einsicht, dass Gott immer schon den Anfang gemacht hat, so wahr alles mit dem Suchen, Flehen und Rufen des Menschen beginnt: „Herr, höre meine Stimme, wenn ich rufe; sei mir gnädig und erhöre mich“ (Ps 27,7). Die flehende Aktivität geht über in die Passivität *coram Deo*; der suchende Mensch (Ps 27,8) erfährt sich als der immer schon von Gott Gefundene und Erkannte (1 Kor 13,12).

Das Haus Gottes lässt sich von Salomos Tempelweihgebet her als Ort der Sehnsucht und des Flehens beschreiben und das Wohnen Gottes als die sich zuwendende Entsprechung zu dieser Sehnsucht. Gottes Wohnen ist nicht zu konstatieren, denn es ist ein lebendiges Ereignis. Der Kirchenraum ist die künstlerische, steinerne Gestalt jenes Ineinanders von Flehen und Zuwendung, die wir als Gebet bezeichnen. Anders formuliert: Das Gebet ist die performative Gestalt des Wesens eines Kirchenraumes und der Kirchenraum ist die mate-

9 M. Luther, Kleiner Katechismus 1529, Erklärung zum 3. Artikel des Apostolischen Glaubensbekenntnisses.

riale, auf Dauer gestellte Gestalt der Gottesbegegnung. Beide Weisen von Ereignis und Formgestalt gehören zusammen. Nur von der Gottesbegegnung her ist der Raum lebendig, aber nur vom Raum her gewinnt das Gebet seine bleibende Signifikanz über das momentane Empfinden hinaus.

Hat man im 2. Vatikanischen Konzil die Liturgie als die Quelle (*fons*) und den Höhepunkt (*culmen*) des kirchlichen Handelns bezeichnet (SC 10), so könnte man hinzufügen: Das Gebet, die Gottesbegegnung ist der Ursprung und das Ziel aller Liturgie und allen Kirchenbaus. Menschen sollen dazu in die Lage versetzt werden, ihrer Sehnsucht und ihrem Flehen Ausdruck zu geben und die Gewissheit verspüren, dass ihr Flehen erhört wird und Gott sich finden lässt (Jer 29,13). Dazu gehört die Möglichkeit, dass sich Menschen Orte der Gottesbegegnung in der Form der vorsichtigen Annäherung zurückhaltend ansehen können. In diesem Sinne sind Kirchen auch Museen im besten Sinne, Stein gewordene Gebetspraxis im Pausenmodus. Der Kirchenraum ermöglicht den Einstieg in das Gebet nach dem Belieben des Besuchers und Betrachters.

Besonders Jugendliche und weniger kirchlich Verbundene schätzen den Kirchenraum „zwischen den Liturgien", ohne Ritus, ohne Predigt, sogar ohne Musik. Der Raum eröffnet die Möglichkeit, über die eigenen Grenzen und damit auch über die eigene Herkunft, Zukunft und Zielbestimmung nachzudenken. Aber auch manche mit dem Gottesdienst vertraute Menschen beklagen ihre Empfindung, während der Liturgie oft gar nicht zum Beten zu kommen. Die pausenlosen Aktivitäten, Informationen und die häufigen Wechsel der Kommunikationsformen werden bisweilen als die Gottesbegegnung störend empfunden. Ist man allein in der Kirche, ohne darstellende und mitteilende Impulse, kann man dagegen „ungestört" der eigenen Selbstvergewisserung und Gottsuche nachgehen.

An dieser Stelle tut sich allerdings ein tiefer protestantischer Widerspruch auf. Von der evangelischen Kirche als der christlichen Religionsform der Individualität und persönlichen Gewissheit sollte man eigentlich erwarten, dass sie die Möglichkeiten des individuellen Betens besonders fördert. Das ist aber nicht der Fall. Viele evangelische Kirchen sind in der Woche in der Regel verschlossen. Wenn man sie aufsucht, dann geschieht das zu Gottesdienst, Konzert oder Besichtigung, aber nicht zum persönlichen Beten. Daraus ergibt sich

Abb. 1 | Marienkirche in Göttingen nach ihrem Umbau (1774) im Sinne der rationalistischen Predigtkirche

eine gewisse protestantische Raumschwäche: Man kennt die eigene Kirche in der Regel besser von außen als von innen. Sie ist nicht Bethaus, sondern Versammlungsraum zum Zwecke der Verkündigung – und Identitätsmarker eines Ortes oder Stadtteils.

### 2.2 Der Kirchenraum als Ort von Wort und Anrede (Lesung und Predigt)

Die evangelische Raumschwäche beruht wahrscheinlich auf der Tatsache, dass die Kirche in der reformatorischen Konzentration auf die Verkündigung fast ausschließlich als Versammlungsraum und so gut wie gar nicht als spirituelle Gelegenheit außerhalb der Liturgie, also als Gebetsraum, genutzt wird. Hier ist offensichtlich noch immer das Verständnis der Aufklärung leitend, wonach der Kirchenraum Predigtraum ist, in dem die glaubende Gottes- und Lebensgewissheit von der Kanzel aus zum Ereignis werden sollen. Der Kanzelaltar, bei dem der Prediger über dem Altar schwebend im Zentrum der Aufmerksamkeit steht, ist der stärkste Ausdruck dieses evangelischen Raumverständnisses, das sich im 18. Jahrhundert entwickelt und seitdem gehalten hat.

Außerdem kann man davon ausgehen, dass die biblische Metapher vom Ursprung des „Wortes Gottes" (Gen 1,3; Joh 1,1) und seiner Lebendigkeit (Jer 23,29; Hebr 4,12) im wörtlichen, linguistischen Sinne kurzgeschlossen wurde. Anstatt das „Wort" als Gleichnis für die Gottesbegegnung in vielen Formen aufzufassen, wurde es fast ausschließlich *homiletisch* verstanden.[10] Gewiss meinte die theo-

10 M. Meyer-Blanck, Wort Gottes VII. Praktisch-theologisch, in: RGG[4] 8 (2005) 1706–1708.

logisch sorgfältige evangelische Lehre niemals, dass das „Wort Gottes“ mit dem Schriftwort als Text identisch wäre (Verbalinspiration); und auch der berühmte Spitzensatz von Heinrich Bullinger aus der *Confessio Helvetica Posterior* von 1562 *Praedicatio verbi Dei est verbum Dei* wäre als fromme Hypostasierung missverstanden, wenn man den bloßen Inhalt der Kanzelrede zum Wort Gottes erklärte. Gemeint ist vielmehr, dass der gesamte Vorgang des liturgischen Mitteilens und Darstellens, des Redens und Hörens zum Ereignis der Gottesbegegnung wird. Der Ausdruck „Wort Gottes“ steht für die Einsicht, dass die glaubende Erfahrung weder in Sätzen und Formeln konservierbar und tradierbar ist noch sich aus subjektiver Eingebung ergibt, sondern dass sich der Glaube aufgrund des Hör- und Verstehensvorganges der biblischen Überlieferung jeweils neu einstellt (Röm 10,17). Das Handeln Gottes ist für den Menschen nicht verfügbar – aber sein Wirken ist dennoch „nicht ferne von einem jeden unter uns“ (Apg 17,27). Insofern kann der Ausdruck „Wort Gottes“ als Zusammenfassung der im 19. Jahrhundert aufgekommenen sola-Formulierungen gelesen werden: das *solo verbo* heißt immer *solus Christus, sola gratia, sola scriptura* und *sola fide*.[11] Es geht um jene Modi der Mitteilung und Darstellung des Evangeliums, in denen sich der Mensch als der Mensch in Christus erfährt. Das Wort ist nicht verbal, sondern performativ und formativ zu verstehen: Es ereignet sich und

Abb. 2 | Schlosskirche Bonn in der Gegenwart

11 Evangelische Kirche in Deutschland (Hg.), Rechtfertigung und Freiheit. 500 Jahre Reformation 2017. Ein Grundlagentext des Rates der Evangelischen Kirche in Deutschland, Gütersloh [3]2016 [2014], 48–93.

verändert den Menschen, dass ihm die alten Worte und Taten vergehen (2 Kor 5,17).

Die Begriffe „Wort“ und *„praedicatio“* haben trotz dieser genauen theologischen Differenzierungen ihre Eigendynamik auf der wörtlichen Bedeutungsebene entfaltet.[12] „Zur Kirche gehen“ heißt evangelisch immer noch vor allem „zur Predigt gehen“ (bzw. zu einem Gottesdienst gehen, in dem eine bestimmte Person predigt). Entsprechend entwickelten sich der evangelische Kirchenbau und das evangelische Raumverständnis im Sinne des Auditoriums. Die Kanzel beherrscht die meisten evangelischen Kirchen. Das ist einerseits sinnvoll, weil die religiöse Rede eines Einzelnen im evangelischen Gottesdienst für die individuelle Unvertretbarkeit des Menschen *coram Deo* überhaupt steht. Nach dem gemeinsamen Beten in der Eröffnung und dem gemeinsamen Hören in den Schriftlesungen tritt eine einzelne Person aus dem rituellen Handeln heraus – zugunsten eines rhetorischen Aktes. Er oder sie zeigt, was die gemeinsam erinnerte Tradition und Annäherung an Gott für die aktuelle Lebensführung bedeuten. Dabei gilt die evangelische Vorstellung, dass „in, mit und unter“ dieser exemplarisch individuellen Rede die anderen in der Versammlung die jeweils für sie wichtige Botschaft entnehmen und erschließen, dass sie „Gottes Wort hören“ können. Gerade das Subjektive ermöglicht das Allgemeine. Der Prediger teilt nicht die Wahrheit im Sinne einer zu übermittelnden Botschaft mit, sondern zeigt auf, wie die evangelische Wahrheit am Ort des Subjekts entstehen kann.

Andererseits führt die Konzentration auf die Predigt zu massiven liturgischen Problemen. Wie bei allen sinnvollen Prinzipien schleichen sich auch hier Missverständnisse und Missbräuche ein. Die Fixierung der Aufmerksamkeit auf die Predigenden, auf die „großen Kanzelredner“, wie man im 19. Jahrhundert sagte, ist eine Verirrung, die in der Verkennung der Liturgie als ganzer wurzelt. Die Liturgie darf nicht als die Umrahmung der Predigt verstanden werden, sondern als deren Voraussetzung. Das Gebet und der Gesang der Gemeinde ermöglichen erst jenes Hören einer Predigt, das von der Informationsaufnahme und dem Hören auf die Gedanken eines

12 Dazu vgl. I. Karle, „Praedicatio verbi Dei est verbum Dei“, in: EvTh 64 (2004) 140–147 und M. Meyer-Blanck, Gottesdienstlehre, Tübingen 2011, 421–432 (§ 38 Verkündigung und Bekenntnis – Prinzipielle Homiletik).

Menschen verschieden ist. Hohe Kanzeln und Kanzelaltäre können das Missverständnis befördern, der Prediger „habe" das Wort Gottes, das er predigend an die Gemeinde „austeilt".

Aus evangelischer Sicht ist allerdings hinzuzufügen, dass die katholische Umnutzung des Kirchenraumes seit dem 2. Vatikanischen Konzil etwas Irritierendes und Verstörendes hat. Die Prinzipien, dass der „Tisch des Wortes" den Gläubigen „reicher bereitet werde" (SC 51), dass die Homilie als „Teil der Liturgie selbst sehr empfohlen" wird (*„ut pars ipsius liturgiae valde commendatur"*, SC 52) und dass Ritus und Wort „aufs engste miteinander verbunden" (*„intime coniungi"*) sein sollen (SC 35) – das alles ist in jeder Weise zu unterstützen und für den evangelischen Gottesdienst erst noch in rechter Weise zu lernen. Warum aber ist es nötig, die Kanzel als Predigtort unbenutzt zu lassen, um die Verbindung zwischen Wort und Sakrament zu betonen? Die zum Teil prächtigen und prominenten Kanzeln in alten Kirchen als tote Relikte stimmen mich immer traurig – ganz abgesehen davon, dass die Predigt am Ambo den Prediger mitunter viel weiter von der Gemeinde entfernt als die Predigt von der am Pfeiler befestigten Kanzel. Ob sich ein Prediger über die Gemeinde erhebt oder ob er in ihr steht und verwurzelt ist, das entscheidet sich nicht an seiner Höhe im Kirchenraum beim Predigen.

## 2.3 Der Altar als Ort des Gebetes im engeren Sinne

Die Liturgie insgesamt ist die Summe jener Zeichenhandlungen, „in, mit und unter" denen die Begegnung mit Gott ermöglicht werden soll. Nach evangelischer Überzeugung ist es Christus selbst, der sich im liturgischen Handeln, im Hören, Reden und Feiern vergegenwärtigt. In diesem Zusammenhang wird in der Regel eine Wendung Martin Luthers zitiert. In seiner Predigt zur Eröffnung der Schlosskirche in Torgau am 5.10.1544 formulierte dieser eher beiläufig den Satz, der seit der Liturgik des 19. Jahrhunderts als die „Torgauer Formel" bezeichnet wird: Die neue Kirche solle so genutzt werden, „dass nichts anderes darin geschehe, als dass unser lieber Herr selbst mit uns rede durch sein heiliges Wort und wir wiederum mit ihm reden durch Gebet und Lobgesang" (WA 49,588,16–18).[13] Gehört werden soll

13 Näheres dazu bei Meyer-Blanck, Gottesdienstlehre (s. Anm. 12), 3–6.

nicht auf den Prediger und zum Mahl lädt nicht die Kirche, sondern der Herr selbst. Insofern ist die gesamte Liturgie Begegnung mit dem Herrn – Gebet zu dem dreieinigen Gott.

In den liturgischen Gebeten wird diese implizite Grundorientierung der Liturgie, die sich in Lied und Musik, Lesung und Predigt, Stille und Betrachtung vollzieht, explizit gemacht. Die *coram ecclesia* betenden Gemeindeglieder bzw. Liturgen bringen jene Voraussetzung zum Ausdruck, die das Ganze des gemeinsamen Handelns bestimmt: Gott lässt mit sich reden, Gott lässt sich erfahren, Gott vergegenwärtigt sich selbst in seinem Wort.

Der Ort des Gebetes ist auch in der evangelischen Kirche primär der Altar. Dabei kann als Regel gelten, dass in lutherischer Tradition zum Altar hin (in der Regel mit der Gemeinde im Rücken) gebetet wird, in unierter Tradition zur Gemeinde mit dem Rücken zum Altar. Bei der unierten Gebetsweise ergibt sich vielfach ein unklares Verhältnis zum Altar. Wird er als konzentriertes Zeichen der *praesentia Dei* im Kirchenraum bzw. in der Versammlung verstanden – oder ist diese *praesentia* in der Mitte der Versammlung, zwischen Liturg und Gemeinde? Wenn das der Fall ist, dann ist der Altar im Rücken des Beters im Grunde funktionslos. Diese Unsicherheit und Unklarheit wird dann massiv, wenn der Altar im Rücken als Buchablage benutzt wird, wohin man sich dann und wann umwendet und bedient.

Lange Zeit war es sogar üblich, dass der Pfarrer die Fürbitten, das „Allgemeine Kirchengebet" von der Kanzel aus betete. Nach der Predigt folgte ein „Liedvers" (!), darauf die Fürbitten und die Abkündigungen und schließlich wurde der „Kanzelauftritt" mit dem „Kanzelsegen" abgeschlossen. So war es geregelt in der Preußischen Agende von 1895, die als evangelische Leitagende in der ersten Hälfte des 20. Jahrhunderts bezeichnet werden kann.[14] Es ist nicht verwunderlich, dass die Fürbitten bis heute immer wieder als Zusammenfassung der Predigt bzw. als Fortsetzung der Predigt in einer anderen Sprechweise und als rein pastorale Angelegenheit verstanden werden. Das Gebet als Teil des „Kanzelauftritts" ist jedenfalls ein massives räumliches Zeichen.

14 Agende für die Evangelische Landeskirche [sc.: in Preußen]. Erster Teil. Die Gemeindegottesdienste, Berlin 1895, 5. Das Kollektengebet („Gebet vor der Schriftlesung") sprach der Pfarrer am Altar, der Gemeinde zugewendet (ebd. 4).

Das Verhältnis der Betenden zum Altar ist nach evangelischem Verständnis oftmals unklar. Man kann das so erklären, dass der Altar zunächst singulär als *mensa*, als Abendmahlstisch verstanden wird, während die beiden anderen Funktionen als *tumba* (Ruhestätte der Märtyrer) und als *ara* (Opferaltar) außerhalb des reformatorisch Denkbaren liegen. Der Altar ist Abendmahlstisch. Im Eingangsteil wie im Wortteil soll nach Christhard Mahrenholz‘ Kommentar zur Agende von 1955 (lutherisch) bzw. 1959 (uniert) der Altar „zurücktreten“ – und erst im Mahlteil in den Mittelpunkt.[15] Wenn aber das Abendmahl nicht gefeiert wird und die Fürbitten für das kollektive Gedächtnis noch irgendwo im Kontext von Predigt und Kanzel loziert sind, bleibt an Funktionen für den Altar nicht mehr viel übrig.

Von deutlicher Nachwirkung ist sicher auch die Bestimmung der Preußischen Agende von 1822, dass der Altar als Platz der Altarbibel aufgefasst wird[16] – wenn auch aus dieser in der Regel gar nicht gelesen wird. In der Regel liegt die Altarbibel während des gesamten Gottesdienstes in der Mitte des Altars. Kurz: Der Altar ist der Ort des sakramental verstandenen Wortes und des „Altarsakramentes“ (so die verbreitete evangelische Terminologie). Als Ort des Gebetes ist er dagegen bisher wenig profiliert.

### 2.4 Raum und Akustik – Das Evangelium in Musik

Der evangelische Kirchenraum ist nicht nur der Ort von Wort und Sakrament. Ein wesentlicher Teil der Liturgie ist die Musik und die eigentliche Musik des evangelischen Kirchenraumes ist das Kirchenlied bzw. der Choral der Gemeinde. Darüber hinaus erklingt die geistliche Musik bekanntlich nicht nur im Gottesdienst. Für viele, die dem christlichen Glauben fremd geworden sind oder ihm immer fremd waren, sind die großen Werke evangelischer Kirchenmusik ein eigenständiger Zugang zur Spiritualität. Immer wieder wird die These

15 C. Mahrenholz, Kompendium der Liturgik des Hauptgottesdienstes. Agende I für evangelisch-lutherische Kirchen und Gemeinden und Agende I für die Evangelische Kirche der Union, Kassel 1963, 101. 104.

16 Wirksam war besonders die Skizze zur Anordnung der Bibel in der Mitte des Altars in den „Allgemeinen Bemerkungen“ der Preußischen Agende von 1822, wiedergegeben bei W. Herbst (Hg.), Evangelischer Gottesdienst. Quellen zu seiner Geschichte, Göttingen [2]1992, 171.

vertreten, dass die Musik Johann Sebastian Bachs als solche einen Zugang zur Transzendenz eröffne. Auf jeden Fall werden die Aufführungen von Weihnachtsoratorium, Matthäus- und Johannespassion sowie der h-moll-Messe für viele zu einer geistlichen Erfahrung, die kaum einmal einen Gottesdienst besuchen. Dennoch wäre es grundlegend verfehlt, die Kirche deswegen als Konzertsaal zu bezeichnen. Sie ist vielmehr der Ort der sich einstellenden Wahrheitsgewissheit – und sei es auch im Modus der Suche nach Wahrheit (noch) ohne Gewissheit. Die geistliche Musik ist mindestens ein Medium, um für die Fragen empfänglich zu werden, die das Evangelium aufwirft und durch den Verweis auf eine historische und zugleich überhistorische Lebensgeschichte – diejenige des Jesus von Nazareth – mit der Lebensgeschichte jedes Menschen zu korrelieren beansprucht. „Wahrlich, dieser ist Gottes Sohn gewesen" (Mt 27,54): Wer dieses Bekenntnis des Hauptmanns in der Vertonung durch Bachs Matthäuspassion hört – und gar noch in der legendären Aufnahme von Karl Richter 1958 –, der wird, wenn er denn auch keine Gewissheit verspürt, mindestens in seiner Suche nach Wahrheitsgewissheit bestärkt.

## 3 Der Kirchenraum als Zeichen

Der Kirchenraum enthält nicht nur Zeichen, sondern als Bedingung der Möglichkeit liturgischer Zeichenprozesse und auch abgesehen von diesen ist er selbst Zeichen der Wahrheitsgewissheit und des Erhabenen.

### 3.1 Die Zeichen im Raum

Der Kirchenraum ist der Ort mannigfaltiger Zeichen und Zeichenprozesse. Die Liturgie ist selbst ein komplexes Zeichen, das aus vielerlei akustischen, visuellen, olfaktorischen, gestischen und choreographischen Zeichen besteht. Sie alle sollen im Kirchenraum von der bestehenden Wahrheitsgewissheit her und auf neue Wahrheitsgewissheit hin gelesen werden. Dazu dienen Gebet und Predigt, Gesang, Musik und Mahl gleichermaßen. Aber die sichtbaren Zeichen – Altar und Kanzel, Bilder und Fenster – können auch außerhalb der Liturgie gelesen werden. Sie deuten auf die bereits gefeierten Liturgien und auf die künftigen Liturgien hin. Insofern sind die liturgischen Prinzipalstücke und die Ausstattung der Kirche ein Verweis auf die Liturgie, ja ein Stück Liturgie zwischen den Liturgien.

Damit ist wahrscheinlich die alte kontroverstheologische Gegenüberstellung, wonach Katholiken *heilige* Räume kennen, Protestanten dagegen nur *geheiligte* Räume, im Kern gegenstandslos. Alles wird geheiligt durch das Wort Gottes und durch das Gebet (1 Tim 4,4f.); aber alles, was zur Gottesbegegnung gedient hat, ist danach nicht mehr dasselbe. Für die Phänomenologie der Wahrnehmung hat sich etwas verändert. Der Kirchenraum ist zum Gegenstand der Erinnerung geworden – und im Hinblick auf die Liturgie als gedenkender Erinnerung der Jesusgeschichte könnte man auch sagen: Der Kirchenraum ist Erinnerung an die Erinnerung. Gegenstände gewiss machender Erinnerungen haben es aber an sich, dass sie nicht spurlos an uns vorübergehen und darüber selbst zu Spuren werden. So ist ein geheiligter Raum *post usum* nicht mehr derselbe. Er hat Spuren der Liturgie angenommen.[17] Der Ort des Gebets kann den nicht kalt lassen, dem das Gebet etwas bedeutet. Insofern mutiert der geheiligte Raum auch zum heiligen Raum außerhalb des Gebrauchs. Die schmerzlichen Prozesse bei Entweihungen („Außergebrauchnahmen") auch von evangelischen Kirchen sind ein starker empirischer Hinweis auf diesen Zusammenhang.

### 3.2 Der Raum als Zeichen

Der Kirchenraum ist aber nicht nur ein Verweis auf die Liturgie, sondern er ist zugleich Zeichen des menschlichen In-der-Welt-Seins überhaupt. Gewiss hängt dieses Empfinden mit der religiös-christlichen Deutung zusammen und ist aus ihr hervorgegangen. Aber auch abgesehen von christlichen Interpretationen vermittelt der Kirchenraum das, was man in der späten Aufklärung und frühen Romantik das „Erhabene" genannt hat. Das liegt daran, dass der Kirchenraum – ähnlich wie die Natur, besonders spürbar im Wald, in den Bergen und am Meer – ein körperumgebendes Zeichen[18] ist. Im Kir-

17 K. Raschzok, Spuren im Kirchenraum. Anstöße zur Raumwahrnehmung, in: PTh 89 (2000) 142–157.

18 Meyer-Blanck, Heilige Räume als Zeichen (s. Anm. 3), 36ff.

chenraum bin ich – wie in anderen großen Räumen auch – zugleich geborgen, begrenzt und mir genau dieser beiden Existenzbedingungen bewusst.

Auch das Dasein in der Natur ist immer zugleich die Erfahrung von Endlichkeit und Transzendenz und die Reflexion auf die in der Natur erfahrene Grenze des menschlichen Daseins. Diese Erfahrung wurde von Immanuel Kant als das „Erhabene" beschrieben: Die Naturschönheit bezeichnet nach Kant für unsere Urteilskraft das Zweckmäßige; das Erhabene dagegen entsteht aus Ideen der Vernunft und der Achtung vor der Quantität.[19]

So verweist der Kirchenraum – so er denn „erhaben" gestaltet ist und die Reflexion auf Quantität und Zeit anstößt – auch *extra liturgiam* auf die Struktur endlicher Freiheit und Abhängigkeit und damit auf die *conditio humana* als solche. Ein solches Empfinden ist nicht notwendigerweise ein liturgisches Propädeutikum, sondern es kann auch für sich stehen bleiben. Aber die liturgische Erfahrung lebt unter den Bedingungen der Empfindung des Erhabenen und versucht das Evangelium innerhalb dieser erfahrbar werden zu lassen. Das Erhabene ist noch nicht das Evangelium, aber die Suche nach Wahrheitsgewissheit und Gottesbegegnung ist davon nur analytisch zu trennen. De facto verbindet sich beides. Gerade das macht die große Wirkung der Liturgie im Kirchenraum aus.

Insofern braucht die Wahrheit gewiss keine Dome. Aber Dome wie Dorfkirchen tun der Suche nach Wahrheit und der Unterstützung der Wahrheitsgewissheit immer wieder gut.

19 I. Kant, Kritik der Urteilskraft, in: Werkausgabe in zwölf Bänden, hg. von W. Weischedel, Bd. X [1790], Frankfurt a. M. 1968, 166 = B 77 / A 76.

Günter Wilhelms

# Ritual und moderne Gesellschaft

## Ein kulturkritischer Versuch

Es ist schon erstaunlich, welche Aufmerksamkeit das religiöse Ritual immer wieder auf sich zieht – und zwar keineswegs nur die von Theologen, sondern auch von Ethnologen, Soziologen und manchmal sogar von Publizisten oder Künstlern. Dabei wird das Ritual nicht selten als eine Art von Anzeiger oder Gradmesser für gesellschaftliche Veränderungen genutzt und manchmal als Mittel, um die moderne Gesellschaft zu kritisieren.

Romano Guardini (1885–1968) gehörte sicher zu denjenigen, die im Laufe des letzten Jahrhunderts auf die bleibende Bedeutung des religiösen Rituals hingewiesen haben: „Wer die Liturgie mit wirklicher Hingabe miterlebt, der wird erfahren, daß der körperlichen Bewegung, der Handlung, dem Dinglichen tatsächlich eine große Bedeutung innewohnt. Einmal enthält es große Möglichkeiten des Eindrucks, der Erkenntnis, der geistlichen Erfahrung und vermag eine Wahrheit viel stärker und überzeugender zu machen, als das bloße Wort es kann. Dann hat es auch eine befreiende Wirkung, indem es das Innenleben voller zum Ausdruck bringt, als es wiederum das bloße Wort vermag."[1]

Der berühmte Schriftsteller und Regisseur Pier Paolo Pasolini (1922–1975) nutzte diese Unterscheidung – zwischen „verbaler" und „körperlich-mimetischer" Sprachform – um auf die Übermacht des Konventionellen, wie sie mit dem kapitalistischen Konsum einherzugehen scheint, aufmerksam zu machen.[2] Der mit dem Kapitalismus verbundene Rationalismus und Positivismus führte zu Sinnlichkeitsverlust, so die Analyse von Pasolini. Und dieser Verlust sei keinesfalls als ein Zeichen für mehr Autonomie und Freiheit zu deuten, sondern im Gegenteil als ein Ausdruck von Zwang.

1 R. Guardini, Vom Geist der Liturgie, Freiburg $^{2}$1991, 85.
2 Vgl. P. P. Pasolini, Freibeuterschriften. Aufsätze und Polemiken, Berlin 1978.

Von dort ist es dann gar nicht mehr weit bis zur Kritik an der Liturgiereform des letzten Konzils: „Was mir auffällt, ist die Verarmung des Rituals“, so der Sozialanthropologe Claude Lévi-Strauss (1908–2009). Er meinte damit die ihn beunruhigenden „Vorgänge in der Kirche seit dem letzten Konzil“[3] und blieb damit nicht allein. Wenig später war es der Sozialpsychologe und Kulturtheoretiker Alfred Lorenzer (1922–2002), der die Liturgiereform deshalb kritisierte, weil sie eine „Zerstörung der sinnlichen Symbolsysteme“ betrieben habe, um sich an eine „zweckrational durchgeplante Umweltgestaltung“ anzupassen.[4] Diese Kritik hat, um keine Missverständnisse aufkommen zu lassen, nichts mit der vor allem in Kirchenkreisen bekannten reaktionären antikonziliaren Bewegung zu tun, sondern speist sich aus einem dezidiert gesellschafts- und religionskritischen Interesse, liegt also gegenüber den geläufigen Polarisierungen „traditionell-konservativ“ und „kritisch-politisch“ eigentümlich quer.

Schließlich, und es ist noch nicht lange her, war es der Soziologe Armin Nassehi, der eine „Wiederkehr des Religiösen“ zu beobachten glaubte, und zwar – darum geht es hier – als eine „Wiederkehr ritueller Formen“[5]. Mag sein, dass er sich in seiner Einschätzung zu sehr von dem medialen Hype rund um den Tod von Papst Johannes Paul II. und die Wahl von Papst Benedikt XVI. hat beeindrucken lassen. Jedoch reiht sich seine Analyse, die sich am religiösen Ritual orientiert und gerade in den Kasualien und Ritualisierungen der Lebensläufe eine „modernitätskompatible“ Form von Religion am Werke sieht, ein in die kultur- und gesellschaftskritischen Bemühungen um das Ritual und verdient nicht zuletzt deshalb besondere Aufmerksamkeit.

3 C. Lévi-Strauss, Die religiöse Dimension der Gesellschaften. Ein Gespräch mit Jean-Claude Escaffit, in: ders., A. Reif (Hg.), Mythos und Bedeutung. Fünf Radiovorträge. Gespräche mit Claude Lévi-Strauss, Frankfurt 1980, 275–283, hier: 281.

4 A. Lorenzer, Das Konzil der Buchhalter. Die Zerstörung der Sinnlichkeit. Eine Religionskritik, Frankfurt 1984, 10 u. 16.

5 A. Nassehi, Warum die Welt katholischer wird. Nicht in der Botschaft, sondern in ihrer Unbestimmbarkeit liegt die Kraft der Religion, in: Die Zeit Nr. 16/2007.

## 1 Spielräume

Was alle diese Bemühungen verbindet, ist die Annahme einer eigentümlichen Verbindung zwischen Ritual und Freiheit. Sie scheinen zu implizieren, zweifellos aus unterschiedlichen Gründen, dass die Freiheit des Menschen nicht (mehr) gegen den antiaufklärerischen Hang zum Traditionalismus oder gegen die Verzauberung der Welt oder gegen die Flucht in weltabgewandte Subjektivität zu gewinnen ist. Aber wie kommt es zu einer solchen Positionierung? Sind es denn nicht ganz im Gegenteil Riten und Rituale, die als „Gleitschienen" der Bevormundung und Machtausübung fungieren, weil sie mit ihrem Appell an die Emotionalität jeden Vernunftgebrauch unterminieren? Inwiefern kann Religion als „sinnliches Symbolsystem der nicht sprachunterworfenen Sehnsüchte und Wünsche"[6], als Ritual, Kirchenraum, religiöse Gegenständlichkeit Freiheit und Selbstentfaltung vermitteln? Die Fronten verschwimmen, die altbekannten Gegenüberstellungen werden fragwürdig. Die (allzu) naheliegende Zuordnung, Rationalität bedeutet Freiheit und Ritualisierung Zwang, verdiente jedenfalls eine sorgfältige Prüfung.

Guardini stellte die Liturgie dem „bloßen Wort" gegenüber und verwies damit auf ein wesentliches Merkmal und eine besondere Funktion des religiösen Rituals. Neben dieser für das Verständnis des Rituals konstitutiven Abgrenzung zum „Wort" hat er auf einen zweiten wesentlichen Aspekt aufmerksam gemacht, der für eine adäquate Auseinandersetzung mit dem Ritual wesentlich ist: den kulturell-historischen Kontext. Er scheute sich nicht zu fragen, ob denn der liturgische Akt „historisch gebunden" und der moderne Mensch möglicherweise „zum liturgischen Akt einfach nicht mehr fähig" sei.[7] Er fragte nach dem, was eine bestimmte Zeit „reif zur Liturgie"[8] mache und verwies damit auf die Notwendigkeit einer gesellschafts- und kulturkritischen Auseinandersetzung mit dem Ritual. Damit lässt

6 Lorenzer, Das Konzil (s. Anm 4), 11.

7 R. Guardini, Der Kultakt und die gegenwärtige Aufgabe der Liturgischen Bildung. Ein Brief, in: ders., Liturgie und liturgische Bildung, Mainz 1992, 9–17, hier: 15.

8 R. Guardini, Liturgische Bildung. Versuche, in: ders., Liturgie und liturgische Bildung, Mainz 1992, 19–110, hier: 27.

sich Guardini durchaus in die Tradition einer „Kritik der Moderne"[9] einordnen, die die „instrumentelle Rationalität" kritisierte, sofern sie eine „Zerstörung von Spielräumen leibhaftiger Freiheit"[10] bedeutete.

Ist es also möglich, die besondere, sich vom „bloßem Wort" abhebende Form des Rituals so zu deuten, dass seine mögliche Funktion im Prozess von Autonomie und Freiheit plausibel wird? Mit Hilfe einer kulturanthropologisch informierten Perspektive, so lautet die Annahme der nun folgenden Überlegungen, kann sich die Aufmerksamkeit auf die Mannigfaltigkeit der Verhältnisse richten, auf die „bunte Rinde", die den harten, rationalen „Kern" der Wirklichkeit umgibt, um mit Hegel zu formulieren, der diese Worte allerdings gerade gegen die Buntheit der Kultur richtete.[11] In der Vielfalt kultureller Objektivationen, das religiöse Ritual eingeschlossen, lässt sich eine geistige Grundform entdecken, eine Wechselwirkung oder ein „Wechselspiel" zwischen Individuum und Gesellschaft. Allerdings können die Objektivationen auch so geartet sein, dass sie diesen Prozess unterbrechen oder gar unmöglich machen – dann ist er nicht mehr Ausdruck von Freiheit, sondern Zwang. Gesucht wird ein für menschliches Handeln kennzeichnender Spielraum, in dem der Mensch aktiv wie passiv, Geschöpf und Schöpfer ist, der eine „partielle Nichtidentifikation"[12] des individuellen Subjekts mit den gesellschaftlich-kulturellen Objektivationen erlaubte. Im Umgang mit dem Ritual, so die Idee, lassen sich Bruchstellen des Vermittlungsgeschehens ausmachen und Entfremdungsprozesse identifizieren.

Um keine unnötigen Missverständnisse zu provozieren, sei vor allem den theologisch Interessieren vorsichtshalber gleich zugestanden, dass keine „anthropologische Reduktion" beabsichtigt ist. Es geht nicht darum, den Kultus auf das zu reduzieren, was er für den Menschen und eine Gesellschaft bedeutet.[13] Es geht auch nicht da-

9 Vgl. bes. M. Horkheimer, Th. W. Adorno, Dialektik der Aufklärung. Philosophische Fragmente, Frankfurt 1971 und M. Foucault, Sexualität und Wahrheit, Bde. 1–3, Frankfurt 1977 u. 1986.

10 M. Merleau-Ponty, Phänomenologie der Wahrnehmung, Berlin 1966, 136.

11 R. Konersmann, Kulturphilosophie zur Einführung, Hamburg $^{2}$2010, 89.

12 W. Korff, Institutionentheorie: Die sittliche Struktur gesellschaftlicher Lebensformen, in: A. Hertz u. a. (Hg.), Handbuch der christlichen Ethik, Bd. 1, Freiburg 1993, 168–176, 173.

13 Vgl. R. Schaeffler, Die Stellung des Kultus im Leben des Menschen und der Gesellschaft. Eine anthropologische Grundlegung, in: K. Baumgartner (Hg.), Un-

rum den Glauben auf seine „Schauseite“ zu beschränken. Außerdem soll keineswegs der Eindruck erweckt werden, als gälte es das Ritual als die Rettung der Religion wieder zu entdecken. Es geht um eine Analyse der besonderen „Sprachform“ des religiösen Rituals und seine mögliche Relevanz für die Selbstentfaltung des modernen Menschen. In diesem Sinne kann das Ritual als so etwas wie ein Problemanzeiger für die Rolle der Religion in der modernen Gesellschaft fungieren.

## 2 Bild und Wort

Nassehis Interesse an der Religion konzentriert sich auf das Ritual als Form. Form meint hier die mediale Sichtbarkeit, die Inszenierung, die Macht der Bilder. Form meint die rituelle Geste, die sich selbst erklärt und das Gefühl anspricht. Sie steht für etwas Gestaltetes, Geformtes, Äußeres, was man gerade nicht „argumentativ in die Schranken weisen kann“[14].

Es handelt sich dabei um eine Praxisform, die sich vom Weltbild oder Sinnsystem abgrenzen lässt. Im Ritual geht es nicht um gute Gründe oder die Unterstellung von Vernunft, nicht um Orientierungswissen, nicht um Inhalt. Mit „Inhalt“ mein Nassehi das, was rational einsehbar und argumentativ kommunizierbar ist, was sich im Bewusstsein abspielt und der Mensch deshalb alleine mit sich abmachen kann. Um diese Gegenüberstellung von Form und Inhalt zu bezeichnen, nutzt Nassehi auch die Begriffe „Ästhetik“ und „Argument“[15] und bezogen auf die Religion schreibt er von „Kathedrale“ und „Innerlichkeit“[16]. Dabei denkt er vor allem an die schon mehrfach angesprochene und sprichwörtliche evangelische Innerlichkeit auf der einen und die katholische Bildhaftigkeit auf der anderen Seite.

fähig zum Gottesdienst? Liturgie als Aufgabe aller Christen, Regensburg 1991, 9–34, hier: 17.

14 A. Nassehi, Die gebaute Präsenz der Kirchen und die soziale Präsenz des Religiösen – Überlegungen zu einem modernen Spannungsfeld, in: 28. Evangelischer Kirchbautag München 2014. Evangelisch präsent – Kirche gestalten für die Stadt. Dokumentation, Marburg 2016, 43–60, hier: 57.

15 Ebd., 58.

16 Ebd., 56.

Dieses Verhältnis von Form und Inhalt hat nun im Laufe der Geschichte bestimmte Ausprägungen und Veränderungen erfahren. So verstand sich der Protestantismus ursprünglich als Protest gegen die Übermacht einer religiös geprägten Herrschaftsordnung. Damals waren Form und Inhalt noch ungetrennt, so könnte man interpretieren. Die die Herrschaft legitimierende Ästhetik war noch kein Medium, „das man argumentativ in die Schranken weisen"[17] konnte. Genau dort setzte die protestantische Kritik an und baute auf das „Wort" als die Form, mit deren Hilfe eine Distanznahme zu den damals bestehenden Verhältnissen erst möglich wurde.

Das Problem bestehe gerade darin, so Nassehi, dass der Protestantismus eine bürgerliche Gesellschaft voraussetzte, „eine konsistente Geschichte seiner selbst [...], eine Aufklärungsgeschichte seiner selbst"[18]. So war es möglich, Wollen und Sollen „unter einen Hut"[19] zu bekommen: Ich finde das Sittengesetz in mir selbst vor und erfülle es aus freien Stücken. „Dieser Art von Gemeinde kann man einen minimalistischen Raum, eine minimalistische Ästhetik und eine reduzierte Formensprache anbieten, da die Ästhetik der gebauten Präsenz des Religiösen im Wort liegt."[20]

Diese Voraussetzung gilt heute nicht mehr. Nassehi geht vielmehr davon aus, dass den Gläubigen der Gegenwart nicht nur ein mangelndes Wissen über seine Religion kennzeichnet (Traditionsbruch), sondern auch ein besonderes Interesse an Kasualien, Formen, Ritualen und Bildern. Das habe wiederum seinen Grund nicht zuletzt darin, dass der moderne Mensch in einer „visuellen Kultur" lebe, die zwangsläufig zu einer Überforderung durch eine „minimalistische Ästhetik"[21] führen müsse. Was ursprünglich mit der Reformation als emanzipativer Prozess begonnen hatte, die Rationalisierung und Entästhetisierung der Religion, erweist sich nun als ihr Handicap und droht, sie überflüssig zu machen. In einer durch systemische Imperative und instrumentelle Rationalitäten geprägten Welt, so darf man wohl diese Diagnose thesenhaft auf den Punkt zu bringen versuchen, bekommt das „Bild" eine besondere, kompensierende Funktion.

17 Ebd., 57.
18 Ebd.
19 Ebd., 58.
20 Ebd.
21 Ebd.

Die Diskussion über das Verhältnis von Form und Inhalt, wenn es um das Verständnis des Rituals geht, findet sich auch in der kulturwissenschaftlich geprägten Literatur wieder. So war es die amerikanische Philosophin Susanne Langer (1895–1985), eine Schülerin von Alfred North Whitehead und stark beeinflusst durch die Symbolphilosophie von Ernst Cassirer, die eine vergleichbare Unterscheidung vorgenommen hat: zwischen „diskursiver" und „präsentativer" Symbolisierung. Der Erfahrungen ständig transformierende Prozess des menschlichen Geistes, so Langer, kann in zwei charakteristische Weisen unterteilt werden: in „Bild" und „Diskurs". „Diskursivität" soll heißen, dass die „Form aller Sprache" so geartet ist, „daß wir unsere Ideen nacheinander aufreihen müssen, obgleich Gegenstände ineinanderliegen"[22]. Deshalb können nur solche Gedanken zur Sprache gebracht werden, die sich dieser besonderen Ordnung fügen. Die „Logiker" unter den Philosophen lassen nun alles Fragen- und Wissen-Können davon abhängen, was die Sprache auszudrücken vermag. Außerhalb des Diskursiven, des Wissbaren liegt das „unausdrückbare Reich des Gefühls, der formlosen Wünsche und Befriedigungen, auf ewig incognito und incommunicando."[23]

In dieser Bestimmung sieht Langer eine nicht haltbare Einschränkung der Grundfunktion des menschlichen Geistes. Es gibt nämlich eine Möglichkeit echter Semantik *jenseits* der Grenzen der diskursiven Sprache: „Visuelle Formen [...] sind ebenso der Artikulation, d.h. der komplexen Kombination fähig wie Wörter." Sie sprechen unmittelbar zu den Sinnen und kennen keine wesensmäßige Allgemeinheit. „Sie artikulieren Situationserlebnisse", spiegeln das „In-der-Welt-Sein" des Betroffenen, artikulieren die Ganzheit in ihrer sinnlichen Fülle. Ihnen obliegt die Artikulation von Erlebnissen, die niemals zureichend in Sprache gefasst werden können.[24] Anders als bei der Sprache sind im Bild die Elemente viel zahlreicher, es gibt kein Vokabular, d.h. es lässt sich nicht in Grundeinheiten aufteilen, Definitionen sind nicht möglich.[25]

22 S. K. Langer, Philosophie auf neuem Wege. Das Symbol im Denken, im Ritus und in der Kunst, Frankfurt 1984, 88.

23 Langer, Philosophie (s. Anm. 22), 92.

24 Vgl. ebd., 97.

25 Vgl. ebd., 102.

Dabei geht sie davon aus, dass die Sprache als „Urbild“ des Symbolismus einen Entwicklungsprozess durchläuft: Sie gründet in Spiel und Metaphorik und entspricht zunächst weitgehend den Merkmalen präsentativer Symbolik. „Diskursivität kommt erst durch eine zunehmende ‚Abblassung‘ der Metaphorik und Konventionalisierung von Assoziationen zustande.“[26] „Ideen, die sich zunächst in phantastischer Form schattenhaft andeuten, werden erst dann Besitz des Geistes, wenn die diskursive Sprache sich ihrer Formulierung annimmt.“[27] Und doch „lebt das Epos weiter – Seite an Seite mit Philosophie, Wissenschaft und allen höheren Formen des Denkens“[28], weil es eine ganz eigene „Einsicht in die Wirklichkeit eröffnet, einen eigenen Sinnhorizont schafft, eine eigene, erkennbare logische Struktur besitzt.“[29]

Alfred Lorenzer hat diese begriffliche Differenzierung genutzt, um an Hand der Liturgiereform des letzten Konzils zu zeigen, wie eine aus seiner Sicht zu beobachtende Verarmung des Rituals, eine Entsinnlichung, als Ausdruck einer verfehlten Anpassungsstrategie der Kirche gedeutet werden kann.[30] Der „Witz“ des Rituals sei es gerade, auch solche Erfahrungen artikulieren zu können, die relativ fern sind von gesellschaftlich dominierenden Normierungen.[31] Seine nichtdiskursive, „präsentative“ Form erlaubte es, nicht in klare Worte fassbaren Gefühlen eine Artikulation zu ermöglichen.[32] Mit seiner Hilfe ließe sich ein Erfahrungsraum eröffnen, der relativ frei von allen Nutzenerwägungen und gesellschaftlichen Zumutungen ist und so etwas wie eine spielerische Verfügung über die jeweilige Lebensszene ermöglicht. Das Ritual gehört bei ihm zu den zweckfreien Bedeutungsträgern, die wie Erzählungen, Märchen, Gesten, Tanz, Musik, Architektur dem Einzelnen Verhaltensentwürfe anbieten, ohne sie zu zwingen.[33]

26 G. Wilhelms, Sinnlichkeit und Rationalität. Der Beitrag Alfred Lorenzers zu einer Theorie religiöser Sozialisation, Stuttgart 1991, 129.
27 Langer, Philosophie (s. Anm. 22), 201.
28 Ebd., 202.
29 Wilhelms, Sinnlichkeit (s. Anm. 26), 130.
30 Vgl. Lorenzer, Das Konzil (s. Anm. 4).
31 Vgl. A. Lorenzer, Tiefenhermeneutische Kulturanalyse, in: Kultur-Analysen. Mit Beiträgen von H.-D. König, A. Lorenzer u. a. Frankfurt 1986, 11–98, hier: 85.
32 Vgl. Wilhelms, Sinnlichkeit (s. Anm. 26), 113.
33 Lorenzer greift auf eine bestimmte Sozialisationstheorie zurück: Das individu-

Diese „präsentative" Symbolik wird als eine Art von Gegengewicht gegen die dominierenden, systemischen Zwänge in Stellung gebracht. Ganz ähnlich wie bei Nassehi wird das Ritual zum Platzhalter für Individualität und Freiheit – in einer durch Rationalität und Machbarkeit geprägten Gesellschaft. Was bei Nassehi allerdings gewisse Schwierigkeiten bereitet, ist seine Tendenz zur Ineinssetzung von „Form" und „Bild". Dann kann das „Wort" nicht mehr als Form verstanden werden. Dann muss das „Wort" zwangsläufig in den Verdacht geraten, zu einer rationalistischen Zwangsveranstaltung zu verkommen. Wobei man allerdings zugestehen muss, dass etwa auch Lorenzer und Langer nicht ganz frei sind von einer solchen Tendenz. Wäre es stattdessen nicht naheliegender, „Wort" wie „Bild" als grundlegende Strukturen oder kulturelle Formen zu begreifen und die Differenz in ihrer durch die jeweiligen gesellschaftlichen Bedingungen modifizierten Funktion im Prozess menschlicher Selbstentfaltung zu suchen? Ginge es nicht eher darum, die Dominanz einer bestimmten Form zu verhindern und sich um den Erhalt einer Vielfalt der Formen zu sorgen?

## 3 Wechselwirkungen

Die eingangs von Nassehi zitierte These von der „Wiederkehr der Religion" als „Wiederkehr ritueller Formen" bezieht sich naheliegender Weise auf den Katholizismus: Er soll es sein, der „mit seiner viel stärker durch Rituale und Bilder geprägten Ästhetik bisweilen höhere Freiheitsgrade" bietet, „weil das äußere Bekenntnis und damit die äußerlich sichtbare Bestimmtheit reicht, während im Protestantismus das innere Bekenntnis authentisch kommuniziert werden muss."[34]

elle Subjekt bildet sich in ständiger Auseinandersetzung mit den objektiven gesellschaftlichen Bedingungen. Wie, so fragt er, wächst aus den ersten physiologisch-sozialen Prozessen des Organismus das Erlebnis heraus und wie entsteht aus dem Erlebnis schließlich das Bewusstsein. Gerade die „präsentativen" Symbole sind es, die die ursprünglichen, in der Kindheit entwickelten Bedürfnisse und Sehnsüchte des Menschen zu bewahren erlauben. (Vgl. Wilhelms [s. Anm. 26], bes. 71–102.)

34 Nassehi, Die gebaute Präsenz (s. Anm. 14), 56.
Diese These kann man mitunter „hautnah" nachvollziehen, wenn man sich in einer Predigt mit moralischen Forderungen konfrontiert sieht, die jede Distanz

Einmal abgesehen von der Frage, ob Nassehi den „Katholizismus" nicht zu einseitig deutet – man denke nur an die Kritik an der Liturgiereform des Zweiten Vatikanischen Konzils, die gerade eine Minimalisierung des Ästhetischen und einen Vorrang des Wortes auch in der katholischen Kirche beklagt – wird seine These erst verständlich, wenn man den Versuch hinzunimmt, die „Modernitätskompatibilität" oder „Modernitätsfähigkeit" der Religion prüfen zu wollen. Was machte die Religion mit der modernen Welt kompatibel, so fragt er sich. Diese Frage geht davon aus, dass es gerade die moderne Gesellschaft ist, die der Trennung von Form und Inhalt in der Trennung von Religion und Staat eine besondere Gestalt gegeben hat. Erst die typisch moderne Konzentration auf die Form, die Nachordnung weltanschaulicher Fragen, ermöglichte das friedliche Nebeneinander diverser Weltanschauungen oder Ideen vom guten Leben. Mit der Unterscheidung zwischen Öffentlichkeit und Privatheit soll die Freiheit des Menschen gesichert werden, „kein Ketzer braucht mehr zu brennen"[35]. Diese Struktur moderner Gesellschaft ist für Nassehi unhintergehbar und der Maßstab für eine „gute" Religion: nämlich ihre Pluralismus- und Kulturfähigkeit und damit ihre Kompatibilität mit individueller Freiheit. Dann böte der Katholizismus genau die Gestalt von Religion, die zu einer solchen Gesellschaftsstruktur passte, so lautet die Folgerung.

Bleiben wir zunächst bei der „Modernitätsprüfung" von Religion. Ich möchte sie etwas umformulieren: Es sollte eher um eine „Freiheitsprüfung" gehen, also um die Suche nach solchen Formen, die Spielräume und Freiheitsgrade in der modernen Gesellschaft überhaupt noch vermitteln können. Dann würde nicht die „moderne Gesellschaft" zum Kriterium erklärt, sondern Freiheit und Selbstentfaltung des Menschen! Dann klänge ein solcher Versuch auch weniger nach einer überheblich anmutenden „Außenperspektive" gegen-

zu den Zuhörenden vermissen lassen – „holen Sie sich einen Armen ins Haus!" Solche Forderungen drohen die besondere rituelle Form der Liturgie zu sprengen, gerade weil sie keine „höheren Freiheitsgrade" mehr zu vermitteln vermögen, sondern unmittelbare Authentizität zu suchen scheinen – und das alles, um die Zuhörer (noch) irgendwie zu beeindrucken.

35 A. Anzenbacher, Sozialethik als Naturrechtsethik, in: JCSW 43 (2002) 14–32, hier: 22.

über dem Glauben – würde er nicht ästhetisiert und funktionalisiert, prüfte man ihn auf seine Eignung für Staat und Gesellschaft?[36]

Aber Nassehi geht es nicht um das Wesen des Christentums, sondern um eine gesellschaftskritisch orientierte Analyse der Strukturen, in denen sich der Glaube zum Ausdruck zu bringen vermag. Die „Freiheitsprüfung" von Religion verlangt nach einer Analyse moderner Gesellschaft. In einer Studie über den „Entwurf einer Theorie der Todesverdrängung" sieht Nassehi, gemeinsam mit Georg Weber, unsere Gesellschaft durch „den Konflikt zwischen Individuum und Gesellschaft, d.h. zwischen subjektiver und ‚objektiver' Wirklichkeit"[37] gekennzeichnet. Dieser Konflikt bringt sich dadurch zum Ausdruck, so die beiden Autoren, dass die Gesellschaft dem Einzelnen kaum noch Spielräume lässt. Jürgen Habermas hat diese strukturelle Eigenart mit Hilfe der metaphorischen Rede von der „Kolonialisierung der Lebenswelt" zu beschreiben versucht: Die moderne Gesellschaft wird zunehmend durch systemische Imperative, durch Ökonomie und Administration überformt, sodass für die „Lebenswelt" als Ort von Autonomie und Freiheit immer weniger Raum bleibt.[38] Das heißt, das moderne Individuum ist aufgrund fortschreitender funktionaler Differenzierung der Gesellschaft mit ihrer „wachsenden Macht der einzelnen funktionalen Zentralorgane" kaum noch in der Lage „eine Distanz zum funktional gesteuerten Rollenoktroi"[39] aufzubauen.

Mit dem Begriff „Distanz" soll auf ein fundamentales Problem moderner Gesellschaft aufmerksam gemacht werden: Je mehr die gesellschaftlichen Strukturen und die individuellen Erfahrungen auseinanderfallen und Systemimperative dominieren, desto weniger Möglichkeiten bieten sich für den Einzelnen, seine Erfahrungen mit Rückgriff auf die gesellschaftlichen Kommunikationsangebote zu deuten. Dieser Auseinanderfall führte schließlich und paradox dazu, dass Individuum und Gesellschaft tendenziell (wieder) zusammen-

36 So Jens Jessen in seinem Kommentar: Der Glaube lebt nicht vom Papst allein. Das Christentum hat mehr subversive Kraft, als dem Staat lieb ist. Antwort auf Armin Nassehi, in: Die Zeit 17/2007.

37 A. Nassehi, G. Weber, Tod, Modernität und Gesellschaft. Entwurf einer Theorie der Todesverdrängung, Opladen 1989, 14.

38 Vgl. J. Habermas, Theorie des kommunikativen Handelns, Bd. 2, Frankfurt 1981.

39 Nassehi, Weber, Tod und Gesellschaft (s. Anm. 37), 229.

fallen – dem Einzelnen blieben keine Spielräume mehr. Dehumanisierung wäre die Folge. Mit den Erfahrungen, die sich dem verbliebenen Artikulationsangebot partout nicht einfügen lassen wollen, bleibt der Einzelne dann allein. Dass Nassehi hier ganz bestimmte Erfahrungen betroffen sieht, für die vor allem die Religion „zuständig" ist, – gemeint ist der Umgang mit „Unbestimmtheit" – dazu später mehr.

Ein aus kulturtheoretischer Sicht fundamentales Problem könnte darin liegen, dass die beiden Autoren die Person, die „existentielle, vitale und persönliche Komponente des Humanums"[40] zu sehr von ihrem kulturellen Kontext isolieren. Realistischer wäre es wohl, den kulturellen Prozess konsequent als eine Art von Wechselwirkung zu verstehen, die den Menschen in die Lage versetzte aus der Unmittelbarkeit seines Lebensflusses herauszutreten. Das hieße, die vom Menschen geschaffenen kulturellen Produktionen – „Kunst und Sitte, Wissenschaft und zweckgeformte Gegenstände, Religion und Recht, Technik und gesellschaftliche Normen" – als „Stationen" zu verstehen, „über die das Subjekt gehen muss"[41]. Sie wären es, die Distanznahme ermöglichten und damit den Spielraum eröffneten, der für Reflexion und Handeln nötig ist.

Nun kann man sich aber durchaus vorstellen, dass dieser Prozess irgendwann in eine „Entsubjektivierung" hineinführen könnte. Für Georg Simmel (1858–1918), der den Begriff „Wechselwirkung" ins Zentrum seiner soziologischen Reflexionen gestellt hat, ist es so, dass sich die kulturellen Produktionen im Verlauf der Geschichte immer mehr von ihren Produzenten, den Menschen, entfernen, bis man schließlich von einer „Tragödie" der Kultur reden muss: Der ursprünglich Freiheit vermittelnde kulturelle Prozess führt aus sich heraus in eine Sackgasse, führt zu Unfreiheit. Es ist die „Form der Festigkeit, des Geronnenseins, der beharrenden Existenz, mit der der Geist, so zum Objekt geworden, sich der strömenden Lebendigkeit, der inneren Selbstverantwortung, den wechselnden Spannungen der subjektiven Seite entgegenstellt."[42] Ähnliches haben wohl Nassehi und Weber im Sinn, wenn sie Gesellschaft und Individuum so sehr gegeneinander stellen.

40 Nassehi, Weber, Tod und Gesellschaft (s. Anm. 37), 202.

41 G. Simmel, Der Begriff und die Tragödie der Kultur, in: ders., Philosophische Kultur, Berlin 1998, 195–219, hier: 198.

42 Ebd., 195.

Aber so zu deuten hieße, den kulturellen Prozess an einer Stelle gleichsam still zu stellen. An diesem Punkt hat Ernst Cassirer (1874–1945), einer der Protagonisten moderner Kulturanthropologie, seine berühmte Kritik an Simmel ansetzen lassen: Er wirft ihm „verkappten Mystizismus" vor, der alle Vermittlung skeptisch sehen muss. Das Werk, so Cassirers Einwand, das der Mensch in seinem Kulturschaffen hervorbringt, sei eben kein Endpunkt, sondern Vermittlung, Durchgangspunkt vom Ich zum Du. Das Werk sei nicht nur Produkt, sondern affizierte den Rezipienten zur Selbsttätigkeit. „Re-subjektivierung"[43] ist durchaus möglich. Alles hängt davon ab, so könnte man weiter folgern, dass die konkreten Produktionen genau dazu in der Lage sind – Vermittlung zu organisieren, Möglichkeitsräume zu eröffnen. Aber noch einmal, und das macht den Unterschied: Dieser Prozess scheint heute in eine Sackgasse geraten zu sein, so Nassehi und Weber. Die Wechselwirkung findet gerade nicht mehr statt. Der Einzelne erlebt sich als auf sich selbst zurückgeworfen, mehr noch: Seine Erfahrungsmöglichkeiten schränken sich immer weiter ein, weil sie keine passende Ausdrucksform mehr vorfinden.

Soweit könnte Cassirer wohl nicht mitgehen, weil er den Erfahrungsprozess fundamentaler verankert: Eine Erfahrung, die sich nicht zu artikulieren vermag, ist keine, weil Erfahrung immer mit Deutung einhergehen muss und Deutung nur unter Rückgriff auf kulturelle Ausdrucksformen möglich ist. Eine solche „Tieferlegung" hätte außerdem den Vorteil, für die Vielfalt möglicher Artikulationsformen offen zu bleiben – eine vollständige Auflösung der kulturellen Synthese von Individuum und Gesellschaft dürfte nur schwer plausibel zu machen sein, mag die historische Entwicklung noch so „tragödienhafte" oder inhumane Züge tragen. Aber eine solche Konsequenz steckt in den Überlegungen von Nassehi, weil er das Verhältnis zwischen kulturellen Objektivationen und individuellem Subjekt weniger als Wechselwirkungsgeschehen deutet, sondern eher als Ausdifferenzierung und er gerade darin eine Möglichkeitsbedingung von Freiheit sehen will.

43 Simmel, Tragödie (s. Anm. 41), 213.

## 4 Kultur und Religion

Für Cassirers kulturanthropologischen Ansatz sind zunächst *alle* kulturellen Formen Ausdruck eines „moralischen Impulses“[44] und insofern mögliche Spielräume für die Selbstentfaltung des Menschen. Nicht Kultur an und für sich führte tragisch in die Entfremdung, wie Simmel es sich vorgestellt hatte, sondern neben dem zu erhaltenden Wechselgeschehen käme als zweites Kriterium die Kritik an kulturellen Vereinseitigungen oder Dominanzen ins Spiel. Für die moderne Gesellschaft wäre es die instrumentelle Rationalität, die dazu neigte, auf alle anderen Formen überzugreifen, sie zu „kolonialisieren“.

Und was ist mit der Religion? Könnte sie das gesuchte Gegengewicht zur Verfügung stellen? Was ist mit der ihr inhärenten Gefahr, in Ritualismus oder Ästhetizismus, in Dogmatismus oder Moralismus das Wechselgeschehen gleichsam stillzustellen? Nassehi ist optimistisch und vermag in der Religion durchaus ein solches Gegengewicht zu sehen. Alles hängt bei ihm am „Bezugsproblem“[45], der Struktur der modernen Gesellschaft. Das reicht aber noch nicht. Die kulturtheoretisch informierte Perspektive sieht die Freiheit durch den technischen Fortschritt gefährdet, *insofern* er traditionelle Lebensräume und Lebenssymbole zerstört – der Ausgleich der symbolischen Formen verhinderte Ideologie und Tyrannei. Mit den Worten von Langer: „Für eine im *Gleichgewicht* befindliche tätige Intelligenz ist die Wirklichkeit historische Tatsache und sinnerfüllte Form, das alles in sich begreifende Reich der Wissenschaft, des Mythos, der Kunst und auch des komfortablen gesunden Menschenverstandes.“[46] Damit nimmt Langer ein Anliegen von Cassirer auf, das er vor allem in der politisch-philosophischen Schrift „Der Mythus des Staates“ hervorgehoben hat: „Solange diese Kräfte, intellektuelle und moralische, ethische und künstlerische, in voller Stärke stehen, bleibt der Mythus gezähmt und unterworfen. Aber wenn sie einmal ihre Stärke

44 O. Schwemmer, Ernst Cassirer. Ein Philosoph der europäischen Moderne, Berlin 1997, 174 u.a.

45 A. Nassehi, Die empirische Heimatlosigkeit der Moderne. Skizze einer Leerstelle, in: U. Hemel, J. Manemann (Hg.), Heimat finden – Heimat erfinden. Politisch-philosophische Perspektiven, Paderborn 2017, 47–59, hier: 59.

46 Langer, Philosophie (s. Anm. 22), 284, kursiv: G.W.

zu verlieren beginnen, ist das Chaos wiedergekommen."[47] An dieser Stelle will er vor der verhängnisvollen Verbindung von Mythus und Politik warnen, wie sie im Nationalsozialismus Realität geworden ist. Die Vielfalt der kulturellen Formen sei demgegenüber ein Granat dafür, dass die Kultur ihre Funktion der Vermittlung von Freiheit tatsächlich erfüllen könne. Wenn man diesen Gedanken fortsetzen wollte, dann dürfte man wohl annehmen, dass von den je gegebenen Umständen abhinge, welche Formen als „Blockierer" oder „Unterbrecher" des Prozesses zwischen Individuum und Gesellschaft und eben nicht mehr und im konstruktiven Sinne als „Distanzhalter" zu fungieren vermöchten und auf welche Formen besondere Aufmerksamkeit zu richten wäre, um die besagte Vielfalt zu sichern.

In dieser Vielfalt der kulturellen Formen spielte die Religion eine besondere Rolle? Der Aufhänger für Nassehis Gedanken über Rituale war die Beobachtung einer vermeintlichen (oder tatsächlichen) Wiederkehr der Religion. Wie erklärt sich dieses Phänomen? Für Nassehi gibt der Umgang mit dem Ritual den Ausschlag. Deshalb gerät der Katholizismus in den Fokus seiner Aufmerksamkeit. Aber was ist es, dass das religiöse Ritual als religiöses kennzeichnet? Nassehi nennt es die Fähigkeit, mit „Unbestimmtheit"[48] umgehen zu können. Es gebe wohl keine „Kommunikationsform in der Gesellschaft", „die mehr mit Unbestimmtheit rechnen kann, die Unbestimmtheit aushält, die die Frage vielleicht manchmal für wichtiger hält als die Antwort, die in der Lage ist, durch Unschärfe Schärfe zu produzieren, die in der Lage ist, Offenheit zuzulassen im Sinne unterschiedlicher möglicher Antworten auf die eine Frage. Sie kann also Unbestimmtheit aushalten, kommunizieren und muss sie natürlich teilweise bestimmbar machen."[49]

Auch mit dieser Bestimmung bewegt sich Nassehi durchaus im Rahmen der üblichen kulturtheoretischen Deutungsmuster. Im Umgang mit Unbestimmtheit, so Soeffner im Handbuch Anthropologie, zeige sich das Ritual als angemessene religiöse Kommunikationsform, weil sie dem „argumentativ-diskursiv nicht Mitteilbaren eine

47 Cassirer, Der Mythus des Staates. Philosophische Grundlagen politischen Verhaltens, Frankfurt 1985, 390.

48 Nassehi, Die gebaute Präsenz (s. Anm. 14), 55.

49 Ebd.

eigene ‚Sprache' verleihen"[50] kann. Diese Form steht nicht außerhalb der Kommunikation, sondern stellt „einen spezifischen Kommunikationstypus für spezifische Problem- und Grenzsituationen dar: Sie [die Rituale, G. W.] sind Kommunikationsmaterialien für Außeralltägliches und Außergewöhnliches"[51]. Die Versuche einer Bestimmung der Religion und ihrer besonderen Symbolform von Langer und Lorenzer weisen in eine ähnliche Richtung. Langer widmete der Religion besondere Aufmerksamkeit. In Ritual und Mythos, so ihre Beobachtung, können Lebensgrundkonflikte und Ereignisse verbildlicht werden. „Lebenssymbole" nennt sie sie. Sie bedeuten „eine Anerkennung natürlicher Konflikte, menschlichen Wünschens, dem nichtmenschliche Gewalten, feindliche Unterdrückung oder konträre Wunschregungen die Erfüllung versagen". Sie erzählen „von Geburt, Leiden und Besiegtwerden durch den Tod, von dem also, was das gemeinsame Schicksal der Menschen ist. Sein letzter Sinn ist nicht eine wunschgeborene Entstellung der Welt, sondern eine ernste Anschauung ihrer fundamentalen Wahrheiten, nicht Flucht, sondern sittliche Orientierung."[52] Für Lorenzer gehört die Religion mit ihren kulturellen Objektivationen zu den „zweckfreien" Bedeutungsträgern.[53] Sie bietet dem Einzelnen Verhaltensentwürfe an, frei von allen Nutzenerwägungen. Religiöse Symbole beziehen 1. „Lebenssituationen ein, die sprachlich nicht sagbar sind, weil sie dem herrschenden Normen- und Wertsystem widersprechen". Sie können 2. das Sagbare ergänzen „um jene reichhaltigen Momente, die nur im sinnlich konkreten Eindruck abgebildet werden können. Es geht um die nicht-sprachliche ‚Sprache' der ästhetischen Kulturprovinzen, die nur ein rationalistisch abgestorbener Instrumentalismus für entbehrlich halten kann." Und es geht 3. um die „Bereiche des Niemals-Sagbaren. Um die Konfrontation mit den ‚ersten und letzten Dingen' des Lebens [...], die von den verschiedenen Religionen [...] thematisiert werden – aber doch niemals mit dem Ziel, sie voll und ganz dem ‚Sagbaren' eingliedern und mit den Kalkülen unserer Welterfahrung

50 H.-G. Soeffner, Art. Rituale, in: E. Bohlken, C. Thies (Hg.), Handbuch Anthropologie. Der Mensch zwischen Natur, Kultur und Technik, Stuttgart 2009, 402–406, hier: 406.

51 Ebd., 406.

52 Langer, Philosophie (s. Anm. 22), 177f.

53 Vgl. Lorenzer, Konzil (s. Anm. 4), 157.

verrechnen zu können."[54] Insofern symbolische Vollzüge sowohl das Unverfügbare, Nicht-Instrumentalisierbare und Außeralltägliche vermitteln, als auch die unmittelbaren, emotionalen, lebensweltlich eingebundenen Persönlichkeitsanteile ansprechen, sind sie *die* Sprache der Religion.

## 5 Ambivalenzen

Kommt das Ritual den typischen Strukturen moderner Gesellschaft eher entgegen und ist es das Ritual, das der Religion (noch) so etwas wie „Modernitätskompatibilität" sichern kann, wie Nassehi annimmt,[55] oder gehört das Ritual zu den kulturellen Formen, die einen letzten Rückzugs- oder Kompensationsraum für Kreativität und Freiheit in der modernen Gesellschaft bieten können, wie Lorenzer und Langer vermuten? Oder aber führen solche Vorstellungen in die Irre, weil sie dazu neigen, die für Reflexion und Freiheit notwendige, nur durch kulturelle Objektivationen zu vermittelnde Distanz zu übersehen? Die typisch moderne Trennung von Form und Inhalt bildete bei der Suche nach Antworten dann das eine, die typisch moderne Dominanz der „Systemintegration" das andere gesellschaftliche Referenz- oder Bezugsszenario.

An dieser Stelle kann es nicht darum gehen, diese Fragen zu entscheiden. Es geht vielmehr um den Versuch einer Aufklärung über die kulturellen Bedingungen der Möglichkeit von Selbstentfaltung und Freiheit und welche Rolle die Religion in diesem Prozess spielen kann. Dass sich dabei das Interesse auf das Ritual richtet, erklärt sich durch seine besondere Struktur: „Das Wissen um die Form korrespondiert mit Nichtwissen oder nur vager Ahnung um Inhalt, Ziel und Funktion des Handelns"[56], so definiert Soeffner, durchaus vergleichbar mit den oben angesprochenen Bestimmungsversuchen. Und weiter heißt es bei ihm: „Rituale basieren vor allem auf *präsenta-*

54 A. Lorenzer, Sinnlichkeit, Symbol und Ritual, in: WzM 41 (1989) 260–268, hier: 268.

55 Ob eine solche Möglichkeit noch zu der Analyse moderner Gesellschaft passt, die Nassehi durch eine massive Entfremdung des individuellen Subjekts gekennzeichnet sieht (s. o.), ist die Frage.

56 Soeffner, Rituale (s. Anm. 50), 404.

*tivem Handlungswissen*, nicht auf diskursivem Argumentations- oder Textwissen."[57]

Gerade dieses Merkmal, seine Präsentativität, ist es, die dem Ritual eine eigentümliche Ambivalenz verleiht und die übliche Skepsis nährt. „Rituale vermögen wider alle Vernunft zu überzeugen", weil sie imstande sind, „ohne Begleitung der Vernunft eigene Welten zu erzeugen, die sich der Kontrolle und Überprüfung des Verstandes entziehen, die also auch Wahnwelten sein können."[58] Gerade weil sich Rituale „diskursiver Begründung verweigern", sind sie ambivalent: Sie können „Verzweiflung bändigen und Trost erzeugen", also Distanz zu spontanen Affektionen ermöglichen – sie können aber auch „in vorstrukturierte Aggressionsketten hineinreißen, Hemmungen beiseite schaffen und den ‚Kollektivkörper' zu vorgeformter Gewalt scheinbar ‚legitimieren'."[59] Soeffner sieht deshalb im Ritual immer auch die Gefahr einer Auflösung des Individuums und seiner Autonomie, im Sinne einer Auslöschung der Unterschiede zwischen den Gesellschaftsmitgliedern.

Wenn man das Ritual in diesem Sinne als eine Inszenierung von Unmittelbarkeit deuten wollte, dann wäre es in der Tat ein Mittel, dass gerade nicht dazu taugte, Spielräume zu eröffnen. Dann bedeutete es gerade nicht „partielle Nichtidentifikation" sondern vielmehr „Totalidentifikation", den Zusammenfall von Individuum und Gesellschaft. Es käme einer Ablehnung von Kultur gleich, die ja immer nur „die *Synthese* einer subjektiven Entwicklung und eines objektiven geistigen Wertes bedeutet."[60]

Auch aus kulturanthropologischer Sicht ist die Suche nach Unmittelbarkeit, wie wir gesehen haben, ein Irrweg. Denn nur eine „distanzierende" Haltung ist in der Lage, den Menschen aus den Zwängen zu befreien, die die gesellschaftlichen Systeme („Rollenoktroi") und die Lebensunmittelbarkeit ihm auferlegen. „Das Werk endlich befreit

57 Ebd., 404.
58 Ebd., 406.
59 Ebd., 404.
60 Simmel, Tragödie (s. Anm. 41), 206, kursiv: G.W.
Nassehi scheint dem Ritual die Funktion einer Inszenierung von Unmittelbarkeit zuzusprechen – allerdings aus kritischem Interesse und gegen eine Kultur gerichtet, die nur noch Abstraktionen aus sich hervorzutreiben scheint.

ihn aus dem Ereignis zur Form".[61] Im Rahmen der berühmten Disputation zwischen Cassirer und Martin Heidegger 1929 in Davos ging es um die Rolle der Kultur im Umgang mit dem Tod. Eine ausgeprägte Achtung vor den Werken der Kultur traf auf eine existentialistische Skepsis ihnen gegenüber: „Wo Heidegger in der Abkehr von aller Objektivierung und Abstraktion die Ursprünge unserer geistigen Existenz wieder freilegen will, orientiert Cassirer unsere Existenz an den Werken, die in der Geschichte geschaffen wurden und die dem Geist erst zu seiner Definition verhelfen."[62] „Cassirer sagte wörtlich, daß es nicht um die ‚Angst vor dem Tode als solche, sondern [um] die Überwindung dieser Angst' gehe, ‚mag diese wie bei Platon als gedankliche, mag sie wie bei Schiller als aesthetische, mag sie schließlich als religiöse Überwindung gedacht werden – [diese Überwindung] ist es, was für das Dasein des Menschen charakteristisch ist'."[63] „Allein die symbolische Formung kann das Sterben-Lernen befördern."[64]

Die Überwindung der Angst bedarf der Vermittlung, ob gedanklich, ästhetisch oder religiös. Der Denkfehler der Ritualskeptiker liegt wohl darin, dass sie dazu neigen, Ritual und Unmittelbarkeit in Eins zu setzen. Aber auch die Inszenierung von Wahnwelten ist eine „Inszenierung", also eine Form kultureller Vermittlung, also Produkt, also zu verantworten – eine Form, die allerdings eben nicht zu mehr Handlungsspielräumen, sondern zu Unfreiheit führte. Wenn es gelänge, das Ritual als kulturelle Form zu deuten, dann inszenierte sie zumindest nicht zwangsläufig „Wahnwelten", sondern könnte, wie anfanghaft auch immer, einen kulturell vermittelten Möglichkeitsraum, einen Handlungsspielraum eröffnen. Es stellte jedenfalls dem menschlichen Geist eine alternative Vermittlungsform zur Verfügung.

Und was ist mit der Ambivalenz der modernen Gesellschaft selbst? Sie hat schließlich auf der einen Seite Freiheit ermöglichende Strukturen entwickelt (die Differenz zwischen Form und Inhalt) und auf der anderen Seite Strukturen, die Kritik verdienen, weil sie Freiheit behindern. Das Ritual partizipiert in seinem Formalismus auf eigentümliche Weise an den Strukturvorgaben der modernen Gesellschaft

61 Schwemmer, Cassirer (s. Anm. 44), 219.
62 Ebd.
63 H. Paetzold, Ernst Cassirer. Von Marburg nach New York, Darmstadt 1995, 90.
64 Ebd., 91.

– es ist mit dem Anspruch auf Autonomie kompatibel und erfüllt eine wichtige kritische Funktion, indem sie alternative Formen zur Verfügung stellt. Was früher undenkbar war, wird nun möglich: nämlich die Spannung zu halten zwischen der durch den Formalismus erzeugten „Distanz zu spontanem affektivem Verhalten" auf der einen Seite und der Initiierung von „vorgeformten Ausdruckshandlungen, die Emotionen erzeugen und koordinieren"[65], auf der anderen.

Wenn man, anders als Nassehi, „Bild" wie „Wort" als kulturelle Formen zu verstehen versuchte, dann ergäbe sich ihre Differenz aus ihrer Funktion im Kulturprozess. Wenn man diesen Prozess noch einmal aufgespannt dächte zwischen den Polen kulturelle Objektivation oder Werk auf der einen und individuelles Subjekt auf der anderen Seite, dann wäre das „Bild" gleichsam näher am Individuum und das „Wort" beziehungsweise die „Diskursivität" weiter weg. Dann ginge es nicht um ein Entweder-Oder. Es ginge vielmehr um die Frage, welche Form verloren zu gehen drohte und welche Form deshalb zu stärken wäre. Nur eine Vielfalt der Formen wäre dann in der Lage die Spannungseinheit zwischen den Polen zu halten, ohne sie in die eine oder andere Richtung aufzulösen.

Diese Spannungseinheit könnte man also sowohl mit Blick auf die Vielfalt der Formen als auch mit Blick auf die Ausprägung einer bestimmten Form zu beschreiben versuchen. Das Ziel wäre weniger, die Ambivalenz des Rituals aufzulösen. Es ginge eher darum, dem Verhältnis zwischen dem Ritual und den gesellschaftlichen Umständen besondere Aufmerksamkeit zu schenken. Erst in der modernen Gesellschaft könnte das Ritual also seine strukturellen Möglichkeiten „ausspielen" und zu einer Distanznahme verhelfen – ganz im Sinne von Nassehis „Modernitätsprüfung" von Religion. Das heißt nicht, dass das religiöse Ritual nicht auch heute zur bloßen „Folkloreveranstaltung" verkommen könnte, zum Spielball gesellschaftlich-dominierender Mächte – wenn etwa der Unternehmensberatung abgeschaute Strategien oder pädagogisch-didaktische Maßgaben kirchliche (Liturgie)Reformen leiten. Als entscheidendes Kriterium bleibt ihre Funktion im kulturellen Prozess, im Prozess der Bedeutungs- und Sinnstiftung, nämlich gerade die Bedingungen zur Ver-

65 Soeffner, Rituale (s. Anm. 50), 404.

fügung zu stellen, die diesen Prozess nicht blockieren sondern im Fluss halten und damit Spielraum und Freiheit ermöglichen.

## 6 Schluss

Emanzipation verlangt „Distanznahme" (Cassirer). Distanz verschafft den für Freiheit und Autonomie nötigen Spielraum. Distanz kann mit Hilfe verschiedener kultureller Formen inszeniert werden: über Sprache, Wissenschaft, Technik, Kunst, Mythos oder Religion. Die moderne Gesellschaft mit ihren Systemimperativen reduziert die Vielfalt der Formen („Kolonialisierung"), engt Spielräume ein: Der Einzelne scheint kaum noch in der Lage, Distanz zum „funktional gesteuerten Rollenoktroi" (Nassehi, Weber) aufbauen zu können. Als Ausdrucksform für das Unsagbare, Nicht-Instrumentelle, Unverfügbare, als Form, die es erlaubt, Unbestimmtheit auszuhalten und dem nicht Mitteilbaren eine eigene Sprache zu verleihen, bleibt der Religion in der modernen Gesellschaft die Aufgabe, der „existentielle[n], vitale[n] und persönliche[n] Komponente des Humanums"[66] Deutungsangebote zu machen.[67] Gerade in ihrer rituellen Form zeigt die Religion ihre „Modernitätskompatibilität" (Nassehi). Das Ritual vereinnahmt nicht, bietet Raum für alternative Deutungen, eröffnet Kommunikationsangebote, in die sich der Einzelne zwanglos „einschwingen" kann – es inszeniert Distanznahme. Es ist eine angemessen Ausdrucksform für das Unverfügbare.

Mit diesen Gedankengängen soll aber nicht behauptet werden, das Ritual sei die Rettung der Religion in der modernen Gesellschaft. Es ging vielmehr um einen Versuch, die Bedingungen der Möglichkeit von Selbstentfaltung und Freiheit und die Rolle der Religion, die sie möglicherweise in diesem Prozess zu spielen vermag, zu reflektieren. Das Ritual wird aus dieser Sicht als „modernitätskompatible" Form von Religion ansichtig. Nassehi zieht aus seiner Analyse den Schluss, dass „womöglich heute religiöse Erlebnisse ähnlich geplant werden

66 Nassehi, Weber, Tod und Gesellschaft (s. Anm. 37), 202.

67 Vgl. G. Wilhelms, „Denkbar ein gesellschaftlicher Zustand, in dem die Menschen den Tod nicht mehr verdrängen müssten"? – Ein kulturtheoretischer Versuch, in: B. Wald (Hg.), Ende des Lebens. Tod und Sterben heute, Paderborn 2018, 95–123, hier: 103.

müssten, wie Architekten und Innenarchitekten Themenparks oder Themenausstattungen etwa von gastronomischen Räumen planen.“[68] So etwas wie „Markenbildung“ sei angesagt, „weil die frühere bürgerliche Form der geradezu automatischen Ergriffenheit fürs Religiöse, für die Kunst oder die Wissenschaft nicht mehr vorausgesetzt werden kann.“[69] Also gezielte Inszenierung von „Unbestimmtheit“ (Nassehi)? Sind wir tatsächlich an einem historischen Punkt angekommen, an dem sich die Frage nach einer solchen Neuinszenierung von Religion aufdrängte?

68 Nassehi, Die gebaute Präsenz (s. Anm. 14), 58.
69 Ebd., 59. Wieso hier ausdrücklich die Wissenschaft genannt wird, bleibt unklar.

*Herbert Haslinger*

# Der Alltag als Ort der Gotteserfahrung

Im letzten Band seiner „Poetischen Dogmatik“, welcher sich mit den Zeiten der Kirche befasst, lässt Alex Stock (1937–2016) den Abschnitt „Tag“ mit einem Gedicht des englischen Dichters Philip Larkin (1922–1985) beginnen:

> „Wozu gibt es Tage?
> Tage sind's, wo wir leben.
> Sie kommen, sie wecken uns
> immer und immer wieder:
> Sie sind da, um in ihnen glücklich zu sein:
> Wo sonst können wir leben als in Tagen?“[1]

Alex Stock schreibt dazu:

> „Tage sind unser Lebensraum. Aber Tage sind nicht immer, sie kommen und gehen und kommen wieder […]. Sie kommen, indem sie uns zuvorkommen: […] Es tagt und der Tag weckt uns in sich selbst hinein, öffnet sich uns als Lebensraum. Wenn kein Tag uns mehr zu wecken vermag, ist es offenbar aus mit dem Leben. ‚Wo können wir leben als in Tagen?‘ Und also von Tag zu Tag?“[2]

Kaum einfühlsamer kann man beschreiben, was wir als unseren Alltag erleben, den Zeitlauf, in den eingebettet unser Leben verläuft. Und doch werden anschließend unter der Zeitkategorie „Woche“ nur der Sabbat und der Sonntag als „Zeiten der Kirche“ behandelt.[3] Die sechs anderen Tage der Woche kommen nicht vor. Ein tief eingefrästes Denkmuster spiegelt sich hier wider: Der Alltag ist *keine* Zeit der Kirche.

1 P. Larkin, Gedichte, ausgewählt und übertragen von W. A. Mitgutsch, Stuttgart 1988, 108.
2 Vgl. A. Stock, Poetische Dogmatik. Ekklesiologie. 2. Zeit, Paderborn 2016, 19f.
3 Vgl. ebd., 79–116.

## 1 Eine Abgrenzung vorweg

In der Tat darf man sich nicht der Illusion hingeben, die Zuwendung zum Alltag der Menschen sei ein in Theologie und Kirche einhellig befürwortetes Anliegen. Ein paar Tage nachdem die nachfolgenden Gedanken unter dem Thema „Der Alltag als Ort der Gotteserfahrung" im Rahmen der hier dokumentierten Vorlesungsreihe vorgetragen worden waren, meldete sich ein daran ebenfalls beteiligter Philosoph in einem Interview zu Wort: Zunächst bekundet er mit einer Tirade sattsam bekannter Etiketten der kirchlich-fundamentalistischen Gesellschaftsbeschimpfung – „Erosion der christlichen Überlieferung", „Gleichgültigkeit staatlicher Institutionen gegenüber dem Christentum", „unaufhaltsame Verdunstung des Glaubens" usw. – den Verständnishorizont seiner Aussagen. Sodann führt er speziell die Überzeugung, dass mit dem Alltag ein Ort der Gotteserfahrung gegeben ist, als Symptom einer derart fehlentwickelten Gesellschaft an und versieht sie mit dem Verdikt:

> „Wer das Sakrale und Heilige einebnet, weil das Profane, das Alltägliche und Durchschnittliche immer schon Ort der Gottesbegegnung sei, macht ein solchermaßen depotenziertes Heiliges entbehrlich! Was geschieht denn eigentlich im Gottesdienst noch Besonderes, wenn Gottes Anwesenheit alltäglich ist und das Sakrale eine erledigte Kategorie?"[4]

Unverkennbar handelt es sich hier um eine Aburteilung meines Vortrags. Das Denkschema, welches den Alltag zur schlechthin gottfernen, unheiligen Wirklichkeitssphäre desavouiert, bricht in exzessiver Weise durch.

Nun könnte man die Wortmeldung als bornierten Fundamentalismus auf sich beruhen lassen, der paradoxerweise gerade von dem ermöglicht wird, was er so inbrünstig verteufelt, nämlich von der freiheitlichen, pluralen Gesellschaft, die selbst die Freiheit zu einer solchen Meinungsäußerung gelassen aushält. Der Autor greift jedoch weiter. Er trifft die suggestive Diagnose: „Deutschland ist Missionsland geworden, wie schon einmal in der Zeit des Nationalsozialismus"[5], und er verunglimpft die Annahme der Anwesenheit Gottes

4 Vgl. B. Wald, „Die Schwierigkeit, heute zu glauben" (Interview von Andreas Wiedenhaus), in: Der Dom, Nr. 47, 26. November 2017, 22–23, hier: 23.
5 Ebd., 22.

im Alltag als „Entsakralisierungsideologie“[6]. Damit schiebt er das heutige Deutschland, mithin die von ihm als Symptom dieser Gesellschaft inkriminierte Verortung von Gottesbegegnung im Alltag in die assoziative Nähe zur nationalsozialistischen Gesinnung. Dadurch geraten seine Auslassungen zu einem für wissenschaftliches Denken und Reden unwürdigen Akt. Wer zum Nazi-Vergleich greift, um eine andere fachliche Position als verfehlt erscheinen zu lassen, disqualifiziert sich selbst. Gegenüber einer solchen Rede erübrigt sich jede distinguierte Zurückhaltung und verbietet sich jeder Versuch einer inhaltlichen Vermittlung. Hier sind eindeutig Grenzen überschritten und sind eindeutige Grenzen zu ziehen.

Die Episode zeigt: Es ist in Theologie und Kirche immer noch nicht selbstverständlich und immer noch nicht selbstverständlich gewollt, sich dem Alltag der Menschen wertschätzend zuzuwenden. Viele Kräfte aus Theologie und Kirche vermögen in der alltäglichen Wirklichkeit nichts anderes zu sehen als lediglich die negative Gegenwelt, von der sie sich dualistisch absetzen, um sich in die abgeschottete Nische eines entweltlichten Sakralismus zu flüchten, wo sie dann „in einem introvertierten Innerlichkeitskultus [...] nur eine irrationale Wucherung frommer Gefühle und narzisstischer Empfindungen züchten“[7]. Das bietet mir zumindest Gelegenheit, in umso deutlicherer Abgrenzung vorweg das inhaltliche Anliegen des Beitrags kenntlich zu machen: Ich halte die zitierte Wertung des Alltags für eine eklatante theologische Falschheit. Ich sehe im Alltag und im Alltäglichen tatsächlich einen, ja sogar den vorrangigen Ort der Gotteserfahrung gegeben. Und ich bin davon überzeugt, dass es eine Kultur des Sakralen nur dann auf theologisch tragfähige und religiös authentische Weise geben kann, wenn sie sich ihre Geltung nicht durch eine konträre Diskreditierung des Alltags erschwindeln will.

6 Ebd., 23.

7 K. Lehmann, Die kirchliche Verkündigung angesichts des modernen Unglaubens, in: HPTh 3 (1968) 638–671, hier: 660.

## 2 Das Schema der „profan-heilig"-Dichotomie

Der griechische Schriftsteller Niko Kazantzakis (1883–1957) schildert in seinem Roman „Alexis Sorbas" eine dramatische Szene:

Alexis Sorbas ist ein Lebenskünstler in einem Dorf auf Kreta. Dort lebt auch die schöne, unnahbare Witwe Surmelina. Jeder Mann begehrt sie, aber sie weist alle zurück. Pavlis, der Sohn des Dorfältesten Mavrandonis, erträgt die Ablehnung seiner Liebe nicht und ertränkt sich im Meer. Sofort erkennen alle in der Witwe die Schuldige. Die geballte Wut der Dorfgesellschaft richtet sich auf sie. Als die Witwe am Ostertag die Kirche verlässt, treibt die wütende Meute sie auf dem Dorfplatz vor der Kirche in die Enge und bewirft sie mit Steinen. Der alte Mavrandonis fordert einen jüngeren Mann auf, die Witwe zu töten. Sorbas kann diesem zunächst das Messer entreißen. Als die Witwe sich schon gerettet glaubt und dem Geschehen entfliehen will, stößt – wie es im Roman heißt – „der alte Mavrandonis [...] wie ein Falke auf sie nieder, wickelte sich dreimal ihr langes schwarzes Haar um den Arm und trennte mit einem einzigen Schnitt ihren Kopf vom Rumpf"[8]. Die Verfilmung des Romans mit Anthony Quinn (1915–2001) in der Titelrolle verdichtet die Dramatik des Geschehens,

Abb. 1 | Alexis Sorbas

8 Vgl. N. Kazantzakis, Alexis Sorbas. Abenteuer auf Kreta, Hamburg 1955, 197–200.

indem sie den Kontrast zum Heiligen inszeniert: Während draußen vor der Kirche die Hetzjagd auf die Witwe in Gang ist, feiert drinnen in der Kirche der Priester die Eucharistie. Während drinnen das Heiligste vor sich geht, passiert draußen das denkbar Unheiligste.[9]

In der Witwenmord-Passage kommt unübersehbar das Schema der Trennung zwischen *„fanum“* und *„profanum“*, zwischen dem für eine sakrale Handlung bestimmten, heiligen Ort und dem in der Welt davor liegenden, unheiligen Ort zur Wirkung. Diese „profan-heilig“-Dichotomie bildet bis heute ein wichtiges Strukturierungsprinzip für religiöses Handeln, Denken und Empfinden. Indem man die Folie dieser Sphärenunterscheidung anlegt, erlebt man etwa Kirchen als Orte mit besonderer Aura oder Sakramente als signifikante, symbolische Handlungen.

Der französische Soziologe und Ethnologe Emile Durkheim (1858–1917) spricht der „profan-heilig“-Unterscheidung konstitutive Bedeutung für das religiöse Erleben zu. In seinem 1912 erschienenen Werk „Die elementaren Formen des religiösen Lebens“ definiert er Religion so:

> „Eine Religion ist ein solidarisches System von Überzeugungen und Praktiken, die sich auf heilige, d. h. abgesonderte und verbotene Dinge, Überzeugungen und Praktiken beziehen, die in einer und derselben moralischen Gemeinschaft, die man Kirche nennt, alle vereinen, die ihr angehören.“[10]

Religion konstituiert sich demnach durch Absonderung eines bestimmten Handlungs- und Erlebniskomplexes von den übrigen Realien und Vollzügen des Lebens. Bei der Markierung des abgegrenzten Wirklichkeitsbereichs nimmt der Begriff „heilig“ eine Schlüsselstellung ein. Durkheim bezeichnet damit Handlungen, Symbole, Erlebnisse, Gedanken, die mit Erfahrungen verknüpft sind, welche das alltägliche, gewohnte Leben überschreiten, mit Erfahrungen also, in denen der Mensch durch äußere Mächte beherrscht wird, die ihn zu

9 Den Hinweis auf die Inszenierung der „profan-heilig“-Dichotomie in „Alexis Sorbas“ verdanke ich Raymund Schwager SJ (1935–2004), genauer: seiner Christologie-Vorlesung im Sommersemester 1984 an der Katholisch-Theologischen Fakultät Innsbruck (vgl. R. Schwager, Brauchen wir einen Sündenbock? Gewalt und Erlösung in den biblischen Schriften, München 1978).

10 E. Durkheim, Die elementaren Formen des religiösen Lebens. Übersetzt von Ludwig Schmidts, Frankfurt a. M. 1994, 75.

außergewöhnlichem Denken, Empfinden und Handeln veranlassen. Er beschreibt solche Phänomene des „Heiligen" unter anderem anhand ekstatischer Riten australischer Urvölker und kommt zu der Überzeugung, dass es für den religiösen Menschen

> „wirklich zwei verschiedene und miteinander nicht vergleichbare Welten gibt. [...] In der einen schleppt er träge sein tägliches Leben dahin, in die andere kann er aber nicht eindringen, ohne alsbald mit außerordentlichen Mächten in Verbindung zu treten, die ihn bis zur Raserei aufpeitschen. Die erste ist die profane Welt, die zweite die Welt der heiligen Dinge."[11]

Freilich erweist sich Durkheim damit auch als derjenige, der die Unterscheidung zwischen „profan" und „heilig" mit einem Wertungsgefälle versieht und dichotomisiert. In der profanen Welt des alltäglichen Lebens sieht er mit unüberhörbar abwertender Diktion den Ort des trägen Dahinschleppens, also des Mühsamen und Belastenden. Die heiligen Dinge hingegen identifiziert er als das Außerordentliche, Mächtige, Erregende. Und: Profanes und Heiliges gelten ihm als hermetisch getrennte Welten, zwischen denen man nur durch „Eindringen" wechseln könne. Gerade mit ihrer abgrenzenden Qualität erfüllt die Struktur der „profan-heilig"-Dichotomie eine wichtige Funktion im gesellschaftlichen Leben. Jeder gut erzogene Mensch bringt sie etwa in dem lebensweltlichen Wissen zur Geltung, dass sich auf einem Friedhof aus Pietätsgründen bestimmte Verhaltensweisen verbieten, die ansonsten auf Straßen und Plätzen gang und gäbe sind. Ebenso wirkt sie beim so genannten „Kirchenasyl", das sich ja gerade nicht einer weltlichen Rechtsetzung verdankt, sondern dem intuitiven gesellschaftlichen Komment, dass bestimmten Bereichen eine „heilige", erhabene Aura eignet und dass sie *deswegen* dem Zugriff weltlicher Kräfte entzogen sind.

Eine gravierende Problematik des Schemas besteht nun darin, dass im kirchlichen Kontext die wertende „profan-heilig"-Dichotomie fast durchwegs mit der Unterscheidung zwischen Alltag und Sonntag gleichgesetzt wird. In dem Bild „Der Sonntag" tritt das Denkmuster in eindrücklicher Plastizität vor Augen. Das Bild stammt aus einem Katechismus und diente der Einschärfung des Sonntaggebots. Es zeigt Menschen, die hinauf zur Kirche in den Sonntagsgottesdienst gehen, und dazu kontrastierend Menschen, die dem Sonn-

11 Ebd., 300.

Abb. 2 | „Der Sonntag“ (aus einem französischen Katechismus Mitte 19. Jh., Bibliothèque nationale de France, Paris)

tagsgottesdienst fernbleiben. Ins Auge sticht die Teilung des Bildes in zwei Hälften, die dem „profan-heilig"-Schema folgend die Motive anordnet: oben die in die heilige Sphäre des Himmels hineinragende Kirche, unten die profane Welt der Stadt mit Geschäften und einem industriellen Betrieb. Diese ohnehin schon wertende Oben-Unten-Zuordnung wird kombiniert mit anderen wertenden Schemata. In dualistischer Entgegensetzung erscheint die Kirche als helle, von der Sonne erleuchtete Sphäre, die profane Welt hingegen als dunkle, düstere Zone. Damit paart sich die moralische Entgegensetzung zwischen den gut gekleideten, anständigen Bürgern, die sonntags in die Kirche gehen, und jenen derangierten, verkommenen Proletariern, die sonntags arbeiten und trinkend in Gasthäusern sitzen. Der Weg hinauf zur Kirche gleicht einer Himmelsleiter, auf der man aus den Niederungen der Verderbnis in die Höhen der Erlösung aufsteigt, während das Feuer in der Esse des Betriebs das Höllenfeuer in Jenseits- und Gerichtsdarstellungen zitiert.

Das Bild steht exemplarisch für die Einordnung des Alltags in die „profan-heilig"-Dichotomie. Der Alltag und die profane Welt, in der Menschen ihr alltägliches Leben bestreiten, erscheinen als dunkle, triste, moralisch fehlgeleitete, gottferne Lebenszone. Der Alltag als Domäne des Gewöhnlichen, Normalen, Banalen, Routinehaften ist kein Ort des Heiligen. Das ist das Schema, das sich in Denken, Reden und Handeln von Theologie und Kirche tief eingeprägt hat. Bis heute können Repräsentanten der Kirche völlig irritationsresistent z. B. davon sprechen, dass die Kirche die „reinigende" Kraft gegenüber der profanen Welt sein müsse[12]. Solche Selbstdeklarationen der Kirche arbeiten mit der Unterstellung, dass die profane Welt die „schmutzige" Sphäre sei. Das Fatale der kirchlich-theologischen Rede von Alltag besteht also darin, dass dieser als die schlechthinnige Gegenwelt zum Heiligen firmiert, als der Ort, an dem gleichsam per definitionem keine Begegnung mit Gott stattfinden könne. Fatal ist ein solches Verständnis des Alltags aus zwei Gründen: Seine Protagonisten geben – sich selbst entlarvend – zu erkennen, dass sie die alltäglichen Wirklichkeiten der Leute gerade nicht als ihre eigene Welt wahr-

12 Vgl. Benedikt XVI., Enzyklika *Deus caritas est* von Papst Benedikt XVI. an die Bischöfe, an die Priester und Diakone, an die gottgeweihten Personen und an alle Christgläubigen über die christliche Liebe (VApS 171), Bonn 2006, 37–40.

nehmen. Und: Die Menschen bekommen signalisiert, dass Theologie und Kircheninstanzen sich überhaupt nicht in ihre Alltagswelt hineinbegeben wollen, dass sie ihrem alltäglichen Leben eigentlich mit Verachtung gegenüberstehen. Deshalb ist zu fragen:

# 3 Was ist Alltag?

## 3.1. Hinwendung der Wissenschaften zum Alltag

Die wissenschaftliche Beschäftigung mit dem Sachverhalt „Alltag" erfuhr ihren ersten Impuls durch Edmund Husserls (1859–1938) Phänomenologie, die den streng auf Rationalität und Objektivität getrimmten, also von den subjektiven Erfahrungen der Menschen absehenden Naturwissenschaften die Erzeugung einer umfassenden Orientierungslosigkeit attestiert. Diese würden mit ihrer Formulierung von Gesetzmäßigkeiten zwar Modelle entwerfen, anhand derer sie vergangenes Geschehen beschreiben und zukünftiges voraussagen könnten; sie würden damit aber nicht die Wirklichkeiten an sich wahrnehmen. Die naturwissenschaftlichen Theorien seien im Grunde nur „ein wohlpassendes Ideenkleid"[13], das den Wirklichkeiten angelegt würde, das diese aber auch überdecke. In Entgegensetzung dazu bildet für Husserl „unsere alltägliche Lebenswelt die einzig wirkliche, die wirklich wahrnehmungsmäßig gegebene, die je erfahrene und erfahrbare Welt"[14]. Den Wissensgehalten dieser alltäglichen Lebenswelt kommt demnach ein eigenständiger Wert gegenüber den Wissenschaften zu; im Alltagswissen als dem selbstverständlich Vorausgesetzten findet sogar jedwede wissenschaftliche Reflexion ihre eigene Verständnisgrundlage. „Lebenswelt" ist dabei verstanden als der umfassende Horizont jener natürlichen Einstellungen und Erfahrungen, in denen Menschen ihre alltägliche Welt selber vor jeder wissenschaftlichen Reflexion aufnehmen und verarbeiten.[15]

13 E. Husserl, Die Krisis der europäischen Wissenschaften und die transzendentale Phänomenologie. Eine Einleitung in die phänomenologische Philosophie. Herausgegeben, eingeleitet und mit Registern versehen von E. Ströker, Hamburg [3]1996 (erstmals Belgrad 1936), 55.

14 Ebd., 52

15 Vgl. K.-H. Hillmann, Wörterbuch der Soziologie, Stuttgart [5]2007, 489–490.

Von der Philosophie gelangte die Frage nach dem Alltag in die Soziologie vor allem durch Alfred Schütz (1899–1959). Den „Lebenswelt"-Begriff Husserls aufgreifend entwickelt er seinen Ansatz einer verstehenden Soziologie. Als deren Aufgabe bestimmte er: „Die Wissenschaften, die menschliches Handeln und Denken deuten und erklären wollen, müssen mit einer Beschreibung der Grundstrukturen der vorwissenschaftlichen, für den – in der natürlichen Einstellung verharrenden – Menschen selbstverständlichen Wirklichkeit beginnen. Diese Wirklichkeit ist die alltägliche Lebenswelt. Sie ist der Wirklichkeitsbereich, an der [sic!] der Mensch in unausweichlicher, regelmäßiger Wiederkehr teilnimmt."[16] Die Soziologie steuerte mit dieser Alltagswende einer einseitigen Fixierung auf empirisch nachweisbare, messbare Daten entgegen und wollte die von den Menschen selbst vorgenommenen Sinndeutungen als Bestandteile sozialer Wirklichkeit zur Geltung bringen. In der Pädagogik bildete die Hinwendung zur Alltagswelt der Menschen ab Ende der 1970er Jahre einen dritten Paradigmenwechsel der jüngeren Wissenschaftskonzeption, nach der „realistischen Wende" anfangs und der „kritisch-emanzipatorischen Wende" ausgangs der 1960er Jahre.[17] Und in den Kulturwissenschaften gehört der Blick auf den Alltag zu jenem Perspektivwechsel, in dem man die konventionelle Verengung auf die Formen der etablierten „Hochkultur" und die Ereignisse der Großgeschichte (mithin die darin eingebaute Ausblendung bzw. Diskreditierung des alltäglichen Lebens als Bereich des Unkultivierten und Unbedeutenden) zu überwinden trachtete und die einfachen Ausdrucksformen im Alltag der „kleinen Leute" gleichermaßen als Bestandteil von Kultur wahrzunehmen suchte.[18]

## 3.2 Schwierigkeiten der Wissenschaften mit dem Alltag

Es gehört zu den Standardmotiven der Alltagstheorien, im Alltag die Gegenwelt zu den wissenschaftlichen Metiers zu sehen. Alltag ist demnach der Ort, an dem nicht wissenschaftlich reflektiert wird; und

16 A. Schütz, T. Luckmann, Strukturen der Lebenswelt, Band 1, Frankfurt a.M. 1979, 25.

17 Vgl. W. Böhm, S. Seichter, Wörterbuch der Pädagogik, Paderborn [17]2018, 26.

18 Vgl. R. v. Dülmen, N. Schindler (Hg.), Volkskultur. Zur Wiederentdeckung des vergessenen Alltags (16.–20. Jahrhundert), Frankfurt a. M. 1984.

Wissenschaften sind Orte, an denen alltägliches Denken und Reden keinen Platz hat. Diese Fremdheit zwischen Alltag und Wissenschaft bedingt wohl auch, dass den Sachverhalt „Alltag“ eine gewisse Sperrigkeit gegenüber seiner eigenen wissenschaftlichen Bearbeitung auszeichnet. Wenn man systematisch darüber nachdenkt, was „Alltag“ eigentlich ist, stellt sich ein häufig beobachtbares Erleben ein: Das, was gemeinhin am selbstverständlichsten, klarsten, vertrautesten erscheint, verliert seine Selbstverständlichkeit, Klarheit und Vertrautheit umso mehr, je mehr man es reflektierend beschreiben und erfassen will. Entsprechend tun sich die Wissenschaften schwer, eine Definition von „Alltag“ zu geben. Wenn etwa Alfred Schütz und Thomas Luckmann (1927–2016) die „Lebenswelt des Alltags [...] als jene Wirklichkeit definierten, die der wache, normale Erwachsene in der natürlichen Einstellung als schlicht gegeben vorfindet“[19], dann wirft eine solche Begriffsbestimmung mehr Fragen auf, als sie klärt – z. B. ob denn der Alltag für Kinder keine Wirklichkeit ist und was wohl „anormale“ Erwachsene sind.

Man behilft sich deshalb in wissenschaftlichen Beiträgen vielfach damit, dem Verständnis von „Alltag“ mit Umschreibungen, Assoziationen, Abgrenzungen oder mit der Benennung von typischen Bestandteilen und Qualitäten Kontur zu verleihen. Eine solche Annäherung hat Norbert Elias (1897–1990) mit folgender typologischer Auflistung von Bedeutungsangaben und jeweiligen Gegenbegriffen versucht.[20]

| | | | **Bedeutung** | | **Gegenbegriff** |
|---|---|---|---|---|---|
| 1 | Alltag | = | Alltag i.S.v. Werktag | ↔ | Festtag (Feiertag) |
| 2 | Alltag | = | Routine | ↔ | außergewöhnliche, nicht-routinisierte Gesellschaftsbereiche |
| 3 | Alltag | = | Arbeitsleben (besonders der Arbeiter) | ↔ | bürgerliche Lebensbereiche, d. h. Leben von Profiten, im Luxus, also ohne zu arbeiten |
| 4 | Alltag | = | Leben der Masse der Völker | ↔ | Leben der Hochgestellten und Mächtigen |

19 Schütz, Luckmann, Strukturen der Lebenswelt (Anm. 16), 47.

20 Vgl. N. Elias, Zum Begriff des Alltags, in: K. Hammerich, M. Klein (Hg.), Materialien zur Soziologie des Alltags (KZfSS Sonderheft 20), Opladen 1978, 22–29, hier: 26.

| | | | Bedeutung | | Gegenbegriff |
|---|---|---|---|---|---|
| 5 | Alltag | = | Ereignisbereich des täglichen Lebens | ↔ | „große“ Ereignisse, welche die traditionelle Geschichtsschreibung als einzig relevant ansieht, also die Haupt- und Staatsaktionen |
| 6 | Alltag | = | Privatleben (Familie, Liebe, Kinder) | ↔ | öffentliches oder berufliches Leben |
| 7 | Alltag | = | Sphäre des natürlichen, spontanen, unreflektierten, wahren Erlebens und Denkens | ↔ | Sphäre des reflektierten, künstlichen, unspontanen, insbesondere des wissenschaftlichen Erlebens und Denkens |
| 8 | Alltag | = | Inbegriff des ideologischen, naiven, undurchdachten, falschen Erlebens und Denkens (Alltagsbewusstsein) | ↔ | Richtiges, echtes, wahres Bewusstsein |

Aber selbst dieser Klärungsversuch ist in sich ein Beleg für die Kluft zwischen Wissenschaft und Alltag. Elias versieht seine Ausführungen sogleich mit unverblümten Kundgaben seiner Skepsis, ja Geringschätzung gegenüber den Ansätzen einer „Alltagssoziologie“. In ihnen kann der empirisch orientierte Soziologe, als der er sich versteht, nur „philosophische, zumindest philosophoide“ Räsonnements erkennen, die aufgrund ihres abstrakten, esoterischen Charakters sich der empirischen Überprüfung entzögen.[21]

Schwierigkeiten der Wissenschaften mit dem Alltag lassen sich schließlich daran ablesen, dass sich nicht nur im kirchlich-theologischen Metier, sondern auch in anderen Fachgebieten eine pejorative Sicht des Alltags findet. So verzeichnet Martin Heidegger (1889–1976) das alltägliche Leben zur dumpfen Daseinsform, in welcher der Einzelne nur noch das von Anderen vorgegebene durchschnittliche Leben – was „man“ eben tut – vollziehe und so seine Identität verliere. Der Alltag, den „man lebt“, wird von Heidegger als „zu leicht“ befunden: „Das Man *entlastet* so das jeweilige Dasein in seiner Alltäglichkeit. Nicht nur das; mit dieser Seinsentlastung kommt das Man dem Dasein entgegen, sofern in diesem die Tendenz zum Leicht-

21 Vgl. ebd., 25–27.

nehmen und Leichtmachen liegt."[22] In wieder anderer Diktion sucht Bernhard Waldenfels an den „Rändern der faktischen Alltagswelten [...] das andere der bestehenden Welt, all das, was durch die jeweilige Deutungspraxis unweigerlich ausgeschlossen, zurückgedrängt oder gar verdrängt wird und doch als Möglichkeit fortexistiert."[23] Wenn in solcher Suche nach dem Unalltäglichen im Alltäglichen das antreibende Motiv des Blicks auf den Alltag besteht, dann ist sie zwar als Wahrnehmung des vom Alltag Ausgeschlossenen zweifelsohne notwendig; es besteht dann allerdings auch die Gefahr, dass solche Suche nach dem „anderen der bestehenden Welt" den Alltag nur als kontrastierende Gegenfolie gebraucht, aber nicht um seiner selbst willen wahrnimmt.

### 3.3 Ambivalenz des Alltags

Um zu erkunden, was Alltag ist, bietet es sich an, zunächst einer Spur zu folgen, die Peter L. Berger (1929–2017) und Thomas Luckmann mit dem Begriff „Alltagswirklichkeit" gebahnt haben.[24] Im Spektrum der unterschiedlichen Wirklichkeitssphären – Gesellschaft, Wissenschaft, Welt des Ästhetischen, subjektive Empfindungen – kommt nach Berger und Luckmann der Wirklichkeit der Alltagswelt eine Vorrangstellung zu: In ihr findet der Mensch die „Wirklichkeit par excellence"[25]; sie erscheint dem Menschen als seine vertraute, selbstverständliche, nicht problematisierte und auch nicht problematisierungsbedürftige Welt; sie bildet für den Menschen den normalen, unhinterfragten Ort des Daseins, aus dem seine natürlichen Einstellungen erwachsen und in dem seine Einstellungen auch Plausibilität und Anerkennung genießen, so dass sie Handlungssicherheit verleihen. Durch mehrere Signaturen heben Berger und Luckmann die Wirklichkeit der Alltagswelt von anderen Wirklichkeitsbereichen ab:[26]

22 M. Heidegger, Sein und Zeit, Tübingen [16]1986, 127f.; vgl. ebd., 125–130.

23 B. Waldenfels, In den Netzen der Lebenswelt, Frankfurt a. M. [2]1994 (1985), 175f.

24 Vgl. zum Folgenden P. L. Berger, T. Luckmann, Die gesellschaftliche Konstruktion der Wirklichkeit. Eine Theorie der Wissenssoziologie, Frankfurt a. M. 1980, 21–48.

25 Ebd., 24.

26 Vgl. ebd., 24–36.

1) Die Alltagswelt ist der Ort der *Identitätsbildung.* In ihr setzt sich der Mensch in Beziehung zu Umwelt und Mitmenschen. Er vollzieht darin seine Existenz, bringt sich kreativ zum Ausdruck und bringt seine Erzeugnisse hervor. Im Zuge all dessen versucht er, seine Vorstellungen von sich als Person und die von anderen Menschen an ihn gerichteten Erwartungen in Einklang zu bringen. Der Alltag ist der Ort, an dem der Mensch seine Identität entwickelt.[27]
2) Die Alltagswelt präsentiert sich als *Wirklichkeitsordnung.* Der Mensch findet Gegebenheiten der alltäglichen Wirklichkeit vor; sie sind schon vor seinem Handeln und Wollen Bestandteile dieser Alltagswelt. Und sie sind nach bestimmten Mustern angeordnet. Im Zuge seiner Sozialisation fügt sich der Mensch in diese Wirklichkeitsordnung ein; er internalisiert sie. Der Alltag ist der Ort einer bewährten Ordnung, die dem Menschen zu einem richtigen, gelingenden Leben verhilft.
3) In der Alltagswelt geschieht *Formung der Biografie.* Der Mensch erlebt sie als den Ort seiner Existenz, seine Gegenwart, sein „Hier und Jetzt". Von diesem Fixpunkt aus nimmt er die Welt wahr und ordnet ihre Gegebenheiten als Vergangenes und Zukünftiges, Nahes und Fernes, Vertrautes und Fremdes. Der Alltag ist der Ort, von dem aus der Mensch seine Lebenslinien konstruiert.
4) Die Alltagswelt veranlasst zur *Intersubjektivität.* Der Mensch teilt sie mit anderen Menschen. Er muss in ihr mit anderen Menschen kommunizieren, sich auf diese einstellen und sich mit ihnen auf gemeinsam Gültiges verständigen. Der Alltag ist der Ort intersubjektiver Beziehungen, die auf wechselseitiger Anerkennung beruhen.
5) Die Alltagswelt macht *Rollenschemata* nötig. Um ihr Zusammenleben im Alltag zu bewältigen, handeln und verhalten sich Menschen nach bestimmten Mustern und sie ordnen einander typischen Mustern zu. So können sie sich mit einem angemessenen Handeln bzw. Verhalten aufeinander einstellen. Der Alltag ist der Ort, an dem Menschen einschätzbar und berechenbar zusammenleben.
6) Die Alltagswelt wird durch *Allgemeingültigkeiten* strukturiert. Menschen bringen in ihrem Alltag materielle Gegebenheiten, symbo-

27 Zum Verständnis von Identität vgl. L. Krappmann, Identität, in: D. Lenzen, F. Rost (Hg.), Pädagogische Grundbegriffe, Band 1, Reinbek bei Hamburg 1989, 715–719.

lische Ausdrucksformen, Wissensinhalte, kulturelle Güter, Praktiken usw. hervor und übernehmen diese voneinander. Dadurch kommt es in der Alltagswelt zu einer Verallgemeinerung von Wissensgehalten und Lebensformen; diese pendeln sich immer wieder neu auf einen für alle verbindlichen Bestand ein. Wissen und Lebensformen werden verobjektiviert. Der Alltag ist der Ort einer lebensstützenden, Sicherheit verleihenden, entlastenden Routine.

7) Die Alltagswelt zeichnet sich durch *Selbstevidenz* aus. Das natürliche Hineinwachsen des Menschen in seine Alltagswelt bedingt, dass diese für ihn eine naturwüchsige, vorgegebene Gültigkeit besitzt. Sie bedarf an sich nicht der Reflexion und nicht der Problematisierung, sondern erst dann, wenn etwas nicht Vorgesehenes, etwas Außergewöhnliches in sie eindringt – und das heißt: wenn sie eben nicht mehr Alltag ist. Der Alltag ist der vertraute, natürlich gewachsene, aus sich selbst verständliche Ort.

Freilich erscheint die von Berger und Luckmann so beschriebene Wirklichkeit der Alltagswelt allzu glatt, allzu geordnet. Zur Wirklichkeit der Alltagswelt gehört jedoch auch „die Zwiespältigkeit des Alltags“[28]. Zu jeder der aufgeführten Signaturen lässt sich ein konträres Pendant als gleichermaßen gültige Signatur der Alltagswirklichkeit benennen. Dabei handelt es sich um Qualitäten des Alltags, die in den von den Lichtkegeln der alltäglichen Ideale ausgeblendeten Schattenzonen des Lebens wirken.

1) Der Alltag ist auch der Ort, an dem Menschen eine tiefgreifende *Selbstentfremdung* überfallen kann, an dem Menschen mitunter in ihrer Entwicklung gehemmt und an ihrem kreativen Ausdruck gehindert werden.
2) Der Alltag ist auch der Ort der *Unordentlichkeit*, an dem sich Menschen oft nicht mehr auskennen, der Ort einer irreführenden Behausung; ein Ort, den Menschen – mit dem berühmten Diktum Theodor W. Adornos (1903–1969) gesprochen – als jenes Falsche erleben, in dem es kein richtiges Leben geben kann[29].
3) Der Alltag ist auch der Ort der *Lebensbrüche*, an dem die verdrängten Schattenstellen der Lebensgeschichte sichtbar werden, d.h. an

28 H. Luther, Religion und Alltag. Bausteine zu einer Praktischen Theologie des Subjekts, Stuttgart 1992, 184.

29 Vgl. T.W. Adorno, Minima Moralia. Reflexionen aus dem beschädigten Leben, Frankfurt a.M. 1951, 59.

dem tabuisierte Regungen durchbrechen, nicht geheilte Wunden aufbrechen und persönliche wie gesellschaftliche Unwägbarkeiten hereinbrechen können.

4) Der Alltag ist auch der Ort der *Beziehungskonflikte*, an dem Abbruch von Beziehung, Verweigerung von Wertschätzung und Unfähigkeit zur Kommunikation erfahren werden; an dem Menschen sich mit widerstreitenden Interessen gegenüberstehen, sich wechselseitig negieren, einander nicht gerecht und aneinander schuldig werden.
5) Der Alltag ist auch der Ort, an dem Menschen einander durch *Irritationen* verstören; an dem der Mensch seine nicht wahrgenommenen, von seinen Mitmenschen nicht anerkannten Anteile verspürt; an dem diese unterdrückten Anteile immer wieder hervorbrechen, so dass der Mensch nicht vertraut und berechenbar, sondern irritierend und störend wirkt. Menschen erleben die Rollenmuster und Verhaltenserwartungen, denen sie unterliegen, oft als Lebenshemmnis oder Negation ihrer Identität.
6) Der Alltag ist auch der Ort eines *sozialen Drucks*, an dem Menschen die Erwartung, sich in gemeinsame Bestände des Wissens und Verhaltens einzupassen, als unterdrückend erleben, als kollektiven Zwang, der die Ausbildung kreativer Lebensformen behindert und der das Individuum gerade nicht individuelle Person sein lässt.
7) Der Alltag ist auch der Ort, an dem das selbstverständlich Gültige in existentielle *Fragwürdigkeit und Sinnlosigkeit* umkippen kann. Er ist nicht nur die vorgefundene, unproblematisierte Lebensbahn, auf der sich der Mensch sicher bewegt, sondern vielfach auch ein Labyrinth, in dem den Menschen die Orientierung über ihren Lebensweg abhandenkommt; ein Ort, an dem „das Unalltägliche dem Alltäglichen selbst eingraviert ist – als das Ungeregelte im Geregelten, als das Unvertraute im Vertrauten“[30].

Diese Ambivalenz des Alltags muss in einem Verständnis von Alltag zur Geltung kommen. Alltag ist der Ort, an dem alles vorkommt – das Gute und das Schlechte, das Schöne und das Abstoßende, das Aufrichtende und das Belastende. Alltag ist die wirkliche Wirklichkeit, die Lebenswirklichkeit.

30 Waldenfels, In den Netzen der Lebenswelt (s. Anm. 23), 154.

### 3.4 Annäherungen an ein Verständnis von Alltag

Bei dem Versuch, noch etwas genauer zu sagen, was „Alltag" ist, soll die schon erwähnte Methode einer Annäherung durch Umschreibungen und Abgrenzungen auch hier Anwendung finden:

1) Fürs Erste bietet sich an, im *„via negativa"-Verfahren* zu sagen, was „Alltag" *nicht* ist. In Gegenüberstellung zum Komplementärbegriff „Sonntag" firmieren all die Zeiten und Situationen als „Alltag", die nicht in irgendeiner Weise Fest, Feiertag, herausgehobenes Ereignis, besonderes Erlebnis, „Stunde des Glücks" sind. Am anderen Pol des Spektrums der Erlebnisweisen hebt sich der „Alltag" ab von den ebenso herausragenden leidvollen Zeiten und Situationen, in denen Unglücksfälle, schmerzende Verluste, erschütternde Vorkommnisse, unerwartete Veränderungen und dergleichen widerfahren.
2) Intuitiv, aber doch in signifikanter Übereinstimmung verbindet man mit „Alltag" bestimmte *Erlebnisqualitäten*. Alltag ist demnach das Normale, Gewöhnliche, Selbstverständliche, Routinierte, Vertraute, Eingeübte, Sicherheit Verleihende, Beheimatende, Einfache; er umfasst auf der Kehrseite aber auch das Banale, Nichtaufsehenerregende, Eingefahrene, Öde, Langweilige, Anstrengende, Verdrießliche, Einengende, Stupide.
3) Die Vorstellung von „Alltag" ist bestimmt durch spezifische *Handlungsvollzüge*, mit denen alltägliches Leben ausgefüllt ist, etwa Wohnen, Arbeiten, Essen und Trinken, Kochen, Besorgen des Haushalts, Zusammenleben als Familie, Konsumieren von Medien, Einkaufen, Pflegen von Hobbys, Schlafen, „Nichtstun", Spazierengehen.
4) Als gleichermaßen kennzeichnend für „Alltag" gilt das Repertoire teils gemeinsamer, teils differierender, aber handlungsleitender *Wissensbestände*, etwa Erfahrungen, tradierte Normen, Riten und Gebräuche, soziale Konventionen und Regeln, Klischees, Erzählungen, überlieferte Selbst- und Fremdbilder, milieutypische Sprachspiele.
5) Wieder in einem anderen Assoziationsfeld ordnet man dem „Alltag" bestimmte *Orte und Accessoires* zu: eigene Wohnung, legere Kleidung, Arbeitsplatz, Arbeitskleidung, tägliche Fahrwege, Konsumorte, Freizeitausstattung, Wohnkultur.

6) Schließlich nähert man sich – gerade im wissenschaftlichen Bereich – einem Verständnis von „Alltag“ an durch Begriffsbildungen und *Komposita*, die man teils als Synonyme, teils als Facetten des „Alltag“-Begriffs gebraucht: „Lebenswelt“, „Alltagswelt“, „Alltagskultur“, „gelebte Kultur“, „Alltagswissen“, „Lebenswirklichkeit“, „Alltagswirklichkeit“, „Alltagsbewusstsein“, „kleine Welt“ und dergleichen.

Über diese begrifflichen Annäherungen hinaus zeichnet sich der Alltag bzw. die wissenschaftliche Bearbeitung des Sachverhalts „Alltag“ durch verschiedene *Paradoxien* aus. Der Alltag ist erstens der Ort, an dem Menschen ihr Leben mit anderen Menschen – Familie, Partner, Kinder, Freunde, Kollegen, Nachbarn usw. – teilen. Der Alltag konstituiert also Sozialität und Zusammenhalt. Menschen vollziehen aber ihr alltägliches Zusammenleben vor allem unter ihresgleichen. Der Alltag verbindet tendenziell Menschen, die unter diversen Hinsichten – z. B. Bildung, Lebensstil, kulturelle Ausdrucksformen, Sprache usw. – das gleiche oder zumindest ein ähnliches Leben führen. Das Kriterium „ihresgleichen“ enthält implizit die Abgrenzung zu Menschen, die „nicht dazugehören“. Gerade in den alltäglichen Lebensvollzügen zeigt sich, wer nicht zu einer bestimmten Sozietät gehört; verfestigt sich bei den Dazugehörigen das Bewusstsein dafür, dass bestimmte Menschen nicht dazugehören; und stoßen Außenstehende auf Hindernisse und Widerstände, wenn sie Anschluss und Integration suchen. Der Alltag ist also zugleich Form und Mittel der sozialen Exklusion.

Der Alltag ist zweitens der Ort des Selbstverständlichen, des unhinterfragt Gültigen; er zeichnet sich dadurch aus, dass man nicht ständig darüber nachdenkt, dass es sich um Alltag handelt, was zum Alltag gehört und warum dieses und jenes zum Alltag gehört. Das bewusste Nachdenken darüber, was ist und warum es ist, macht die spezifische Differenz wissenschaftlichen Reflektierens gegenüber dem alltäglichen Leben aus. Das bedeutet: Just indem man den Alltag zum Gegenstand wissenschaftlichen Reflektierens macht, indem man also bewusst sein Wesen als Alltag zu ergründen versucht, verliert der Alltag den Charakter des Alltäglichen.

Der Alltag gilt schließlich als vorwissenschaftliche Lebenswelt, als die der Wissenschaft ferne Welt. Ein Blick auf die Alltagstheorien in den Geistes- und Sozialwissenschaften lässt allerdings einen bemerkenswerten Bedingungszusammenhang zwischen Alltag und Wissenschaft erkennen. Die wissenschaftliche Zuwendung zum Alltag fungiert vielfach als Mittel, um auf Krisenphänomene in der Wissenschaft (z. B. hypertrophe Rationalisierung oder Wirklichkeitsferne) zu reagieren. Das heißt: Der wissenschaftsferne Alltag dient als Objekt der Bearbeitung wissenschaftsimmanenter Probleme.

Angesichts all dieser Umschreibungen meldet sich nun doch Bedarf an einer dezidierten Antwort auf die Frage: Was ist Alltag? Man geht wohl nicht gravierend fehl in der Annahme, dass sich der Alltag weitgehend deckt mit dem, was man intuitiv als das „gewöhnliche Leben" erlebt. „Alltag" kann man dann bestimmen als die Wirklichkeitsbereiche des Gewöhnlichen, in denen Menschen ihr Leben Tag für Tag durch routinierte Handlungen, in Form sich wiederholender Abläufe, an vertrauten Orten, anhand unhinterfragter Wissensbestände und in lebensweltlich verwurzelten Beziehungen führen.

## 4 Was ist Gotteserfahrung?

Bei der Frage nach „Gotteserfahrung" müsste man eigentlich zunächst zu klären versuchen, was „Erfahrung" ist. Und man würde dabei den übereinstimmenden Befund von Hans-Georg Gadamer (1900–2002) und Karl Lehmann (1936–2018) bestätigt sehen, dass man es bei „Erfahrung" mit einem der „unaufgeklärtesten"[31] bzw. „rätselhaftesten Begriffe der Philosophie"[32] zu tun hat. Die Gedankengänge würden darin konvergieren, dass „Erfahrung", entsprechend der von Richard Schaeffler geprägten Kurzformel „Dialog mit der Wirklichkeit"[33], ein bestimmtes Begegnungsgeschehen zwischen dem Menschen als wahrnehmendem Subjekt und einer auf ihn einwirkenden sowie von ihm aktiv verarbeiteten Wirklichkeit meint.[34]

31 H.-G. Gadamer, Wahrheit und Methode. Grundzüge einer philosophischen Hermeneutik, Tübingen $^{2}$1965 (erstmals 1960), 329.

32 K. Lehmann, Erfahrung, in: HTTL 2 (1972) 164–168, hier: 164.

33 Vgl. R. Schaeffler, Erfahrung als Dialog mit der Wirklichkeit. Eine Untersuchung zur Logik der Erfahrung, Freiburg i. Br. – München 1995.

34 Vgl. dazu die vorzüglichen Ausführungen bei G. Bausenhart, Einführung in die Theologie. Genese und Geltung theologischer Aussagen, Freiburg i. Br. 2010, 114–150; und daneben meine eigenen Klärungsversuche (H. Haslinger, Pastoraltheologie, Paderborn 2015, 396–403).

Man müsste dann umgehend erklären, dass es eigentlich keine „Gotteserfahrung“ geben kann, dass die Anwendung des Begriffs „Erfahrung“ auf Gott im Grunde blasphemischen Charakter hat, insofern Gott gerade nicht eine neben vielen anderen Wirklichkeiten ist, die vom Menschen irgendwie rezipiert und zu einem Bestandteil seines Wissensrepertoires verarbeitet wird. So wäre es schließlich unvermeidlich, wieder einmal darauf hinzuweisen, dass gerade die unbedachte Selbstverständlichkeit, mit der „Erfahrung Gottes“ behauptet wird, wie auch die verdinglichende Mechanik, mit der von „Gotteserfahrung machen“ gesprochen wird, das Wesen des unverfügbaren Gottes verfehlen. Man könnte vielleicht noch darlegen, dass gerade die emphatische Rede davon, man habe „Gotteserfahrungen gemacht“ oder man wolle „Gotteserfahrungen ermöglichen“, so falsch ist, dass sie „von hinten herein“ schon wieder Zutreffendes ausdrückt; sie zeigt nämlich an, dass es sich bei den so enthusiastisch und selbstsicher behaupteten „Gotteserfahrungen“ tatsächlich oft um „Gemachtes“, um Konstrukte oder Fiktionen des Menschen handelt.

Das alles kann an dieser Stelle nicht ausgeführt werden. Stattdessen ist auch im Folgenden kurzerhand von „Gotteserfahrung“ die Rede, um das Beziehungsgeschehen zwischen Gott und Mensch zu benennen – der unhintergehbaren Begrenztheit Tribut zollend, dass wir Menschen eben nur anhand solcher anthropomorpher Vorstellungen und endlicher Begriffe vom Unendlichen sprechen können, und wohl wissend, dass solche Rede gemäß dem klassischen Theorem der Analogie in Bezug auf Gott immer mehr Unähnliches als Ähnliches ausdrückt. Gleichwohl steht auch solches Reflektieren auf Gotteserfahrung unter dem Anspruch, dass es das Bewusstsein für das Wesen Gottes als des Unendlichen bewahrt. Für die Suche danach, wie Gotteserfahrung theologisch angemessen verstanden werden kann, möchte ich – notgedrungen in sehr vereinfachender Kürze – einige zentrale Motive der Theologie Karl Rahners (1904–1984) heranziehen.[35]

35 Vgl. deren ausführlichere Darstellung in Haslinger, Pastoraltheologie (s. Anm. 34), 240–263.

## 4.1 Der Mensch

Rahners theologischer Gedankenweg beginnt mit der Frage nach dem Menschen[36]. Der Mensch lebt in der Welt inmitten der vielen Dinge der Welt. Er kann mit den Dingen der Welt umgehen, weil er sie mit seinen Sinnen wahrnimmt. Die erkennende Zuwendung zu einzelnen Gegebenheiten, zu Seiendem in der Welt nennt Rahner *Sinnlichkeit*. Der Mensch kann aber auch Abstand nehmen zu den Dingen, indem er über ihre Existenz sowie ihre Zusammenhänge, über ihr Sein nachdenkt. Der Mensch nimmt die Dinge als von ihm unterschiedene Dinge, als Objekte seines Denkens und Handelns wahr. Dieser Akt, in dem sich der Mensch den Dingen gegenüberstellt und sie als seine Gegenstände erkennt, meint Rahner mit *Denken*.

Nun fragt aber der Mensch nicht nur nach einzelnen Gegebenheiten, sondern nach dem Ganzen, das ihn und seine Welt ausmacht. Er fragt: Was ist die Welt? Wer bin ich? Existiere ich überhaupt? Oder – ein Klassiker der Philosophiegeschichte: Warum gibt es überhaupt etwas und nicht vielmehr nichts? Dabei handelt es sich um ein *metaphysisches Fragen* in dem Sinn, dass in ihm der Mensch über die einzelnen physischen Gegebenheiten und über das Ganze der Welt hinausgreift. Es kann keinen partikularen Ausgangspunkt, also kein einzelnes Ding zur Grundlage haben.

Der Mensch ist schließlich fähig zur *Abstraktion*, eine Eigenschaft, die sich vor allem im Gebrauch von Allgemeinbegriffen zeigt. Durch sinnliche Zuwendung zu vorhandenen Dingen kommt der Mensch zu Erkenntnissen über ebendiese Dinge. Er kann sein Denken aber auch wegziehen von konkreten Dingen („abstrahieren") und unabhängig vom Vorhandensein eines konkreten Dings Erkenntnisse gewinnen oder Aussagen treffen, die allgemein auf alle Dinge gleicher Art zutreffen. Das tut er z. B., wenn er anhand des Allgemeinbegriffs „Stuhl" über alle Gegenstände, auf die dieser Begriff zutrifft, etwas sagen kann, ohne einen konkreten Stuhl real vor sich zu haben. Die Fähigkeit der Abstraktion hat der Mensch auch in Bezug auf sich selbst. Er kann sich selbst zum Gegenstand seines Denkens machen, auf sich

36 Vgl. zum Folgenden K. Rahner, Geist in Welt. Zur Metaphysik der endlichen Erkenntnis bei Thomas von Aquin. Im Auftrag des Verfassers überarbeitet und ergänzt von J. B. Metz, München 1957, 71–137.

selbst als Teil der Welt reflektieren. Er kann Abstand nehmen zu sich und zu dem, was ihn mit den Dingen der Welt verbindet. Er kann nach dem eigenen Sein fragen und sich selber als Mensch begreifen.

### 4.2 Der „Vorgriff"

Von diesen anthropologischen Prämissen aus stellt sich für Rahner die Frage: Wie erklärt es sich, dass der Mensch *in* die Welt als deren physischer Teil eingebunden ist und zugleich sich von den Dingen lösend über das Ganze der Welt reflektieren kann? Wie kann er zugleich zum sinnlichen Erleben der Dinge in der Welt und zum denkenden Abstandnehmen gegenüber den Gegebenheiten der Welt fähig sein? Was ist der vorgängige, umfassende Grund für die Doppelbewegung des Menschen, bei der dieser in der Welt als Teil dieser Welt existiert und zugleich davon abstrahierend das Sein als Ganzes, mithin sein eigenes Sein bedenkt?[37]

Indem der Mensch die einzelnen endlichen Dinge als *begrenzte* Dinge erfasst, macht er eben diese Begrenztheit zu seinem Erkenntnisgegenstand. Er bewegt sich nicht mehr einfach innerhalb der Begrenztheit der endlichen Dinge, sondern zwischen Begrenztheit und Unbegrenztheit des Ganzen. Indem er die endlichen Dinge in ihrer Begrenztheit begreift, greift er immer schon über diese hinaus auf das Unbegrenzte. Er „übersteigt" die endliche Welt; er erweist sich als das zur *Transzendenz* fähige Wesen.

Auch hier gilt wieder: Die Fähigkeit zur Transzendenz schließt den Menschen selbst ein. Der Mensch denkt über seine endliche Welt sowie über sich selbst als einen begrenzten Teil dieser Welt nach. Gerade indem er seine eigene Begrenztheit als Teil dieser Welt zum Gegenstand seines Reflektierens macht, übersteigt er sich selbst und blickt zurück auf sich und seine Welt. Der Mensch ist fähig zur *Selbst-Transzendenz*.

Das veranlasst Rahner zur Einführung eines entscheidenden Begriffs: „Dieses übergreifende Erfassen der weiteren Möglichkeit, durch das die in der Sinnlichkeit in concretione gehabte Form als be-

37 Vgl. zum Folgenden zusätzlich zu „Geist in Welt" K. Rahner, Hörer des Wortes. Zur Grundlegung einer Religionsphilosophie. Neu bearbeitet von J.B. Metz, München 1963, 63–77.

Abb. 3 | Wanderer am Weltenrand (unbekannter Künstler, kolorierter Holzschnitt im Stil des 16. Jahrhunderts)

grenzte erfasst und so abstrahiert wird, nennen wir ‚Vorgriff'. […] [Der Vorgriff ist] die Hinbewegung des Geistes auf das Ganze seiner möglichen Gegenstände"[38]. Was mit dem „Vorgriff" gemeint ist, lässt sich anhand eines bekannten Motivs veranschaulichen:

Das Bild zeigt den Erkenntnisschritt, durch den sich der Mensch vom geozentrischen Weltbild löst. Der Mensch erkennt, dass die Erde, der Raum seines Daseins, nicht das umfassende Ganze ist, um das sich alles dreht, sondern dass sie vielmehr selber nur ein Teil eines umfassenden Ganzen und in diesem unfassbar großen Universum auf ein anderes Zentrum hingeordnet ist. Übertragen auf den hier behandelten Sachverhalt bedeutet das Bild: Der Mensch ist zunächst als einzelnes begrenztes „Ding" eingebunden in die Welt der vielen einzelnen begrenzten Dinge. Der Mensch fragt aber auch nach den Dingen in ihrer Gesamtheit und nach dem Sein im Ganzen, das sich „dahinter" verbirgt. In diesem Fragen durchbricht er die Grenzen seiner Welt. Der Mensch greift aus auf einen Bereich jenseits der endlichen Welt und erreicht durch sein Ausgreifen einen Standpunkt, von

38 Rahner, Geist in Welt (s. Anm. 36), 153–155.

dem aus er „sich zurückbeugend“, reflektierend die vielen einzelnen Dinge überhaupt erst *als begrenzte Dinge* und sich selbst als *ein Seiendes* in dieser Welt bewusst erkennen kann. „Vorgriff“ meint also: Im Akt des Transzendierens greift der Mensch über die Gegebenheiten der endlichen Welt wie auch über sich selbst hinaus und hinein in den Bereich des Unendlichen.

Das, worauf der Mensch in seinem Vorgriff ausgreift, kann nun einerseits per se nicht selber eine begrenzte Wirklichkeit in der endlichen Welt, kein Gegenstand menschlicher Gestaltung sein. Der Mensch kann seinen Vorgriff auf das Unbegrenzte, seine Transzendenzbewegung nicht selbstmächtig bewerkstelligen. Andererseits kann das, worauf der Mensch vorgreift, auch nicht „Nichts“ sein. Es muss „etwas“ sein, das *ist*. Zugleich jedoch muss es „etwas“ sein, das der Mensch nicht mehr als *irgendein etwas*, als ein endliches Ding begreifen kann. Es ist das Sein im Ganzen, der umfassende Horizont, das alle Begrenztheiten Umfassende, das die endliche Welt Übersteigende. Mit seinem Akt des Ausgreifens bewegt sich der Mensch also auf *das Unendliche* zu.

### 4.3 Der Unendliche

Mit dem „Vorgriff“ erreicht Rahner – gewiss in einem atemberaubenden, nicht unumstrittenen Gedankenschritt – die Stelle seines Denkweges, an der im logischen Sinn zum ersten Mal der Begriff *„Gott“* auftaucht:

> „Mit der Notwendigkeit, mit der dieser Vorgriff gesetzt wird, ist auch Gott als das Seiende absoluter ‚Seinshabe‘ mitbejaht. Zwar stellt der Vorgriff nicht unmittelbar Gott als Gegenstand dem Geist vor [...]. Aber in diesem Vorgriff als notwendiger und immer schon vollzogener Bedingung jeder menschlichen Erkenntnis und jedes menschlichen Handelns ist doch auch schon die Existenz eines Seienden von absoluter ‚Seinshabe‘, also Gottes mitbejaht, wenn auch nicht vorgestellt. Denn im Vorgriff ist der Grund seiner eigenen Möglichkeit unthematisch mitbejaht. [...] Deshalb lässt sich sagen: Der Vorgriff zielt auf – Gott.“[39]

Rahner sagt also: Wo der Mensch diesen Vorgriff vornimmt, wo er die Frage nach sich selbst und nach dem Ganzen der Welt stellt, wo er sich offen zeigt für das Unendliche, da ist eine implizite Bejahung *des Unendlichen* gegeben, den wir im christlichen Glauben „Gott“ nen-

39 Rahner, Hörer des Wortes (s. Anm. 37), 73.

nen. Das Fragen des Menschen nach seiner Existenz ist folglich als sein Fragen nach dem Unendlichen zu dechiffrieren. Umgekehrt sind Aussagen über Gott so zu formulieren, dass der Mensch sie als Antwort auf die Frage verstehen kann, die er sich selber ist. Die Theologie muss eine *anthropozentrische Wendung* vollziehen. Die erste Frage der Theologie und der kirchlichen Praxis lautet nicht: „Was ist Gott, Kirche, Glaube?", sondern: „Wer ist der Mensch?" Theologie darf

> „unbefangen beim Menschen, bei seiner Selbsterfahrung, bei seiner Existenz anfangen und, richtig verstanden, auch bei ihm enden [...]. Die christliche Botschaft [...] ist nicht das Herantragen eines Fremden und Äußeren, sondern die Erweckung [...] des Innersten im Menschen, der letzten Tiefe [...] seiner Existenz."[40]

Der Unendliche, den wir „Gott" nennen, ist „das Woraufhin und Wovonher der Transzendenz, durch die der Mensch als solcher existiert"[41]; er ist der umfassende Grund und Horizont, von dem der Mensch in seinem Sein als Mensch immer schon getragen wird. Daraus ergibt sich unumgänglich die Überzeugung, dass der Mensch ursprünglich, d.h. vom ersten Augenblick seiner Existenz an, mit Gott zu tun hat. Das ist der Sachverhalt, der von Rahner in das theologische Theorem der *Selbstmitteilung Gottes* gefasst wird: Gott teilt sich von sich aus, bedingungslos dem Menschen mit und stiftet so von Beginn an, vor jedem menschlichen Tun, eine Beziehung zwischen sich und dem Menschen. Der Zuwendung des Menschen zu Gott kommt immer schon die Zuwendung Gottes zum Menschen zuvor. Damit ist der Kulminationspunkt der Rahnerschen Theologie erreicht. Deren Kerngehalt lässt sich in folgende Aussage komprimieren: *Der Mensch ist das Wesen, für das die ungeschuldete, in Freiheit anzunehmende Selbstmitteilung Gottes ein übernatürliches Existential, d.h. ein in Gnade geschenktes, aber zur Existenz notwendig gehörendes Merkmal, bildet; die dadurch konstituierte ursprüngliche, unmittelbare Beziehung zu Gott verleiht dem je einzelnen Menschen den Charakter des unverfügbaren Geheimnisses, d.h. einen unbedingten, unverrechenbaren und unverlierbaren Wert.*

Das *Geheimnis des christlichen Glaubens* ist folglich nicht eine verborgene Gottesgestalt oder eine geheime Lehre, die dem Menschen

40 K. Rahner, Die theologische Dimension der Frage nach dem Menschen, in: ders., Schriften zur Theologie XII, Zürich – Einsiedeln – Köln 1975, 387–406, hier: 402f.

41 K. Rahner, Grundkurs des Glaubens. Einführung in den Begriff des Christentums, Freiburg i.Br. 1976, 32.

durch Kundgabe eines Wissens erst gebracht werden müsste. Das Geheimnis des christlichen Glaubens ist vielmehr der Mensch in seiner schon immer bestehenden Beziehung zu Gott. Wenn der Mensch sich in seiner Selbsttranszendenz als offen auf Gott hin erweist, bedeutet dies: „Die transzendentale Erfahrung ist die Erfahrung der Transzendenz“[42]. Wo der Mensch nach den Bedingungen seiner Existenz und nach dem Ganzen seiner Welt fragt („transzendentale Erfahrung“), erspürt er jene Wirklichkeit, die seine begrenzte Existenz übersteigt („Erfahrung der Transzendenz“). Die *Erfahrung Gottes* kann folglich nicht nach Art eines inhaltlichen Wissens an den Menschen herangetragen werden. In jedem Menschen ist „mit dieser transzendentalen Erfahrung ein gleichsam anonymes und unthematisches Wissen von Gott gegeben“[43]. Gotteserfahrung vollzieht sich auf dem Weg der Selbst-Erfahrung des Menschen. Selbsterfahrung und Gotteserfahrung bilden eine Einheit.[44]

### 4.4 Quintessenz

Dem Menschen eignet qua Mensch-Sein eine *potentia oboedientialis*[45], eine Fähigkeit zum „gehorchenden“ Empfang der Selbstmitteilung Gottes. Er erweist sich offen auf den Unendlichen hin und zwar in seiner gesamten Existenz; nicht nur dort, wo er diese bewusst bedenkt, sondern auch dort, wo er seine Existenz als selbstverständlich hinnimmt; nicht nur in den außergewöhnlichen, dezidiert religiösen Akten, sondern auch in den banalen, alltäglichen Erfahrungen.

> „Der Mensch ist Geist, das heißt, er lebt sein Leben in einem dauernden Sichausstrecken nach dem Absoluten, in einer Offenheit zu Gott. Und diese Offenheit zu Gott ist nicht ein Vorkommnis, das etwa je nach Wunsch im Menschen sich hie und da einmal begeben könnte oder auch nicht, sondern die Bedingung der Möglichkeit dessen, was der Mensch ist und zu sein hat und immer auch im verlorensten Alltagsleben ist.“[46]

42 Ebd., 31.
43 Ebd., 32.
44 Vgl. K. Rahner, Selbsterfahrung und Gotteserfahrung, in: ders., Schriften zur Theologie X, Zürich – Einsiedeln – Köln 1972, 133–144.
45 Vgl. K. Rahner, Potentia oboedientialis, in: HTTL 6 (1973) 61–63.
46 Rahner, Hörer des Wortes (s. Anm. 37), 76.

Auf der Grundlage dieser Theologie der Gotteserfahrung lässt sich eine so kurze wie entscheidende Quintessenz für die theologische Identifikation des *Alltags* formulieren. Weil der Alltag, der banale gewöhnliche Alltag der vornehmliche Ort ist, an dem der Mensch mit sich selbst konfrontiert wird, an dem Fragen nach seiner Existenz aufbrechen, an dem ihm seine Grenzen bewusst werden, wo er aber auch seinen Lebensantrieb spürt und an sich selber das Wirken seiner Kräfte erlebt, kurzum: weil der Alltag der vornehmliche Ort der Selbsterfahrung des Menschen ist, ist er der vornehmliche Ort der Gotteserfahrung.

## 5 Die Sakralität des Alltags

Nach wie vor handelt es sich bei „Alltag“ um ein in Theologie und Kirche nur „ungenügend erforschtes Thema“[47]. Mit der eben formulierten Quintessenz ist zwar die Frage, wie eigentlich „Alltag“ theologisch zu verstehen ist, im Grunde schon beantwortet. Es muss aber der Blick nochmals genauer gerichtet werden darauf, wie der Zusammenhang zwischen Heiligem und Alltag zu denken ist.[48]

### 5.1 Alltag und Gnade

Aufgrund der weitgehenden Gleichsetzung der Dualität „Alltag – Sonn-/Festtag“ mit der „profan-heilig“-Dichotomie gerät die theologisch-kirchliche Rede von „Alltag“ unumgänglich in die Spurschienen des herkömmlichen Denkens, dass der Mensch gemeinhin in seiner profanen Alltagswelt dahinlebe und dass er, wenn er mit Gott in Verbindung treten wolle, sich aus dem Alltag herausbegeben und in davon abgeschiedene Zonen des Heiligen eintreten müsse. Letz-

47 Vgl. A. Bondolfi, „Alltag in ethisch-theologischer Sicht. Glossen zu einem ungenügend erforschten Thema“, in: ders. u. a. (Hg.), Ethos des Alltags [FS Stephan Pfürtner], Zürich 1983, 13–25.

48 Vgl. zum Folgenden K. Rahner, Eucharistie und alltägliches Leben, in: ders., Schriften zur Theologie VII. Zur Theologie des geistlichen Lebens, Einsiedeln – Zürich – Köln ²1971, 204–220; K. Rahner, Überlegungen zum personalen Vollzug des sakramentalen Geschehens, in: Ders., Schriften zur Theologie X, Zürich – Einsiedeln – Köln 1972, 405–429.

teres geschehe vornehmlich durch den Vollzug „sakraler“ Akte: Sakramente, Gottesdienste, Gebet, Aufenthalt in Kirchen, Kontakt mit „geweihten Personen“. In diesen „heiligen“ Situationen und nur dort könne der Mensch Gott erfahren, um dann, gleichsam ausgestattet mit einem „getankten Vorrat“ an Gottesbeziehung, von dort wieder hinauszutreten in seinen gottfernen Alltag – sozusagen bis der „Vorrat“ in der unwirtlichen Öde des gottleeren Alltags aufgebraucht sei. In der Gegenperspektive verfestigt sich bei den Menschen immer mehr das Erleben, dass die sakralen Orte, Formen und Vollzüge gerade nichts mit ihrem wirklichen Leben zu tun haben; dass der Gott, von dem darin die Rede ist, sich als ein alltagsferner Gott erweist.

Auf der Grundlage des dargelegten theologischen Verständnisses von „Gotteserfahrung“ muss auch das Verhältnis zwischen Alltag und Sakralität anders gedacht werden. Die fundamentale, vorauszusetzende Einsicht besteht darin, dass die heilsame und heiligende Zuwendung Gottes zum Menschen – das was man theologisch „Gnade“ nennt – überall dort geschieht, wo der Mensch sein Leben annimmt und seine Existenz vollzieht, wo er nach sich selber und dem Sinn seiner Existenz fragt, wo er aus solcher Selbstreflexion heraus sein Leben in Verantwortung zu gestalten versucht, wo er sich nicht bewusst dem bedingungslosen Beziehungsangebot Gottes verweigert – und das heißt: wo er in der Gewöhnlichkeit seines Alltags sein Leben führt. Alles, was wir theologisch als Gnade, als Heilszuwendung Gottes bezeichnen können, besteht und geschieht nicht als separate Wirklichkeit neben dem oder über dem alltäglichen Leben des Menschen. Das Ereignis der Gnade hat seinen genuinen Ort inmitten dieses alltäglichen Lebens,

> „also dort, wo gelacht und geweint, wo Verantwortung getragen, wo geliebt, gelebt und gestorben wird, wo man der Wahrheit getreu ist, dem Nächsten gegenüber seinen Egoismus sprengt, wo gegen alle Hoffnung gehofft wird, wo man in lächelnder Gelassenheit von der Torheit des Alltagsbetriebs nicht verbittert wird, wo man schweigen kann und wo in diesem Schweigen des Herzens das Böse [...] nicht weiter wuchert nach außen, wo mit einem Wort gelebt wird, so wie der Mensch leben möchte gegen seinen Egoismus und die Verzweiflung des Herzens, die ihn immer anficht. *Da* ist Gnade Ereignis.“[49]

49 Rahner, Überlegungen zum personalen Vollzug (s. Anm. 48), 412.

## 5.2 Alltag und Sakrament

Aus dem Zusammenhang von Alltag und Gnade erhellt nun, welche eklatante theologische Verirrung das Denkschema einer Entgegensetzung von bzw. Kluft zwischen Alltag und Sakrament darstellt. Das Wesen der Sakramente besteht darin, dass sie die Gnadenzuwendung Gottes symbolisch verdichtet zum Ausdruck bringen und dass die betreffenden Menschen dadurch die Gnade Gottes in einer bestimmten Situation ihres Lebens als gegenwärtig und wirksam erfahren. Was man als „Gnade" bezeichnet, ist auch in Zusammenhang mit den Sakramenten nur denk- und verstehbar als die ungeschuldete, d.h. von Bedingungen unabhängige, Selbstmitteilung Gottes, mit der dieser von sich aus eine ursprüngliche, d.h. im Leben eines Menschen schon immer bestehende, unmittelbare, d.h. nicht durch andere vermittelte, Beziehung zum je konkreten Menschen stiftet. Dieses Gnadenverständnis vorausgesetzt finden die Sakramente ihre Grundlage in der theologischen Überzeugung, dass die Gnade Gottes ihren genuinen Ort in der alltäglichen Lebenswirklichkeit hat – also in der wirklichen Wirklichkeit dieser Menschen, nicht in einer konstruierten, fiktiven oder sonst wie erdachten Wirklichkeit. Dann aber können Sakramente nicht mehr gedacht werden als ein Geschehen, mittels dessen die Gnade Gottes von außen an den Menschen herangebracht und in ein an sich gottloses Alltagsleben hineingefüllt würde; als jene vom Alltag hermetisch abgeschiedenen Erlebniszellen, in die sich der Mensch sein alltägliches Leben verlassend hineinbegeben müsse, um „mit Gott in Berührung zu kommen" – eine Vorstellung, nach der man nicht um den Eindruck umhin käme, „dass es sich bei den Sakramenten um eine ideologische Überhöhung einer grässlich profanen Welt handle, die die Wahrheit verschleiert, aber die Welt nicht wirklich verwandelt"[50]. Umgekehrt kann der Alltag nicht mehr betrachtet werden als die „gnadenlose" Welt, deren Wirklichkeiten per se das Wesen des Sakraments verletzen würden.

An dieser Stelle legt es sich nahe, ein paar Eckdaten der „gut-katholischen" Sakramentenlehre aufzurufen. Im Rückgriff auf Augustins (354–430) Unterscheidung zwischen *signum* (äußeres Zeichen) und *res sacramenti* (innere Wirkung) lautet deren zentrale Kurzfor-

50 Ebd., 411.

mel: Ein Sakrament ist „äußeres Zeichen einer inneren Wirklichkeit" oder *„sichtbares Zeichen der unsichtbaren Gnade"*.[51] Es wäre nun aber geradezu absurd anzunehmen, die „innere Wirklichkeit" des Sakraments, also die Gnade Gottes, sei etwas, das nur in einem engen separierten Wirklichkeitssektor oder in einer weltenthobenen Sphäre seinen Ort habe, nur nicht in der alltäglichen Lebenswirklichkeit; oder sie sei etwas, das durch das Handeln der geweihten Amtsträger der Kirche erst entstehen würde; oder sie sei allein im Besitz besagter Amtsträger, die sie erst in das Leben der Menschen hineinbringen würden, wo sie bis dahin schlechterdings noch nicht gegeben sei.

*Symbol* ist ein „Grundbegriff der Sakramentenlehre"[52], weil er besagt, dass mit dem Vollzug eines Sakraments – im Unterschied zum bloß anzeigenden Zeichen – das darin Gemeinte auch real geschieht. Der Charakter des Sakraments als Symbol erwächst aus der Eigentümlichkeit, dass in ihm zwei Wirklichkeiten zusammenfallen: eine menschliche und eine göttliche Wirklichkeit, eben die Lebenswirklichkeit des Menschen und die als Wirklichkeit zugesagte Gnade Gottes – weshalb ein der Alltagswelt des Menschen entnommenes Element (z. B. Wasser, Brot, Hand) wesentlich zum Sakrament gehört.[53] In einem Sakrament wird nicht hergestellt, sondern dargestellt. Im Sakrament wird die Gnade nicht als etwas Neues, zum Leben Hinzukommendes gemacht, sondern wird das Heil Gottes als schon zugesagte Wirklichkeit im eigenen Leben wahrgenommen.

Die Kirche definiert sich selbst als *„Grundsakrament"* und sagt damit, dass ihr Wesen darin besteht, Instrument des Heils zu sein, als „Zeichen und Werkzeug" dem Heil der Menschen zu dienen (LG 1). Wo immer der Begriff „Sakrament" auftaucht, kann und darf es nicht darum gehen, den Menschen aus seiner alltäglichen Wirklichkeit heraus- und in eine abgehobene sakrale Welt hineinzuhieven; es kann immer nur darum gehen, dass sich die Kirche damit in den Dienst am Heil der Menschen in ihrer jeweiligen Welt stellt. Auch die ein-

51 Vgl. D. Sattler, Sakrament, in: W. Beinert, B. Stubenrauch (Hg.), Neues Lexikon der katholischen Dogmatik, Freiburg i. Br. 2012, 556–564, hier: 558.

52 F.-J. Nocke, Allgemeine Sakramentenlehre, in: T. Schneider (Hg.), Handbuch der Dogmatik, Band 2, Düsseldorf 1992, 188–225, hier: 210.

53 Vgl. A. Schilson, Symbolwirklichkeit und Sakrament, in: LJ 40 (1990) 26–52; H.-J. Höhn, spüren. Die ästhetische Kraft der Sakramente, Würzburg 2002, 43–53.

zelnen Sakramente sind theologisch nur denkbar als ein Geschehen, mit dem die Kirche ihr Wesen als „Grundsakrament“ aktualisiert und einlöst, nämlich dem Heil der Menschen zu dienen; und zwar nicht einem Heil in einem Jenseits, sondern dem Heil der Menschen hier und jetzt, in ihrer alltäglichen Lebenswirklichkeit.[54]

Das alles bedeutet: Der Bezug zum Alltag, die Verortung in der alltäglichen Lebenswirklichkeit ist für ein Sakrament wesenskonstitutiv. Wenn ein Sakrament dem Menschen das Heil Gottes nicht mehr als Wirklichkeit seines alltäglichen Lebens erfahren lässt, hat es aufgehört, ein Sakrament zu sein. „Von da aus sind die Sakramente die Erscheinung der Heiligkeit und der Erlöstheit der Profanität des Menschen und der Welt.“[55] Sakramente sind nur Sakramente, wenn sie „Sakrament unseres Alltags“[56] sind. Die im Sakrament gefeierte Heilszuwendung Gottes ist keine andere als die Heilszuwendung, die dem Menschen in die gewöhnliche, Tag für Tag gelebte Wirklichkeit hinein zugesprochen ist, darin gegenwärtig ist und – wie bewusst oder unbewusst auch immer – wirkt.

## 5.3 Alltag und Fest

Erweisen sich angesichts der nachdrücklichen Ästimation des Alltags als Ort der Gotteserfahrung die Dualitäten „profan – heilig“, „Alltag – Sonntag“, „gewöhnlich – außergewöhnlich“ nicht als obsolet? Gewiss nicht. Menschen begehen Geburtstage, Jubiläen, Gedenktage, Schulabschlüsse. Sie feiern Weihnachten, Neujahr, Fasching, Ostern, Sonnenwende, Erntedank usw. Sie legen Wert darauf, dass es Festsäle, Friedhöfe, Kirchen, Kunststätten, Erlebnisparks, Sehenswürdigkeiten gibt. Gäbe es nichts dergleichen, wäre das Leben in einer solchen ausschließlich alltäglichen Welt schier unerträglich, ja sogar krankmachend. Wie aber verhält sich beides, Gewöhnliches und Außergewöhnliches, Alltag und Fest zueinander – wobei „Fest“ hier pars pro toto für alle besonderen, aus der alltäglichen Routine herausgehobenen Zeiten, Orte und Formen steht?

54 Vgl. Rahner, Überlegungen zum personalen Vollzug (s. Anm. 48), 426f.
55 Ebd., 413.
56 Rahner, Eucharistie und alltägliches Leben (s. Anm. 48), 210.

Peter Hünermann schlägt für ein heutiges Verständnis der Sakramente vor, diese als kommunikative Handlungen zu deuten.[57] Dabei hat er die spezifische Form jener kommunikativen Handlungen vor Augen, in denen die jeweilige Sozietät ihren alltäglichen Vollzügen und Strukturen eine spezielle, hervorgehobene Form verleiht. Das ist etwa die Hochzeitsfeier für eine Familie, der *Dies Academicus* für eine Hochschule oder der Parteitag für eine Partei. Solche Vollzüge und Orte haben deshalb den Charakter des Herausragenden, Nicht-Alltäglichen, weil die Sozietäten mit ihnen ihr alltägliches Leben „in Figur bringen"; weil sie sich darin mit dem, was sie im alltäglichen Leben ausmacht, in Szene setzen. Sakramente können als solche „Figuren des Lebens" verstanden werden. Ihre signifikanten Handlungen sind nichts anderes als die alltäglichen Vollzüge der Menschen: waschen und reinigen, essen und trinken, miteinander sprechen und einander versprechen, Hand reichen und Hand halten. Sie heben sich aber aufgrund ihrer besonderen, sinnfälligen Gestaltung von den alltäglichen Vollzügen ab, nicht um diese auszublenden, sondern um ihre Bedeutung zu Bewusstsein zu bringen. In ihnen wird das, was sich im Alltag oft amorph, routinehaft oder unbewusst vollzieht, in eine Figur gebracht, mittels derer die Menschen ihre Lebenswirklichkeit vergegenwärtigen, wahrnehmen, in Erinnerung halten und zum Ausdruck bringen können. Derart als „Figuren des Lebens" erlebt können Sakramente auch Neues generieren: eine neue Qualität in den Beziehungen der Menschen untereinander; ein neuer Bezug zu den Realitäten der eigenen Welt und zur Umwelt; oder eine neue Struktur der Lebenszeit, die Vergangenes und Zukünftiges in der Gegenwart als Gesamtzusammenhang wahrnehmen lässt.[58]

Das Theorem der „Figur des Lebens" lässt sich auf das Verhältnis zwischen Alltag und Fest generell übertragen. Feste, die herausragenden Zeiten, Orte und Formen, greifen das alltägliche Leben auf und bringen es in eine besondere, außergewöhnliche, sinnfällige Form. Feste hingegen, die den Alltag überspielen, die die Ausblendung des Alltäglichen zum eigenen Prinzip haben, sind keine Feste, sondern Konstrukte der (Selbst-)Täuschung. Das kann man an jeder Familien-

57 Vgl. P. Hünermann, Sakrament – Figur des Lebens, in: R. Schaeffler, P. Hünermann, Ankunft Gottes und Handeln des Menschen. Thesen über Kult und Sakrament, Freiburg i. Br. 1977, 51–87.

58 Vgl. ebd., 56–64.

feier ablesen, die nur noch zustande kommt, weil die Beteiligten für den Augenblick ihre beschädigten Beziehungen und Praktiken des Alltags tabuisieren, ignorieren oder verdrängen, die aber als „Fest der Familie“ nur noch leer und traurig wirkt.

Also nochmals, Menschen brauchen Gegenpole zum Alltag: Feste, Heiliges, Außergewöhnliches, aus der alltäglichen Routine herausgehobene Zeiten, Orte und Formen. Sie brauchen sie, um ihrem Leben Struktur und Rhythmus zu geben, um sich von Anstrengungen des Alltags zu entlasten, um mit sich selbst pfleglich umzugehen, um immer wieder die für den Menschen so spezifische wie konstitutive Distanz zu den Dingen der Welt zu gewinnen. Die Lebensform „Fest“ bedarf folglich ihrer Pflege und ihrer Verteidigung gegen allfällige Mechanismen ihrer Einebnung und Vereinnahmung. Aber auch bei dieser Verteidigung des Festes kommt es in Theologie und Kirche zu einer fatalen Parallelisierung. Sie wird gemeinhin in eins gesetzt mit einer Verteidigung des Festes gegen den Alltag; im Alltag an sich sieht man, z. B. bei der Plausibilisierung des Sonntags, den zu überwindenden Widerpart einer Kultur heiliger Zeiten und Orte.

Hier empfiehlt es sich, dem Plädoyer des Philosophen Odo Marquard (1928–2015) zu folgen. Auch er möchte das Fest verteidigen. Aber – so fährt er fort –

> „ich möchte das Fest anders verteidigen als es bisher meistens geschah. Bisher hat man das Fest meistens nur (nota bene: mit völligem Recht) gegen den Alltag verteidigt: der Alltag soll das Fest nicht auffressen, nicht auslöschen. Aber man muss [...] das Fest auch dadurch verteidigen, dass man den Alltag gegen das Fest verteidigt und dadurch das Fest gegen das Fest: gegen die Perversion des Festes. Denn das Fest – meine ich – hört auch dann auf, Fest zu sein, wenn es – statt neben den Alltag zu treten – an die Stelle des Alltags tritt und dadurch den Alltag auslöscht. Das Fest neben dem Alltag: das ist gut. Das Fest statt des Alltags: das ist problematisch und muss bös enden. Die eine Gefahr für das Fest ist der totale Alltag, der das Fest nicht mehr gelten lässt. Aber es gibt auch die andere Gefahr für das Fest: dass das Fest zum Fest ohne Alltag wird; denn auch dann – wenn für das Fest der Alltag preisgegeben wird – wird das Fest zerstört und hört auf, Fest zu sein. Alltag und Fest: beide gehen dann unter in dem, was man das totale Fest nennen könnte, im totalen Moratorium des Alltags.“[59]

59 O. Marquard, Moratorium des Alltags. Eine kleine Philosophie des Festes, in: W. Haug, R. Warning (Hg.), Das Fest (Poetik und Hermeneutik XIV), München 1989, 684–691, hier: 685f.

Mit der Formel „Moratorium des Alltags“ greift Marquard ein Motiv Manès Sperbers (1905–1984) auf, der damit das verstörende Phänomen zu erklären suchte, dass der Krieg trotz seiner Schrecklichkeit zum Faszinosum werden kann. Den Krieg – so Sperber – sehnen manche Menschen herbei, weil sie in ihm einen Weg sehen, den Alltag hinter sich zu lassen, weil er der Zustand schlechthin ist, in dem die alltäglichen Ordnungen außer Kraft gesetzt sind. Ein Krieg ist ein „Moratorium des Alltags“[60], aber eben ein totales Moratorium, das den Alltag gänzlich ausmerzt. Es gibt die analoge Versuchung der Totalisierung des Festes, die dem Zweck dient, dem Alltag zu entkommen, den Alltag durch eine Suspension oder Diffamierung der alltäglichen Abläufe zu beseitigen. Letzteres geschieht dort, wo alle Anstrengungen allein auf das Fest verlegt werden; wo allein festliche Zeiten und Orte etwas gelten; wo das Fest als die allein lebenswerte Wirklichkeit erachtet wird. Solcher Absolutsetzung des Festes, der Perversion des Festes zum totalen Moratorium des Alltags gilt es, Widerstand zu leisten. Denn:

> „Wenn das Fest zur ganzen Wirklichkeit und die ganze Wirklichkeit zum Fest werden soll – [...] zu jenem absoluten Moratorium des Alltags, das weder den Alltag noch andere Feste neben sich duldet und nur noch Ausnahmezustand ist –, geht es nicht gut. Es kann daraus nichts menschlich Aushaltbares werden, denn wer – und das wäre ja die Intention dieses absoluten Festes – die Erde zum Himmel machen will, macht sie zuverlässig zur Hölle.“[61]

Das absolut gesetzte Fest, das ohne den Alltag auskommt, das unter der Bedingung der Negierung des Alltags statthat, ist kein Fest mehr; es ist nur noch Selbstinszenierung, Selbstidolatrie, Selbsttäuschung. Das Fest muss gerettet und gepflegt werden, weil die Menschen das Fest zu ihrem Leben brauchen. Alltag und Fest fügen sich aber nur dann zu einer stimmigen Dualität, wenn sie nebeneinanderstehen, wenn das Fest zum Alltag hinzukommt, nicht aber an seine Stelle tritt. In diesem Sinne gilt: Das Fest ist zu retten, indem man den Alltag gegen das totale Fest rettet.

Viele der „heiligen Zeiten und Orte“ im Repertoire des realen kirchlichen Lebens, sowohl traditionelle wie auch „zeitgemäße“ – ge-

60 M. Sperber, Leben im Jahrhundert der Weltkriege, Frankfurt a. M. 1983, 48; vgl. auch M. Sperber, Zur Analyse der Tyrannis, Wien 1975 (erstmals 1937), 51–55.
61 Marquard, Moratorium des Alltags (s. Anm. 59), 689.

rade auch solche, die geschaffen werden, um die Kirche für die Menschen (wieder) „attraktiv zu machen" –, werden den beschriebenen Zuordnungen von Alltag und Fest nicht gerecht. Sie erfüllen die Funktion, das alltägliche Leben in Figur zu bringen und so auf erneuernde Weise erleben zu lassen, *gerade nicht*. Und sie entarten zu absoluten Moratorien des Alltags, insofern man alle Ressourcen auf sie verlegt und sie der Logik unterstellt, dass die Teilnehmenden mit ihnen den Alltag hinter sich lassen. Man gestaltet sie im nachdrücklichen – auf Außenstehende penetrant wirkenden – Habitus der Fröhlichkeit und Harmonie und nimmt in Kauf, dass den Teilnehmenden ihr Alltag umso unerträglicher erscheint. Vor Augen geführt bekommt man das regelmäßig bei Kirchentagen, Weltjugendtagen, Papstbesuchen und anderen kirchlichen Events. Das dabei betriebene Diktat der kollektiven Begeisterungspflicht negiert den Alltag und zerstört die Authentizität des Festes. Die Landschaft der „heiligen Zeiten und Orte" in der Kirche bedarf einer Kultivierung, die den Alltag gegen die Totalisierung des Festes verteidigt. Das wäre also der Prüfstein für ein rechtes Verhältnis zwischen Alltag und „heiligen Zeiten und Orten" in der Kirche: Helfen diese den Menschen, ihren Alltag auf erfüllte, menschengerechte Weise zu leben?

## 5.4 Alltäglichkeit des Alltags

Die Verknüpfung von Alltag und Gotteserfahrung wird häufig auch für ein Praxismuster in Anspruch genommen, bei dem man Gotteserfahrung mit partiellen Situationen oder Erlebnissen assoziiert, die zwar an alltäglichen Orten wahrnehmbar sind, die sich aber aufgrund ihrer besonderen Qualität doch von den alltäglichen Gegebenheiten kontrastreich abheben. „Gotteserfahrung im Alltag" wäre dann gegeben in Formen religiösen (Er-)Lebens, die wie kleine, punktuelle Inseln aus dem weiten Meer des öden Alltags herausragen: spontane Gebete, Momente der Stille, Meditation, emotional berührende Wahrnehmungen, „kleine Liturgien" wie Segnungen und Kreuzzeichen, religiöse Symbole, ästhetische Erlebnisse, intensive Kommunikationen usw. Natürlich handelt es sich bei diesem Schema nicht um die Verortung von Gotteserfahrung im Alltag, um die es hier geht. Gerade weil es, wiewohl es die Verbindung von Glaube und Alltag als Anliegen deklariert, auf die kontrastreiche Abhebung religiöser Formen von den alltäglichen Realitäten erpicht ist; gerade weil es den Alltag nicht *als Alltag* annimmt, sondern nur das *im Alltag*, was gemäß vorgegebenen Mustern als „religiös" oder „spirituell" gilt, schlägt es den Bewusstseinsspalt zwischen Alltag und Heiligem nur noch tiefer aus.

Gotteserfahrung geschieht koexistent mit der Selbsterfahrung des Menschen. Folglich hat Gotteserfahrung vornehmlich dort ihren Ort, wo der Mensch mit sich selbst konfrontiert ist, wo er an seine Grenzen stößt, wo er nach Sinn und Richtung seiner Existenz fragen muss, wo er sich als eine in sich stehende Person entwickelt und wo er sich selber in seiner Individualität und Kreativität erlebt. Das alles geschieht nicht in Sondersituationen jenseits des Alltags und auch nicht in herausgehobenen Momenten zwischen den alltäglichen Vollzügen, sondern inmitten der Alltäglichkeit des Alltags, dort, wo der Alltag wirklich Alltag und nur Alltag ist. Um Gott im Alltag erfahren zu können und um im Alltag einen Ort der Gotteserfahrung erkennen zu können, darf man also den Alltag nicht zum Feiertag machen wollen, sondern muss man ihn Alltag sein lassen.[62] Gerade aufgrund dessen, was ihn auszeichnet – Nüchternheit, Einfachheit, Anstrengung, Unhintergehbarkeit – ist der Alltag für Christen ein Ort ihres Glaubens. Die alltägliche Wirklichkeit ist der Raum, in den hinein Gott dem Menschen seine Zuwendung zuspricht und in der er sich als der unverbrüchlich treue Gott erweist – andernfalls er nicht Gott wäre. In der einfachen und aufrichtig akzeptierten Alltäglichkeit kann das erahnt, erspürt, erfahren werden, was man theologisch „Gott", „Geist" oder „Gnade" nennt – und zwar gerade dann, wenn sie Alltäglichkeit bleibt. Wenn Gotteserfahrung geschehen soll, muss der Mensch in der Alltäglichkeit seines Alltags *innehalten*, um die alltäglichen Wirklichkeiten in ihrer unverfälschten Gestalt wahrnehmen zu können; er muss der Alltäglichkeit seines Alltags *standhalten*, muss sich den alltäglichen Wirklichkeiten aussetzen, und darf nicht durch narkotisierende Enthusiasmen, Idealisierungen und Thematisierungen – vulgo: frommes Geschwätz – vor ihnen davonlaufen; und er muss die Alltäglichkeit seines Alltags *aushalten*, muss die alltäglichen Wirklichkeiten so gelassen wie möglich annehmen im Wissen darum, dass dieser Alltag nie einfach nur Ort des Schönen, Leich-

62 Vgl. Rahner, Eucharistie und alltägliches Leben (s. Anm. 48), 218; K. Rahner, Alltägliche Dinge, Einsiedeln 1964, 7.

ten, Euphorischen ist, sondern immer das Gewöhnliche, das Banale, das Routinehafte, das Anstrengende mit sich bringen wird. „Das Bestehen des Alltags hat selber ein sehr alltägliches Gesicht. [...] Wir werden wirklich in den Alltag, das heißt in den kleinlichen Alltag hineingeschickt."[63] Wenn es um Gotteserfahrung geht, muss der Alltag in seiner Alltäglichkeit belassen werden. Das Sakrale des Alltags besteht in seiner Alltäglichkeit.

Karl Rahner hat einen seiner „frommen Texte" der Gotteserfahrung in der Alltäglichkeit des Alltags gewidmet. Ein Extrakt daraus soll den bis hierher gegangenen Gedankenweg abschließen:

> „Da ist einer, der mit der Rechnung seines Lebens nicht mehr zurecht kommt, der die Posten dieser Rechnung seines Lebens aus gutem Willen, Irrtümern, Schuld und Verhängnissen nicht mehr zusammenbringt, auch wenn er, was ihm oft unmöglich scheinen mag, diesen Posten Reue hinzuzufügen versucht. [...]
> Da ist einer, dem geschieht, dass er verzeihen kann, obwohl er keinen Lohn dafür erhält und man das schweigende Verzeihen von der anderen Seite als selbstverständlich annimmt. [...]
> Da ist einer, der seine Pflicht tut, wo man sie scheinbar nur tun kann mit dem verbrennenden Gefühl, sich wirklich selbst zu verleugnen und auszustreichen, wo man sie scheinbar nur tun kann, indem man eine entsetzliche Dummheit tut, die einem niemand dankt.
> Da ist einer, der einmal wirklich gut ist zu einem Menschen, von dem kein Echo des Verständnisses und der Dankbarkeit zurückkommt, wobei der Gute auch nicht einmal durch das Gefühl belohnt wird, ‚selbstlos', anständig und so weiter gewesen zu sein.
> Da ist einer, der schweigt, obwohl er sich verteidigen könnte, obwohl er ungerecht behandelt wird, der schweigt, ohne sein Schweigen als Souveränität seiner Unantastbarkeit zu genießen.
> Da ist einer, der sich rein aus dem innersten Spruch seines Gewissens heraus zu etwas entschieden hat, da, wo man solche Entscheidung niemandem mehr klarmachen kann, wo man ganz einsam ist und weiß, dass man eine Entscheidung fällt, die niemand einem abnimmt, die man für immer und ewig zu verantworten hat. [...]
> Da ist einer, der restlos einsam ist, dem alle farbigen Konturen seines Lebens verblassen, für den alle verlässlichen Greifbarkeiten zurückweichen in unendliche Fernen, der aber dieser Einsamkeit, die wie der letzte Augenblick vor dem Ertrinken erfahren wird, nicht davonläuft, sondern sie in einer letzten Hoffnung gelassen aushält. [...]
> Da ist einer, der merkt plötzlich, wie das kleine Rinnsal seines Lebens sich durch die Wüste der Banalität des Daseins schlängelt, scheinbar ohne Ziel und mit der herzbeklemmenden Angst, gänzlich zu versickern. Und doch hofft er, er weiß nicht wie, dass dieses Rinnsal die unendliche Weite des Meeres findet, auch wenn es ihm noch verdeckt ist durch die grauen Dünen, die sich vor ihm scheinbar unendlich auszubreiten scheinen. [...]

63 Rahner, Eucharistie und alltägliches Leben (s. Anm. 48), 218; vgl. ebd., 214–218.

– wo der bittere, enttäuschende und zerrinnende Alltag heiter gelassen durchgestanden wird bis zum angenommenen Ende aus einer Kraft, deren letzte Quelle von uns nicht noch einmal gefasst und so uns untertan gemacht werden kann, [...] – da ist Gott und seine befreiende Gnade. Da erfahren wir, was wir Christen den Heiligen Geist Gottes nennen; [...]. Da ist die Mystik des Alltags, das Gottfinden in allen Dingen“[64].

64 K. Rahner, Erfahrung des Geistes. Meditation auf Pfingsten, Freiburg i. Br. 1977, 38–45.

Christoph Jacobs

# „Wisst ihr nicht, dass ihr Gottes Tempel seid und der Geist Gottes in euch wohnt?“ (1 Kor 3,16)

## Die Seele als Ort der Gottesbegegnung

### Einleitung

Gott begegnen an heiligen Orten! Als Praktischer Theologe habe ich sehr viel Sympathie für den vorausgegangenen Vortrag meines Kollegen Herbert Haslinger, der den Alltag als Ort der Gotteserfahrung des Menschen beleuchtet hat. An seine Überlegungen möchte ich gerne inhaltlich anknüpfen und ihn um eine weitere Perspektive ergänzen.

Für mich persönlich ist der menschliche Alltag der bevorzugte Ort der Gottesbegegnung. Wer so wie ich in der Begleitung von Menschen tätig ist, der wird sich für sich selbst und für andere immer vor Augen halten: Entweder tritt der Mensch im konkreten Alltagsgeschehen zu Gott in Beziehung – oder aber sehr vieles bleibt einfach Gedankenspielerei und realisiert sich nicht in einem konkreten, von der Gottesbeziehung wirklich geprägten Leben.[1]

Dass sich Gottesbegegnung im Alltag ereignet, ist gut biblisch begründet. Vor allem, wenn man sich bewusst macht, wie sehr Jesus Christus den Menschen – unseren „Nächsten“ – als bevorzugten Begegnungsort mit Gott ins Zentrum seines Lebens gestellt hat. An diese Vergewisserung können wir heute eine wichtige Überlegung als Ausgangspunkt unseres Gedankenganges anschließen:

1 Vgl. H. Andriessen, Sich von Gott berühren lassen: Geistliche Begleitung als pastorales Handeln heute, Mainz 1995.

*Wenn nun der menschliche Alltag und besonders der andere Mensch ein „Ehrenplatz" der Anwesenheit Gottes ist, so dürfen wir diese Ehre ebenfalls für uns selbst als glaubende Menschen in Anspruch nehmen. Auch wir sind als einzelne Menschen – als Getaufte und damit Söhne und Töchter unseres Gottes – ebenfalls Orte, an denen wir Gott begegnen.*

Für einen Pastoralpsychologen ist es selbstverständlich, dass als Erstes immer der Mensch im Blick ist. So hat es gerade auch Stefan Kopp in seiner Einführung in unser heutiges Thema deutlich herausgestellt. Der Pastoralpsychologie geht es darum, den Menschen in seinem Verhalten und Erleben zu verstehen: als Individuum in seiner Einmaligkeit, als soziales Wesen in seiner Gemeinschaftsbezogenheit und selbstverständlich in besonderer Weise auch in seiner Spiritualität, d.h. in den Tiefendimensionen der Beziehungsfähigkeit zu Gott, zu den Mitmenschen und zu sich selbst:[2,3] Der Mensch wird in der Perspektive der Pastoralpsychologie so *zum Ort der Theophanie* – vor allem dann, wenn er zu anderen Menschen in Beziehung tritt.[4] Darauf hat uns der Religionsphilosoph Martin Buber sehr eindrücklich hingewiesen.

Auf diesem Hintergrund möchte ich in dem Beitrag dieses Abends den Versuch machen, einige – durchaus absichtlich sehr heterogene – Mosaiksteine zur Thematik zu präsentieren. Sie alle können ein wenig Antwort auf die Frage geben: *Wie können wir den Menschen in seiner Fähigkeit zur Gottesbegegnung besser verstehen? Wie überhaupt kann der Mensch ein Ort der Gottesbegegnung sein?*

Dazu wähle ich vier Zugangswege: 1. den Weg der Volksfrömmigkeit, der Heiligen Schrift und der Liturgie, 2. den Weg der begrifflichen Klärung des Verständnisses des Menschen als Einheit aus Leib und Seele, 3. den Weg der empirischen Forschung zum Gehirn und zur Gotteserfahrung, 4. den Weg der Spiritualität des Meister Eckhart und sein Verständnis der „Gottesgeburt in der Seele".

Dieser Vortrag steht im Gedankenweg der Montagsakademie im Raum der Adventszeit. Ich möchte diesen Raum als Zeit der Vorbereitung auf das Fest der Menschwerdung besonders ernst nehmen. Da-

2 Vgl. M. Buber, Das dialogische Prinzip, Heidelberg 1984.

3 Vgl. J. Schwermer, Den Menschen verstehen. Eine Einführung in die Psychologie für seelsorgliche Berufe, Paderborn 1990.

4 Vgl. M. Belok, U. Kropac, Seelsorge in Lebenskrisen. Pastoralpsychologische, humanwissenschaftliche und theologische Impulse, Zürich 2007.

her möchte ich ihn so anlegen, dass wir nicht nur Nahrung für unseren Geist bekommen, sondern auch mit Blick auf Weihnachten in unserer Seele inspiriert und genährt werden.

## 1 Die Seele als Tempel Gottes: Impulse aus Volksfrömmigkeit, Heiliger Schrift und der Liturgie

In der Volksfrömmigkeit der Adventszeit spielt das in Ostpreußen entstandene Adventslied „Macht hoch die Tür, die Tor macht weit" jedes Jahr neu eine bedeutsame Rolle. Es lehnt sich wie eine ganze Reihe anderer adventlicher Vokalwerke an den Psalm 24 an, der stark geprägt ist von der Liturgie des Jerusalemer Tempels. Das für uns in spiritueller Perspektive Interessante dieses Liedes ist es, dass es in den ersten drei Strophen – im Sinne der Tempelliturgie – den König ins Zentrum stellt, der zu seinem Volk kommt. Die Tore, man sollte zuerst an die Tore des Tempels denken, sollen aufgemacht werden. Alles soll sich vorbereiten. Die Orte werden allerdings immer persönlicher und kommen immer näher. Die Tore werden zur Metapher. Schließlich heißt es dann in der vierten und in der fünften Strophe:

*Strophe 4*
Macht hoch die Tür, die Tor macht weit,
eu'r Herz zum Tempel zubereit'.
Die Zweiglein der Gottseligkeit
steckt auf mit Andacht, Lust und Freud;
so kommt der König auch zu euch,
ja, Heil und Leben mit zugleich.
Gelobet sei mein Gott,
voll Rat, voll Tat, voll Gnad.

*Strophe 5*
Komm, o mein Heiland Jesu Christ,
meins Herzens Tür dir offen ist.
Ach zieh mit deiner Gnade ein;
dein Freundlichkeit auch uns erschein.
Dein Heilger Geist uns führ und leit
den Weg zur ewgen Seligkeit.
Dem Namen dein, o Herr,
sei ewig Preis und Ehr.

In den letzten beiden Strophen wird der Ort des Einzugs auf einmal der Mensch selbst: bildlich gesprochen der Tempel des Herzens des

Menschen. Und die Tür des menschlichen Tempels soll dem Herrn offenstehen. So motiviert die vierte Strophe den Menschen, sein eigenes Herz dem Herrn als Tempel zu gestalten. Und in der fünften Strophe gibt der Mensch die Antwort an den Herrn: dass es so weit ist. Er bittet den Herrn dort einzuziehen.

Die Idee, das Herz des Menschen, also letztlich den ganzen Menschen, als „Tempel Gottes“ zu bezeichnen, ist frömmigkeitsgeschichtlich eine umfassend biblisch motivierte Grundidee. Ihren Bezug findet sie nicht nur in den Psalmen des Alten, des Ersten Testamentes, sondern auch im Neuen Testament. Bei Paulus gibt es zwei zentrale Stellen im Ersten Korintherbrief. Dort heißt es:

a) 1 Kor 3: Wisst ihr nicht, dass ihr Gottes Tempel seid und der Geist Gottes in euch wohnt? Wer den Tempel Gottes zerstört, den wird Gott zerstören. Denn Gottes Tempel ist heilig und der seid ihr.

b) 1 Kor 6: Oder wisst ihr nicht, dass euer Leib ein Tempel des Heiligen Geistes ist, der in euch wohnt und den ihr von Gott habt? Ihr gehört nicht euch selbst; denn um einen teuren Preis seid ihr erkauft worden. Verherrlicht also Gott in eurem Leib!

Für Paulus ist die christliche Gemeinde der Tempel Gottes und seines Heiligen Geistes. Der erste Text, der auch in der Liturgie des Weihetages der Lateranbasilika gelesen wird, formuliert präsentisch. Es geht um das Hier und Jetzt. *Die Getauften sollen sich bewusst machen, dass sie selbst durch die Taufe Wohnung Gottes und damit heiliger Ort sind.* Dies ist nicht ein Ereignis in der Zukunft. Es ist ein Ereignis der Gegenwart. *Zusammen sind die Christinnen und Christen dann der große Bau aus lebendigen Steinen auf dem Fundament Jesu Christi.* Im zweiten Text macht Paulus darauf aufmerksam, dass diese Existenz auch einen dieser Ehre und diesem Auftrag qualitativ entsprechenden Lebensstil verlangt. Wer Christ ist, wird sich vor Augen halten, wie hoch die Investition ist, die Gott für ihn oder sie getätigt hat. Das ethisch-moralische Verhalten soll davon Zeugnis ablegen. Für Paulus ist es dabei wichtig, dass ein solches Verhalten im Alltag positiv konkret wird. *Tempel Gottes zu sein, ist nicht eine abstrakte, alltagsferne Information, sondern ein konkret alltagsrelevanter, auch den Leib bzw. den Körper ernst nehmender und in Dienst nehmender Auftrag.*

Mir persönlich ist diese Botschaft sehr wichtig geworden. Und es ist mir auch ein Anliegen, diese Botschaft zu möglichst vielen Gelegenheiten weiterzugeben. Wir können den Menschen von heute die

Botschaft bringen: *Ihr seid der Tempel Gottes – Ihr persönlich!* Viele Menschen denken an das Gebäude, wenn sie das Wort „Kirche" hören. Aber sie denken weniger daran, dass sie selbst „Wohnstatt Gottes" sind. Das einmal begriffen zu haben, kann einen Menschen durch das ganze Leben tragen. Wir dürfen uns selber sagen: *Ich bin ein wertvoller Ort der Gottesbegegnung. Ich selber bin ein Platz für Gott. Ich bin ein „Platzhalter" für Gott.*

Im Johannes-Evangelium finden wir dazu noch eine weitere interessante Perspektive. Im vierten Kapitel hören wir von der Begegnung Jesu mit der Samariterin am Jakobsbrunnen (Joh 4,1–26). Das beherrschende Thema des Gesprächs ist die „Selbstoffenbarung Jesu als Spender wahren, unvergänglichen Lebens und die (glaubende) Antwort des Menschen darauf"[5]. In diesem Gespräch geht es u.a. auch um die wahre Gottesverehrung. Die Samariterin präsentiert Jesus den theologischen Streit um den rechten Ort der Gottesverehrung: Wo soll Gott angebetet werden? „Jesus beantwortet die Frage der Frau so, daß er das Entweder-Oder des richtigen Ortes als unwesentlich hinstellt. Es kommt nicht auf den richtigen Ort an, sondern auf die rechte Weise der Anbetung durch den Menschen. Weil Gott Geist ist, muß er ‚in Geist und Wahrheit' angebetet werden"[6]. *Aus der Perspektive der Beziehungsaufnahme zwischen Gott und Mensch ist der rechte Kultort eher zweitrangig. Wichtig ist, dass Gott zum Menschen in Beziehung tritt. Und dass sich umgekehrt der Mensch Gott im Geist und in der Wahrheit zuwendet.* Der Mensch kann als Mensch seinem Gott im Geist begegnen. Gott anbeten „in Geist und Wahrheit" bezeichnet also eine Gottesverehrung, die vom Geist und von der Wahrheit als den inspirierenden und bewegenden Kräften ermöglicht und bestimmt ist.[7] Ein solches Leben in der Gottesbegegnung stillt den Durst des Menschen nach sinnvollem, beglückendem und erfülltem Leben.

Für die Liturgie der Kirche ist der Gedanke, dass das Volk Gottes der Tempel, der Wohnort Gottes ist, eine im Gebet vergewisserte Glaubensrealität. So heißt es in den Tagesgebeten zum Kirchweihfest:

5 F. Porsch, Johannesevanglium, Stuttgart 1988, 45.
6 Ebd., 48.
7 Vgl. ebd., 50.

> „Allmächtiger Gott, du hast gewollt, dass dein Volk Kirche heiße, denn wir sind das Haus, in dem deine Herrlichkeit wohnt. Gib, dass die Gläubigen, die sich in deinem Namen versammeln, dich ehren, dich lieben und dir gehorchen, damit sie unter deiner Führung das ewige Erbe erlangen. Darum bitten wir durch Jesus Christus ..."

Oder:

> „Erhabener Gott, du erbaust dir aus lebendigen und erlesenen Steinen ein ewiges Haus. Mache die Kirche reich an Früchten des Geistes, den du ihr geschenkt hast, und lass alle Gläubigen in der Gnade wachsen, bis das Volk, das dir gehört, im himmlischen Jerusalem vollendet wird. Darum bitten wir durch Jesus Christus ..."

Oder:

> „Allmächtiger Gott, du hast uns in der Kirche auf Erden ein Abbild des himmlischen Jerusalem geschenkt. Mache uns durch diese heilige Kommunion zum Tempel deiner Gnade und lass uns dorthin gelangen, wo deine Herrlichkeit thront. Darum bitten wir durch Christus, unseren Herrn ..."

Dass Gott im Menschen wohnt, thematisiert die Liturgie sowohl für die Gemeinschaft der Gläubigen, wie auch für das Individuum. So heißt es z. B. im Tagesgebet des Dienstags der 7. Osterwoche:

> „Allmächtiger und barmherziger Gott, sende den Heiligen Geist auf uns herab. Er wohne in uns und mache uns zum Tempel seiner Herrlichkeit. Darum bitten wir durch Jesus Christus ..."

Oder am Fest der heiligen Gertrud, einer Mystikerin:

> „Gott, du Sehnsucht deiner Geschöpfe, es hat dir gefallen, im Herzen der heiligen Gertrud Wohnung zu nehmen. Schenke auch uns auf ihre Fürbitte die Tröstungen deiner Gegenwart, bringe Licht in das Dunkel unseres Herzens und lass uns erfahren, dass du in uns lebst und wirkst. Darum bitten wir durch Jesus Christus ..."

*Sehr schön sehen wir bei diesem Gebet, dass aus spiritueller Perspektive der Mensch in seinem Herzen eine große Sehnsucht nach Gott hat. Und genau darin entspricht er in seinem Herzen der Dynamik Gottes, der im Herzen des Menschen wohnen möchte.*

Fassen wir diesen ersten Gedankengang zusammen: Aus pastoralpsychologischer Perspektive ist es eine wichtige Vergewisserung, dass aus theologischer Sicht der Mensch – bildlich gesprochen – als Wohnort, als Tempel Gottes gelten darf. In der Gemeinschaft der Gläubigen, aber auch als Individuum ist er der Ort, an dem die Herrlichkeit Gottes wohnt. Wir finden diesen Gedanken wie selbstverständlich in der Frömmigkeit der Gläubigen. Seine Basis ist grundgelegt in der Heiligen Schrift. Und in der Liturgie der Kirche wird er ins Gebet gebracht.

## 2 Leib und Seele in Philosophie, Theologie und Psychologie

Wenn man als Pastoralpsychologe versucht, eine Definition für den Begriff der Seele in der Humanwissenschaft der Psychologie zu finden, stößt man in vielen Lehrbüchern der Psychologie auf eine Leerstelle. Sehr pointiert findet sich diese Position mit einem Aufmacher in der Weihnachtsausgabe des amerikanischen „Time Magazine“ vom 24.12.1956:

> „Der Mensch in seiner Frühzeit hatte eine ψυχή, womit die Seele (soul) gemeint war. Der moderne Mensch hat eine Psyche, mit der er eine lästige Maschine meint, voll von Es und Über-Ich, bewusst und unbewusst, mit optionalem Zubehör wie ödipalen Feedbacks. An die Stelle der Seele hat er die Psychologie gesetzt.“[8]

Viele der in der Gegenwart am meisten akzeptierten Selbstdefinitionen der Psychologie verzichten ganz bewusst auf einen exakt definierten Seelenbegriff. Auf die Frage: „Wie definieren Sie die Seele?“ – worauf Philosophen und Theologen gerne ausführlich Antwort geben – würden viele Fachpsychologen antworten: „Das können wir nicht, und das brauchen wir auch nicht!“ Sie beschreiben das Fach funktional.

So lautet die gängigste Definition der Psychologie: *Die Psychologie ist die Wissenschaft vom Verhalten und Erleben und der Wechselwirkung zwischen dem Verhalten und Erleben.*[9] Warum das so ist, liegt – hier sehr vereinfacht dargestellt – in mehreren Entwicklungen begründet: 1. Die Existenz einer wie auch immer gearteten Seele entzieht sich dem Nachweis einer auf Empirie gründenden Naturwissenschaft, wie es die universitäre Psychologie in der Gegenwart sein muss. 2. Die Philosophie liefert so heterogene Definitionen, dass sich damit aus Sicht einer selbstständigen Wissenschaft wie der Psychologie

8 A Soul without Psychology, in: Time Magazine 68 (26) 1956.
9 D. Krech, R. S. Crutchfield (Hg.), Grundlagen der Psychologie, Weinheim 1992, 12.

nicht weiterarbeiten lässt. 3. Philosophische Seelenbegriffe (und auch jene theologischen, die philosophisch ansetzen) berücksichtigen häufig wenig oder gar nicht die körperliche Dimension des Menschen. 4. Christlich-theologische Definitionen der Seele setzen in der Regel die Existenz eines Schöpfungsglaubens für die Seele voraus.

Wenn man sich also als gläubiger Mensch mit Psychologie beschäftigt, muss man sich immer vor Augen halten, dass die Psychologie als moderne Wissenschaft aus methodologischen Gründen ohne eine Gottesvorstellung auskommen muss. Allerdings hat sie damit den Vorteil der Freiheit von einer sehr schwierigen philosophisch begründeten Altlast: gemeint ist die aus der Philosophie in das Alltagsverständnis übergegangene Zweiteilung des Menschen in Leib und Seele. Denn dieser Dualismus ist sachlich für ein ganzheitliches Verständnis des Menschen heute ein kaum zu überwindendes Problem. So illustriert der Dogmatiker Wolfgang Beinert den philosophischen, genauer gesagt den platonischen Leib-Seele-Dualismus:

> „Entscheidend ist, daß Leib und Seele als zwei strikt zu unterscheidende Wesenheiten verstanden werden, die im Leben diesseits des Todes nur mehr oder weniger zwangsweise zusammengekettet sind und sich verhalten wie der Kerker zum Häftling, und daß beide dieserhalb in einem streng hierarchischen Zueinander stehen. So muß zwar der Leib in der Seele, die Seele aber mitnichten im Leib sein."[10]

Einen Dualismus zwischen Leib und Seele gibt es aus biblisch-theologischer Perspektive glücklicherweise nicht. Im biblischen Denken und Erleben kann der Mensch nicht als Summe aus zwei oder noch mehr Teilen verstanden werden. Eine theozentrische Anthropologie auf der Basis der Heiligen Schrift versteht den Menschen als Ganzheit. *Die Anthropologie der Bibel denkt eben nicht analytisch, sondern synthetisch. Der Mensch ist immer ganz Mensch – nicht zusammengesetzt.* Und er ist ganz Mensch in seiner Beziehung zu seinem Schöpfergott. So expliziert Wolfgang Beinert das biblische Grundverständnis weiter:

> „Es sind im wesentlichen vier Begriffe, in denen sich die israelische Sicht vom Menschen artikuliert. Diese lauten: nefes, ruach, basar, leb. Sie sind aber nicht Bezeichnungen von Bestandteilen wie im Griechischen soma und psyché, sondern von Aspekten, von anthropologischen Perspektiven."[11]

10 W. Beinert, Die Leib-Seele-Problematik in der Theologie (Schriftenreihe der Karl Rahner Akademie), Köln 2002, 10.

11 Ebd., 11f.

„Nefes" bedeutet Kehle, meint aber nicht das Organ, sondern den Atmungsvorgang und damit die Lebenskraft. In seiner Lebendigkeit ist der Mensch stets Individuum. „Ruach" bezeichnet die Geisteskraft des Menschen. Sie ist Gott unterstellt und bringt den Menschen in eine besondere Gottesbeziehung. Der Mensch steht daher als Mensch in einer „Geist-Wirklichkeit". „Basar" meint die leibliche, körperliche Dimension – den Menschen, der im Unterschied zu Gott stets von Blut durchströmt ist. Der Mensch ist stets Geschöpf. Damit verbunden ist auch seine Endlichkeit – aber es ist eine stets von Gott geliebte Endlichkeit. „Leb" meint das Herz des Menschen, zuerst als das Organ, aber dann als Synonym für das Zentrum der personalen Entscheidungen im Angesicht Gottes.

Wie wir gesehen haben, haben alle vier Begriffe für den Menschen eine große Gemeinsamkeit: *Wenn vom Menschen die Rede ist, ist immer vom ganzen Menschen in seiner Beziehung zu Gott die Rede. Welcher Akzent, welche Perspektive auch immer der Ausgangspunkt der Aussage ist: Der Mensch ist immer ein ganzer in seiner Relation zu seinem Schöpfer.*

Der neutestamentliche Seelenbegriff ist vergleichbar ganzheitlich und ebenfalls relational:

> „Im Neuen Testament bezeichnet ψυχή [...] die Seele als Lebensprinzip von Menschen [...] und Tieren [...] sowie beim Menschen den Sitz und Ausgangspunkt seiner Affekte und Emotionen [...], wobei der Begriff auch als Ersatz für das Personal- und Reflexivpronomen dienen kann [...]. Insbesondere meint ‚Seele' das Leben und die Lebenskraft des Menschen in seiner psychosomatischen Ganzheit als Individuum und Person [...] mit seiner wesenhaften Offenheit für Gott [...]."[12]

*Systematisch-theologisch* kann der Mensch daher angemessen nur bestimmt werden, wenn er als Einheit zweier Pole gesehen wird: Er ist Teil dieser Welt und zugleich Bild Gottes, d.h. das in engster Beziehung zu ihm stehende, von ihm persönlich berufene und zur Antwort befähigte „Du Gottes". Er ist ganz in die Welt eingetaucht und ein Stück ihrer Beziehungsganzheit. Bezeichnet man den ersten Pol als „Leib", kraft dessen Menschsein sich wesenhaft im Beziehungsnetz einer ihm vorgegebenen Welt vollzieht, so ist die Seele jener Pol, kraft dessen der Mensch vor Gott und in wesenhafter Beziehung zu ihm steht. Der Mensch ist die Einheit beider Pole. Darum ist die Seele ebenso wie der Leib immer eine Aussage über den ganzen Menschen.

12 E. Haag, Seele IV. Biblisch-theologisch (2), in: LThK[3] 9 (2000) 374.

Akzentuieren wir das Gesagte noch etwas weiter im Sinne unseres Gedankengangs: Aus biblisch-theologischer Sicht ist der Mensch immer *Person in Offenheit für Gott*. Der Mensch ist immer das „Du" Gottes. Wenn also dieser Vortrag den Titel trägt: „Wisst ihr nicht, dass ihr Gottes Tempel seid und der Geist Gottes in euch wohnt? (1 Kor 3,16) Die Seele als Ort der Gottesbegegnung", dann darf der Titel nicht dualistisch missverstanden werden. Lassen Sie es mich deutlich sagen: Aus biblischer Perspektive gilt selbstverständlich, dass auch der Leib des Menschen einen Ort der Gottesbegegnung darstellt. Oder ganz pointiert: *Der Mensch ist als ganzer Mensch – umgangssprachlich gesagt als Mensch mit Leib, Seele und Geist – ein heiliger Ort der Gottesbegegnung.*

In diesem ganzheitlichen Verständnis ist die biblische Anthropologie dem psychologischen Verständnis des Menschen näher als die meisten philosophischen Ansätze. Aus theologischer Perspektive sollten wir noch einmal Wolfgang Beinert zu Wort kommen lassen, der die tiefe Wahrheit des Menschen in seiner Beziehung zu Gott wie folgt zusammenfasst:

> „Er bleibt im tiefsten aus diesem Grund Geheimnis – aber ein Geheimnis, das in die Fröhlichkeit und Freude der kommunikativen und dialogischen Liebe Gottes geleitet – schon jetzt und in der Mühsal des Suchens mit Leib und Seele nach der Antwort: Was ist der Mensch? Er ist Gottes! Das ist die letzte Antwort der Theologie, die höchste, die der Mensch erwarten kann."[13]

Was aber sind nun die Implikationen des heutigen Selbstverständnisses der Psychologie als Wissenschaft vom Verhalten und Erleben? Sie hat die traditionelle metaphysische Psychologie endgültig verabschiedet. So hält auch Klaus Kießling im aktuellen Lexikon für Theologie und Kirche fest:

> „Die traditionelle metaphysische Psychologie versteht unter Seele die im Menschen befindliche, sich im Wechsel der Lebensvorgänge durchhaltende, unstoffliche Substanz, die das psych. Leben hervorbringt und trägt sowie den Organismus belebt. Psychologische Fragestellungen gelten daher ihrer Substantialität, Personalität und Geistigkeit, ihrer Einheit sowie ihrer Unsterblichkeit."[14]

13 W. Beinert, Die Leib-Seele-Problematik in der Theologie (Schriftenreihe der Karl Rahner Akademie), Köln 2002, 43.

14 K. Kießling, Seele: I. psychologisch, in: LThK$^3$ 9 (2000) 369–370.

Für die Psychologie als moderne universitäre Wissenschaft ist die Seele allerdings nicht die philosophische, sich in allen Lebensvorgängen durchhaltende unstoffliche Substanz. *Die Psychologie von heute setzt auf die Beobachtung von Prozessen, die sich um Funktionieren des Psychischen manifestieren und sich mittels empirischer Indikatoren operationalisieren lassen. Pointiert könnte man sagen: Die Psychologie gibt die metaphysische Substanz der Seele preis, kann aber sehr wohl Seele untersuchen.* Für die Psychologie ist die Seele eine Art Konstrukt, ein Untersuchungsgegenstand, der zwar als beobachtbares Phänomen existiert, nicht aber als physikalisches oder metaphysisch greifbares Faktum.

Das Stichwort „Seele" findet sich daher in manchen psychologischen Lexika von heute nicht mehr. Wenn es aber vorkommt, dann findet man z. B. in dem bekanntesten deutschsprachigen psychologischen Wörterbuch folgenden Definitionsvorschlag:

> „Seele: engl. soul; gr. ψυχή (psyche), [lat. anima]. syn. Psyche, [PHI], ursprünglich das lebensspendende Prinzip im Menschen, auch die den Leib gestaltende und bewegende Kraft [...]; sprachlich verwandt mit Hauch, Atem. [...] In vielen Kulturen verbreitet ist die Idee einer dem Körperinneren innewohnenden, unsterblichen Seele. [...] In der zeitgenössischen Philosophie und Ps. dominiert die Auffassung. dass es keine substanzielle Seele gibt und dass die sog. seelischen (psych., mentalen) Vorgänge auf das Zentralnervensystem als physischen Träger angewiesen sind [...]. [So] findet der Begriff Seele wegen seiner Assoziation mit metaphysischen Fragen (Unsterblichkeit, Beziehung zu Gott) kaum Verwendung."[15].

Aus psychologischer Sicht ist die Annahme einer substanziellen Seele zur Erklärung von Verhalten und Erleben nicht notwendig. Durch die Entwicklung von Modellen der Selbststeuerung und komplexen Informationsverarbeitung ist es möglich, Verhalten und Erleben als individuelle Selbstkonstruktion des Menschen in seiner sozialen Welt zu begreifen. William James von der Harvard University hatte in seinen Prinzipien der Psychologie bereits an der Wende vom 19. zum 20. Jahrhundert formuliert:

> „Die Seele ist jedenfalls überflüssig, die tatsächlichen subjektiven Phänomene des Bewusstseins als Erscheinung auszudrücken. [...] Die Einheit, die Identität, die Individualität und die Immaterialität, die im psychischen Leben auftauchen, werden somit ausschließlich als phänomenale und zeitliche Tatsachen betrachtet, und zwar ohne Bezugnahme auf einen einfacheren oder substanzielleren Akteur als den gegenwärtigen Gedanken oder Ausschnitt des Gedankenstromes [original: "It is at

15 M. Wirtz (Hg.), Dorsch-Lexikon der Psychologie, Bern [18]2017, 1505.

all events needless for expressing the actual subjective phenomena of consciousness as they appear. [...] The unity, the identity, the individuality, and the immateriality that appear in the psychic life are thus accounted to as phenomenal and temporal facts exclusively, and with no need of reference to any more simple or substantial agent than the present thought or section of the stream"]"[16].

## 3 Gehirnforschung und Psychologie: Das Gehirn als Ort der Gottesbegegnung / Gotteserfahrung als Quelle der Lebensqualität

In unserem Gedankengang sind wir jetzt an einem entscheidenden Punkt: Wir haben gesehen, dass die heutige Psychologie den Menschen vor allem als informationsverarbeitendes System begreift. Das Zentrum dieser Informationsverarbeitung ist das menschliche Gehirn. Die heutige Gehirnforschung ist ein ausgesprochen spannendes Feld, das sich in einer hohen Dynamik entwickelt und ununterbrochen neue Erkenntnisse produziert, die auch eine große Bedeutung für glaubende Menschen und das theologische Denken haben können. Es lohnt sich sehr, einen Einblick zu erhalten in die Erforschung des Gehirns in seiner Bedeutung für die Gottesbegegnung und die Gotteserfahrung. Die Frage lautet: *Wie können wir uns eigentlich vorstellen, dass das menschliche Gehirn seinen Beitrag leistet für die Gottesbegegnung?*

Anschaulich wird dies, wenn man mit einem ganz ursprünglichen Forschungsdesign beginnt.[17,18] Es gab einen italienischen Physiologen, Angelo Mosso (1846–1910), der eine Art Vorläufer-Forscher für die heutige funktionelle Magnetresonanztomographie war. Unter anderem untersuchte er Patienten, die an Defekten der Schädeldecke litten oder bei denen er die Schädeldecke öffnen musste. Bei ihnen konnte er die Pulsation der Gefäße im Gehirn beobachten – das Gehirn ist übrigens schmerzfrei, daher ist dies gut möglich. Er hatte einen Patienten namens Bertino, einen Bauern. Bei diesem stellte er

16 W. James, The Principles of Psychology, Vol. 1, New York 1931, 344 (dt. C.J.).

17 Vgl. A. Mosso, Concerning the Circulation of the Blood in the Human Brain, Leipzig 1881.

18 Vgl. S. Sandrone, et al., Weighing Brain Activity with the Balance: Angelo Mosso's Original Manuscripts Come to Light, in: Brain 137(2) 2014, 62133. http://dx.doi.org/10.1093/brain / awt091.

Folgendes fest: Immer wenn am Mittag die Kirchenglocken läuteten, wurden die Pulsationen im Gehirn stärker. Der am Arm gemessene Puls und der Blutdruck blieben allerdings unverändert.

Mosso folgerte damals, dass der Aufruf zum Gebet bei diesem frommen Bauern diese Blutflussänderung hervorgerufen hat.[19] Das gleiche Prinzip der Messung von Blutflussänderung realisierte er auch mit einer Art Wippe, die er eine menschliche „Zirkulations-Balance-Maschine“ nannte. Wenn sich Menschen auf eine Platte legten, die in der Mitte ausbalanciert war, führte die Durchführung einer kognitiv oder emotional beanspruchenden Aufgabe zur Verschiebung des Gleich-

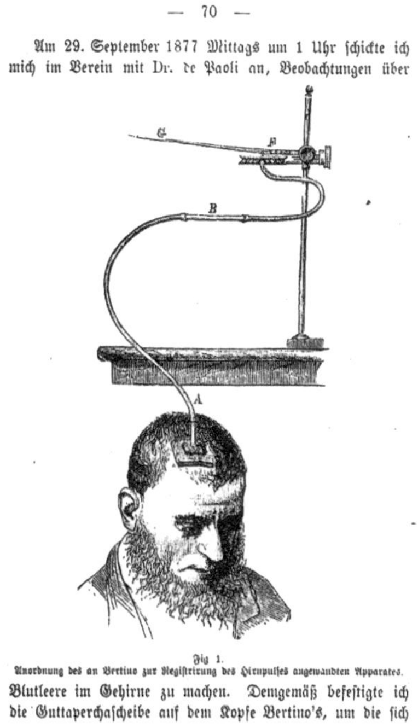
— 70 —

Am 29. September 1877 Mittags um 1 Uhr schickte ich mich im Verein mit Dr. de Paoli an, Beobachtungen über

Fig 1.
Anordnung des an Bertino zur Registrirung des Hirnpulses angewandten Apparates.

Blutleere im Gehirne zu machen. Demgemäß befestigte ich die Guttaperchascheibe auf dem Kopfe Bertino's, um die sich

Abb. 1 | Anordnung des an Bertino zur Registrierung des Hirnpulses angewandten Apparates

gewichts in Richtung des Kopfes. Dies ließ sich sogar mit dem Gewicht des Blutes in Gramm messen: Es waren bis zu 42 Gramm oder eben die Steigerung des Blutbedarfes um bis zu 40 Milliliter. Man könnte sagen: Auf diese Weise konnte Mosso das „Gewicht von Gedanken“ oder eben auch das „Gewicht des Betens“ messen.[20] Die Idee von Angelo Mosso, dass Frömmigkeit irgendwie messbar sei, ist natürlich so interessant, dass sie in der Gegenwart weiter verfolgt wird. Die modernen Gehirnforscher fragen sich: *Was passiert im Gehirn, wenn der Mensch eine spirituelle Aktivität ausführt?*

Bevor wir aber in die moderne Gehirnforschung einsteigen, sollten wir uns noch einen theoretisch-phänomenologischen Zugang

19 Vgl. M. Spitzer, Lernen, Heidelberg 2006, 37–40.
20 Vgl. T. Stukenberg, Mit der Wippe die Gedanken wiegen, in: Spiegel Online 09. 09. 2014 (Download: 12. 05. 2018).

zum Verständnis und Funktionieren des Gehirns erarbeiten, der mit unserem theologischen Verständnis kompatibel ist. Es gibt einen philosophisch versierten Gehirnforscher an der Universität Heidelberg, Thomas Fuchs, der ein hilfreiches Buch geschrieben hat mit dem Titel: „Das Gehirn – ein Beziehungsorgan“[21]. In diesem Buch wendet er sich gegen eine funktionalistische und materialistische Engführung des menschlichen Gehirns als Denkmaschine. *Für ihn ist das Gehirn ein Organ, das dafür da ist, um mit anderen Menschen in Beziehung zu treten.* Und ich würde heute ergänzen: Das Gehirn ist nicht nur dafür da, um mit anderen Menschen in Beziehung zu treten, sondern um auch mit Gott in Beziehung zu treten. Thomas Fuchs schreibt:

> „Das Gehirn ist vor allem ein Vermittlungsorgan für die Beziehung des Organismus zur Umwelt und für unsere Beziehungen zu anderen Menschen. Diese Interaktionen verändern das Gehirn fortlaufend und machen es zu einem biografisch, sozial und kulturell geprägten Organ. Es ist nicht das Gehirn für sich, sondern der lebendige Mensch, der fühlt, denkt und handelt. Wird das Gehirn von der Rolle des Weltschöpfers befreit, mit der es zweifellos überfordert ist, dann können wir seine faszinierenden Vermittlungsleistungen würdigen, ohne uns selbst, unser Erleben und Handeln nur noch als Output einer informationsverarbeitenden neuronalen Apparatur begreifen zu müssen“[22].

*Ein solches Verständnis des menschlichen Gehirns kommt unserer biblischen Anthropologie wieder ein ganzes Stück näher.* Der Mensch als Subjekt der Wahrnehmung seiner Welt ist durch sein Gehirn in seinem Körper ausgedehnt über den ganzen Raum, er ist verkörperte Subjektivität. Die somatosensorischen und somatomotorischen Strukturen sind notwendige Bedingungen seines Selbsterlebens als Subjekt und seines Selbsterlebens in der Beziehung zu anderen Menschen und – aus der Perspektive eines glaubenden Menschen – seiner Beziehung zu Gott.

Auf dem Hintergrund ist es natürlich interessant, ob wir Veränderungen im Gehirn feststellen können, wenn ein Mensch meditiert oder betet: *Können wir nachweisen, dass im Gehirn etwas passiert?* Die moderne Gehirnforschung hat sich bereits intensiv dieser Frage an-

21 Vgl. T. Fuchs, Das Gehirn – Ein Beziehungsorgan: Eine phänomenologisch-ökologische Konzeption, Stuttgart 2016.
22 Ebd., 9.

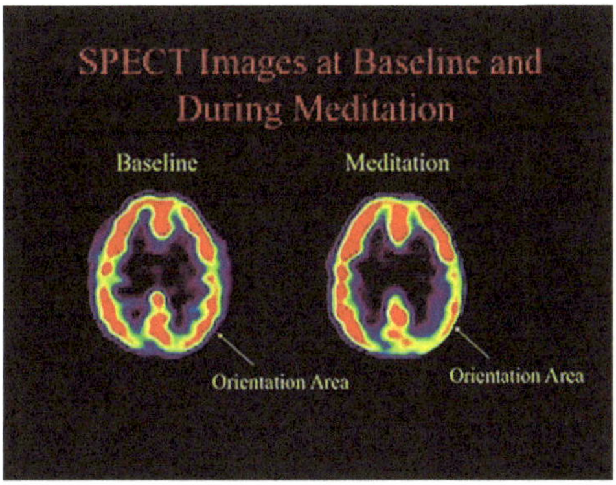


Abb. 2 | SPECT Images at Baseline and During Meditation (Website von Andrew Newberg)

genommen und bedeutsame Ergebnisse bereitgestellt. Exemplarisch sei hier der Forschungsansatz von Andrew Newberg vorgestellt.[23,24,25]

Professor Newberg untersucht Personen, die beten und meditieren, mit Hilfe von hochkomplexen Geräten. Es handelt sich um sog. „Funktionelle Magnetresonanztomographen“. Sie machen genau das gleiche auf dem Stand der Technik, was Angelo Mosso vor bald 150 Jahren auch gemacht hat: Sie messen den Blutfluss im Gehirn in Aktivierungssituationen durch Gebet und Meditation. Wenn man bedenkt, dass man sich beim Beten und Meditieren dafür „in eine Röhre“ legen muss, dann kann man sich vorstellen, wie viel Erfahrung und Widerstandskraft man beim Beten haben muss, um dies in einer solchen Extremsituation auch tatsächlich realisieren zu können. Auf den hier von der Website von Andrew Newberg zitierten Abbildungen sieht man, dass bei Meditation und Gebet spezifische Areale, also Gehirnregionen aktiviert sind.

Bei der auf ein Leerwerden des Geistes hin orientierten buddhistischen Meditation findet man eine Aktivierung im Frontalhirn und eine Herabsetzung der Aktivierung im Areal für die Orientierung im gegenwärtigen Raum. Beim auf ein „Du“ hin orientierten sprachlich

23 Vgl. A. Newberg, How God Changes Your Brain: An Introduction to Jewish Neurotheology, in: The Reform Jewish Quarterly (2016) 18–25.

24 Vgl. A. Newberg, Epistemological Issues in Neurotheology, in: Principles of Neurotheology, London 2016, 259–276.

25 Vgl. D. B. Yaden, J. Iwry, A. Newberg, Neuroscience and Religion: Surveying the Field, in: J. J. Kripal, Religion: Mental Religion (Macmillan Interdisciplinary Handbooks), Farmington Hills 2016, 277–299.

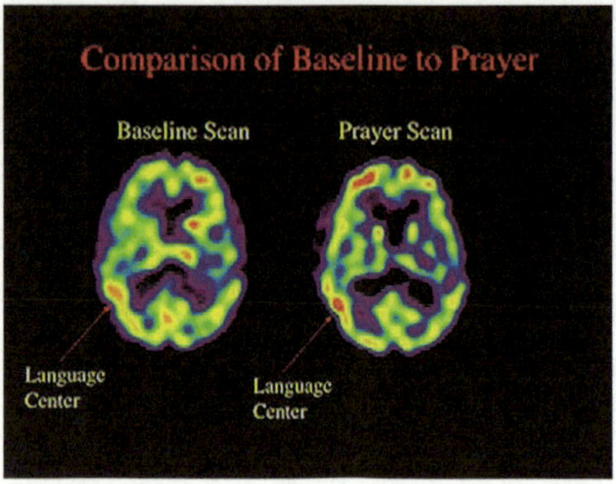


Abb. 3 | Comparison of Baseline to Prayer (Website von Andrew Newberg)

verfassten Gebet franziskanischer Ordensfrauen findet sich eine Aktivierung im Frontalhirn und im Sprachzentrum. Die Gehirnaufnahmen bestätigen also, was man eigentlich schon weiß: Bei der Meditation wird die Aufmerksamkeit von der Außenwelt abgezogen und auf das Innere gelenkt. Bei dem Gebet in Form von Sprache braucht es das Sprachzentrum und die kognitiven Funktionen des Frontalhirns. Stets sind allerdings die Regionen im limbischen System im Zentrum des Gehirns beteiligt: Hier finden sich positive Auswirkungen auf die emotionale Situation der Betenden oder Meditierenden.

Zur Sicherheit sei hier eine Vergewisserung eingeschoben: Diese Gehirnscans sind natürlich kein Gottesbeweis. Sie sollten daher auch nicht überinterpretiert werden.[26,27] Aber trotzdem: Was man durch diese Aufnahmen zeigen kann, ist, dass etwas Immaterielles wie Gebet oder Meditation ein materielles, körperliches Korrelat besitzt.

Man kann die „Verleiblichung des Betens“ nicht nur mit Blutflussaufnahmen nachweisen, sondern auch mit dem EEG, dem Elektroenzephalogramm. Hier spielen die Alpha-1-Wellen, Alpha-2-Wellen, Gamma-Wellen und Theta-Wellen eine besondere Rolle. Es kann gezeigt werden, dass langjähriges Meditieren zu einem verstärkten Auftreten hochfrequenter Gamma-Wellen im EEG führt. Daher gibt offenbar gerade die Gamma-Aktivierung die Meditationsgüte an, d.h.

26 Vgl. M. van Elk, A. Aleman, Brain Mechanisms in Religion and Spirituality. An Integrative Predictive Processing Framework, in: Neuroscience & Biobehavioral Reviews 73 (2017) 359–378.

27 Vgl. I. Cristofori et al., Neural Correlates of Mystical Experience, in: Neuropsychologia 80 (2016) 212–220.

die Erfahrenheit des Praktizierenden. Relevante EEG-Veränderungen können bereits nach recht kurzer Übungszeit beobachtet werden. Aber sicher ist: Je mehr man sich das Beten zur Gewohnheit macht, desto mehr schafft es sich Strukturen und Funktionen im Gehirn.

Professor Tobias Esch, Forscher an der Universität Witten/Herdecke, fasst in einem Überblicksartikel die Erkenntnisse so zusammen:[28] Die Forschungen zeigen sowohl funktionelle, aber auch strukturelle Veränderungen von Meditation, Gebet und anderen Praxisformen von Achtsamkeit auf das menschliche Gehirn. Die Veränderungen zeigen sich in Arealen des Gehirns, die mit Aufmerksamkeit und Gedächtnis, mit Körperwahrnehmung und Selbstregulation von Emotionen und Stress zusammenhängen. Dies hat sogar Konsequenzen für die Ausschüttung von Botenstoffen im Gehirn wie Dopamin und Serotonin, die für das Glücksempfinden des Menschen einen großen Beitrag leisten.[29] Professor Esch interpretiert diese Befunde als durch Meditation und Gebet geförderte Potenziale zu Freiheit, Wachstum, aber auch zu Akzeptanz, Verbundenheit und Glück, sowie zu tiefer innerer Zufriedenheit. Wichtig ist: Meditation und Beten haben nur dann positive Wirkungen auf das Gehirn und darüber auf die Psyche, den Körper und den Geist des Menschen, wenn wir das auch regelmäßig üben. *Dazu braucht es eine Praxis, die sich in unserem Tagesablauf und in unserem Jahreskalender spürbar niederschlägt. Auch beim Gebet gilt: Von nichts kommt nichts. Das Gebet ist keine magische Pille, die man nehmen kann, weil sich dann die Welt auf einmal verändert. Gebet verändert uns langsam und auf Dauer.* Daher spricht Ignatius von Loyola ja auch stets von „Exerzitien“, also von *Übungen*, wie man dieses Wort ins Deutsche übersetzt.

Damit kommen wir zu einem weiteren interessanten Aspekt aus der Forschung: und zwar aus der großen Seelsorgestudie in Deutschland mit insgesamt über 8500 teilnehmenden Priestern, Diakonen, PastoralreferentInnen und GemeindereferentInnen.

28 Vgl. T. Esch, Die neuronale Basis von Meditation und Achtamkeit, in: SUCHT 60 (2014) 21–28.

29 Vgl. T. Esch, Die Neurobiologie des Glücks, Stuttgart $^{3}$2017.

In diesem Forschungsprojekt hatten wir uns gefragt:[30,31,32] *Wie können wir psychologisch messen, dass sich die Erfahrung einer Beziehung zu Gott im Leben des Menschen niederschlägt? Und: Können wir messen, ob sich Gotteserfahrung möglicherweise auch in der Lebensqualität zeigt?*

Es gibt unterschiedliche Möglichkeiten, wie man dabei für die Beantwortung der Fragen empirisch vorgehen kann. Wir können dafür nach der Häufigkeit bzw. der Zeitinvestition fragen, also z. B. „Wie häufig gehen Sie zur Messe?“ oder „Wie viel Zeit investieren Sie pro Tag für das Gebet?“. Es gibt aber noch eine weitere Dimension, die sich als am aussagekräftigsten erweist. Das ist die Frage nach der sog. „Erfahrungsstärke“. Das sei näher erläutert. Die Aussagen, die zu bewerten waren, lauteten: „Ich spüre Gottes Gegenwart. – Ich finde Kraft in meinem Glauben. – Ich fühle inneren Frieden. – Ich fühle mich Gott nahe. – Ich spüre Gottes Liebe. – Ich bin berührt von der Schöpfung.“ Dazu haben wir sechs Aussagen mit den Antwortmöglichkeiten „nie / fast nie – gelegentlich – an manchen Tagen – an vielen Tagen – jeden Tag – mehrmals täglich“ angeboten und einen gemeinsamen Mittelwert berechnet. Mit dessen Hilfe konnten wir für die Stärke der Gotteserfahrung zwei Gruppen bilden: die eine Gruppe, die unter dem Mittelwert liegt, die andere Gruppe, die über dem Mittelwert liegt. Und dann konnte man diese beiden Gruppen vergleichen in Bezug auf ihre Lebenszufriedenheit, ihre Arbeitszufriedenheit, ihre Gesundheit, ihr Stressniveau, ihren Burnout-Status, ihr Engagement usw. Wir sehen bei vielen der uns interessierenden alltagsbedeutsamen Indikatoren positive Effekte auf die verschiedenen Maße der aktuellen Befindlichkeit (Lebenszufriedenheit, Arbeitszufriedenheit, Gesundheit, Stress, Burnout). Die Personen mit einer stärkeren Gotteserfahrung berichten uns insgesamt von einer besseren Lebensqualität (z. B. auch mehr Wertschätzung, mehr Engagement, mehr Identifikation mit der eigenen Lebensform). Eine Deu-

30 Vgl. K. Baumann, A. Büssing, E. Frick, C. Jacobs, W. Weig (Hg.), Zwischen Spirit und Stress. Die Seelsorgenden in den deutschen Diözesen, Würzburg 2017.

31 Vgl. C. Jacobs, Die Deutsche Seelsorgestudie 2012–2014. Konzept, Ergebnisse und Konsequenzen, in: Zeitschrift für Pastoraltheologie 37 (2017) 9–38. https://www.uni-muenster.de/Ejournals/index.php/pthi/article/view/2123/2037 (Download: 04. 10. 2017).

32 Vgl. C. Jacobs, K. Baumann, A. Büssing, W. Weig, E. Frick, Überraschend zufrieden bei knappen Ressourcen – Und die Kraft der Spiritualität. Ergebnisse der deutschen Seelsorgestudie, in: HerKorr 69 (2015) 294–298.

tungsmöglichkeit lautet: Wer sich stärker in Kontakt fühlt mit Gott, der fühlt sich „stärker“ in seinem Alltagsleben. Und da es vermutlich zwischen beidem eine Wechselbeziehung gibt, darf man – ich springe jetzt schon zur Anwendung im Alltag – auch folgenden Rat geben: „Investieren Sie Zeit und Energie in alles, was Ihre Gotteserfahrung stärker macht. Dies erhöht die Chance, dass sich dies in Ihrer Lebensqualität manifestiert.“ Natürlich geht es nicht darum, die Beziehung zu Gott zu verzwecken. Aber auch die Heilige Schrift und die spirituelle Tradition gehen selbstverständlich davon aus, dass sich Glaubenspraxis auch positiv in wohltuenden Lebenserfahrungen erfahrbar niederschlagen kann. Die bedeutsamste Quelle für die Gotteserfahrung war in unserer Studie wiederum das Gebet.

Wenn wir die einzelnen Perspektiven dieses Abschnittes unseres Gedankengangs an dieser Stelle noch gemeinsam sichten, können wir festhalten: Das menschliche Gehirn darf aus humanwissenschaftlicher und philosophisch-phänomenologischer Perspektive als Beziehungsorgan verstanden werden, das sich in Sensorik und Motorik im ganzen Körper auswirkt. Seine Interaktionen mit der Umgebung verändern es selbst fortwährend. So ist es auch plausibel, dass geistige Prozesse, wie z. B. das Beten und Meditieren, im Gehirn leiblich manifest werden. So kommt Andrew Newberg zu dem plakativen Buchtitel: *How God changes your Brain*[33]. Dabei hilft ihm der Vergleich mit einem Muskel:[34] Wer seine Muskeln trainiert, tut seinem Körper etwas Gutes, weil dieses Training seinen Körper stärker macht. *Wer sein Gehirn in Gebet und Meditation geistig trainiert, spürt diese Effekte häufig – mit aller Vorsicht und mit einigen Ausnahmen gesagt – in innerer Stärke, in erlebtem Frieden, wachsender Gelassenheit und menschlichem Wachstum.* Das ist zwar kein Automatismus – und der Glaube verschont niemanden vor Unglück und Leid! Und trotzdem: Wer sich in Gebet und Meditation übt, kann sich als Mensch in positiver Weise verändern. Er nimmt mit dem Maße der Übung Einfluss auf sich selbst: seinen Leib, seine Psyche, seinen Geist.

33 Vgl. A. Newberg, M. R. Waldman, How God Changes Your Brain. Breakthrough Findings from a Leading Neuroscientist, New York 2010.

34 Vgl. A. Newberg, The Neurotheology Link. An Intersection between Spirituality and Health, in: Alternative and Complementary Therapies 21 (2015) 13–17.

## 4 Spirituelle Perspektiven: Meister Eckhart – Die Seele als Tempel für die „Gottesgeburt in der Seele"

Nachdem wir nun gesehen haben, wie sich die Praxis des Betens in unserem Körper und in unserem ganzen Leben niederschlagen kann, möchte ich nun zum Abschluss unseres Gedankengangs noch einen Impuls aus der Mystik mit auf den Weg geben. Der Impuls stammt von Meister Eckhart, einem Mystiker, der uns gerade in unserer heutigen Zeit sehr viel zu sagen hat.[35] Eckhart von Hochheim wurde um 1260 geboren und starb im Jahre 1323 in Avignon. Vermutlich ist kaum ein geistlicher Lehrer sowohl bei Christen als auch bei Nichtchristen so gleichermaßen modern und beliebt wie er: vor allem bei Menschen, die spirituell engagiert sind und nach neuen Wegen suchen.

Meister Eckhart ist ein Meister der Lebenskunst, nach der wir heute in unserem Leben im Kontext so vieler Verunsicherungen und Desorientierungen so stark wieder suchen.[36] Sein Anliegen ist eine Lebenseinstellung, die angesichts von vielen Ansprüchen, die das Leben an einen Menschen stellt, Halt gibt und Gelassenheit verleiht. Es geht ihm um das „Leben aus dem Grunde des Lebens"[37]. Letztlich thematisiert er damit die Beziehung des Menschen zu seinem Gott und von Gott zu seinem Menschen. *Sein Interesse ist die Antwort auf die Frage: Wie geschieht die „Geburt Gottes" in der Seele des Menschen?*

Meister Eckhart hat dazu viele Predigten gehalten, die sich mit dem menschlichen Alltag auseinandersetzen. Eine Predigt beschäftigt sich mit der Erzählung von der Tempelreinigung im Matthäus-Evangelium (Mt 21,12–17 – DW 1, Pr. 1 – vgl. dazu[38]). Diese Predigt macht genau das Gleiche zum Thema, was in unserem Gedankengang im Mittelpunkt steht: *Wie wird die Seele zum Wohnort Gottes?*

Meister Eckhart legt die Tempelreinigung in dieser Predigt allegorisch aus: Der Tempel ist die menschliche Seele. Er richtet diese Pre-

35 Vgl. K.H. Witte, Meister Eckhart: Leben aus dem Grund des Lebens. Eine Einführung, Freiburg 2017.

36 Vgl. D. Mieth (Hg.), Meister Eckhart. Vom Atmen der Seele. Aus den Traktaten und Predigten, Stuttgart 2014.

37 S. Anm. 28.

38 Vgl. D. Mieth, Meister Eckhart, München 2014.

digt an „Normalchristen“, die er „die guten Leute“ nennt: also Menschen wie wir, die sich in ihrem Leben bemühen, ihren Glauben zu leben. Er kritisiert solche „guten Leute“ in der Art, dass sie noch Einiges zu lernen hätten, um Gott zu verstehen. Denn sie verstehen ihren Glauben im Sinne des Spiels „Eine Hand wäscht die andere“. Sie tun gute Werke: sie wachen, fasten und beten. Aber sie tun das, damit ihnen Gott etwas wiedergibt. In diesem Sinne sind sie alle wie die Händler im Tempel. Sie wirft Jesus einfach hinaus.

Warum? Was will Gott wirklich? So stellt sich Meister Eckhart die Frage und gibt sofort die Antwort:

> „Warum warf Jesus hinaus, die da kauften und verkauften, und hieß die, die da Tauben feilhielten, wegräumen? Er meinte damit nichts anderes, als daß er den Tempel leer haben wollte, recht, als ob er hätte sagen wollen: Ich habe das Recht auf diesen Tempel und will allein darin sein und die Herrschaft darin haben. Was will das besagen: Dieser Tempel, darin Gott gewaltig herrschen will nach seinem Willen, das ist des Menschen Seele, die er so recht als ihm selbst gleich gebildet und geschaffen hat, wie wir lesen, daß unser Herr sprach: ‚Machen wir den Menschen nach unserm Bilde und zu unserm Gleichnis!‘ (1 Mus 1,26). Und dies hat er auch getan. So gleich ihm selber hat er des Menschen Seele gemacht, daß im Himmelreich noch auf Erden unter allen herrlichen Kreaturen, die Gott so wundervoll geschaffen, hat, keine ist, die ihm so gleicht, wie einzig des Menschen Seele. Hierum will Gott diesen Tempel leer haben, auf daß denn auch nichts weiter darin sei als er allein. Das ist deshalb so, weil ihm dieser Tempel so wohl gefällt, da er ihm so recht gleicht und es ihm selber so wohl behagt in diesem Tempel, wenn immer er allein darin ist“[39].

*Meister Eckhart sagt es uns ganz deutlich: Eure Seele ist ein heiliger Ort! An diesem heiligen Ort will Gott wohnen.* Er ist nicht jemand, der mit uns Handel treibt oder mit sich handeln lässt. Er will einfach den besten Platz haben: Er will den einzigen Platz in unserer Seele, das heißt in unserem Leben. Wir Menschen sollen uns nicht wie verrückt anstrengen, um uns Gott zu erwerben. Wir sollen nicht fragen: Was bekomme ich dafür, wenn ich bete und ein guter Alltagsmensch bin? Vielmehr sollen wir uns auf das innere Geschehen der Gottesbegegnung im guten Sinne „absichtslos“ einlassen. *Unsere Seele ist für unseren Gott ein faszinierender Ort.* Der Ort unserer Seele ist so wunderbar, dass er nur einen einzigen ebenbürtigen Partner und Bewohner haben kann: nämlich Gott allein.

Daher ist Meister Eckhart der festen Überzeugung, dass wir Gott in uns Raum geben und Platz machen sollen, damit er eine Chance

39 D. Mieth, Meister Eckhart, München 2014, 153.

hat, in uns zum Gelingen unseres Lebens zu wirken. So erklärt Meister Eckhart:

> „Will jemand anders in dem Tempel, das ist in der Seele, reden als Jesus allein, so schweigt Jesus, als sei er nicht daheim, und er ist auch nicht dabei in der Seele, denn sie hat fremde Gäste, mit denen sie redet. Soll aber Jesus in der Seele reden, so muss sie allein sein und muß selbst schweigen, wenn sie Jesu reden hören soll. Nun denn, so geht er hinein und beginnt zu sprechen. Was spricht der Herr Jesus? Er spricht das, was er ist. Was ist er denn? Er ist das Wort des Vaters"[40].

*Indem sich der Mensch in seiner Seele Gott ganz öffnet, nehmen der Vater und der Sohn durch die Kraft des Geistes Wohnung in der Seele, also im ganzen Menschen. So wird der Mensch selber zu einem heiligen Ort der Gottesbegegnung.*

Schließen möchte ich daher den gesamten Gedankengang des heutigen Abends zur Seele als Offenbarungs-Ort der Gottesbegegnung mit einer Vision der Lebensfülle und Lebensqualität – und einem Wunsch für uns alle – mit den Worten von Meister Eckhart:

> „Jesus offenbart sich zudem mit einer unermesslichen Süßigkeit und Fülle, die herausquillt aus des Heiligen Geistes Kraft und überquillt und einströmt mit überfließend reicher Fülle und Süßigkeit in alle empfänglichen Herzen. Wenn Jesus sich mit dieser Fülle und mit dieser Süßigkeit offenbart und mit der Seele vereinigt, so fließt die Seele mit dieser Fülle und mit dieser Süßigkeit in sich selbst und aus sich selbst und über sich selbst und über alle Dinge hinaus gnadenweise mit Macht ohne Mittel zurück in ihren ersten Ursprung. Dann ist der äußere Mensch seinem inneren Menschen gehorsam bis zu seinem Tod und ist dann in stetem Frieden im Dienste Gottes allezeit. Daß Jesus auch in uns kommen und hinauswerfen und wegräumen möge alle Hindernisse und uns Eins mache, wie er als Eins mit dem Vater und dem heiligen Geiste ein Gott ist, auf daß wir so mit ihm eins werden und ewig bleiben, dazu helfe uns Gott. Amen."[41]

40 Ebd., 157.
41 Ebd., 158.

*Stefan Kopp*

# Die Stadt als heiliger Ort

## Liturgische und sakraltopographische Bezüge zu Jerusalem und Rom

Liturgie und Kirchenbau sind im Mittelalter besonders durch zwei „räumliche Gedächtnisfiguren"[1] geprägt: Jerusalem und Rom. Jerusalem als Wirkungsort des historischen Jesus und Rom als herausragende Stadt für die apostolische Tradition der Kirche überlagern sich jedoch in ihrer heilsgeschichtlichen Relevanz und stehen symbolisch allgemein für die heilige Stadt, das himmlische Jerusalem, letztlich das Ziel des Menschen.[2]

Johannes Cassianus (360/365–432/435) nennt in seinen *Collationes* Jerusalem erstmals als Beispiel für den vierfachen Schriftsinn und differenziert die zentrale Wirkungsstätte Jesu Christi im Literalsinn als historische Stadt, im typologischen Sinn als Kirche Christi, im tropologischen Sinn als menschliche Seele sowie im anagogischen Sinn als zukünftige, himmlische Stadt.[3] Darin wurzelt auch die mittelalterliche Gebäudesymbolik: Die Geschichte des Ortes bildet das Fundament. Die Wände werden im allegorischen Sinn durch die Menschen als Bausteine erbaut, die durch den Mörtel der Liebe

1 J. Bärsch, Jerusalem im Spiegel der abendländischen Liturgie des Mittelalters. Anamnetisches Zitat – szenische Darstellung – visuell-haptische Inkorporation, in: N. Jaspert, S. Tebruck (Hg.), Die Kreuzzugsbewegung im römisch-deutschen Reich (11.–13. Jahrhundert), Ostfildern 2016, 347–359, hier: 350.

2 Zur Abbildung von Jerusalem und Rom in Liturgie und Kirchenbau vgl. A. Häußling, Liturgie in der Karolingerzeit und der St. Galler Klosterplan, in: P. Ochsenbein, K. Schmuki (Hg.), Studien zum St. Galler Klosterplan 2, St. Gallen 2002, 151–183, hier: 161–163; Bärsch, Jerusalem im Spiegel der abendländischen Liturgie des Mittelalters (s. Anm. 1), 347–359.

3 Vgl. Johannes Cassianus, Collationes 14,8, in: CSEL 13, 404. – Bis heute ist im Katechismus der Katholischen Kirche (KKK) ein Distichon des Mittelalters überliefert, das die Bedeutung der vier Sinngehalte zusammenfasst. Es lautet: *Littera gesta docet, quid credas allegoria, moralis quid agas, quo tendas anagogia.* („Der Buchstabe lehrt die Ereignisse; was du zu glauben hast, die Allegorie; die Moral, was du zu tun hast; wohin du streben sollst, die Anagogie.") – KKK 118.

zusammengehalten werden. Die Wandmalereien haben eine moralische Vorbildfunktion. Im Gewölbe einer Kirche wird schließlich die Erfüllung des Heilsplans in Christus sichtbar, die künstlerisch mit einem Christussymbol im Schlussstein verdeutlicht werden kann. Biblisch wird diese Deutung etwa bei Hugo von St. Viktor (†1141)[4] im zwölften Jahrhundert mit einer Stelle aus dem Epheserbrief verbunden, wo es heißt:

> „Ihr seid auf das Fundament der Apostel und Propheten gebaut; der Eckstein ist Christus Jesus selbst. In ihm wird der ganze Bau zusammengehalten und wächst zu einem heiligen Tempel im Herrn. Durch ihn werdet ihr zu einer Wohnung Gottes im Geist miterbaut." (Eph 2,20–22)

Mit der bonifatianisch-karolingischen Reform von Kirche und Liturgie treten ab dem achten Jahrhundert im Fränkischen Reich die Stadt Rom und ihre besondere Autorität und Bedeutung für die apostolische Tradition der Kirche liturgisch und sakraltopographisch in den Vordergrund. Nach der Ordnung und dem Brauch der Römischen Kirche Liturgie zu feiern und die sakrale Landschaft zu gestalten, wird damit zu einem wichtigen Ziel.[5] Zur Verwirklichung dieser Vorstellung weichen immer mehr einfache Holzkirchen, deren kostbare Ausschmückung Karl der Große verbieten lässt, monumen-

4 Vgl. A. Funkenstein, J. Miethke, Hugo von Sankt Victor, in: NDB 10 (1974) 19–22; F. Bautz, Hugo von St. Viktor, in: BBKL 2 (1990) 1148–1151. – Zu den Werken vgl. R. Stammberger, Die Edition der Werke Hugos von Sankt Viktor († 1141) durch Abt Gilduin von Sankt Viktor († 1155) – Eine Rekonstruktion, in: R. Berndt (Hg.), Schrift, Schreiber, Schenker. Studien zur Abtei Sankt Viktor in Paris und den Viktorinern (Corpus Victorinum. Instrumenta 1), Berlin 2005, 119–231 (vollständiges kritisches Werkverzeichnis im Anhang). – Zur mittelalterlichen Gebäudesymbolik vgl. A. Kölbl, W. Resch, Wege zu Gott. Die Kirchen und die Synagoge von Graz, Graz – Wien ²2004, 25; S. Kopp, Der liturgische Raum in der westlichen Tradition. Fragen und Standpunkte am Beginn des 21. Jahrhunderts (Ästhetik – Theologie – Liturgik 54), Wien – Münster 2011, 63.

5 Vgl. A. Angenendt, Liturgiereform im frühen Mittelalter, in: M. Klöckener, B. Kranemann (Hg.), Liturgiereformen. Historische Studien zu einem bleibenden Grundzug des christlichen Gottesdienstes (LQF 88/1), Münster 2002, 225–238; A. Angenendt, Libelli bene correcti. Der „richtige" Kult als ein Motiv der karolingischen Reform, in: T. Flammer, D. Meyer (Hg.), Liturgie im Mittelalter. Ausgewählte Aufsätze zum 70. Geb. von Arnold Angenendt (Ästhetik – Theologie – Liturgik 35), Münster ²2005, 227–244; Kopp, Der liturgische Raum in der westlichen Tradition (s. Anm. 4), 47–54; Bärsch, Jerusalem im Spiegel der abendländischen Liturgie des Mittelalters (s. Anm. 1), 350.

talen Kirchenbauten aus Stein. In der *Vita Altmanni*[6], der Lebensgeschichte des Bischofs Altmann von Passau (um 1010/20–1091), und bei Abt Odilo von Cluny (961/962–1049) wird stolz hervorgehoben, eine Abtei aus Holz übernommen und eine solche aus Marmor und Stein hinterlassen zu haben.[7] Auch König Stephan I. von Ungarn (um 969/975–1038) sieht Holzkirchen nur als Provisorien.[8] Der burgundische Benediktiner und Geschichtsschreiber Radulf Glaber (um 990–1047) schreibt im elften Jahrhundert, Europa habe ein weißes Kleid steinerner Kirchen angelegt.[9]

In der Gedankenwelt des mittelalterlichen Menschen ist es jedoch weniger wichtig, Liturgie und Kirchenbau als „Kopie" – im heutigen Sinne des Wortes – der Vorbilder aus Jerusalem und Rom zu gestalten, sondern als ihr „Abbild". Dies ist schon gegeben, wenn einige textliche oder topographische Bezüge vorhanden sind bzw. zitiert werden, indem u.a. wichtige Motive, Patrozinien, Grundform oder Geometrie der Gebäude aufgegriffen werden. Damit wird im Mittelalter nicht nur die gefeierte Liturgie, sondern auch die gebaute Kir-

6 Vgl. Vita Altmanni episcopi Pataviensis, cap. 17, in: MGH.SS 12 (1856 [ND 1925]) 226–243, hier: 234; deutsche Übersetzung: J. Oswald, St. Altmanns Leben und Wirken nach der Göttweiger Überlieferung: „Vita Altmanni", in: Der heilige Altmann, Bischof von Passau. Sein Leben und sein Werk. Festschrift zur 900-Jahr-Feier 1965, Göttweig 1965, 142–166, hier: 150. – Vgl. zu Bischof Altmann neuerdings auch U. Fischer (Hg.), Altmann. Bischof von Passau und Gründer des Doppelstifts Göttweig, Paudorf 2017, hier besonders: 53–84.

7 Vgl. J. Hourlier, Das Kloster des hl. Odilo, in: H. Richter (Hg.), Cluny. Beiträge zu Gestalt und Wirkung der cluniazensischen Reform, Darmstadt 1975, 1–21, hier: 19–21. Ähnlich soll schon Kaiser Augustus den von ihm initiierten Ausbau Roms kommentiert haben. – Vgl. das Zitat beim Kaiserbiographen Sueton, in: Sueton, De vita Caesarum 28,5 sowie F. Kolb, Augustus und das Rom aus Marmor – Glanz und Größe, in: E. Stein-Hölkeskamp, K.-J. Hölkeskamp (Hg.), Erinnerungsorte der Antike. Die römische Welt, München 2006, 123–139.

8 V. Mayer, Holzkirchen. Neu entdeckte Baukultur in Böhmen, Mähren, Schlesien und der Slowakei, Wien – München 1986, 13–16; H. Balogh, Les édifices de bois dans l'architecture religieuse hongroise, in: AECO 6 (1940) 1–133 [= Etudes sur l'Europe centre-orientale 25, Budapest 1941], hier v.a. 12–13.

9 *Erat enim instar ac si mundus ipse, excutiendo semet, reiecta vetustate, passim candidam ecclesiarum vestem indueret.* (Radulf Glaber, Historiarum libri quinque, III cap. 13, in: Raoul Glaber, Histoires. Texte traduit et présenté par M. Arnoux, Turnhout 1996, 164). Glaber hält sich zur Zeit der Abfassung in Cluny auf und widmet seine Schrift Odilo von Cluny. Insofern ist davon auszugehen, dass seine Beschreibungen auf die dortigen Verhältnisse Bezug nehmen. – Vgl. auch A. Adam, Wo sich Gottes Volk versammelt. Gestalt und Symbolik des Kirchenbaus, Freiburg i.Br. 1984, 34.

chenarchitektur zu einem Bedeutungsträger, wobei es ein wechselseitiges Abhängigkeitsverhältnis zwischen gefeierter Liturgie und theologischer Aussage sowie architektonischer Gestalt und künstlerischer Ausstattung von Kirchen gibt.[10]

Liturgie und Kirchenbau zitieren Jerusalem und Rom als Symbole für die heilige, himmlische Stadt schlechthin aber nicht nur im Innenraum einer Kirche, sondern sind auch auf den Außenraum bezogen und lassen die Stadt, in der die jeweilige Kirche im Verbund mit anderen Sakralräumen steht, zu einem heiligen Ort werden. In diesem Zusammenhang kann mit Recht von einer „Sakralisierung des urbanen Raumes"[11] im Mittelalter gesprochen werden. Innerstädtisch geschieht dies vor allem gottesdienstlich durch Prozessionen und Stationsliturgien, die sich motivisch zum Teil mit (überregionalen) Wallfahrten überschneiden, architektonisch durch den theologischen und spirituellen Zusammenhang von Kirchen mit ihren Patrozinien, z. B. in Form eines Kirchenkreuzes oder eines Kirchenkranzes. Im Rahmen eines interdisziplinär und international angelegten Gesprächs von Liturgie- und Musikwissenschaft sowie Stadtgeschichtsforschung in Regensburg wurde jüngst überzeugend gezeigt, dass dabei – vor allem im Hinblick auf Prozessionen – auch die soziale Funktion von Religion eine wichtige Rolle spielte:

> „In ihnen [den Prozessionen] spiegelten sich und verfestigten sich soziale Ordnungen, gesellschaftliche Rollen und städtischer Zusammenhalt, durch ihren rituellen Charakter boten sie eine Bühne für die Inszenierung städtischer Herrschaft."[12]

Elemente davon werden teilweise bis heute tradiert und sind Teil städtischer Kulturen. Dies wird auch beim Paderborner Liborifest besonders deutlich. Als „fünfte Jahreszeit" bezeichnet und in enger Verbindung von Kirche, Kirmes und Kultur, wird dieses Fest – in der Regel am ersten Samstag nach dem 23. Juli, dem Fest des hl. Liborius, beginnend – über neun Tage als Kirchen- und Volksfest gefeiert, wobei die enge Verzahnung von Liturgie, Kirche, Gesellschaft und städti-

10 Zur Frage von Kirchenarchitektur als Bedeutungsträger vgl. auch Kopp, Der liturgische Raum in der westlichen Tradition (s. Anm. 4), 47–58.

11 H. Buchinger, D. Hiley, S. Reichert, Vorwort, in: Dies. (Hg.), Prozessionen und ihre Gesänge in der mittelalterlichen Stadt. Gestalt – Hermeneutik – Repräsentation (Forum Mittelalter Studien 13), Regensburg, 2017, 7–11, hier: 7.

12 Ebd.

scher Kultur in dieser Form und in diesem Ausmaß eine Besonderheit ist.[13]

Vor diesem Hintergrund fragt dieser Beitrag nach grundlegenden sakraltopographischen Bezügen in Liturgie und Kirchenbau bzw. Kirchenkonzeption im städtischen Gefüge, die die (mittelalterliche) Stadt zu einem sakralen Bedeutungsgeflecht werden lässt. Dabei spielen theologisch, liturgisch und architektonisch besonders die Bezüge zu Jerusalem und Rom eine zentrale Rolle.

## 1 Wallfahrtsorte als sakraltopographische Kristallisationspunkte

Da es bis zum 20. Jahrhundert für viele Menschen unmöglich oder nur sehr schwierig möglich war, eine segensverheißende Pilgerreise zu den heiligen Stätten in Jerusalem oder Rom zu unternehmen, entwickelten sich seit dem Mittelalter auch im Nahbereich beliebte Pilgerziele, die Elemente aus den überlieferten historischen Wallfahrtsorten aufgriffen bzw. Bezüge dorthin herstellten. Zum Aufschwung des Wallfahrtswesens an der ersten Jahrtausendwende trugen verschiedene Faktoren maßgeblich bei. Neben frömmigkeitsgeschichtlichen Aspekten wie der erneuerten Buß- und Beichtpraxis mit Pilgerfahrten als Satisfaktion und der durch die Kreuzzüge beeinflussten Ablasspraxis, die eine neue Verbindung von Wallfahrt, Buße und Ablass begründete, spielten dabei auch die Bevölkerungsvermehrung und die verbesserten Rahmenbedingungen an klassischen Pilgerrouten eine Rolle. Die beiden wesentlichen Merkmale dieser sich im Spätmittelalter zu einer Hochblüte entwickelnden Frömmigkeitsform waren die Sorge um das ewige Seelenheil und die Schau des Heiligen, die zum Teil auch durch eine Berührung von Reliquienschreinen und anderen Heiltümern noch an Intensität gewann.[14]

13 Vgl. dazu B. Stambolis, Libori: Das Kirchen- und Volksfest in Paderborn. Eine Studie zu Entwicklung und Wandel historischer Festkultur (Beiträge zur Festkultur in Nordwestdeutschland 92), Münster – New York 1996.

14 Vgl. J. Bärsch, Liturgien der Wallfahrt. Gottesdienstliche Aspekte des Wallfahrtsgeschehens in Mittelalter und Neuzeit, in: LJ 61 (2011) 23–44.

Besondere Verehrung genossen dabei „Herrenreliquien“[15], also Gegenstände, die mit Leben, Leiden, Tod und Auferstehung Jesu Christi in Verbindung gebracht wurden. So wird im Trierer Domordinarius des 14. Jahrhunderts von einer Wallfahrt in der Karwoche berichtet, bei der der Erzbischof am Gründonnerstag auf dem Ambo des Lettners nach einer Ansprache Absolutionen und Pilgerablässe erteilte, was seinen Ursprung in der früheren Rekonziliation der Büßer an diesem Tag haben dürfte. Durch die Aufbewahrung von Heiligem Rock und Heiligem Nagel sowie die verehrende Schau dieser Passionsreliquien am Gründonnerstag wurde die Attraktivität von Trier als Wallfahrtsziel für die Gläubigen in der Heiligen Woche erheblich gesteigert.[16]

Gebet und Gottesdienst prägten sowohl den Weg als auch das Ziel von Pilgerfahrten. Wegkreuze, Kapellen und Kirchen fungierten zugleich als wichtige Stationen und als orientierende „Koordinaten“ auf dem Weg der Wallfahrer. Miteinander verbunden gedacht ergaben sie so etwas wie „Netzwerke“ von heiligen Orten, die das Pilgerziel als Kristallisationspunkt „umspannten“. Am Ziel der Wallfahrt angekommen gehörten „die Incubatio, die nächtliche Gebets-Wache am heiligen Ort (Vigil), die Teilnahme an Prozessionen und Messen“[17] zu den wesentlichen liturgischen Elementen.

In Mittelalter und Neuzeit überschneiden sich Wallfahrten und Prozessionen häufig motivisch. In einem eigenen *Ordo publice et processionaliter peregrinantium* regelt etwa das Rituale der Erzdiözese München und Freising von 1840 die Wallfahrtsliturgie.[18] Nach Messe oder zumindest Pilgersegen in der Pfarrkirche beginnt die Wallfahrt in Prozessionsform. Das Kreuz an der Spitze der Prozession dient der Orientierung für alle Frauen und Männer, die sich – getrennt voneinander – auf den Weg machen und von Fahnen, Kerzenträgern und Glocken begleitet werden. Gesang, Gebet und Stille sind im Wechsel vorgesehen, wobei die Betrachtung des Lebens Jesu, Mariens und der anderen Heiligen empfohlen wird. An Wegkreuzen, Bildstöcken oder Kapellen soll eine kurze Andacht gehalten werden. Unterhaltun-

15 Ebd., 34.
16 Vgl. ebd., 34–35.
17 Ebd., 34.
18 Vgl. Rituale Monaco-Frisingense juxta normam et Ritum Ecclesiae Romanae [...], München 1840 [Probst 414; BSB München], 761–763.

gen über weltliche Dinge sowie Gelächter, Streitigkeiten, übermäßiger Alkoholkonsum sowie alles andere für eine Wallfahrt nicht Angemessene werden streng verboten.[19]

## 2 Prozessionen als Anamnese und Präfiguration der (himmlischen) Stadt Jerusalem

Prozessionen spielten aber natürlich nicht nur im Kontext von Wallfahrten eine bedeutende Rolle, sondern auch innerstädtisch im Ablauf eines Kirchenjahres mit seinen motivischen Besonderheiten sowie im Innenraum von mittelalterlichen Kirchen mit ihrer Vielzahl an Altarpatrozinien.[20] Liturgietheologisch können mit Jürgen Bärsch Bewegung und *Processio* im Gottesdienst als Ausdruck des dynamischen, katabatisch-anabatischen Begegnungs- und Beziehungsgeschehens zwischen Gott und Mensch begriffen werden. Im Heilshandeln Gottes selbst, das in der Liturgie als Feier des Paschamysteriums vergegenwärtigt wird, manifestiert sich eine dynamische Bewegung, denn die Kirche bekennt in ihrem Großen Glaubensbekenntnis:

> „Für uns Menschen und zu unserem Heil ist er vom Himmel gekommen, hat Fleisch angenommen durch den Heiligen Geist von der Jungfrau Maria und ist Mensch geworden. Er wurde für uns gekreuzigt unter Pontius Pilatus, hat gelitten und ist begraben worden, ist am dritten Tage auferstanden nach der Schrift und aufgefahren in den Himmel. Er sitzt zur Rechten des Vaters und wird wiederkommen in Herrlichkeit, zu richten die Lebenden und die Toten; seiner Herrschaft wird kein Ende sein."[21]

19 Vgl. dazu auch Bärsch, Liturgien der Wallfahrt (s. Anm. 14), 41–42.

20 Vgl. dazu etwa J. Bärsch, Raum und Bewegung im mittelalterlichen Gottesdienst. Anmerkungen zur Prozessionsliturgie in der Essener Stiftskirche nach dem Zeugnis des Liber Ordinarius vom Ende des 14. Jahrhunderts, in: F. Kohlschein, P. Wünsche (Hg.), Heiliger Raum. Architektur, Kunst und Liturgie in mittelalterlichen Kathedralen und Stiftskirchen (LQF 82), Münster 1998, 163–185; J. Bärsch, Prozession – Ausdruck bewegter Liturgie. Liturgietheologische und -pastorale Überlegungen zu einem integralen Bestandteil christlichen Gottesdienstes, in: G. Augustin, A. Knoll, M. Kunzler, K. Richter (Hg.), Priester und Liturgie [FS Manfred Probst], Paderborn 2005, 277–296.

21 Die Feier der heiligen Messe. Meßbuch. Für die Bistümer des deutschen Sprachgebietes. Authentische Ausgabe für den liturgischen Gebrauch, Teil II: Das Meßbuch deutsch für alle Tage des Jahres außer der Karwoche, Freiburg i. Br. u. a. $^{2}$1988, 338–339; DH 150.

Auf diese Heils- und Erlösungszusage Gottes antwortet der Mensch durch seine Entscheidung, dem Herrn – individuell und als Teil der Gemeinschaft aller Glaubenden – auf seinem Weg zu folgen. Besonders deutlich kommt dies u. a. in einer liturgischen Prozession zum Ausdruck, die somit „als Abbild und Verdichtung christlicher Existenz“[22] gesehen werden kann. Dass einem Prozessionszug in der Regel ein Kreuz vorangetragen wird, unterstreicht zudem symbolisch den theologischen Deutungshorizont dieser liturgischen Form als existenziellen Weg der Christusnachfolge und lässt es naheliegend erscheinen, dass die Ursprünge der Prozession in der Begräbnisliturgie zu finden sind. Gerade wenn für den verstorbenen Menschen gebetet wird, stehen das Motiv der Vereinigung mit Christus in seinem Weg vom Tod zum Leben und das Ziel des Lebensweges, die ewige Vollendung bei Gott, im Vordergrund.[23]

Die Liturgie der Heiligen Woche, besonders des Palmsonntags, ist in Geschichte und Gegenwart ein aussagekräftiges Beispiel, bei dem sowohl das liturgietheologische Paradigma der Prozession als Weg der Nachfolge im Paschamysterium Jesu Christi als auch das Motiv von Jerusalem als heiliger Stadt deutlich zum Ausdruck kommen. Die Palmsonntagsliturgie wurde und wird innerhalb und außerhalb des Kirchenraumes begangen und inszeniert gewissermaßen eine ganze Stadt oder Ortschaft als „heiligen Ort“.

Das Gedächtnis des Einzugs Jesu in Jerusalem führte früh zu einer Dramatisierung der Einzugs- und Prozessionsliturgie. Ausgehend von der alten Jerusalemer Liturgie[24] verbreitete sich diese Form rasch in den westlichen Liturgiefamilien und ist zur Zeit der bonifatianisch-karolingischen Reform von Kirche und Liturgie ab dem

22 Bärsch, Prozession – Ausdruck bewegter Liturgie (s. Anm. 20), 278.

23 Vgl. J. Bärsch, Die nachkonziliare Begräbnisliturgie. Anmerkungen und Überlegungen zu ihrer Theologie und Feiergestalt, in: A. Gerhards, B. Kranemann (Hg.), Christliche Begräbnisliturgie und säkulare Gesellschaft (EThSchr 30), Leipzig ²2003, 62–99, hier: 64–67. – Zum Vortragekreuz vgl. jetzt auch J. Bärsch, Liturgische Sachkultur und ihre rituelle Präsenz in mittelalterlichen Prozessionen. Überlegungen zu Funktion und Bedeutung materieller Ausstattung gottesdienstlicher Züge, in: Prozessionen und ihre Gesänge in der mittelalterlichen Stadt (s. Anm 11), 101–118.

24 Zu den Anfängen der Prozessionsliturgie in Jerusalem vgl. Egeria, Itinerarium. Reisebericht. Lateinisch-Deutsch, eingeleitet und übersetzt von G. Röwekamp (FC 20), Freiburg i. Br. ³2017, hier: 31,1–4 (S. 236–240).

achten Jahrhundert auch im gallisch-fränkischen Bereich greifbar. Dabei sind ortsabhängige rituelle Entfaltungen der Palmsonntagsliturgie charakteristisch. Im *Pontificale Romano-Germanicum* (PRG) des zehnten Jahrhunderts, das für die späteren liturgischen Bücher der römischen Tradition einflussreich wurde, ist nach Hansjörg Auf der Maur eine „Kombination der altrömischen Passionsfeier mit dem gallischen Einzugsgedächtnis“[25] deutlich zu erkennen. In der *Statio* außerhalb der Stadt wird ein Wortgottesdienst (Ex 15/16 – Mt 21 – Homilie) gefeiert, der durch die Segnung der Palmen und die Austeilung der Zweige abgeschlossen wird. Den zweiten Teil der Feier bildet die Prozession mit der Kreuzverehrung (Hymnus *Gloria laus* – Ps 147) sowie dem feierlichen Einzug in die Stadt und in die Kirche, der von Prozessionsgesängen (*Turba multa* – *Pueri Hebraeorum* – *Ingrediuntur* – Kyrielitanei – *Benedictus* – Hymnus *Magnum Salutis*) geprägt ist. In der Kirche wird schließlich die (römische) Passionsmesse gefeiert.[26]

Wie diese Liturgie in einer Bischofsstadt konkret gefeiert werden konnte, zeigen in anschaulicher Weise exemplarisch die spätmittelalterlichen liturgischen Quellen aus Bamberg.[27] Dom- und Stiftsklerus finden sich hier in der Kathedrale ein und ziehen gemeinsam in einer Art „Vorprozession“ zum eigentlichen Treffpunkt für den Wortgottesdienst mit Segnung und Austeilung der Palmzweige in der Benediktinerkirche auf dem Michaelsberg. Die anschließende Prozession führt durch die engen Gassen der Stadt vom Michaelsberg hinab und wieder aufwärts zum Dom, der ebenfalls auf einer Anhöhe liegt. Kurz vor dem Erreichen des Ziels hält die Prozession eine *Statio* zur Kreuzverehrung und betritt dann den Dom durch die Gnadenpforte. Dort folgt schließlich die Messfeier.[28]

In vielerlei Hinsicht sind dabei liturgische und sakraltopographische Bezüge zur Stadt Jerusalem erkennbar; sie sollen Bamberg für

25 H. Auf der Maur, Feiern im Rhythmus der Zeit I. Herrenfeste in Woche und Jahr (GdK 5), Regensburg 1983, 100.

26 Vgl. ebd.; zur Entwicklung dieser Feier in der lateinischen Liturgie vgl. auch H. Gräf, Palmenweihe und Palmenprozession in der lateinischen Liturgie (VMStA 5), Kaldenkirchen 1959.

27 Vgl. P. Wünsche, Die Kathedrale als heilige Stadt. Zur liturgischen Topographie des Bamberger Doms, in: Heiliger Raum (s. Anm. 20), 25–58, hier: 35–39.

28 Vgl. dazu auch die instruktive Übersicht in: Bärsch, Jerusalem im Spiegel der abendländischen Liturgie des Mittelalters (s. Anm. 1), 351–352.

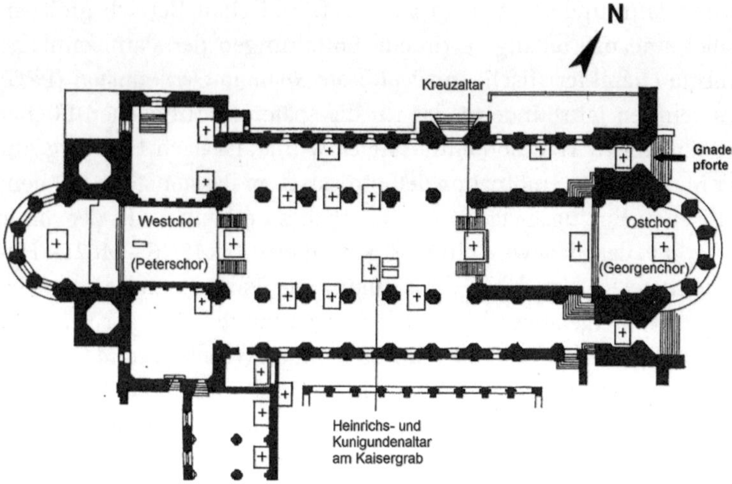


Abb. 1 | Grundriss des Bamberger Domes am Ende des 15. Jh.

diese Feier zum Abbild der historischen und himmlischen Stadt Jerusalem und damit zu einem heiligen Ort machen. Liturgisch wird die Bedeutung Jerusalems für die österlichen Heilsgeheimnisse, die in der Messfeier vergegenwärtigt werden, schon dadurch besonders unterstrichen, dass zum Einzug der Palmprozession in den Dom das Responsorium *Ingrediente Domino* („Als der Herr in die Heilige Stadt einzog")[29] gesungen wird. Subtil wird damit angedeutet, dass der Dom in diesem Moment selbst die heilige Stadt Jerusalem symbolisiert. Vor allem aber wird die Topographie der Stadt Bamberg selbst dazu beigetragen haben, dass der Bezug zu Jerusalem mit dem Ölberg, den schmalen Gassen und dem Motiv des „Hinaufziehens" zu den heiligen Stätten für die Gläubigen deutlich wurde.[30]

Innerhalb der Bamberger Kathedrale fand die angedeutete Symbolik während der mittelalterlichen Liturgien der Heiligen Woche noch weitere Ausdrucksformen. Besonders in der Karfreitagslitur-

29 R.-J. Hesbert (Hg.), Corpus Antiphonalium Officii IV (RED.F 10), Rom 1970, Nr. 6961.

30 Vgl. dazu auch Bärsch, Jerusalem im Spiegel der abendländischen Liturgie des Mittelalters (s. Anm. 1), 352. – Zur Palmsonntagsliturgie insgesamt vgl. H. Buchinger, „Hosanna dem Sohne Davids!". Zur Liturgie des Palmsonntags, in: IKaZ 38 (2009) 35–43.

gie bildete Jerusalem die zentrale Gedächtnisfigur, die durch die gottesdienstliche Form im wörtlichen Sinn „dargestellt“ wurde. Vor der Kreuzverehrung am Kreuzaltar gab es im Dom eine Prozession, die von Gesängen begleitet wurde. Dabei trugen zwei Kleriker das schon am Palmsonntag verwendete Kreuz vom Westchor zum Kreuzaltar und hielten auf diesem Weg an drei Stellen, an denen Improperien-Rufe gesungen wurden. Motivisch besonders bemerkenswert ist die Antiphon *Vadis propitiatus* („Du gehst, Versöhner, für alle geopfert zu werden“)[31], die von zwei Vikaren am Kunigundenaltar gesungen wurde, wenn das Kreuz vorüberzog. Dabei kommt in spätmittelalterlicher Passionsfrömmigkeit die Klage Marias, der Mutter Jesu, um den leidenden Herrn zum Ausdruck, die biblisch auf die im Evangelium überlieferte Begegnung Jesu mit den weinenden Frauen in Lk 23,27–31 auf dem Weg zur Kreuzigung zurückgeht. Darüber gelangte dieses Motiv u. a. auch in die Kreuzwegandacht, die an dieses Geschehen bis heute in der vierten Kreuzwegstation erinnert.[32]

In der beschriebenen Dramaturgie der Liturgie im Bamberger Dom am Karfreitag wurden mit der Prozession durch das Langhaus der Kirche der Kreuzweg Jesu und am Kreuzaltar Golgota dargestellt. Nach der Kreuzverehrung und der Kommunionfeier, die ebenfalls am Kreuzaltar im Mittelschiff der Kirche stattfand, wurde die Karfreitagsliturgie mit der feierlichen „Grablegung“ abgeschlossen. Dazu setzte sich eine Prozession in den Ostchor in Gang, wo ein temporärer Aufbau der liturgischen Inszenierung von Grablegung (und Auferstehung) diente. Sicher ist es kein Zufall, dass dies gerade im Ostchor geschah, in dem eine eschatologische Symbolik der Architektur bestand. Die Zwölfeck-Geometrie dieses Raumteils kann als Anspielung auf das Heilige Grab in Jerusalem verstanden werden, das von zwölf Säulen umgeben wird, aber auch an das himmlische Jerusalem mit den zwölf Toren und den zwölf Grundsteinen (vgl. Offb 21,12–14). In manchen mittelalterlichen Kirchen wird diese Symbolik nicht nur in der Architektur, sondern auch in künstlerischen Ausstattungsgegenständen aufgegriffen. Die Radleuchter, die Bischof Bernward von Hildesheim (950/960–1022) für seinen Dom und die Klosterkir-

31 Vgl. Corpus Antiphonalium Officii IV (s. Anm. 29), Nr. 7816.

32 Vgl. dazu auch Bärsch, Jerusalem im Spiegel der abendländischen Liturgie des Mittelalters (s. Anm. 1), 352–353.

che St. Michael in Hildesheim anfertigen ließ, gehören zu den ersten Zeugnissen dafür und haben ihr Vorbild im großen Radleuchter der Jerusalemer Grabeskirche.[33]

Im Hinblick auf die Prozessionen innerhalb und außerhalb mittelalterlicher Kirchen mit ihren diversen Stationen und theologisch durchdachten mimetisch-inszenierten Dramatisierungen in rituellen, textlichen, gesanglichen und bildlichen Elementen kann mit Jürgen Bärsch von einem „anamnetischen Raum"[34] gesprochen werden, der geradezu eine Karte an heiligen Stätten über eine mittelalterliche Stadt legt und sowohl einzelne Kirchengebäude als auch die Stadt selbst durch eine „Heilstopographie"[35] gliedert.

Neben der mimetischen und der anamnetischen Dimension der Liturgie macht Andreas Odenthal zu Recht auf die liturgietheologisch zentrale Kategorie der *Poiesis* aufmerksam. Der Begriff *Poiesis* meint, dass durch die Konzeption einer Heilstopographie mit bestimmten Patrozinien und damit verbundenen Reliquien – abseits von den Originalschauplätzen – heilige Orte „geschaffen" werden, deren neue Heilswirklichkeit sich im Ritual verifiziert.[36] Schließlich ist mit Reinhard Meßner auf die Bedeutung der Liturgie der Heiligen Woche, besonders des Palmsonntags, als „Präfiguration, Vor-

33 Vgl. B. Gallistl, Bedeutung und Gebrauch der großen Lichterkrone im Hildesheimer Dom, in: CMA 12 (2009) 43–88, hier: 44–45, 76–79. Eine ähnliche Symbolik konnte Jürgen Bärsch für die Essener Stiftskirche herausarbeiten, wo das Heilige Grab auf der Westwerksempore installiert wurde. Auf diese Weise zitierte man die Architektur der Pfalzkapelle in Aachen und bezog sich damit auch auf die Jerusalemer Grabeskirche. – Vgl. dazu Bärsch, Raum und Bewegung im mittelalterlichen Gottesdienst (s. Anm. 20), 175–176.

34 Bärsch, Jerusalem im Spiegel der abendländischen Liturgie des Mittelalters (s. Anm. 1), 353.

35 B. Kranemann, Beobachtungen zum Verhältnis von Liturgie und Raum in der mittelalterlichen Kathedralliturgie des Münsteraner Domes, in: Heiliger Raum (s. Anm. 20), 117–133, hier: 123.

36 Vgl. A. Odenthal, Was ist Sakraltopographie? Eine Problemanzeige aus liturgiewissenschaftlicher Sicht nach dem „spatial turn", in: Prozessionen und ihre Gesänge in der mittelalterlichen Stadt (s. Anm. 11), 67–78, hier: 74. – Zu den liturgietheologischen Begriffen *Mimesis*, *Anamnesis* und *Poiesis* vgl. ausführlicher A. Gerhards, Mimesis – Anamnesis – Poiesis. Überlegungen zur Ästhetik christlicher Liturgie als Vergegenwärtigung, in: W. Fürst (Hg.), Pastoralästhetik. Die Kunst der Wahrnehmung und Gestaltung in Glaube und Kirche (QD 199), Freiburg i. Br. 2002, 169–186.

Spiel des eschatologischen Einzugs der Glaubenden in die himmlische Welt“[37] hinzuweisen.

## 3 Stationsliturgien und ihr Rom-Bezug

Wie am Beispiel der mittelalterlichen Feier der Liturgie am Palmsonntag in Bamberg bereits sichtbar wurde, zeichnen sich die „Topographien des Sakralen“[38] im Mittelalter besonders durch eine Liturgie mit mehreren gottesdienstlichen Stationen aus, die in bestimmten Kirchen oder an bestimmten Orten auf den vorgesehenen Prozessionswegen zwischen den einzelnen Kirchen bzw. auch innerhalb einer Kirche gehalten wurden. Neben Jerusalem als einer zentralen räumlichen Gedächtnisfigur spielte dabei der Bezug zu Rom eine wichtige Rolle. Nach dem Vorbild der römischen Stationsliturgie, die zu bestimmten Anlässen im Kirchenjahr in verschiedenen Kirchen Roms unter Leitung des Papstes gefeiert wurde,[39] entwickelten sich seit der bonifatianisch-karolingischen Reform der Liturgie an mehreren Orten im gallisch-fränkischen Bereich individuell differenzierte Stationsliturgien und sakraltopographische Systeme, die *more romano* angelegt waren.[40]

Gut erforscht ist in diesem Zusammenhang die mittelalterliche Stationsliturgie in Köln,[41] die sich – wie auch die bisher beschriebenen Beispiele – auf den Außenraum wie auf den Innenraum einer Kirche

37 R. Meßner, Die mittelalterliche Palmprozession als Weg des Gedenkens, in: A. Sohn, Wege der Erinnerung im und an das Mittelalter [FS Joachim Wollasch], Bochum 2011, 21–44, hier: 23.

38 Titel folgender Publikationen zur (mittelalterlichen) Sakraltopographie: S. Rau, G. Schwerhoff (Hg.), Topographien des Sakralen. Religion und Raumordnung in der Vormoderne, München – Hamburg 2008; A. Odenthal, Topographien des Sakralen. Eine praktisch-theologische Spurensuche im (ehemaligen) Reich der Kathedralen, in: Diak. 45 (2014) 81–87.

39 Vgl. dazu etwa A. Häußling, Mönchskonvent und Eucharistiefeier. Eine Studie über die Messe in der abendländischen Klosterliturgie des frühen Mittelalters und zur Geschichte der Meßhäufigkeit (LQF 58), Münster 1973, 181–198; 202–207.

40 Vgl. dazu jüngst die instruktive, thesenartig formulierte Übersicht in: Odenthal, Was ist Sakraltopographie? (s. Anm. 33), 67–78.

41 Vgl. dazu A. Odenthal, G. Stracke, Die Stationsliturgie Kölns und ihre topographischen Bezüge zu Rom. Die Libri Ordinarii des Kölner Apostelnstiftes – Grundlage eines Dialoges zwischen Kunstgeschichte und Liturgiewissenschaft, in: Heiliger Raum (s. Anm. 20), 134–162.

beziehen konnte und damit „eine Makro- und eine Mikroebene“[42] aufwies. Auf der Makroebene liegt dem Konzept der Stationsliturgie das Modell der „Kirchenfamilie“[43] zugrunde. Unter der Leitung des Bischofs gibt es dabei innerhalb einer Stadt ein differenziertes System von Gottesdienstorten unterschiedlichen Typs (Dom, Stifts-, Ordens- und Pfarrkirchen), die an bestimmten Tagen zum Mittelpunkt der gemeinschaftlichen Feier und „mittels einer rituellen Struktur verklammert werden“[44]. Dieses Konzept setzt sich auf der Mikroebene, also innerhalb des Kirchenraumes mit seinen vielen Altarstellen, fort, die an bestimmten Tagen durch Prozessionen rituell verbunden werden. Andreas Odenthal und Gottfried Stracke konnten für Köln im Wesentlichen drei Typen von Stationsliturgien herausarbeiten:

> „die gemeinsame Feier der großen Herrenfeste des Kirchenjahres, meist in der Domkirche, sodann die Feier einzelner Heiligentage, bedingt durch Reliquienbesitz oder die Patrozinien der bedeutenderen Kölner Stiftskirchen, schließlich die großen Prozessionen: die Bittage, die Markusprozession, die Silvesterprozession und die Hl.-Nägel-und-Lanze-Prozession.“[45]

Diesem liturgischen Konzept liegt in Köln ein sakraltopographisches System zugrunde: In Form eines *more romano* angelegten Kirchenkreuzes bzw. Kirchenkranzes erfolgte hier unter den Erzbischöfen Bruno, Heribert, Pilgrim und Anno im zehnten und elften Jahrhundert eine theologische Ordnung in der Platzierung von Stifts- und Klosterkirchen, „die mit dem Dom im Mittelpunkt das Bild des himmlischen Jerusalem verdeutlichten“[46]. Dabei wird an vielen Stellen eine römische Orientierung deutlich, die sich mit der Idee von Jerusalem als himmlischer Stadt verbindet. Der alte Kölner Dom mit seinem Marienpatrozinium im Ostchor und seinem Petrus-Patrozinium im Westchor, der noch dazu als *Confessio*-Anlage errichtet wurde und Sekundärreliquien des hl. Petrus (Ketten und Stab) barg, zitiert die alte Petersbasilika in Rom. Mit St. Maria im Kapitol bildet er ursprünglich die Längsachse des Kirchenkreuzes, während St. Aposteln und St. Maria in Deutz (St. Heribert) die Querachse bilden.

42 Odenthal, Was ist Sakraltopographie? (s. Anm. 36), 71.
43 Häußling, Mönchskonvent und Eucharistiefeier (s. Anm. 39), 201.
44 Odenthal, Was ist Sakraltopographie? (s. Anm. 36), 69.
45 Odenthal, Stracke, Die Stationsliturgie Kölns und ihre topographischen Bezüge zu Rom (s. Anm. 41), 142.
46 Ebd.

Dazu kommen noch Kirchen an wichtigen Stadttoren, die mit ihren Apostelpatrozinien die mittelalterliche Stadt wie einen Kranz umgeben und beschützen sollen.[47]

Doch erst bei Berücksichtigung älterer stadtgeschichtlicher Entwicklungen und im Detail erschließen sich manche subtilen Romzitate in der sakraltopographischen Konzeption Kölns. So wies Andreas Odenthal jüngst auf die Stiftskirche St. Aposteln mit ihrem Marienpatrozinium im Ostchor und ihrem Apostelpatrozinium im Westchor hin. Die Bedeutung dieser Kirche erschließt sich erst, „wenn ihre Lage im Westen vor der weit ins Mittelalter hinein noch existierenden römischen Stadtmauer in Rechnung gestellt wird“[48]. Berücksichtigt man dazu die am Außenbau bis heute erhaltene Ikonographie der Stiftskirche, die im Osten eine Mariendarstellung mit Kind und im Westen ein Paulusrelief aufweist, dem beim Apostelpatrozinium des Westchores besondere Bedeutung zukam, dann „verwundert es nicht, dass das Kölnische ‚St. Paul vor den Mauern‘ im Stationssystem am Osterdienstag besucht wurde, also an jenem Tag, an dem die Römer St. Paul vor den Mauern aufsuchen“[49].

Ähnlich interessante Beobachtungen konnte Odenthal für die Stiftskirche St. Gereon machen. Dass im Kanonikerchor durch die Stiftsherren vor allem der hl. Stephanus verehrt wurde, machte St. Gereon zum Gottesdienstraum des gesamten Stadtklerus von Köln am Festtag des hl. Stephanus. Dazu ist hier die Kölner Verbindung des ersten Märtyrers der Kirche mit Gereon, dem ersten Märtyrer Kölns, bemerkenswert, der besonders über seinem Grab am Übergang von Dekagon zum Langchor verehrt wurde, wo ebenfalls ein Altar stand. Neben dem Fest des hl. Stephanus wurde in dieser Kirche noch am Palmsonntag die Stationsliturgie gefeiert, wobei ein überraschender Zusammenhang zwischen den liturgischen Texten der beiden Tage festgestellt werden konnte. Während die Perikope des Matthäusevangeliums, die am Stephanustag verkündet wurde, mit den Worten endete „Und ich sage euch: Von jetzt an werdet ihr mich nicht mehr sehen, bis ihr ruft: Gepriesen sei er, der kommt im Namen des Herrn!“ (Mt 23,39), setzte das Motiv der Liturgie am Palmsonntag

47 Vgl. ebd., 142–143.

48 Odenthal, Was ist Sakraltopographie? (s. Anm. 36), 71.

49 Ebd., 72.

genau mit der Erfüllung dieser jesuanischen Ankündigung wieder ein; denn dort ist der Ruf „Gesegnet sei er, der kommt im Namen des Herrn“ theologisch zentral und wird liturgisch mehrfach rezitiert.[50]

Über diese Makroebene der Stadt als eines durch die Liturgie und ihre Sakraltopographie geheiligten Ortes hinaus vermutete Angelus Häußling sogar eine überregionale sakraltopographische Konzeption mit deutlichen Bezügen zu Rom. Im Speyerer Mariendom, im Dom St. Peter zu Worms sowie in der Klosterkirche von Limburg an der Haardt, einst als Abtei „Zum Heilgen Kreuz“ ein bedeutendes Zeugnis frühsalischer Baukunst, heute nur noch als Ruine erhalten, sah er Zitate der römischen Kirchen Santa Maria Maggiore, (Alt-)St. Peter und Santa Croce in Gerusalemme.[51] Im Hinblick auf die Patrozinienwahl scheint diese Vermutung sehr plausibel. Ob und inwiefern es allerdings eine liturgische Verbindung zwischen den Orten gab und auf welche Weise die bedeutenden Bauwerke dadurch sakraltopographisch zusammenhingen, wie das für die Makroebene von Liturgie und Sakraltopographie einer Stadt gesagt werden kann, muss allerdings im Moment offen bleiben.[52]

## 4 Paderborner Liturgie und Sakraltopographie als Forschungsdesiderate

Was in diesem Beitrag exemplarisch an liturgischen und sakraltopographischen Bezügen zu Jerusalem und Rom gezeigt wurde, muss für die Stadt Paderborn – wie für viele andere im Mittelalter gegründete Städte – noch genauer erforscht werden. Ergänzend zu archäologischen Untersuchungen und historischen Studien sind weitere Arbeiten an den liturgiehistorischen Quellen unumgänglich und in ein interdisziplinäres Gespräch mit den historischen Bezugswissenschaften einzubringen.[53]

50 Vgl. ebd., 75.

51 Vgl. A. Häußling, Rez. AHG 65, in: ALW 49 (2007) 425.

52 Vgl. dazu auch Odenthal, Was ist Sakraltopographie? (s. Anm. 36), 72–73.

53 Vgl. dazu jetzt S. Kopp, Die Paderborner Liturgica. Ein Ausblick, in: N. Börste, S. Kopp (Hg.), 1000 Jahre Bartholomäuskapelle in Paderborn. Geschichte – Liturgie – Denkmalpflege, Petersberg 2018, 232–235. In diesem Beitrag werden detaillierter Quellen, Überlieferung, Forschungsstand und Desiderate benannt, die

Dies soll zu einem vertieften Verständnis der Sakraltopographie Paderborns – sowohl auf der Mikro- als auch auf der Makroebene – führen. Beiträge dazu gibt es bereits von Karl Hengst[54] und Norbert Börste[55] auf der Mikroebene sowie von Manfred Balzer[56] und Clemens Kosch[57] auf der Makroebene der sakraltopographischen Komposition Paderborns. Als karolingische Gründung erlebte die Stadt Paderborn schon im Mittelalter mehrere sakraltopographische Entwicklungsstu-

von 2017 bis 2020 in einem vom Paderborner Metropolitankapitel geförderten Forschungsprojekt am Lehrstuhl für Liturgiewissenschaft an der Theologischen Fakultät Paderborn im Blick stehen. Dabei soll die interdisziplinäre Auseinandersetzung mit liturgiehistorischen Fragestellungen gemeinsam mit den örtlichen Einrichtungen im Gespräch mit der Bibliothekskunde (Erzbischöfliche Akademische Bibliothek Paderborn mit Hans-Walter Stork), der Archivforschung (Erzbistumsarchiv Paderborn mit Arnold Otto), der Bistumsgeschichte (Karl Hengst und Hermann-Josef Schmalor) und nicht zuletzt der Kunstgeschichte (Diözesanmuseum Paderborn mit Christoph Stiegemann; Theologische Fakultät Paderborn mit Norbert Börste) erfolgen. Damit stehen auch für die – durch die Deutsche Forschungsgemeinschaft und das Erzbistum Paderborn geförderte – Digitalisierung der an der Erzbischöflichen Akademischen Bibliothek Paderborn vorhandenen liturgischen Handschriften finanzielle Mittel bereit, um der Forschung liturgie- wie kunsthistorisch besonders bedeutsame Exemplare leichter zugänglich zu machen. Dies soll eine international und interdisziplinär angelegte Beschäftigung mit Paderborner Liturgica ermöglichen, deren (Zwischen-) Ergebnisse in einer wissenschaftlichen Tagung 2019 vorgestellt und vertieft werden sollen.

54 Vgl. K. Hengst, Die Altäre und Benefizien des Paderborner Domes und anliegender Kapellen von 777–1550, in: H. Brandt, K. Hengst (Hg.), Felix Paderae Civitas. Der Heilige Liborius 836–1986. Festschrift zur 1150jährigen Feier der Reliquienübertragung des Patrons von Dom, Stadt und Erzbistum Paderborn, Paderborn 1986, 214–265.

55 Vgl. N. Börste, Bauforschung am Dombau des 13. Jahrhunderts, in: Metropolitankapitel Paderborn (Hg.), Dom-Restaurierung Paderborn 1978–1981. Dokumentation im Kreuzgang Libori 1980, Paderborn 1980, 44–51; ders., Neue Funde vom ehemaligen Lettner im Dom zu Paderborn, in: Das Diözesanmuseum stellt vor, Paderborn 1982; ders., Der mittelalterliche Lettner des Paderborner Domes, in: Brandt, Hengst (Hg.), Felix Paderae Civitas (s. Anm. 54), 292–312; ders., Der mittelalterliche Lettner des Paderborner Domes von 1280, in diesem Band.

56 Vgl. M. Balzer, Zeugnisse für das Selbstverständnis Bischof Meinwerks von Paderborn, in: N. Kamp, J. Wollasch (Hg.), Tradition als historische Kraft. Interdisziplinäre Forschungen zur Geschichte des frühen Mittelalters, Berlin – New York 1982, 267–296; ders., Westfälische Bischöfe des 10. und 11. Jahrhunderts als Bauherren und Architekten, in: J. Jarnut, A. Köb, M. Wemhoff (Hg.), Bischöfliches Bauen im 11. Jahrhundert. Archäologisch-historisches Forum (MittelalterStudien 18), München 2009, 109–136.

57 Vgl. C. Kosch, Paderborns mittelalterliche Kirchen. Architektur und Liturgie um 1300 (Große Kunstführer 227), Regensburg 2006.

fen. Unter den Bischöfen, die als Bauherrn fungierten, hat vor allem Bischof Meinwerk (um 975–1036) eine herausragende Bedeutung für den Kirchenbau und seine theologische Konzeption.[58] In cap. 216 seiner *Vita* wird sein (nie vollständig verwirklichter) Bauplan eines Kirchenkreuzes beschrieben, wenn es dort heißt:

> „Dies sind die Werke des Gottesmannes um der Hoffnung auf das ewige Leben, dies die Zeichen der Liebe für die ihm anvertraute Stadt. Wenn er noch länger gelebt hätte, dann hätte er Paderborn in eine Stadt verwandelt, die dem Reiche zu Ehre und Zierde gereicht hätte. Denn wie er im westlichen und östlichen Teil der Stadt Klöster für die Diener Gottes [Abdinghofkloster und Busdorfstift] errichtet hatte, so hatte er auch im südlichen Teil am Kamp und im nördlichen Teil in Sulithe nach Art eines Kreuzes [lat.: *in modum crucis*] [Kirchen] zu erbauen erwogen. So wie [die Stadt] von ihm aus größter Armut sowohl durch die Schenkung von Erbbesitz als auch durch beständiges Drängen und Dienst von Königen und anderen Gläubigen an Besitz vermehrt und gefördert worden war, so wurde sie auch von denen, die dem Gekreuzigten dienten und [die Stadt] durch die Waffen ihrer Gebete gegen alle Nachstellungen der Feinde verteidigten, gesichert und ausgezeichnet."[59]

Dass Bischof Meinwerk dabei die historische Stadt Jerusalem im anagogischen Sinne als zukünftige, himmlische Stadt und somit als theologischen Bezugspunkt im Blick hatte und Paderborn mit seiner sakraltopographischen Konzeption zum Abbild dieser heiligen Stadt machen wollte, davon zeugen zwei Belege in der *Vita Meinwerci*. In cap. 214 ist überliefert, er habe dafür extra den Abt von Helmarshausen nach Jerusalem geschickt:

> „Als der Bischof daher zur Erlangung des Himmlischen Jerusalem eine Kirche nach dem Vorbild der heiligen Kirche zu Jerusalem errichten wollte, rief er Abt Wino von Helmarshausen, den er aus dem Kloster seiner Stadt dort zum Vorsteher bestellt hatte, zu sich und sandte ihn nach Jerusalem mit dem Auftrag, ihm die Maße der dortigen Kirche und des heiligen Grabes zu bringen."[60]

Bei seiner Rückkehr brachte Abt Wino von Helmarshausen nicht nur die bautechnischen Informationen nach Paderborn, sondern auch Re-

58 Vgl. dazu etwa G. Mietke, Die Bautätigkeit Bischof Meinwerks von Paderborn und die frühchristliche und byzantinische Architektur (PaThSt 21), Paderborn u.a. 1991; C. Stiegemann, M. Kroker (Hg.), Für Königtum und Himmelreich. 1000 Jahre Bischof Meinwerk von Paderborn, Regensburg 2009.

59 G. Berndt (Hg.), Vita Meinwerci episcopi Patherbrunnensis – Das Leben Bischof Meinwerks von Paderborn. Text, Übersetzung, Kommentar (MittelalterStudien 21), München 2009, 253.

60 Ebd., 247.

liquien vom heiligen Grab, wie in cap. 215 berichtet wird.[61] Zu denken wäre dabei an „Berührungsreliquien, wie etwa Öl von den Lampen am Grab oder Holzsplitter vom Ölberg, möglicherweise auch Partikel des Heiligen Kreuzes selbst"[62]. Der Wiederaufbau der 1009 zerstörten Jerusalemer Grabeskirche ab dem Jahre 1030 fiel zeitlich übrigens ziemlich genau mit der Reise Abt Winos in das Heilige Land um 1033 zusammen. 1036 erfolgte die Weihe der zu diesem Zeitpunkt noch nicht ganz fertiggestellten Busdorfkirche, für deren Konzeption der Helmarshausener Abt nach Jerusalem gereist war.[63]

Schon die wenigen Hinweise deuten darauf hin, dass weitere Forschungen im Bereich der (mittelalterlichen) Liturgie und Sakraltopographie interessante Zusammenhänge zwischen gefeierter und gebauter Theologie offenlegen und noch tiefere Dimensionen der Stadt Paderborn als heiligen Ort offenlegen könnten, wie dies u.a. für Bamberg und Köln schon geschehen ist. Für die Erforschung der Liturgie in der Stadt an den Quellen der Pader dürfte neben den Herrenfesten im Kirchenjahr zudem interessant sein, welche Besonderheiten sich aus der seit dem Mittelalter bezeugten Verehrung des hl. Liborius ergeben.

61 Ebd.

62 Ebd., 50.

63 Vgl. ebd., 49–52.

*Yves Kingata*

# Sakralräume und ihre Umgestaltung aus kirchenrechtlicher Perspektive

Die katholische Kirche hat das angeborene Recht, unabhängig von der weltlichen Gewalt Vermögen zur Verwirklichung der ihr eigenen Zwecke zu erwerben, zu besitzen, zu verwalten und zu veräußern (vgl. c. 1254 CIC). Dementsprechend obliegt den Christgläubigen die Pflicht, Beiträge für die Erfordernisse der Kirche zu leisten, damit ihr die Mittel zur Verfügung stehen, die für den Gottesdienst, die Werke des Apostolats und der Caritas sowie für einen angemessenen Unterhalt der in ihrem Dienst stehenden Einrichtungen notwendig sind (vgl. c. 222 CIC). Gegenwärtig führt die rückläufige Entwicklung des Kirchensteueraufkommens, der Kollekten und Spenden in Deutschland dazu, dass Kirchengemeinden häufig die Kosten für Kirchen, die sich in ihrem Pfarrgebiet befinden, nicht mehr aufbringen können. Trauriger Vorreiter in dieser Hinsicht ist das Bistum Essen: Auf der Basis des Vermögensstandes[1] des Jahres 2002 sowie der Situa-

1 Die Entscheidung zur Umnutzung von Sakralräumen aus finanziellen Gründen darf nicht vorschnell erfolgen. Pfarrgemeinden, Ordensgemeinschaften oder Vereinigungen, die in Bayern z. B. Kirchen benützen bzw. besitzen verfügen gemäß Art. 11, V Kirchenstiftungsordnung über das Vermögen der Kirchenstiftung, das insbesondere der Planung, Errichtung, Ausstattung und dem Unterhalt der Kirchen im Seelsorgsbezirk dient und im Falle der Umgestaltung aus finanziellen Gründen vorgelegt werden muss. Auch für die evangelische Kirche ist z. B. im Gesetz zum Staatsvertrag zwischen der evangelisch-lutherischen Kirche und dem Freistaat Thüringen aus dem Jahr 1994 verankert, dass die Kirchen sich verpflichten, im Rahmen ihrer Möglichkeiten, denkmalgeschützte Gebäude nebst den dazugehörigen Grundstücken sowie den Kunst- und Kultusgegenständen zu erhalten und zu pflegen. Sie werden Veräußerungen und Veränderungen nur im Benehmen mit dem Ziel der Verständigung mit den staatlichen Denkmalbehörden vornehmen und dafür sorgen, dass die Kirchengemeinden und sonstigen kirchlichen Verbände entsprechend verfahren (Art. 9 Abs. 1). Vgl. Heimerl, Pree, Handbuch des Vermögensrechts, Regensburg 1993, 414; Freistaat Thüringen, Gesetz zum Staatsvertrag mit den Evangelischen Kirchen in Thürin-

tion der gesamten Diözese leitete es die Umwidmung von Sakralräumen ein. Als die Diözese Essen Anfang 2006 verkündete, mit circa 100 Kirchengebäuden ein Drittel aller Kirchengebäude aufgeben zu müssen, erreichte dieses – vorher meist nur intern diskutierte – Problem auch größere Teile der Gesellschaft.[2] Gut zehn Jahre danach ist die Diskussion über die Notwendigkeit, Sakralräume und vor allem Kirchengebäude aufzugeben oder in anderer Weise zu nutzen, immer noch aktuell. Insbesondere hierzulande hängt diese Entwicklung mit der rückläufigen Zahl an Kirchenmitgliedern zusammen. Denn die Zusammenlegung benachbarter Pfarreien zu einem einzigen Pfarrverband führt nicht unbedingt dazu, dass Friedhöfe aufgegeben, umgestaltet oder umgenutzt werden. Ziel meiner Ausführungen ist es, ausgehend von den rechtshistorischen Grundlagen die Umgestaltung bzw. Umnutzung von Sakralräumen, insbesondere von Kirchen, Kapellen und Friedhöfen zu behandeln. Wieviel darf an einem Sakralraum verändert werden? Was ist kirchenrechtlich erlaubt? Vor dem Hintergrund, dass sich Gesetze einzelner Bundesländer in Deutschland hinsichtlich des Denkmalschutzes und der Denkmalpflege unterscheiden, wird im Folgenden die Umgestaltung bzw. Umnutzung von Sakralräumen nur aus der Perspektive des katholischen Kirchenrechts erläutert.

## 1 Sakralräume: Begrifflichkeit

Im dritten Teil des Buches über den Heiligungsdienst der Kirche werden im CIC Kirchen, Kapellen, Altäre, Wallfahrtsstätten und Fried-

gen vom 17. Mai 1994, in: Gesetz- und Verordnungsblatt für den Freistaat Thüringen Nr. 17, Erfurt, 25.5. 1994; N. Schöch, Umnutzung von Kirchen. Kirchenrechtliche Überlegungen zu einem aktuellen Problem, in: AfkKR 173 (2004) 42–91, hier: 51; S. Muckel, Kunst- und Denkmalschutz, in: HKKR[3] (2015) 1120–1126; F. Hammer, Denkmalschutz für das kirchliche Kunst- und Kulturerbe. Rechts- und Verfassungsfragen, in: KuR 19 (2013) 62–76; E. Kandler-Mayr, Schützen und Verwalten. Kirchliche Güter und Denkmalschutz. Eine Untersuchung der kirchlichen Rechtsnormen und der staatlichen österreichischen und bayerischen Gesetze, St. Ottilien 2004.

2 Ministerium für Bauen und Verkehr des Landes Nordrhein-Westfalen, Modellvorhaben Kirchenumnutzungen. Ideen – Konzepte – Verfahren. Sechzehn Beispiele aus Nordrhein Westfalen, in: https://stadtbaukultur-nrw.de/site/assets/files/1809/kirchenumnutzungen.pdf (Download: 16.10.2017).

höfe als heilige Orte und die Frage der Heiligen Zeiten behandelt. Kirchen sind gemäß c. 1217 CIC nach ihrer Errichtung entsprechend den liturgischen Vorschriften zu weihen, wenigstens aber zu segnen. Mit der sogenannten *dedicatio* (Weihe), die immer mit einer Ölsalbung verbunden ist, oder der *benedictio* (Segnung), die ohne Ölsalbung erfolgt, tritt die Rechtsfolge ein, dass die so geheiligten Orte ihrer weltlichen Zweckbestimmung entzogen und ausschließlich den genannten religiösen Zielsetzungen – Gottesdienst und Begräbnis – gewidmet werden. Kirchen stehen manchmal im Eigentum anderer juristischer Personen und sind im geltenden kanonischen Recht nicht von Rechts wegen juristische Personen. Steht ein Kirchengebäude oder ein Heiligtum im Eigentum einer anderen juristischen Person – etwa eines Klosters –, so tritt der Besitzer bei einer eventuell anstehenden Umgestaltung in Erscheinung.[3] Daraus resultiert eine Beschränkung der Verkehrsfähigkeit, je nachdem, ob Sakralräume in privatrechtlicher Form genutzt werden oder in einer öffentlich-rechtlichen Dienstbarkeit stehen.[4]

Auch für Friedhöfe gilt, dass sie nach ihrer Errichtung zu benedizieren sind. Bezüglich der Altäre muss ausdrücklich angemerkt werden, dass die Altarweihe nach c. 1237 § 1 CIC im Rahmen einer eigenen liturgischen Handlung geschehen muss. Zudem sind nur die feststehenden Altäre zu weihen.[5] Die Deutsche Bischofskonferenz hält hierzu fest: „Für uns katholische Christen ist jedes Kirchengebäude zunächst Haus Gottes, Haus für die Feier des Gottesdienstes der Gemeinde und Haus des Gebetes für jeden Einzelnen“[6].

Zu den oben genannten heiligen Orten sind Wallfahrtsstätten hinzuzufügen. Als Zielort einer Wallfahrt genießen sie eine hervorgehobene religiöse Bedeutung und verfügen meist über eine Wallfahrtskirche oder einen Ort, an dem ein Heiligtum errichtet wurde. „Die Gläubigen suchen den Ort der Wallfahrtsstätte aus besonderen Fröm-

3 Vgl. N. Schöch, Umnutzung von Kirchen (s. Anm. 1), 46.

4 Vgl. ebd., 48.

5 Vgl. T. Schüller, Die Umnutzung von Pfarrkirchen zu Grabeskirchen. Kirchenrechtliche Aspekte, in: C. Leonhard, T. Schüller (Hg.), Tot in die Kirche? Rechtliche und liturgische Aspekte der Profanierung von Kirchen und ihre Umnutzung zu Kolumbarien, Regensburg 2012, 261–280, hier: 272.

6 Sekretariat der Deutschen Bischofskonferenz (Hg.), Umnutzung von Kirchen. Beurteilungskriterien und Entscheidungshilfen (ADBK 175), Bonn 2003, 3.

migkeitsgründen auf. Als Gründe können gemäß der Überlegungen in der zuständigen Reformkommission des CIC/1983 die Feier der Gottesdienste, die Erneuerung des geistlichen Lebens, das Bekenntnis des Glaubens, das Ablegen von privaten Gelübden, das Erbitten von besonderen Gnaden Gottes, die Bereitschaft zur Buße und das Erleben von Freude im Glauben der Kirche angeführt werden."[7] Abgesehen von den in c. 1290 CIC/1917 verankerten Regelungen zu den Prozessionen im Allgemeinen fehlen im CIC/1917 besondere Bestimmungen über Wallfahrten und Wallfahrtsorte ganz, obwohl diese Orte und das Aufsuchen dieser Orte im religiösen Bewusstsein vieler Gläubigen stets einen hohen Stellenwert hatten und auch im Leben der Kirche faktisch eine nicht unbedeutende Rolle spielten.[8] Kirchenrechtlich werden Gottes- und Versammlungshäuser von alters her als Sakralräume bezeichnet und mit großer Ehrfurcht behandelt. In ihnen versammelt sich die christliche Gemeinde, um das Wort Gottes zu hören, gemeinsam zu beten und vor allem die Eucharistie und die anderen Sakramente zu feiern.[9]

Da diese Sakralräume oft an ganz besonderen Orten errichtet werden, geht ihre Bedeutung über die geistliche Nutzung hinaus. Über die Feier der Liturgie hinaus dienten Kirchenräume auch immer außerliturgischen, gemeindlichen und öffentlichen Zwecken wie z. B. für Konzerte, Ausstellungen, geistliche Spiele oder Versammlungen, um nur einige zu nennen.[10] Trotz ihrer Bedeutung hat es in der Geschichte der Kirche aus unterschiedlichen Anlässen immer wieder Umnutzungen, Profanierungen und den Abriss von Sakralräumen gegeben. Die Gründe waren häufig wirtschaftlicher Art, aber auch durch Kriege, die Aufhebung von Klöstern und infolge der Säkularisation 1803 kam es in Deutschland immer wieder zu Umnutzungen von Kirchen. Aus Kirchen wurden Bibliotheken, Versammlungs- und

7 C. Ohly, Ob peculiarem pietatis causam. Ein kanonistischer Impuls zur Bedeutung kirchlicher Heiligtümer im Kontext diözesaner Strukturreformen, in: N. U. Buhlmann, P. Styra, W. Imkamp, Signum in bonum [FS Wilhelm Imkamp], Regensburg 2011, 1041–1061, hier: 1053.

8 Vgl. H. Reinhardt, MKCIC, vor c. 1230, Rn. 1; C. Ohly, Ob peculiarem pietatis causam (s. Anm. 7), 1052–1053.

9 Vgl. Sekretariat der Deutschen Bischofskonferenz (Hg.), Umnutzung von Kirchen (s. Anm. 6), 7.

10 Vgl. ebd., 12.

Ausstellungsräume sowie Konzertsäle, Verwaltungseinrichtungen und Wohnungen.[11]

## 2 Rechtshistorische Entwicklung: Umgestaltung von Sakralräumen bis zu den Dekretalen Gregors IX.

In einem um das Jahr 400 an den Bischof Honoratus von Thiabena gerichteten Brief rät der Kirchenvater Augustinus den geistlichen Vorsteher der Gemeinden nicht nur, sich für Notleidenden einzusetzen und erst zu fliehen, wenn die Gemeindeglieder in Sicherheit sind, sondern er legt auch fest, unter welchen Umständen die den Heiligen gewidmeten Orte verändert werden können. Der lateinische Begriff *transmutare*, der in diesem Zusammenhang verwendet wird, heißt so viel wie „vertauschen“ oder „verändern“.[12] Als einen Grund für die Veränderung von Orten, die den Heiligen gewidmet sind, nennt der Bischof von Hippo die Gefährdung der Sakralräume durch den Andrang der Verfolger; damit würde der dem profanen Gebrauch entzogene Raum in seinen ursprünglichen Status zurückgeführt. Des Weiteren erwähnt Augustinus den zu klein gewordenen Versammlungsort. Schließlich stellt auch eine drohende Gefahr wie ein Vulkanausbruch oder ein drohendes Erdbeben einen Grund dar. Dieser Brief, der in das *Decretum Gratiani* (um 1140) übernommen wurde[13], erklärt zwar nicht, wie dieses *transmutare* erfolgen soll, weist jedoch darauf hin, dass die Umwandlung von Sakralräumen die Entwicklung der Kirche bereits seit der Antike begleitet.

Die seit dem 6. Jahrhundert bekannte Wiedereinweihung von Versammlungs- und Gebetsräumen verweist sowohl auf die Profanierung als Grundvoraussetzung als auch auf die Umwandlung selbst und ihre Ursachen. Gregor der Große (590–604) erteilte z. B. Bischof Leontius von Neapolis die Erlaubnis, die Weihe der wieder aufgerichteten Kirche des seligen Märtyrers Stephanus und des neuerrichteten

11 Vgl. ebd., 7.

12 Vgl. A. Sleumer, Kirchenlateinisches Wörterbuch, Hildesheim – Zürich – New York 2006.

13 Vgl. *Tribus ex causis loca sanctorum transmutanda sunt. Prima, cum necessitas persecutorum loca eorum grauauerit. Secunda, cum difficultas locorum fuerit. Tercia, cum malorum societate grauantur*, in: Dist. I, c. 36.

Altars vorzunehmen.[14] Auch die Dokumentensammlung der päpstlichen Kanzlei aus dem 5.–11. Jahrhundert, der *Liber Diurnus Romanorum Pontificum*, bezeugt die Umgestaltung von Sakralräumen. Sie enthält nämlich Formulare, die für die Wiedereinweihung einer durch Feuer zerstörten oder einer aus Stein bestehenden, aber verfallenen und erneut erbauten Kirche verwendet wurden.[15] Daraus kann geschlossen werden, dass die wieder neu einzuweihende Kirche zuvor in den profanen Zustand zurückversetzt worden war. Der profane Zustand einer Kirche trat von selbst ein, wenn die Wände vollständig eingestürzt oder die bei der Kirchweihe mit Chrisam gesalbten Pfeiler zerstört worden waren. Eine Kirche galt also auch dann als profan, wenn die Pfeiler mit den Weihekreuzen nicht mehr vorhanden waren.[16] Außerdem konnte zwischen dem 7. und 8. Jahrhundert die Entfernung des Altars dazu führen, dass die Kirche einer anderen Nutzung zugeführt wurde und dementsprechend wieder geweiht werden musste. Denn ihr durch die Weihe herbeigeführter sakraler Zustand war nur dann gegeben, wenn der Altar vorhanden war.[17] Diese Lehrmeinung und Argumentation greifen bis ins hohe Mittelalter.[18] Erst

14 *Basilicam beati Stephani martyris, quam fraternitas vestra incendio asserit concrematam, quam etiam nuper instauratam esse commemorat, facultatem tribuimus dedicandi, in qua etiam reliquiarum sanctuaria ejusdem beati Stephani martyris volumus collocari. Et ideo, frater charissime, ad praedictam te ecclesiam ire necesse est, et tarn Ecclesiae quam etiam altaris noviter construed dedicationem solemniter exhibere.* (Lib. VI, epist. 45, ad Leontium Episcopum, in: PL 77, 832)

15 Vgl. C. Zimmerhof, Liturgie der Kirchenprofanierung in Geschichte und Gegenwart, in: C. Leonhard, T. Schüller (Hg.), Tot in die Kirche? Rechtliche und liturgische Aspekte der Profanierung von Kirchen und ihre Umnutzung zu Kolumbarien, Regensburg 2012, 9–125, hier: 13.

16 Vgl. ebd.

17 Vgl. *Si motum fuerit altare, denuo consecretur ecclesia* (Excerptiones Egberti, CXXXIX Vigilius papa, in: PL 89, 396 A).

18 Unter anderem erzählt Anselm von Canterbury (1093–1109) von einer Diskussion und Übereinkunft mit Papst Urban II. (1088–1099) und anderen Bischöfen über die Notwendigkeit, eine Kirche neu zu weihen, wenn ihr Hauptaltar entfernt oder zerstört worden ist. In diesem Bericht heißt es: „Ich habe mit dem Herrn und Papst Urban in Gegenwart einiger Bischöfe über diese Dinge gesprochen [...]. Mit dem Folgenden aber stimmen alle überein: Wenn der Hauptaltar verletzt worden ist, muss die ganze Kirche zusammen mit dem Altar erneut geweiht (*dedicare*) werden, und eine Kirche darf nicht geweiht werden ohne die Weihe des Altares, entweder des Hauptaltares oder eines anderen Altares in derselben Kirche [...]. Der Altar wird nicht um der Kirche willen errichtet, sondern die Kirche um des Altars willen. Deshalb scheint es keine Kirche mehr zu sein, wenn der

während des Pontifikats Alexanders III. (1159–1181) wurde die Pflicht zur erneuten Weihe aufgehoben,[19] wenn der Altar bewegt und aus der Kirche entfernt worden war.

Vor allem gehörten Mord, Blutvergießen, Unzucht und Ehebruch[20] in einer Kirche zu den Hauptgründen, die den Sakralraum in den profanen Zustand zurückversetzten und deswegen eine neue *Dedicatio* erforderten. Obwohl Gratian festgelegt hat, dass die Kirchweihe nur ein einziges Mal vorgenommen werden durfte, erwähnte er eine zweite Möglichkeit, nämlich wenn die Kirche durch Blutvergießen besudelt (geschändet) wurde.[21] Dadurch war der Weg für eine Akzentverschiebung frei. Die im *Decretum Gratiani* genannten Bestimmungen wurden 1234 in die Dekretalen Gregors IX. (1222–1241) übernommen und erweitert. Der Zustand der Heiligkeit des geweihten Kirchengebäudes war in einem solchen Maß auf Dauer ausgerichtet, dass die Rückführung in den profanen Stand selbst für eine zerstörte oder zerfallene Kirche, die zuvor eine profane Nutzung erfahren hatte, verboten wurde. Sie durfte nicht mehr zu profanen Zwecken verwendet werden. Bis zum Beginn des Konzils von Trient (1545–1563) durfte sogar das Material zerstörter Kirchen ausschließlich zum Neubau einer Kirche oder eines Klosters verwendet werden. Anderenfalls war das Holz zu verbrennen und die Steine mussten ungenutzt gelassen werden. Die im *Decretum Gratiani* verankerte Bestimmung und im weiteren Teil des *Corpus Iuris Canonici* erweiterte Version (Liber Sextus 5.12, *De regulis iuris* 51) bekräftigt, dass das aus

Hauptaltar verletzt worden ist." (Anselmus Cantuariensis, Opera Omnia, lib. III, Epist. CLIX ad Willelmum abbatem, in: PL 159, 194 B-195 A)

19 *Ad haec si altare motum fuerit, lapis ille solummodo supra positus, qui sigillum continet confractus, aut etiam diminutus exstiterit, debet denuo consecrari. Propter hoc vero, nequaquam reiterare suam consecrationem ecclesia consuevit, licet, id quidem canones innuere videantur.* (Phillipus Jaffe, Regesta Pontificium Romanorum ab condita Ecclesia ad annum p.C.n. MCXCVIII, ed. 2 vols, correctam et auctam auspiciis Gulielmi Wattenbach curaverunt S. Loewenfeld, F. Kaltenbrunner, P. Ewald, Lipsiae 1885–1888. n. 14204) Dieses Dekret ist später in die Dekretalen Gregors IX. (1234) aufgenommen worden.

20 In den Exzerpten Egberts heißt es: „Wenn [...] eine Kirche durch Ehebruch verletzt worden ist, soll sie sehr sorgfältig gereinigt und erneut geweiht werden" (= *Si [...] adulterio ecclesia fuerit violata, diligentissime expurgetur, et denuo consecretur.* Excerptiones Egberti, CXXXIX Vigilius papa, in: PL 89, 396 A).

21 *„Ecclesiis semel Deo consecratis non debet iterum consecratio adhiberi, nisi [...] sanguinis effusione [...] pollutae fuerint."* De cons., in: Dist. I c. 20.

einer Kirche stammende Material auf keinen Fall in weltlichen Gebäuden eingebaut werden darf.[22]

## 3 Von Konzil von Trient bis zum CIC/1917

In der am 16. Juli 1562 abgehaltenen 21. Sitzung des Konzils von Trient sorgten die Konzilsväter dafür, dass die in den päpstlichen Dekretalen verankerten Bestimmungen gelockert wurden. Das Konzil bestand zwar weiterhin darauf, dass nichts von dem, was für den heiligen Dienst bestimmt gewesen sei, verkomme und dem Gedächtnis der Menschen entschwinde, zog jedoch eine Umwandlung, ja sogar einen Abriss in Erwägung.[23] Dem Bischof kam nämlich das Recht zu, die ehemalige Pfarrkirche und andere verfallene Kirchen anschließend einer profanen, aber nicht anrüchigen Verwendung zuzuführen. Was unter einer anrüchigen Verwendung verstanden werden soll, ist dem Konzilsdokument nicht zu entnehmen.[24] Dennoch wird deutlich, dass, selbst wenn dem Wiederaufbau bzw. der Renovierung einer beschädigten oder zerstörten Kirche der absolute Vorrang gegeben wird, das Konzil von Trient eine Zäsur darstellt und darauf hinweist, dass eine Kirche umgestaltet werden kann, wenn es nicht möglich ist, sie zu erhalten.

Es kann festgehalten werden, dass die Verwendung der Kirche für einen nicht gottesdienstlichen Zweck zwar nicht direkt erwogen wurde, aber eine klare Anordnung im Hinblick auf die Zweckentfremdung thematisiert wurde. In diesem Zusammenhang wurde die Kirche als *ecclesia diruta* klassifiziert, deren Material wieder für profane Zwecke verwendet werden konnte. Wichtig war jedoch, dass

22 Im Decretum Gratiani heißt es: „Das Holz einer geweihten Kirche darf nicht mit einem anderen Werk verbunden werden, außer mit einer anderen Kirche, oder es muss im Feuer verbrannt werden, oder es steht den Brüdern im Kloster zur Verarbeitung zur Verfügung; zu Werken von Laien darf es nicht zugelassen werden." (De cons. D.I c. 38) Als Grundsatz wurde im Liber Sextus Bonifaz' VIII. in der *Regula Iuris* 51 zusammengefasst: „Was Gott einmal geweiht hat, darf zu keinem profanen Zweck mehr gebraucht werden." (= *Semel Deo dictum, non est ad usus humanos ulterius transferendum,* VI, 5.12 *De regul. iur.* 51).

23 Vgl. J. Wohlmuth (Hg.), Dekrete der ökumenischen Konzilien, Band 3, Paderborn 2002, 730–731.

24 Vgl. Zimmerhof, Liturgie der Kirchenprofanierung (s. Anm. 15), 18.

ein Kreuz an dem Ort errichtet werden sollte, wo früher die Kirche stand.[25]

Diese weitere Entwicklung, die auf das Konzil von Trient zurückgeht, ermöglichte in den folgenden Jahrhunderten eine andere Verwendung zahlreicher Kirchen.[26] Im Jahr 1646 erlaubte die Konzilskongregation z. B. dem Bischof von Como, eine Kirche seines Bistums zu profanieren und aufzugeben. Des Weiteren ordnete sie ausdrücklich den Abriss der Kirche an.[27] In der Diözese von Reggio Emilia wurde im Jahr 1649 dem Bischof das Recht zugesprochen, eine Kapelle in seinem Bistum zu profanieren und auf Kosten eines Grafen eine neue Kapelle zu errichten. Allerdings durfte sich der Graf den Standort dieser Kapelle aussuchen. Die Kongregation verlangte schließlich den Abriss der nicht mehr benötigten Kapelle.[28] In einem Fall der Laurentiuskirche aus der Diözese Camerino sah sich die oben genannte römische Behörde dazu verpflichtet, auf das Konzil von Trient hinzuweisen, das sich ausdrücklich wünschte, dass Kirchen erhalten und nicht zerstört werden sollten; sie erlaubte jedoch, sie aufzugeben und sogar abzureißen, wenn die Finanzmittel nicht aufgebracht werden konnten.[29] Bis in das 19. Jahrhundert behielt der can. 21 des Konzils von Trient seine Gültigkeit. Aufgrund dieses Rechtsgrundsatzes wurde immer wieder die Beibehaltung von Sakralräumen ihrer Umnutzung oder ihrem Abriss vorgezogen. Aber wenn die Konzilskongregation den Abriss einer zerfallenen Kirche entschied, wurde Bezug auf das Konzil von Trient genommen, das ausdrücklich darauf hingewiesen und es erlaubt hat.[30]

25 Vgl. M. Grichting, „Umnutzung" von Kirchen? Eine Anfrage zu c. 1222 CIC/1983, in: AKathKR 175 (2006) 417–433, hier: 419; Zimmerhof, Liturgie der Kirchenprofanierung (s. Anm. 15), 18.

26 Vgl. Codicis Iuris Canonici Fontes, Vol. I–IX, hg. von P. Gasparri, Typis Polyglottis Vaticanis 1923–1939.

27 Vgl. CIC-Fontes (s. Anm. 26), Vol. V, 304, Nr. 2668.

28 Vgl. ebd., 313, Nr. 2669.

29 Vgl. ebd., Vol. VI, 15–16, Nr. 3872.

30 Mitten in den napoleonischen Wirren entschied die Konzilskongregation, dass eine Kirche in der Diözese Fano aufgeben werden könne, da sie zerfallen und ärmlich sei. Dies wurde damit begründet, dass in ihrer Umgebung ausreichend Kirchen vorhanden und mit dieser Kirche keine Messverpflichtungen verbunden seien. Ausdrücklich wird darauf hingewiesen, dass das Konzil von Trient den Abriss von Kirchen erlaubt habe. Noch im Jahr 1866 entschied die Konzilskongregation, die Profanierung und den Abriss einer auf einem Privatgrundstück ste-

## 4 Der Übergang vom CIC/1917 zum CIC/1983

Grundsätzlich blieb der CIC/1917 bei der durch die Jahrhunderte hinweg aufgezeichneten Entwicklung der Umnutzung von Sakralräumen und bei der durch das Konzil von Trient (vgl. can. 21) festgelegten Rechtsbestimmung. Die Kodifikation unterschied *res ecclesiasticae* im weiteren Sinne – alles, was dem kirchlichen Zweck diente – von jenen im engeren Sinne (das kirchliche Vermögen). Bei Letzterem wurde noch eine kleine Unterteilung gemacht, die die *res sacrae* hervorhob, weil sie unmittelbar zum Gottesdienst dienten. Sie mussten deswegen durch einen Kultakt geweiht oder benediziert werden (c. 1154 CIC/1917). Dazu gehörten bereits Kirchen, Altäre, Kirchhöfe sowie eine Reihe von Kirchengeräten (Kelche, Patenen usw.). Bezüglich der Umgestaltung galt nach wie vor die Regelung, dass eine konsekrierte oder benedizierte Kirche oder Kapelle nicht wieder geweiht werden durfte, solange die Wirkung der Konsekration oder Benediktion vorhanden war. Eine Umnutzung setzte eine Profanierung voraus, die aufgrund von Brand, Blutvergießen, Mord oder Unzucht erfolgte. Die Profanierung ermöglichte die Exsekration und/oder die Umgestaltung der Kirche. Die Exsekration erfolgte ebenso, wenn die ganze Kirche oder der größere Teil ihrer Mauern zerstört oder erneuert, oder wenn sie für immer zu profanem Gebrauch verwendet werden sollte.[31] Es sei angemerkt, dass das *„polluire"*[32] (die Kirche schänden) durch Mord, freiwilliges und schwer sündhaftes Blutvergießen oder durch schwer sündhafte *effusio seminis humani* sowie das Begräbnis eines Ungläubigen die Weihe der Altäre oder Kirche nicht

henden Kapelle in der Diözese Bitonto zu erlauben. Es wird herausgestellt, dass das Konzil von Trient die Priorität gesetzt habe, die geweihten Kirchen zu erhalten, um die Erinnerung an das Kirchengebäude zu bewahren. Für die Konzilsväter sollte dafür Sorge getragen werden, „dass nichts von dem, was für den heiligen Dienst bestimmt ist, durch die Widrigkeiten der Zeiten verkommt und aus dem Gedächtnis der Menschen verschwindet." Aus den oben genannten Gründen habe sich die Konzilskongregation in vielen Fällen gegen einen Abriss gewandt. Ehrfurchtslosigkeit oder die mögliche gewaltsame Profanierung, die eintreten könnte, wenn eine Kirche verwahrlose ist, können jedoch gerechte Gründe für einen Abriss des Kirchengebäudes sein. Vgl. ebd., 210, Nr. 3934; 521–523, Nr. 4205; Zimmerhof, Liturgie der Kirchenprofanierung (s. Anm. 15), 19.

31 Vgl. C.S. Rit. 4. Sept. 1875; 5. Mai 1882; 16. Jan. 1886; 11. Jan. 1892; 26. Juni 1894; 8. Juni 1896; 9. August 1897 i.V.m. c. 6 X h.t. III, 40 (AkathKR 59 [1888] 124–125).

32 Vgl. *De consecratione*, in: Dist. I, c. 20.

aufhob, sondern eine moralische Beeinträchtigung darstellte. Deswegen musste der so geschändete Versammlungs- und Gebetsraum vom Bischof rekonziliiert werden.[33]

Die erste Kodifikation enthält somit jene schon in Trient promulgierte Norm, die eine Umnutzung sowie einen Abriss eines nicht mehr zu erhaltenden Sakralraumes nicht untersagte.

## 5 Umgestaltung von Sakralräumen und geltende Rechtslage des CIC/1983

Wer heute im katholischen Bereich über Umgestaltung, Umnutzung oder Abriss von Sakralräumen nachdenkt, kommt nicht an c. 1222 §1 u. 2 CIC/1983, der Nachfolgenorm und erweiterten Bestimmung des c. 1187 CIC/1917[34] vorbei. Aber anders als im CIC/1917 werden die Regelungen über die sakrale Zweckbestimmung, den religiösen und profanen Gebrauch, die Schändung[35] und den Verlust der Weihe und Benediktion von Sakralräumen (cc. 1210–1212) im CIC/1983 in den einleitenden Normen über alle heiligen Orte zusammenfassend dargestellt und sind somit grundsätzlich auf alle vom Gesetzgeber festgelegten heiligen Orte anwendbar.

Im Vergleich zu c. 1212 CIC/1983, der die allgemeine und historisch geprägte Bestimmung zur Profanierung regelt, stellt die Regelung von c. 1222 §1 eine *lex specialis* dar. Gemäß der in c. 1212 CIC verankerten Bestimmung können heilige Orte aufgrund von drei Tatbeständen ihre Weihung oder Segnung verlieren: Wenn ein heiliger Ort größtenteils zerstört ist, tritt der Verlust der Benediktion von selbst ein. Allerdings bestimmt der Gesetzgeber nicht, wie groß die Zerstörung sein muss, damit der heilige Ort als in seinen ursprünglich profanen Zustand rückgeführt verstanden werden kann.[36] Rein-

33 Vgl. c. 9 9, X h. t. III, 40.

34 Es heißt nämlich in c. 1185 CIC/1917: *Si qua ecclesia nullo modo ad cultum divinum adhiberi possit et omnes aditus interclusi sint ad eam reficiendam, in usum profanum non sordidum ab Ordinario loci redigi potest, et onera cum reditibus titulusque paroeciae, si ecclesia sit paraecialis, in aliam ecclesiam ab eodem Ordinario transferantur.*

35 Vgl. M. Foster, The violation of a church (canon 1211), in: The Jurist 49 (1989) 693–703.

36 Vgl. Zimmerhof, Liturgie der Kirchenprofanierung (s. Anm. 15), 43.

hardt geht davon aus, dass eine solche Zerstörung zwar durch den Einsturz der größeren Teile der Kirchenwände, aber noch nicht allein durch den Einsturz des Daches gegeben ist.[37]

Bezüglich der Exsekration von Altären (vgl. c. 1238 § 1 i.V.m. c. 1212 CIC) vertritt Reinhardt die These, dass bei einem feststehenden Altar der Verlust des heiligen Charakters z. B. dann als gegeben angenommen werden muss, wenn Unterbau und Mensa des Altares dauerhaft voneinander getrennt werden und bei feststehenden sowie bei tragbaren Altären, wenn die Altarplatte einen bedeutenden Bruch erlitten hat oder große Teile der Altarplatte verloren gegangen sind.[38] Gegenüber jener in c. 1212 CIC verankerten Regelung legt der Gesetzgeber in c. 1222 CIC zwei Möglichkeiten fest, die zu einer profanen Nutzung einer Kirche führen können: Es handelt sich zunächst um den Fall, dass eine Kirche etwa infolge kriegsbedingter Zerstörung in keiner Weise mehr für die liturgische Nutzung geeignet ist und man für die Restaurierung über keine finanziellen Mittel verfügt. Hier ist zum Beispiel an die Zeit des Zweiten Weltkrieges zu denken, aber auch an die Zerstörungen von Kirchen in den 90er-Jahren in Bosnien-Herzegowina.[39]

Die zweite Möglichkeit bietet die Bestimmung von § 2 des oben genannten c. 1222 CIC, der neu in den Codex von 1983 aufgenommen wurde. Der Paragraph gewährt im Unterschied zu c. 1222 § 1 CIC einen größeren Umgestaltungs- und Nutzungsraum. Er lautet: „Wo andere schwerwiegende Gründe es nahelegen, eine Kirche nicht mehr zum Gottesdienst zu verwenden, kann sie der Diözesanbischof nach Anhörung des Priesterrates zu profanem, aber nicht unwürdigem Gebrauch zurückführen, vorausgesetzt, dass diejenigen, die rechtmäßig Rechte an der Kirche beanspruchen, zustimmen und das Heil der Seelen dadurch keinen Schaden nimmt." Was unter *„aliae graves causae"* zu verstehen ist, wird vom Gesetzgeber nicht näher bestimmt. Die einzige definierte Einschränkung bezieht sich auf das Mitspracherecht des Priesterrates, dessen *consensus* (vgl. c. 127 CIC)

37 Vgl. Reinhardt, MKCIC, c. 1212, Rn. 2; Zimmerhof, Liturgie der Kirchenprofanierung (s. Anm. 15), 43.

38 Vgl. Reinhardt, MKCIC, c. 1212, Rn. 3; Zimmerhof, Liturgie der Kirchenprofanierung (s. Anm. 15), 43.

39 Vgl. Schüller, Die Umnutzung von Pfarrkirchen zu Grabeskirchen (s. Anm. 5), 272.

eingeholt werden muss, wobei der Diözesanbischof an dieses Votum nicht gebunden ist. Darüber hinaus muss er die Zustimmung derer einholen, die Rechte daran geltend machen können. Des Weiteren obliegt ihm die Pflicht, auf eine gewisse Achtung, also auf einen würdigen Gebrauch des zur Verfügung gestellten Sakralraums zu sorgen. Der Gesetzgeber verweist schließlich auf das Seelenheil der Gläubigen, das durch den Verkauf, die Umgestaltung oder den Abriss vor Schaden bewahrt bleiben soll. Dieses Tatbestandsmerkmal bietet aufgrund seiner Unbestimmtheit einen Raum für sehr disparate Auslegungen.[40]

Was den unbestimmten Begriff „andere schwerwiegende Gründe" angeht, kann auf ökonomische Überlegungen[41], ökologische Gefahren (Vulkanausbruch, Erdbeben) oder tatsächliche pastorale Gründe wie veränderte Pastoralstrukturen, die bestimmte Kirchen als Pfarrkirchen nicht mehr nötig erscheinen lassen, hingewiesen werden.

## 5.1 Verantwortung des Diözesanbischofs

Nach c. 1222 §1 und 2 CIC hat nur der Diözesanbischof das Recht, eine Kirche profanem, aber nicht unwürdigem Gebrauch zurückzuführen. Das heißt, ein Profanierungsdekret einer Kirche kann nicht durch den Generalvikar gültig unterschrieben werden.[42] Zu betonen ist, dass der Diözesanbischof seine Gründe den nach c. 1222 §2 CIC zu beteiligenden Gremien und Organen (Kirchenvorstand) oder Einzelpersonen (Patrone) nachvollziehbar darlegen muss. Ebenso muss er ihre Zustimmung einholen, um gültig zu handeln. Gemäß c. 1222 §2 und c. 127 CIC würde er ungültig und unerlaubt handeln,[43] wenn

40 Vgl. ebd.

41 Das Bistum Essen hat z. B. nicht gezögert, als es nicht mehr in der Lage war, alle Kirchen in Bauunterhalt und Betrieb ausreichend auszustatten und über 100 Kirchen verkauft. – Vgl. Bistum Essen – Zentralabteilung Kommunikation (Hg.), Profanierung und Außerdienststellung eines Kirchengebäudes (Dokumente Bistum Essen 03/2006), Essen 2006.

42 Vgl. Schöch, Umnutzung von Kirchen (s. Anm. 1), 75.

43 Träger der Handlung ist allein der Diözesanbischof. Er entscheidet, ob die Handlung gesetzt wird oder nicht. Aber die Missachtung einer derartigen Anhörungspflicht oder Zustimmungsbedürftigkeit zieht ausnahmslos die Nichtigkeit (Ungültigkeit) der Rechtshandlung des Oberen nach sich. – Vgl. H. Pree, B. Primteshofer, Das kirchliche Vermögen, seine Verwaltung und Vertretung. Handreichung für die Praxis, Wien 2010, 119.

er den Priesterrat vor der Entscheidung über die Profanierung und die Umnutzung der Kirche nicht anhören würde. Geschieht dies nicht oder erst nach der Entscheidung, würde der Diözesanbischof einen ungültigen Rechtsakt der Profanierung setzen. Ebenfalls muss der Diözesanbischof zwingend die Zustimmung jener einholen, die Rechte an der Kirche geltend machen können. Da der Kirchenvorstand als Organ der Kirchengemeinde tätig ist, die wiederum als Körperschaft des öffentlichen Rechts als Rechtsträgerin der Kirchenstiftung fungiert, muss er miteinbezogen werden und als ihr Vertreter der Profanierung zustimmen. Denn die Kirchenstiftung ist in ihren Rechten betroffen.[44]

### 5.2 Umgestaltung von Sakralräumen: Wieviel ist erlaubt?

In der Antike, in den päpstlichen Dekretalen, auf dem Konzil von Trient sowie in den Kodifikationen von 1917 und 1983 kommt der Profanierung als Grundvoraussetzung für die Umgestaltung oder den Abriss eines im Sinne von c. 1205 i. V. m. c. 1210 CIC definierten Versammlungs- oder/und Gebetsraums eine wesentliche Bedeutung zu. Diese Profanierung eines heiligen Ortes und speziell einer Kirche erfolgt nach dem CIC/1983 entweder durch die Zerstörung oder durch das Dekret des zuständigen Ordinarius (vgl. c. 1212 CIC) bzw. des Diözesanbischofs (vgl. c. 1222 §1–2 CIC). Allerdings bezieht sich das Profanierungsdekret des Kirchengebäudes nicht auf die in ihr enthaltenen Altäre. Denn wenn eine Kirche oder Kapelle aus anderen

44 In Nordrhein-Westfalen wurden die Machbarkeitsstudien von Planern und Planerteams (Architekten, Stadtplaner, Prozessmoderatoren, Finanz- und Immobilienexperten etc.) erarbeitet; möglichst unter Steuerung und Begleitung von Lenkungsgruppen, in denen alle notwendig zu Beteiligenden vertreten waren. Unter Federführung der Kirchengemeinden, je nach Projektprozess: Vertreterinnen und Vertreter der Presbyterien oder Pfarrgemeinderäte und Kirchenvorstände der Gemeinden, kirchlicher Zwischenebenen (Kirchenkreise oder Dekanate, übergeordnete Verwaltungen mehrerer Gemeinden etc.), der Landeskirchen oder Bistümer, der beteiligten kommunalen Verwaltungen (Stadtentwicklung, Stadtplanung, Bauaufsicht, Denkmalpflege, Sozialplanung etc.), Vertreter politischer Gremien (Ratsmitglieder, Bezirksvertreter, Ausschussangehörige), kirchlicher Sozialorganisationen wie Diakonie oder Caritas, von Vereinen und Initiativen, baukultureller Fachöffentlichkeit und Weitere wurde gearbeitet und Umnutzungskonzepte gestellt. – Vgl. Ministerium für Bauen und Verkehr des Landes Nordrhein-Westfalen, Modellvorhaben Kirchenumnutzungen (s. Anm. 2).

schwerwiegenden Gründen profaniert wird, muss im Vorfeld über den weiteren Umgang mit den in ihr enthaltenen Altären entschieden werden. Der Altar kann gemäß c. 1238 CIC nach den Vorgaben von c. 1212 CIC ebenfalls profaniert werden – dafür bedarf es eines eigenen Profanierungsdekrets –, oder er ist an einem anderen Ort zur weiteren liturgischen Nutzung aufzustellen. Die Bestimmung von c. 1238 wiederholt hinsichtlich der Profanierung des Altars und seiner Rückführung in den profanen Gebrauch die problematische Formulierung *in usum profanum non sordidum redigere potest* von c. 1222 CIC nicht. Dennoch ist in c. 1239 CIC verankert, dass sowohl ein feststehender als auch ein tragbarer Altar allein dem Gottesdienst vorbehalten ist, was jedweden profanen Gebrauch ausschließt. Daher muss auch bei der Profanierung eines Altars dafür Sorge getragen werden, dass dieser nicht einem unwürdigen Gebrauch zugeführt wird.

Der erste Schritt vor dem Erlass eines Profanierungsdekrets besteht in der Erhebung der nötigen Daten. Dabei sind sowohl technische Baumaßnahmen als auch rechtliche Bestimmungen zu berücksichtigen. Danach müssen diejenigen gehört werden, deren Rechte eventuell beeinträchtigt werden können. Dies bedeutet im Fall der Umnutzung, dass folgende Personen zu befragen sind: der Pfarrer (c. 532), der Pfarradministrator (c. 540 § 1), der Moderator eines Priesterteams (c. 517 § 1), die Diakone, Ordensleute oder Laien, denen gemäß c. 517 § 2 die Seelsorge einer Pfarrei anvertraut ist, der zuständige Dekan (c. 555), die Bischofsvikare für ein bestimmtes Seelsorgsgebiet (c. 476), die Kirchenrektoren (cc. 556–563), die Kapläne von Kaplaneien (cc. 564–572), die Rektoren von Universitäts- (c. 813) sowie Wallfahrtskirchen (cc. 1230–1234) und, je nach Partikularrecht, der Pfarrkirchenrat. Außerdem muss der Bischof die Meinung der Gründer, Stifter oder Träger des Patronatsrechts von Kirchen einholen, während die Rechtsträger der Kirchenstiftung sogar ihre Zustimmung erteilen müssen.[45]

Der vorletzte Schritt der verfahrensrechtlichen Aspekte berücksichtigt die diözesanen Beratungsorgane (Priesterrat, Diözesanrat, Rechtsabteilung, staatliche Denkmalpflege und eventuell weitere Gremien). Das Profanierungsdekret muss nach c. 51 schriftlich erlassen und mit einer wenigstens summarischen Begründung versehen

45 Vgl. Schöch, Umnutzung von Kirchen (s. Anm. 1), 75.

werden. Dieses ist dem Pfarrer bzw. dem *rector ecclesiae* zuzustellen. In der Regel wird das Profanierungsdekret im letzten Gottesdienst in der zu profanierenden Kirche verlesen. Eine Veröffentlichung im diözesanen Amtsblatt und im Pfarrblatt wird empfohlen.[46]

Kirchenrechtlich reicht das vom Diözesanbischof abgefasste Profanierungsdekret grundsätzlich aus, um eine Kirche in den profanen Stand zurückzuversetzen. Das heißt, sobald das Dekret öffentlich bekannt gemacht wird, tritt die Rechtswirkung der Profanierung des Sakralraums ein und der profanierte Ort kann gegebenenfalls in einem weltlichen Gebrauch überführt oder abgerissen werden.[47] Entscheidend ist indes, dass die Rechtswirkung der Profanierung durch einen Verwaltungsakt[48] eintritt.

### 5.3 Arten der Umnutzung

Für die Umgestaltung von Sakralräumen hält die Bestimmung von c. 1222 §1 u. 2 CIC eine rein weltliche Nutzung beispielsweise als Wohnhaus oder Geschäft für möglich. Dies liegt unter anderem darin begründet, dass Kirchen nie allein im Hinblick auf ihre liturgisch-kirchliche Funktionalität errichtet wurden.[49] Die bischöflichen Kapi-

46 Vgl. ebd., 75.

47 Vgl. Zimmerhof, Liturgie der Kirchenprofanierung (s. Anm. 15), 47.

48 Zwischen der feierlichen Weihe einer neuen Kirche und der noch in derselben Liturgie gehaltenen Dedikation des Altars und dem nüchternen kirchenrechtlichen Verwaltungsakt besteht eine Schieflage, die einzelne Teilkirchen die betroffenen Gemeinden ermöglicht haben, durch angemessene Profanierungsriten Abschied zu nehmen und in einer anderen Kirche neu anzufangen. Vgl. Profanierungsritus in den *Acta Ecclesiae Mediolanensis* „De ratione adhibenda in Ecclesiis, Altarribusque profanandis"; die *Constitutio Bernadiva* von Bischof Christoph Bernhard Graf von Galen (1650–1678) für das Bistum Münster, vgl. A. Schröer, Christoph Bernhard v. Galen und die katholische Reform im Bistum Münster, Münster 1974, 11–15; Der *Ornatus ecclesiasticus* aus dem Bistum Regensburg, vgl. J. Miller, Ornatus ecclesiasticus / KirchenGeschmuck, München 1591; ein Ordo des Bistums Mainz über die Exsekration eines Altars: „Ordo ad aperiendum sive confringendum altare antiquum, ubicumque novum construitur", in: E. Martene, De Antiquis Ecclesiae Ritibus libri très, Tomus secundus, Antwerpen 1763, 293–294; die Profanierungsvorschrift der Münsterischen Diözesansynode von 1655. Auch der Paderborner Fürstbischof Hermann Werner von Wolff Metternich zur Gracht (1683–1704) erließ 1688 eine Profanierungsvorschrift der Paderborner Diözesansynode, vgl. Zimmerhof, Liturgie der Kirchenprofanierung (s. Anm. 15), 34.

49 Vgl. Sekretariat der Deutschen Bischofskonferenz (Hg.), Umnutzung von Kirchen (s. Anm. 6).

tularien bezeugen, dass es untersagt war, Kirchen als Lagerräume oder für weltliche Veranstaltungen[50] zu nutzen. Dennoch wurde den armen Leuten in besonderen Fällen das Recht eingeräumt, ihre Waren und Lebensmittel in der Kirche aufzubewahren, z. B. um diese während Kriegen vor Plünderern zu schützen.[51] Dabei handelt es sich um eine schon in der Synode zu Aachen im Jahr 809 verabschiedete Bestimmung,[52] die damit begründet wurde, dass strenge Maßnahmen dem Bau der Kirche zugrunde lagen und dafür ein Viertel des Zehnten verwendet wurde, um die Qualität sicherzustellen. Dementsprechend gab es kaum einen geschützteren Ort als die Kirche,[53] an dem die Ernte vor Unwetter bewahrt werden konnte.[54]

Auch heute sind Kirchen insbesondere in Dörfern zentrale Bauten, die für die Dorfgemeinschaft erhalten bleiben sollten. Der Erhalt durch Umnutzung ist dem Abbruch vorzuziehen.[55] So empfiehlt sich, dass in Absprache mit den kommunalen Verantwortlichen die Verwendung von Kirchengebäuden für öffentlich-kulturelle Zwecke – als Ersatz für Neubauten – sorgfältig geprüft wird. In diesem Zusammenhang sollte die Übernahme von Kirchenräumen durch die öffentliche Hand dem Verkauf an Privatleute oder Firmen vorgezogen werden. Darüber hinaus regt sie an, dass die Nutzung eines Kirchenraumes für kulturelle Aufgaben den Vorrang vor der Nutzung für kommerzielle Zwecke genießt. Allerdings sollten Mischnutzungen in Erwägung gezogen werden, die der Würde des Raumes Rechnung tragen. Denn die Würde des Raumes setzt der profanen Nutzung Grenzen.[56] In ihrer Orientierungshilfe über die Umnutzung von Kirchen von 2003 stellt die Deutsche Bischofskonferenz drei Gruppenarten der Umnutzung dar.

50 Es heißt in cc. 21 und 22: *„Quae in ecclesiis recondi liceat"* (c. 21) und *„quod in ecclesiis convivia et acubitus non fiant* (c. 22)." Vgl. MHG, Bd. 3, Atto von Vercelli, 273.

51 Vgl. J. Schultz, Atto von Vercelli (924–961), Göttingen 1885, 45.

52 Die Synode zu Aachen verfügte in c. 5, dass die Kirchen und Altäre besser gebaut werden sollten. Des Weiteren heißt es: „Kein Geistlicher darf Heu in der Kirche aufbewahren." Vgl. J. Hefele, Konziliengeschichte, Band 3, 752.

53 Vgl. P. Brommer, Die bischöfliche Gesetzgebung Theodulfs von Orléans, in: ZSRG.K 60 (1974) 1–120, hier: 74.

54 Vgl. ebd., 74

55 Vgl. Sekretariat der Deutschen Bischofskonferenz (Hg.), Umnutzung von Kirchen (s. Anm. 6), 16.

56 Vgl. ebd., Art 4.2.

### *5.3.1 Nutzung bei bestehender Weihe des Sakralraums*

*a) Nutzungsteilung mit anderen kirchlichen Gemeinschaften*

Die Orientierungshilfe der Deutschen Bischofskonferenz empfiehlt eine Nutzungsteilung mit Kirchen, zu denen gute ökumenische Beziehungen bestehen, wenn die eigentlich vorrangige Eigennutzung nicht mehr möglich ist. Die katholische Gemeinde könnte in diesem Fall das Kirchengebäude weiterhin für ihre Gottesdienste nutzen, es aber auch anderen kirchlichen Gemeinschaften für liturgische Feiern anbieten. „Denkbar ist auch Verwendung für Vorträge und Konzerte in den Abendstunden oder die Ausstellung religiöser Kunstwerke etwa im Seitenschiff. Dabei soll das Hausrecht der katholischen Gemeinde beachtet werden. Die Kirche bewahrt ihren Charakter als geweihtes Gotteshaus."[57]

*b) Übereignung des heiligen Ortes*

Bei der Nutzungsübereignung soll das Eigentumsrecht bei der katholischen bzw. evangelischen Kirche verbleiben, aber die Nutzung des Kirchengebäudes selbst geht auf Dauer an eine andere christliche Kirche bzw. kirchliche Gemeinschaft über und wird weiterhin für eine liturgische Verwendung zur Verfügung gestellt. „Bei einer solchen Übergabe darf jedoch nicht nur das staatliche Kriterium der Anerkennung als Kirche und Religionsgemeinschaft herangezogen werden, sondern es ist ebenso die Frage der ökumenischen Beziehungen zu berücksichtigen."[58]

*c) Vorläufige Beendigung der liturgischen Nutzung*

Es ist nicht auszuschließen, dass der Diözesanbischof aus schwerwiegenden Gründen eine Kirche nur vorläufig schließt, ohne über deren künftige Verwendung zu entscheiden. Die Aufhebung der Verwendung einer Kirche zum Gottesdienst ist der Umnutzung gleichgestellt und unterliegt den in c. 1222 § 2 vorgeschriebenen Tatbeständen. Allerdings muss die Kirche nicht unmittelbar entweiht und in den profanen Stand zurückversetzt werden.[59]

57 Schöch, Umnutzung von Kirchen (s. Anm. 1), 55. – Vgl. Sekretariat der Deutschen Bischofskonferenz (Hg.), Umnutzung von Kirchen (s. Anm. 6), 18–19.

58 Schöch, Umnutzung von Kirchen (s. Anm. 1), 59. – Vgl. Sekretariat der Deutschen Bischofskonferenz (Hg.), Umnutzung von Kirchen (s. Anm. 6), 19.

59 Vgl. Sekretariat der Deutschen Bischofskonferenz (Hg.), Umnutzung von Kirchen (s. Anm. 6), 19–20; Schöch, Umnutzung von Kirchen (s. Anm. 1), 62–63.

### *5.3.2 Teilnutzung*

Die Deutsche Bischofskonferenz hält es für möglich, dass die Nutzung der Kirche auf einen bestimmten Raum eingeschränkt wird, während der übrige Kirchenraum vorzugsweise für die kirchliche Verwaltung, Gemeinderäume, eine kirchliche Bibliothek, für Wohnungen kirchlicher Mitarbeiter etc. verwendet werden kann. Erfolgt diese Teilnutzung für eine unabsehbare Zeit oder auf Dauer, sind wohl die Bedingungen von c. 1222 § 2 CIC zu erfüllen.[60] Diese Teilentwidmung erscheint nämlich erforderlich.

### *5.3.3 Nutzung nach Profanierung*

*a) Verkauf des Sakralraums*

Beim Verkauf eines Kirchengebäudes ist darauf zu achten, dass die Gefahr einer kultischen Nutzung durch nichtchristliche Religionsgemeinschaften wie z. B. Islam, Buddhisten, Hinduisten oder sogar Sekten wegen der Symbolwirkung eines scheinbaren Triumphs über die katholische Kirche vermieden wird. Entscheidend ist, dass eine Entwidmung durch bischöfliches Dekret dem Verkauf vorausgehen muss. Ist diese noch nicht erfolgt, muss im Kaufvertrag die Bedingung der Entwidmung für das Wirksamwerden des Vertrags vereinbart werden. Wenn der Wert beim Verkauf eines so großen Gebäudes die sogenannte „Romgrenze"[61] überschreitet, ist die Erlaubnis des Apostolischen Stuhls einzuholen.[62]

60 Vgl. Sekretariat der Deutschen Bischofskonferenz (Hg.), Umnutzung von Kirchen (s. Anm. 6), 19; Schöch, Umnutzung von Kirchen (s. Anm. 1), 61.

61 Gemäß c. 1291 CIC ist die Erlaubnis – *licentia* – der zuständigen Autorität zur gültigen Veräußerung von Stammvermögen, dessen Wert eine rechtlich festgesetzte Summe übersteigt, erforderlich. Zu beachten ist nämlich, dass es sich hierbei trotz des Ausdrucks „Erlaubnis" um eine Gültigkeitsvoraussetzung handelt. Die Deutsche Bischofskonferenz hat für Veräußerungen im Bereich der diözesanen Vermögensverwaltung eine Ober- und Untergrenze festgelegt. In diesem Zusammenhang gibt es die sogenannte „Romgrenze", die neben einigen stiftungsrechtlichen Besonderheiten bei Veräußerungsgeschäften von Kirchenvermögen berücksichtigt werden muss. Für die deutschen Diözesen liegt sie bei über 5 Millionen Euro von Stammvermögen. Vgl. Pree, Primetshofer, Das kirchliche Vermögen (s. Anm. 43), 123–124.

62 Vgl. Sekretariat der Deutschen Bischofskonferenz (Hg.), Umnutzung von Kirchen (s. Anm. 6), 20; Schöch, Umnutzung von Kirchen (s. Anm. 1), 64–66.

*b) Abriss des Sakralraums*

Der kirchliche Gesetzgeber ist der Ansicht – und die Deutsche Bischofskonferenz schließt sich an –, dass der Abbruch eines nicht mehr zu nutzenden Kirchengebäudes in der Regel *ultima ratio* sein muss. Die Suche nach einer weiteren liturgischen Nutzung durch die eigene Kirche oder andere christliche Kirchen und kirchliche Gemeinschaften gilt daher als vorrangige Option.[63] Auch der Europarat vertritt die Meinung, dass nicht mehr benutzte Kirchengebäude nicht vernachlässigt werden dürften und gegen Zerstörung und unangemessene Umnutzung zu schützen seien. Sie sollten wegen ihrer architektonischen und historischen Bedeutung als kulturelles Erbe erhalten bleiben, um der Vergangenheit Europas eine Zukunft zu sichern. Deshalb solle alles unternommen werden, um den Bestand dieser Gebäude durch eine sensible Nutzung sicherzustellen, die möglichst mit der ursprünglichen Bestimmung vereinbar ist.[64]

### 5.4 Weitere liturgische Nutzung: Kolumbarien

Über die Jahrhunderte wurden Christen im Kirchengebäude beerdigt. Das kirchliche Begräbnis wurde später teils abgeschafft[65], teils auf einen kleinen Kreis von Auserwählten[66] reduziert. In den bischöflichen Kapitularien schöpft z. B. Theodulf von Orléans aus der reichen Tradition der Kirche. Er bezieht sich besonders auf die Bestimmung der Synode zu Dovin in Armenien im Jahr 527,[67] die er jedoch weiterführt. Er verbietet jede Bestattung in der Kirche selbst. Nur in der Vorhalle, im Säulengang oder im Chor der Kirche durfte beerdigt

63 Vgl. Sekretariat der Deutschen Bischofskonferenz (Hg.), Umnutzung von Kirchen (s. Anm. 6), 16.

64 Vgl. Europarat, Resolution 916 (1989) der 41. ordentlichen Sitzung; Vgl. Sekretariat der Deutschen Bischofskonferenz (Hg.), Umnutzung von Kirchen (s. Anm. 6), 13–14.

65 Vgl. P. Brommer, Die bischöfliche Gesetzgebung (s. Anm. 53), 40; J. Hefele, Konziliengeschichte, Band 2, Freiburg i. Br. 1856, 697–698.

66 Die im Jahr 813 in Mainz abgehaltene Synode beschloss keine Abschaffung der Bestattung in der Kirche, sondern sie behielt, hob und beschränkte sie auf Bischöfe sowie Äbte. – Vgl. J. Hefele, Konziliengeschichte, Band 3, Freiburg i. Br. 1877, 705–711.

67 C. 21 der Synode zu Dovin untersagte ein gemeinsames Begräbnis in der Kirche. Vgl. J. Hefele, Konziliengeschichte, Band 2 (s. Anm. 55), 697–698.

werden.[68] Zu beachten ist jedoch, dass seine Anweisung eine Ausnahme einräumt:[69] Theodulf erlaubt nämlich verdienten Priestern und Laien das Begräbnis in der Kirche.[70]

Um die Ehrfurcht vor der Kirche zu erhalten, verbot Theodulf alle mit einem Hügel versehenen Gräber in der Kirche. Das heißt: Die früher in der Kirche bestatteten Toten sollten nicht aus ihr entfernt, sondern die Gräber tiefer in die Erde gelegt und durch einen Estrich abgedeckt werden, damit von ihnen keine Spur bliebe und somit die Ehrfurcht vor der Kirche gewahrt bliebe.[71] Sollte diese Maßnahme aufgrund einer zu großen Zahl von Gräbern nicht durchführbar sein, verfügte Theodulf die Umwandlung und Umfunktionierung der Kirche auf folgende Weise: Der Altar musste profaniert[72] und aus dem Gotteshaus entfernt werden, während das Kirchengebäude in Zukunft nur noch als Friedhof angesehen und verwendet werden sollte. Hierbei handelte es sich um eine Bestimmung, die weder auf den vor Theodulf in verschiedenen Synoden verabschiedeten Regelungen noch auf den päpstlichen Dekretalen fußte. Damit kann er als Vorreiter der Kolumbarien bezeichnet werden.

68 Vgl. P. Brommer, Die bischöfliche Gesetzgebung (s. Anm. 53), 74.

69 Die Ausnahmeregelung für Priester und gerechte Menschen ist wohl dem Einfluss Gregors des Großen zuzuschreiben, der die Kirchenbestattung für Menschen ohne schwere Schuld ausdrücklich zugelassen hatte. – Vgl. S. Scholz, Das Grab in der Kirche. Zu seinen theologischen und rechtlichen Hintergründen in Spätantike und Frühmittelalter, in: ZSRG.K 84 (1998) 270–306, hier: 295.

70 In seinen Kapitularien schreibt er: „Es ist in diesen Gegenden ein alter Brauch gewesen, die Toten in der Kirche zu bestatten, und meistens sind die Plätze, die dem Gottesdienst dienen und zur Opferdarbringung für Gott eingerichtet wurden, zu Cömiterien und Friedhöfen gemacht worden. Deshalb wollen wir, dass man von dieser Sache ablässt und niemanden in der Kirche bestattet, es sei denn, es handelt sich um die Person eines Priesters oder irgendeines gerechten Menschen, die durch das Verdienst ihres Lebens zu Lebzeiten einen solchen Ort für den toten Körper erworben hat“. Falls dies aufgrund einer zu großen Zahl an Bestattungen nicht durchführbar sei, solle man die Kirche aufgeben und in einen Friedhof umwandeln. Der Altar solle entfernt und an einem anderen Ort aufgestellt werden, „wo das Opfer gottfromm und rein dargebracht werden kann“ (Theodulf, 1. Kapitular, cap. 9).

71 Vgl. Brommer, Die bischöfliche Gesetzgebung (s. Anm. 53), 75.

72 Der Bischof von Orléans geht nämlich nicht auf die eigentliche Profanierung der Kirche ein. Vielmehr setzt er voraus, dass die Kirche ihre Weihe aus jener des Altars hervorgeht. Somit verliert sie auch ihre Weihe durch die Zurückversetzung des Altars in den profanen Stand.

Theodulfs Absicht, den Kultraum von Bestattungen frei zu halten, entspricht der Vorstellung der karolingischen Zeit, wonach die Beisetzungen im Kirchenraum mit dessen Funktion als Kultraum nicht vereinbar seien. Dies liegt unter anderem darin begründet, dass der Wert der Kirche gestiegen war und ihre Funktionsfähigkeit keinen Raum mehr für Beerdigungen im Gebetsort ließ. Offensichtlich scheint dem damaligen Bischof von Orléans der würdige Vollzug des Messopfers nicht mehr gewährleistet gewesen zu sein, wenn Bestattungen im Kultraum in der Kirche stattgefunden hatten. Eigentlich geht das *nemo in ecclesia sepeliatur* auf can. 18 der im Jahr 561 in Braga abgehaltenen Synode zurück. Diese Kirchenversammlung gilt als die einzige von den ältesten kirchlichen Zusammenkünften, die schon im 6. Jahrhundert einen Beschluss gegen jede Beisetzung in der Kirche verabschiedet hatte.[73] „Neu ist bei Theodulf, dass die Einschränkung der Bestattungen mit der Überfüllung der Kirchen durch Gräber begründet wird, welche die eigentliche Funktion der Kirche als Kultort stört, und dass die Priester nun ausdrücklich als eine Personengruppe genannt werden, der eine Bestattung in der Kirche gewährt werden darf."[74]

Kirchenrechtlich reicht folglich die Umgestaltung einer Kirche als Grabeskirche weit zurück. Diese Möglichkeit stellt eine würdige Nutzung einer Kirche dar. Der Begräbnisort der Gläubigen gehört gemäß c. 1205 CIC zu den heiligen Orten, der zu segnen ist, wie die liturgischen Bücher es vorschreiben. Nach c. 1242 CIC dürfen jedoch Leichname in Kirchen nicht begraben werden, sofern es sich nicht um die Beerdigung des Papstes, der Kardinäle oder der Diözesanbischöfe, auch emeritierter, in ihren eigenen Kirchen handelt (vgl. c. 1242 CIC). Folgerichtig wird die Errichtung von Kolumbarien sowie die Aufstellung von Urnen und Überurnen in den Kolumbarien untersagt. Denn sie fallen eben auch unter das in can. 1242 CIC formulierte Verbot.[75] „Will man dennoch ein Kolumbarium in einer Kirche errichten, bleiben letztlich zwei Möglichkeiten: die Profanierung der Kirche oder die Teilprofanierung der Kirche. Daneben sind die Aspekte, die nach staatlichem Recht zu beachten sind, in die Überlegungen mit ein-

73 Vgl. Scholz, Das Grab in der Kirche (s. Anm. 69), 294.
74 Ebd., 295.
75 Vgl. Schüller, Die Umnutzung von Pfarrkirchen zu Grabeskirchen (s. Anm. 5), 271.

zubeziehen."[76] Entscheidend ist indes, dass der Diözesanbischof für eine Kirche, die profaniert und zukünftig als Grabeskirche genutzt werden soll, in einem eigenen Rechtsakt die Erlaubnis geben muss, dass diese Kirche als Kolumbarium und damit als Friedhof sowohl im Sinne des kirchlichen als auch des staatlichen Rechts genutzt werden darf. Kirchenrechtlich ist es nicht möglich, nach einer vollständigen Profanierung und Umnutzung der Kirche dort regelmäßig für die ehemalige Pfarrei und ihre Angehörigen die Hl. Messe zu feiern, wenn sie als Grabeskirche und damit als Friedhof genutzt wird. Hier gilt nach c. 1212 CIC: „Wenn ein heiliger Ort, der seine Weihung oder Segnung verloren hat, erneut für gottesdienstliche Zwecke benutzt werden soll, muss er neu geweiht oder gesegnet werden."[77]

Nach c. 1241 §1 CIC können Pfarreien und Ordensinstitute über einen eigenen Friedhof verfügen. Als Körperschaft des öffentlichen Rechts ist die Kirchengemeinde nach staatlichem Recht der Bundesrepublik Deutschland Rechtsträger der kirchengemeindlichen Friedhöfe. Aber auch andere juristische Personen der Kirche wie die Diözesen oder die Domkapitel, die nach staatlichem Recht auch den Körperschaftsstatus besitzen, können eigene Friedhöfe haben. Der kirchliche Gesetzgeber verfügt in c. 1243 CIC, dass teilkirchliche Gesetzgeber passende Normen bezüglich der auf den Friedhöfen zu beachtenden Ordnung erlassen sollen.

Die Teilprofanierung[78] bietet die Möglichkeit, einen Teil der Kirche als Friedhof zu nutzen und den nicht profanierten Teil weiterhin liturgisch zu verwenden. In besonderer gelungener Weise ist die Teilprofanierung in Erfurt vollzogen worden[79], wo ein Zentrum für Trauerpastoral betrieben wird. Der profanierte und wieder benedizierte Teil wird als Friedhof genutzt und der andere Teil wird an bestimmten Ta-

76 Vgl. ebd.

77 Reinhardt, MKCIC, c. 1212, Rn. 6.

78 Sowohl für die Profanierung oder eine Teilprofanierung ist es wichtig, sehr präzise in der entsprechenden Urkunde die ganze Kirche und die Altäre oder bloß den Raum der Kirche nachzuzeichnen, der profaniert werden soll. Der profanierte Teil muss deutlich vom nicht profanierten gekennzeichnet und später voneinander abgetrennt. Denn architektonisch gesehen ist der Sakralraum der Raum, der vom Profanen abgetrennt ist.

79 Vgl. Schüller, Die Umnutzung von Pfarrkirchen zu Grabeskirchen (s. Anm. 5), 275; Bistum Essen, Urnenbestattung, 11–12.

gen wie jedem Freitag oder an Allerseelen und Allerheiligen, aber natürlich auch für die Feier von Exsequien als Kirche verwendet.[80]

Die Profanierung einer Kirche und seine neue Nutzung als Friedhof bedeuten nicht, dass diese Entscheidung für immer gilt. Darauf weist der Begriff „Umwidmung" deutlich hin. Das heißt, dass die Nutzungsbestimmung einer Kirche nach einer Zeit wieder geändert werden kann. Daher müsste dieser Aspekt bei der baulichen Umgestaltung einer Kirche zu einer Grabeskirche beachtet werden.[81]

## 6 Fazit

Es hat sich gezeigt, dass die Umgestaltung, Umwidmung oder der Abriss von Sakralräumen die Geschichte der Kirche nahezu von Anfang an begleitet haben. Die Kirche selbst versteht sich von ihrer Ekklesiologie her immer als *ecclesia reformata semper reformanda*, das heißt als eine Kirche, die stets der Reform bedarf. Die ersten christlichen Gemeinden versammelten sich bis weit in das zweite Jahrhundert – und regional darüber hinaus – in Privathäusern wohlhabender Gemeindemitglieder oder in angemieteten Lokalen zum Gottesdienst. Es ist anzunehmen, dass christliche Sakralräume, die von profanen Wohn- und Arbeitsräumen abgetrennt, säkulare Funktionen übernommen haben und allein für den Gottesdienst und die Gottesverehrung reserviert waren, frühestens ab dem dritten Jahrhundert im Typus der sogenannten „Hauskirchen" existiert haben.[82] Kirchen, Kapellen, Altäre und Friedhöfe erscheinen insofern als eine spätere Entwicklung. Sie konnten zerstört, umgewidmet und aufgegeben werden. Durch die genaue Umschreibung in den cc. 1205 i.V.m. 1212, 1222, 1238 und 1248 CIC ermöglicht der kirchliche Gesetzgeber, dass die Umgestaltung von Sakralräumen durchaus in sehr unterschiedlichen Formen geschehen kann und auch weltliche Funktionen in den Blick genommen werden. Es ist zu begrüßen, dass der Gesetzgeber

80 Schüller, Die Umnutzung von Pfarrkirchen zu Grabeskirchen (s. Anm. 5), 276.

81 Vgl. ebd.

82 S. Wahle, Von heiligen Orten und Räumen der Stille. Überlegungen zu Sakralräumen in Geschichte und Gegenwart, in: K. de Wildt, B. Kranemann, A. Odenthal (Hg.), Zwischen-Raum Gottesdienst. Beiträge zu einer multiperspektivischen Liturgiewissenschaft, Stuttgart 2016, 167–180, hier: 170.

für die gelungene Umnutzung der heiligen Orte kein Patentrezept festgelegt hat. Vielmehr gewährt er eine große Flexibilität und bestimmt als Grundvoraussetzung – neben der Beteiligung definierter Gremien – nur die Profanierung, um einen Sakralraum in den profanen Stand zurückzuversetzen. Darüber hinaus verlangt er, dass sakrale Räume nicht einem unwürdigen Gebrauch zugeführt werden (vgl. c. 1222 CIC).

Die Tatsache, dass der Abbruch eines nicht mehr zu nutzenden Kirchengebäudes als *ultima ratio* gilt, und dass die Grundsatzentscheidung, ob in der Diözese ein heiliger Ort umgewidmet oder abgerissen wird, Sache des Diözesanbischofs ist (vgl. c. 1222 § 1–2 CIC), weist auf die hoheitliche Entscheidung hin. „Als Lehrer des Glaubens, Diener der Heiligkeit und geistlicher Führer" (ApostSucc 8) kommt dem Ortsordinarius diese anspruchsvolle Aufgabe zu, dafür zu sorgen, dass mittels Nutzungserweiterung oder Nutzungsänderung Sakralräume erhalten werden können.

*Nils Petrat*

# Räume der Stille, Flughafenkirchen, Stadionkapellen

## Zum Trendphänomen der Gebetsräume im öffentlichen Raum

### 1 Einleitung

Durch das Doppeljubiläum „1000 Jahre Bartholomäuskapelle" (1017–2017) sowie „950 Jahre Imad-Dom" (1068–2018)[1] wird im Paderborner (Wissenschafts-)Raum derzeit wieder intensiver über die Bedeutung und Wirkung sakraler Orte und Räume nachgedacht und geforscht. Es liegt nahe, beim Thema „heilige Orte" gerade in unseren Breiten sofort an Kirchengebäude zu denken, prägen doch diese Bauten unübersehbar das Paderborner Stadtbild. Die Hohe Dom- und Metropolitankirche St. Liborius, Kilian und Maria mit ihrem mächtigen Turm kann dabei zweifelsfrei als der größte und wirkmächtigste Sakralraum der Stadt ausgewiesen werden. Im markanten Kontrast zu Wirkung und Wahrnehmung des Domes steht der wohl kleinste Gebetsraum der Stadt, der „Raum der Stille" auf dem Campus der Universität Paderborn, versteckt in einem Gebäudetrakt und von der Größe eines etwas geräumigeren Abstellraumes. Durch meine Doppelfunktion als Dompastor und Studentenpfarrer bin ich mit beiden genannten Räumen verbunden und bete in diesen im Rahmen sehr unterschiedlicher Formate. Der Kontrast der beiden Orte versinnbildlicht sehr treffend eine vielfach im innerkirchlichen Bereich noch immer nur anfänglich wahrgenommene Entwicklung, dass neben den historischen eindeutig als sakral empfundenen Kirchen und Kapellen parallel eine Fülle von neu eingerichteten Räumen, die einer religiösen Nutzung mindestens offen stehen, wenn sie nicht direkt daraufhin angelegt sind, entstanden sind. Diese befinden sich an den

1 Vgl. zum Doppeljubiläum die Homepage https://www.behuetetundbedacht.de/.

Abb. 1 | Der Paderborner Dom (links) und der Raum der Stille an der Universität Paderborn (rechts) im Vergleich

unterschiedlichsten Orten des öffentlichen Lebens: neben den Hochschulen seien hier insbesondere Krankenhäuser und Pflegeeinrichtungen, Bahnhöfe, Flughäfen, Sportstätten, Parlamente, Shopping Malls und Schulen genannt.

## 2 Ein Trendphänomen mit vielen Folgefragen

Im theologischen Diskurs ist das Trendphänomen der Gebetsräume in öffentlichen Gebäuden inzwischen aus verschiedenen Perspektiven näher untersucht worden.[2] Meine eigene Erkenntnisperspektive

2 Vgl. u. a. S. Kraft, Räume der Stille, Marburg 2007; S. Orth, Räume der Stille, in: HerKorr 61 (2007) 433–435; K.-J. Kuschel, Multireligiöse Andachtsräume – eine Problemanzeige. Theologische und interreligiöse Perspektiven, in: KuKi 73 (2010) 5–11; A. Gerhards, Jenseits der Religionen? Zur Problematik multireligiöser Räume, in: HerKorr 64 (2010) 526–530; B. Beinhauer-Köhler, M. Roth, B. Schwarz-Boenneke (Hg.), Viele Religionen – ein Raum?! Analysen, Diskussionen, Konzepte, Berlin 2015; S. Wahle, Von heiligen Orten und Räumen der Stille. Überlegungen zu Sakralräumen in Geschichte und Gegenwart, in: K. de Wildt, B. Kranemann, A. Odenthal (Hg.), Zwischen-Raum-Gottesdienst. Beiträge zu einer multiperspektivischen Liturgiewissenschaft [FS Albert Gerhards] (PTHe 144), Stuttgart 2016, 167–180;

auf die Thematik ist vorrangig kirchenrechtlicher Natur, was auch in diesem Artikel zum Tragen kommen wird.[3] Während der Trend zur Planung und Errichtung solcher Räume ungebrochen scheint, bleibt eine eindeutige Bewertung des Phänomens weiterhin schwierig. Zu vielschichtig und unübersichtlich stellt sich schon der konkrete Hintergrund der Errichtung eines religiös genutzten Raumes im öffentlichen Bereich sowie der je konkreten Nutzung und Konzeption dar. Eine aus theologischer Perspektive entscheidende Frage ist stets die nach dem religiösen Charakter dieser Räume: Von explizit für die religiöse Praxis einer Religionsgemeinschaft bestimmten (und benedizierten) Räumen, über multireligiöse Räume bis hin zu „neutralen“ und holistischen Meditationsräumen reicht das Spektrum. Hieraus ergibt sich wiederum eine große Bandbreite an Nutzungsbestimmungen, an Zielen des Trägers dieser Räume und auch an Haus- bzw. Raumordnungen.

Im Zusammenhang der Frage nach dem religiösen Charakter der neuen Räume wird der Blick – gerade katholischerseits – auch auf die Kategorie der Heiligkeit von Orten und Räumen gelenkt: Sind die Gebetsräume in öffentlichen Gebäuden „heilige Orte“? Welchen „Status“ im kirchenrechtlichen bzw. dogmatischen Sinne haben diese Räume?

Theologie und konkrete kirchliche Akteure geraten zudem in diverse staatskirchenrechtliche bzw. öffentliche Spannungsfelder, die an dieser Stelle nur kurz skizziert werden können. In besonderer Weise werfen religiöse Räume in öffentlichen Gebäuden die Frage auf, welchen Stellenwert Religion in unserer Gesellschaft einnehmen soll und darf: „Die Bundesrepublik Deutschland ist eine weltanschauungsneutrale, aber nicht wertneutrale Gesellschaft; sie gibt sowohl dem gelebten religiösen Bekenntnis, als auch der Freiheit von einem Bekenntnis Recht. Wie aber wird nun dieser positiven und negativen Religionsfreiheit Rechnung getragen, zum Beispiel an Schulen, Universitäten oder in parlamentarischen Gebäuden?“[4] Es geht hierbei um so etwas wie eine Gesamtarchitektur von Religion im öf-

3 Vgl. N. Petrat, Gebetsräume in öffentlichen Gebäuden. Ein Trendphänomen kirchenrechtlich betrachtet (BzMK 71), Essen 2015. Diesem Buch liegt meine an der Katholisch-Theologischen Fakultät der Westfälischen Wilhelms-Universität Münster angefertigte Lizentiats-Dissertation zugrunde.

4 Schwarz-Boenneke, Einleitung (s. Anm. 2), 10.

fentlichen Raum. Freilich fielen die Konstruktionen in diesem Bereich in einer (christlich-)religiös-dominierten Gesellschaft deutlich anders aus als in einer durch die Pluralisierung (und an vielen Stellen auch durch die Austrocknung) der religiösen Landschaft geprägten Gesellschaft. Kirche und Theologie sind heute gefordert, sich an den konkreten gesellschaftlichen Aushandlungsprozessen konstruktiv zu beteiligen. Vielfach wird ihnen eine vorsichtige, manchmal gar ängstliche Einstellung begegnen, wenn es um die Errichtung und Nutzung eines dezidiert religiösen Raumes oder gar Gebäudes geht. Zwar ist der Wunsch nach „anderen Orten", also Orten und Räumen, die Unterbrechungs- und Kontrasterfahrungen inmitten einer hektischen und nach den Gesetzen der Optimierbarkeit und Zweckrationalität funktionierenden Gesellschaft ermöglichen, groß.[5] Ebenso groß ist bei vielen Trägern bestimmter öffentlicher Einrichtungen – z. B. verschiedener Universitäten – allerdings die Scheu vor ausdrücklicher religiöser Prägung eines Raumes, vor sichtbarer Religiosität, was vielfach auch mit der zunehmenden Präsenz von muslimischen Gläubigen im Zusammenhang stehen mag.[6]

Aus dieser Gemengelage und der zunehmenden Präsenz des Islam entstand bei vielen Projekten der neuen religiösen Räume die Multireligiosität oder „Überkonfessionalität" als Lösungsstrategie. Mittlerweile lässt sich in einigen Bereichen ein Scheitern dieses Konzeptes konstatieren, wenn etwa im Laufe der Zeit ein allen Weltanschauungen in gleicher Weise zur Verfügung stehender Raum der Stille zu einem Gebetsraum für eine einzelne Religionsgemeinschaft umgestaltet wird und mitunter gegen die religionsrechtlichen Basiskategorien von Neutralität und Gleichbehandlung verstoßen wird.[7]

5 Siehe in diesem Zusammenhang die Rede von „Anders-Orten", „Heterotopien" und „Gegen-Räumen" (vgl. E. Frick, Spielräume des Heiligen, in: A. Nollert, M. Volkenandt, R. Gollan, E. Frick [Hg.], Kirchenbauten in der Gegenwart. Architektur zwischen Sakralität und sozialer Wirklichkeit, Regensburg 2011, 41–48, hier: 42–44) sowie von „Ahnungs- oder Sehnsuchtsräumen" (vgl. Wahle, Von heiligen Orten [s. Anm. 2], 178).

6 Für den Bereich der Hochschulen vgl. B. Dziri, Muslimische Studierende an deutschen Hochschulen: Herausforderungen und Chancen für den Rat muslimischer Studierender & Akademiker, in: M. Rötting (Hg.), Die ganze Welt am Campus!? Kulturelle und religiöse Diversitäten: Situationen und Perspektiven, Münster 2012, 131–148.

7 Vgl. hier erneut den Bereich der Hochschulen: „In – mehr oder weniger – gleichgelagerten Fallkonstellationen an den Universitäten in Bochum, Dortmund und

Pastoraltheologisch und auch aus der Sicht der Liturgiewissenschaft ist schließlich die Frage zu erörtern, welche Bedeutung den schon neu entstandenen und wohl auch noch weiter entstehenden religiösen Gebetsräumen und Kapellen zugemessen werden kann in Ergänzung bzw. in Abgrenzung zur klassischen Pfarrkirche bzw. „Kirche im Dorf". Dabei wären zwei grundsätzliche Perspektiven miteinander ins Gespräch zu bringen: Zum einen die Einsicht, dass neue Orte die Chance bergen, zu Vorhöfen des Gebets, der Stille, der konkreten religiösen Praxis und der Begegnung mit Kirche, ihren Gottesdiensten und ihren Seelsorgern zu werden. Zum anderen die Einsicht in die Bedeutung der Stärkung der eigenen religiösen und konfessionellen Identität durch klare Symbolsprache von Räumen und den vielleicht typisch katholischen Wiedererkennungseffekt von sakralen Räumen einschließlich eines bestimmten religiösen Gefühls. Der Freiburger Liturgiewissenschaftler Stephan Wahle sieht in diesem Zusammenhang folgenden Trend: „So wächst die Erkenntnis, multifunktionale oder interreligiöse Räume der Stille und monoreligiöse Sakralräume als *komplementäre Ergänzungen* zu betrachten. Räume der Stille können erste Orte sein, um durch Stille, sakrale Atmosphäre und kleine Rituale (wieder) das Gespräch ‚mit einem Anderen' zu einer persönlichen Haltung werden zu lassen, Gebet und Glaube als existenzielles Bedürfnis (neu) zu wecken und unter Umständen auch den Kontakt zu Seelsorgerinnen und Seelsorgern aufzunehmen."[8]

Duisburg-Essen wie auch an der Technischen Universität Berlin sind weltanschaulich neutrale Räume der Stille (in Bochum und Dortmund) bzw. ein muslimischer Gebetsraum (in Berlin und Essen) in der Folge einer missbräuchlichen Nutzung durch muslimische Studierende von Polizei und Verfassungsschutz überprüft bzw. von Hochschulleitungen geschlossen worden." (B. Kämper, Religiöse Präsenz an staatlichen Hochschulen, in: R. Althaus, J. Hahn, M. Pulte [Hg.], Im Dienste der Gerechtigkeit und Einheit [FS Heinrich J.F. Reinhardt] [BzMK 75], Essen 2017, 283–298, hier: 284.

8 Wahle, Von heiligen Orten (s. Anm. 2), 179 (Hervorhebungen d. Verf.).

## 3 Der kirchenrechtliche Zugriff auf das Thema anhand konkreter Beispiele

Dieser kleine Artikel möchte aus kirchenrechtlicher Perspektive eine Schneise in das beschriebene Spannungsgeflecht beim Thema der Gebetsräume im öffentlichen Bereich schlagen. Das Kirchenrecht kann auf dem Fundament gewisser dogmatischer Vorgaben einige wichtige Orientierungen hinsichtlich der Charakterisierung eines Raumes bzw. Ortes als sakral oder heilig (*locus sacer*) anbieten. Die kirchenrechtlichen Normierungen des CIC/1983 bieten eine Kriteriologie zur Einordnung der verschiedenen Örtlichkeiten und liefern so eine Bewertungsgrundlage für kirchliche Akteure. Zudem kann ein kirchenrechtlicher Blick auf konkrete Phänomene und Beispiele Hinweise liefern, auf welcher Grundlage und unter welchen Bedingungen im säkularen-staatlichen Bereich religiös nutzbare Räume eingerichtet werden können. Schließlich lässt sich erhellen, was aus kirchlicher Perspektive bei der Einrichtung und Nutzung von religiösen Räumen zu beachten ist. Leitfragen wären hier im Anschluss an Schwarz-Boenneke: „a) Was motiviert die Initiatoren und Träger der Räumlichkeiten? Welche Intention verfolgen sie mit dem Projekt und wozu soll der Raum genutzt werden? Spiegelt die rechtliche Struktur die Intention oder steht sie im Konflikt zu ihr? b) Wie wird der Raum gestaltet? c) Von wem wird er wie genutzt?“[9] Die Beispiele sind aus den Bereichen staatliche Einrichtungen und Institutionen (hier: Universität), Verkehrsinfrastruktur (hier: Flughafen), sowie Freizeit (hier: Stadion) entnommen.[10]

### 3.1 Heilige Orte im kirchlichen Recht

In der Umgangssprache wird unter „sakral“ heute meist etwas nicht Objektives, sondern eine vage Umschreibung der Raumatmosphäre verstanden: Ein Raum wirkt „irgendwie sakral“. Wie ist aber Sakralität theologisch zu beschreiben? Wann ist ein Raum oder Ort sakral,

9 Schwarz-Boenneke, Einleitung (s. Anm. 2), 12.
10 Eine ausführliche Darstellung von Fallbeispielen habe ich in meiner kirchenrechtlichen Lizentiats-Dissertation unternommen. Dort finden sich auch die jeweiligen Recherchehinweise; vgl. Petrat, Gebetsräume (s. Anm. 3), bes. 69–146.

heilig? Mit der Definition der Sakralität eines Gebäudes bzw. Raumes tun sich viele Theologen heute sichtlich schwer. So kommt die Bonner Theologin Kim de Wildt bei ihrem Versuch der Begriffsbestimmung von „Sakralraum“ zum Ergebnis: „Dem Sakralraum ist letztendlich, aufgrund der mit seinem Wesen zusammenhängenden Subjektivität, keine objektive Bedeutung zuzuschreiben.“[11] Eckhard Frick spricht von der „mehrfache(n) Kodierung sakraler Räume“[12]. Allerdings weist de Wildt auch darauf hin, dass Sakralräume als „Formen gebauten Glaubens“[13] definiert werden könnten, womit eine Nähe zur kirchenrechtlich-dogmatischen Sicht hergestellt wird. Der Münchener Dogmatiker Bertram Stubenrauch fasst eine solche Sicht so zusammen: „Sakralität ist, christlich gesehen, keine bloße Gefühlssache. Sakralität hat mit Glauben, und damit mit Inhalten, also mit Offenbarung zu tun.“[14] In der Kirchengeschichte haben sich zwei grundsätzliche Auffassungen gebildet, inwiefern – mit Blick auf den christlichen Glauben – Kirchenräumen ein sakraler Charakter zukommt.

Die eine geht von „einer Materialisierung des Sakralen im Kirchenraum“[15] aus, der Kirchenraum wird durch die Weihe zum *domus Dei*, und zwar in dem Sinne, „dass Gott auch dann in einer besonderen Weise in seinem Haus wohnt, wenn kein Mensch darin ist und auch der einsame Beter in heilige Gegenwart hineingekommen ist.“[16] Von dieser Perspektive sind maßgeblich auch die kirchlichen Rechtstexte geprägt. Der Wiener Kirchenrechtshistoriker Willibald Plöchl spricht in seiner Geschichte des Kirchenrechts von einem sehr mate-

11 K. de Wildt, Der Sakralraum. Baustein einer religiös-komparativ-empirischen Liturgiewissenschaft, in: K. de Wildt, B. Kranemann, A. Odenthal (Hg.), Zwischen-Raum-Gottesdienst. Beiträge zu einer multiperspektivischen Liturgiewissenschaft [FS Albert Gerhards] (PTHe 144), Stuttgart 2016, 315–329, hier: 326.

12 Frick, Spielräume (s. Anm. 5), 44.

13 De Wildt, Sakralraum (s. Anm. 11), 326.

14 B. Stubenrauch, Y. von Künsberg, Kirchenbau und Glaube, in: A. Nollert, M. Volkenandt, R. Gollan, E. Frick (Hg.), Kirchenbauten in der Gegenwart. Architektur zwischen Sakralität und sozialer Wirklichkeit, Regensburg 2011, 144–149, hier: 149.

15 B. Kranemann, Symbole des Religiösen im Urbanen, in: A. Nollert, M. Volkenandt, R. Gollan, E. Frick (Hg.), Kirchenbauten in der Gegenwart. Architektur zwischen Sakralität und sozialer Wirklichkeit, Regensburg 2011, 175–180, hier: 178.

16 R. Schwarz, Liturgie und Kirchenbau (Vortrag von 1956), in: A. Nollert, M. Volkenandt, R. Gollan, E. Frick (Hg.), Kirchenbauten in der Gegenwart. Architektur zwischen Sakralität und sozialer Wirklichkeit, Regensburg 2011, 68–73, hier: 69.

riellen Verständnis der Konsekration eines Kirchengebäudes bis in die Neuzeit und nennt einige interessante Beispiele.[17] Aufschlussreich ist auch der rechtsgeschichtliche Befund, dass erst das Tridentinum offiziell eine Profanierung von gebrauchsunfähigen Kirchengebäuden gestattet habe. Im vortridentinischen Recht habe – zumindest rechtstheoretisch, denn die Archäologie lehre, dass die Praxis sich nicht an diese Rechtsauslegung gehalten habe – die 51. Regel der *Regulae iuris* alleinige Geltung beansprucht: *Semel Deo dicatum, non est ad usus humanos ulterius transferendum.*[18] Etwas salopp zugespitzt: Einmal geweiht (und Gott übergeben), immer geweiht!

Die andere grundsätzliche Auffassung schreibt dem Raum Sakralität nur mit Blick auf das Geschehen im Raum zu: „Die heilige Handlung der Liturgie begründet die Deutung des Raumes als Sakralraum."[19] Die zum Gottesdienst versammelte Gemeinde spielt in dieser Deutung eine wesentliche Rolle. Ort und Raum der Kirche sind heilig und sakral, weil in ihnen etwas Heiliges (Gottesdienst, Eucharistie) geschieht. Der Raum hat somit Anteil an dem heiligen Geschehen, das er umgibt. Diese Sichtweise wird oft auch in Verbindung gebracht mit der frühchristlichen Sicht von Gottesdiensträumen als *domus ecclesiae.*[20] Viele Kommentatoren sehen auch die Hinweise zu heiligen Orten in der Liturgiekonstitution des Vaticanum II *Sacrosanctum Concilium* vor diesem Hintergrund: „Als ob es sich in erster Linie darum handelte, in der Weise des antiken und auch des alttestamentlichen Tempels Gott durch einen prunkvollen Monumentalbau zu verherrlichen, während in christlichem Denken die versammelte Gemeinde Gottes Tempel ist und der äußere Bau das Gehäuse sein soll, in dem ihr Gottesdienst sich leicht und richtig vollzieht. Der Bau muß funktional angelegt sein."[21] Als Kompromissformel für die rechte Gestalt eines Gottesdienstgebäudes wird in SC 128 die Formulierung gefunden, dass dieses *dignus et aptus* sein möge.[22] Damit sind

17 Vgl. W. Plöchl, Geschichte des Kirchenrechts, Bd. IV/2, Wien 1966, 342–344.

18 Plöchl, Geschichte (s. Anm. 16), 343f.

19 Kranemann, Symbole (s. Anm. 15), 178.

20 Vgl. J. Meyer zu Schlochtern, Interventionen. Autonome Gegenwartskunst in sakralen Räumen, Paderborn 2007, 64.

21 J. A. Jungmann, Konstitution über die heilige Liturgie. Kommentar, in: LThK.E 1 (1966) 103.

22 SC 128: *„[...] aedium sacrarum dignam et aptam constructionem, [...]."*

auch wesentliche Stichworte bezüglich der Einrichtung neuer religiöser Räume genannt: funktional, würdig, zweckentsprechend.

Das aktuell gültige kirchliche Gesetzbuch, der CIC/1983, steht bei seiner Beschreibung und Definition heiliger Orte sicherlich im Spannungsfeld der beiden genannten Linien. Die kodikarischen Bestimmungen sind sowohl von der kirchlichen Rechtsgeschichte beeinflusst (und der ersten Kodifikation im CIC/1917) als auch von den konziliaren Vorgaben. Der Fachterminus für heilige Orte im CIC/1983 ist *locus sacer.* Als *loca sacra* bestimmt der CIC/1983 Kirchen (*ecclesia*, vgl. c. 1214 CIC/1983), Kapellen (*oratorium*, vgl. c. 1223 CIC/1983 sowie *sacellum privatum*, vgl. c. 1226 CIC/1983), Altäre, Wallfahrtsstätten (*sanctuarium*, vgl. c. 1230 CIC/1983) und Friedhöfe.

Die Allgemeinbestimmungen in den cc. 1205–1213 CIC/1983 beginnen mit einer Definition von heiligen Orten in c. 1205 CIC/1983, die fast wörtlich mit c. 1154 CIC/1917 übereinstimmt: *Loca sacra ea sunt quae divino cultui fideliumve sepulturae deputantur dedicatione vel benedictione, quam liturgici libri ad hoc praescribunt.* Zwei Elemente müssen also zwingend zusammenkommen, damit eine Örtlichkeit im juristischen Sinne zum *locus sacer* wird: Die eindeutige Zweckbestimmung eines Ortes für den *cultus divinus* bzw. das Begräbnis der Gläubigen durch die zuständige Autorität sowie die Weihung (Dedikation oder Benediktion[23]) nach den entsprechenden liturgischen Büchern (Pontificale und Rituale Romanum). Unter diesen beiden Voraussetzungen kommt es zu einer „*deputatio* (Hingebung, Zuschreibung) *locorum ad cultum publicum*“[24]. Die Orte sind damit ihrer weltlichen, profanen Zweckbestimmung entzogen.[25] Der Umkehrschluss aus dieser klaren rechtlichen Definition ist im Zusammen-

23 Unter *benedictio* in c. 1205 CIC ist die *benedictio constitutiva* zu verstehen, also ein Rechtsakt mit Änderung der weltlichen Zweckbestimmung (vgl. MKCIC / Althaus, c. 1169 Rn. 2).

24 H. J. F. Reinhardt, § 74 Geweihte Stätten, in: J. Listl, H. Schmitz (Hg.), Handbuch des katholischen Kirchenrechts, Regensburg ²1999, 795–801, hier: 795.

25 Heilige Orte gemäß c. 1205 CIC werden im deutschen Staatskirchenrecht in die Kategorie der *res sacrae* eingeordnet; vgl. D. Schütz, § 38 Res sacrae, in: J. Listl, D. Pirson (Hg.), Handbuch des Staatskirchenrechts der Bundesrepublik Deutschland. Bd. 2, Berlin ²1995, 3–18: „Res sacrae entstehen durch Widmung, die vom Träger der Sachherrschaft vorzunehmen ist“ (ebd., 13). Zu den Rechtswirkungen führt Schütz aus: „Die Rechtswirkungen der res sacrae im staatskirchenrechtlichen Sinne bestehen gewohnheitsrechtlich in einer Beschränkung der Verkehrsfähigkeit der betreffenden Gegenstände [...]“ (ebd., 11).

hang der neuen Gebetsräume besonders relevant: Orte, an denen im weitesten Sinne gottesdienstliche, kultische Handlungen praktiziert werden, die aber nicht durch eine Dedikation oder Benediktion *(benedictio constitutiva)* nach den Vorgaben des Gesetzes eindeutig destiniert werden, können zwar als „luoghi pii“ (Calvi) bezeichnet werden, denen mit besonderem Respekt begegnet werden soll (vgl. c. 1229 CIC), „ma non sono giuridicamente definiti come luoghi sacri“[26]. Dieses trifft auf die meisten der neuen religiösen Räume zu, da sie keine *benedictio constitutiva* empfangen haben. Damit wären sie „heilige Orte im weiteren Sinne“[27], d.h. in einem zunächst allein (pastoral-) theologisch bestimmbaren Sinne, für den die aktuelle Rechtslage die Zuordnung einer spezifischen kanonischen Qualität jedoch (noch) nicht vorsieht. Voraussetzung dafür wäre zumindest die eindeutige Zweckbestimmung durch die zuständige Autorität.

Wegen der häufigen Benutzung der Termine „Kirche“ und „Kapelle“ auch im Kontext der neuen Räume (Flughafenkirche, Krankenhaus- oder Stadionkapelle, ...) sei in aller Kürze die kirchenrechtliche Definition dieser Räume dargelegt.

Die Beschreibung von Kirche im kanonistischen Sinne (abzugrenzen vom ekklesiologischen Begriff der Kirche) findet sich in den cc. 1214–1222 CIC/1983. Nach c. 1214 CIC/1983 versteht man kanonistisch unter *ecclesia* ein durch Dedikation oder Benediktion dem *cultus divinus* gewidmetes heiliges Gebäude *(aedes sacra)*, das allen Gläubigen zur öffentlichen Gottesverehrung dient. Die eng an c. 1161 CIC/1917 angelegte Norm stellt deutlicher als diese Vorgängernorm ein allgemeines Zutrittsrecht der Gläubigen heraus, welches auch für die persönliche Gottesverehrung der einzelnen Gläubigen wie z.B. Gebet oder stille Betrachtung gilt. Dadurch, dass eine Kirche allen Christgläubigen dient, unterscheidet sie sich von der Kapelle, die zunächst nur für eine bestimmte Gemeinschaft errichtet ist. Die bekanntesten Beispiele für eine Kirche im kanonistischen Sinne sind sicher Kathedral- und Pfarrkirchen. Allgemein ist die kodikarische *ecclesia* als der bedeutsamste kirchliche *locus sacer* zu bezeichnen.

26 M. Calvi, L'edificio di culto è un „luogo sacro“? La definizione canonica di „luogo sacro“, in: Quaderni di diritto ecclesiale 13 (2000) 228–247, hier: 237.

27 „Luogo sacro senso lato“, vgl. P. Malecha, Dedicazione e benedizione di una chiesa, in: Periodica 91 (2002) 507–533, hier: 522.

Während eine *ecclesia* allen Gläubigen zur öffentlichen Gottesverehrung zugänglich sein soll, dient die Kapelle einem im Einzelnen näher zu bestimmenden engeren Personenkreis (einer Gemeinschaft oder selbst einer einzelnen Person) als Örtlichkeit der Gottesverehrung. Der CIC/1983 normiert die Bestimmungen zur Kapelle in den cc. 1223–1229 CIC/1983 und unterscheidet dabei zwei Kapellenarten: Oratorien *(oratorium)* und Privatkapellen *(sacellum privatum)*. Ein Oratorium dient gemäß c. 1223 CIC/1983 mit Erlaubnis des zuständigen Ordinarius dem *cultus divinus* einer bestimmten Gemeinschaft oder eines bestimmten Personenkreises („alicuius communitatis vel coetus fidelium"). Die Begriffe *communitas* und *coetus fidelium* werden nicht näher definiert, so dass sowohl eine *communitas religiosa* gemäß c. 608 CIC/1983 als auch „a community of people that can be delimited by the fact that they all belong to a civil or religious association, or live in the same place for a period of time, or participate in a formative activity, etc"[28] darunter subsumiert werden kann. Das Oratorium muss anders als die Kirche nicht für jedermann frei zugänglich sein, insofern hat es den Charakter eines im CIC/1917 sogenannten halb-öffentlichen Oratoriums (vgl. c. 1188 CIC/1917). Nach c. 1229 CIC/1983 ist die Benediktion eines Oratoriums angemessen (*„convenit"*), sofern sichergestellt ist, dass dieses allein für den *cultus divinus* reserviert ist und frei von allem „häuslichen Gebrauch" (*„domesticis usibus"*). Diese eher schwache Formulierung, dass es bloß „angemessen" sei eine Kapelle zu benedizieren, verwundert etwas, da die Kapelle an weiteren Stellen des Codex wie selbstverständlich als *locus sacer* geführt wird (vgl. z. B. c. 934 § 2 in Verbindung mit c. 934 § 1 n. 2 CIC/1983). Die Frage nach der Benediktion einer Örtlichkeit, ob sie stattgefunden hat oder nicht, ist von entscheidender Bedeutung für die Einordnung konkreter Räume: Nur durch die erfolgte Benediktion wird ein Oratorium zum *locus sacer*. Ansonsten ist es ein „heiliger Ort im weiteren Sinne", für den aber sicherlich auch c. 1229 CIC/1983 anzuwenden ist, so dass auch von einem nicht-benedizierten Oratorium aller „häuslicher" Gebrauch fernzuhalten ist.

28 E. Peñacoba, Commentary c. 1223, in: A. Marzoa u. a. (Hg.), Exegetical Commentary on the Code of Canon Law. Volumen III/2, Montreal u. a. 2004, 1826–1829, hier: 1829.

Angeregt werden könnte eine grundsätzliche Unterscheidung in benedizierte und nicht-benedizierte Kapellen/Oratorien. Zu den ersten könnten dann Kapellen (hier würde im Deutschen der Begriff „Kapelle“ genau treffend sein) gehören, die im Regelfall nur katholisch genutzt werden und klar als katholische Gotteshäuser erkennbar sind (zu denken wäre besonders an die Aufbewahrung des Allerheiligsten). Die zweite „neue“ Kategorie der nicht-benedizierten, aber eindeutig zu gottesdienstlichen Zwecken bestimmten Gebetsräume („Oratorium“ wäre in Abgrenzung zur Kapelle ein denkbarer Begriff dafür) würde – da es sich nicht um einen *locus sacer* handeln würde – eine etwas „offenere“ Gestaltung und Prägung zulassen. Wichtig wäre hier, dass die zuständige kirchliche Autorität bzw. der Ordinarius die eindeutige Zweckbestimmung festlegt, und dass der Raum eine *benedictio invocativa* erhält, zum Zeichen eines besonderen, aber nicht heiligen Charakters.

Auf der Grundlage dieser kurzen Hinweise scheint es Berührungspunkte zu geben zwischen einigen der neu entstandenen Gebetsräume und eines *oratorium* im kanonistischen Sinne. Wenn ein Oratorium ein Ort – c. 1223 CIC/1983 spricht von *locus* nicht von *aedes* wie bei der Kirche in c. 1214 CIC/1983 – zur öffentlichen Gottesverehrung einer Gemeinschaft oder Gruppe ist und ebenso als deren (auch privater) Andachtsraum gilt, dann ließen sich unter genauer zu prüfenden Umständen (Erlaubnis des Ordinarius, Benediktion oder klare Zweckbestimmung für den Gottesdienst, ...) einige der neuen Räume möglicherweise kanonistisch als *oratorium* einordnen. Einen wichtigen Hinweis dazu bietet auch das „Directorium de pastorali ministerio episcoporum“ vom 22. Februar 1973. Dort heißt es unter der Nr. 180: *„Praeter paroeciales ecclesias Episcopus alius ecclesias vel oratoria subsidiaria erigenda promovet iis in locis, ubi homines vitam degunt vel frequentiores conveniunt, praesertim valetudinis vel solatii causa, necnon apud autoraedarum vias, hamaxostichorum vehiculorumque stationes (vulgo: stazione ferroviarie, stazione degli autobus) et aëroportus, […].“*[29] Hier wird also die Förderung der Errichtung von Oratorien an den Orten angeregt, wo Menschen ihr Leben (bzw. viel Zeit ihres alltäg-

29 Sacra Congregatio pro Episcopis, Directorium de pastorali ministerio episcoporum, 22. Februar 1973, in: X. Ochoa, Leges ecclesiae post Codicem iuris canonici editae V, n. 4174, Nr. 180.

lichen Lebens) verbringen oder wo sie häufiger zusammenkommen. Als Beispiele werden genannt: Oratorien an Kur- und Erholungsorten, an Raststätten, Eisenbahn- und Busbahnhöfen und an Flughäfen. In der Praxis scheint die Entwicklung eher umgekehrt gelaufen zu sein: Durch bestimmte Initiativen von Gläubigen oder Gemeinschaften sind derartige Oratorien entstanden, wobei der Bischof oder Ordinarius dann maximal nur noch um Zustimmung und Erlaubnis zur Errichtung angegangen worden ist.

### 3.2 Der „Raum der Stille" in der Universität Paderborn

In vielen deutschen (staatlichen) Hochschulen und Universitäten[30] wird seit einigen Jahren diskutiert, ob und in welcher Form religiös nutzbare Räume eingerichtet werden sollen.[31] Inzwischen kann eine lange Liste von Universitäten mit derartigen Räumen aufgestellt werden.[32] Wie generell beim Phänomen „religiös nutzbare Räume in öffentlichen Gebäuden" gibt es dabei eine große Bandbreite an Erscheinungsformen. Hinzu kommt im konkreten Bereich eine Vielzahl von Legitimierungsmustern von Seiten der Hochschulleitung, von Initiatoren solcher Räume (Einzelpersonen, Lehrstühle, Religionsgemeinschaften) sowie von konkreten Mitwirkungsformaten von Seiten der christlichen Kirchen oder auch speziell der katholischen Kirche. Insgesamt kann aber festgestellt werden, dass die Frage nach religiösen Räumen am öffentlichen Ort Hochschule als besonders sensible und brisante Thematik erscheint. Wirksam werden dabei die jeweiligen

30 Zur Situation in den USA vgl. M. Hochgeschwender, A Secular Faith? Die Geschichte religiöser Räume an US-amerikanischen Universitäten, in: KuKi 73 (2010) 54–58.

31 Einen guten Überblick bieten P. Blümel, P. Marinkovic, Raum der Stille, Haus der Religionen oder konsequenter Laizismus: Brauchen Hochschulen religiös geprägte Räume?, in: KuKi 73 (2010) 44–47.

32 Vgl. z. B. Kraft, Räume (s. Anm. 2), 21 sowie L. Rölli, Hochschulen – Religionen – kulturelle Diversitäten. Ausgangssituation und Handlungsoptionen im Verhältnis von Hochschulen und Religionsgemeinschaften, in: M. Rötting (Hg.), Die ganze Welt am Campus!? Kulturelle und religiöse Diversitäten: Situationen und Perspektiven, Münster 2012, 48–58, hier: 57. Eines der bekanntesten Beispiele für Gebetsräume an Universitäten ist das „Haus der Stille" auf dem Westend-Campus der Universität Frankfurt. Einzigartig ist dieses Haus hinsichtlich des Modells der Trägerschaft und hinsichtlich der Zweckbestimmung. Eine ausführliche Beschreibung findet sich u. a. bei Petrat, Gebetsräume, 128–134.

Abb. 2 | Raum der Stille an der Universität Paderborn

Vorstellungen vom Charakter einer öffentlichen staatlichen Bildungseinrichtung und der Konkretisierung von deren „weltanschaulicher Neutralität“ bzw. auf der anderen Seite der Gewährung des Grundrechts der Religionsfreiheit und der Religionsausübung. Im Grunde erscheint hier wie unter einem Brennglas die Frage nach dem angemessenen Verhältnis von Religion/Kirche und Staat.

Im Hinblick auf die Entstehungsgeschichte eines „Raumes der Stille“ an der Universität Paderborn sind verschiedene Aspekte zu berücksichtigen. Zunächst muss die seit Gründung der Universität bestehende Arbeit der Katholischen Hochschulgemeinde (und auch der Evangelischen Studierendengemeinde) genannt werden, die immer auch im Blick hatte, an der Campus-Universität für die Universitätsangehörigen (räumlich) präsent zu sein. Seit den 1980er Jahren wurde der KHG Paderborn ein Raum im sogenannten Treff-Bereich des Studentenwerks kostenfrei zur Verfügung gestellt. Das Studentenwerk, welches eine Anstalt des öffentlichen Rechts mit sozialem Auftrag ist, mietet seine Räume von der Universität Paderborn. In dem Mietvertrag, den das Werk mit der Universität geschlossen hat, wird die KHG namentlich als eine der studentischen Organisationen und Gemeinschaften genannt, der das Studentenwerk einen Raum zur Verfügung stellen muss. Der KHG-Raum war vor allem ein Kontakt- und Informationsforum, diente aber auch als Gebets- und Meditationsraum. Eben dieser Raum der Hochschulgemeinde(n) wurde später schließlich den beteiligten Verantwortlichen des Projekts „Raum der Stille“ als Ort für einen ersten derartigen Raum an der Universität Paderborn angeboten und dann auch zur Verfügung gestellt.

Dass es überhaupt zu einem Projekt „Raum der Stille" gekommen ist, hängt wesentlich – und das ist der zweite wichtige Aspekt bei der Entstehungsgeschichte – mit der zunehmenden Präsenz von muslimischen Studierenden zusammen: „Während einer Senatsdiskussion vor etwa zwei Jahren wurde deutlich, dass mehrere Gruppen der Universität einen Raum der Stille an der Universität begrüßen würden. Besonderes Interesse an einem Raum zum Beten haben muslimische Universitätsangehörige, die jeden Tag ihre Gebete verrichten wollen."[33] Gerade im Zusammenhang mit dem muslimischen Gebet war es an der Universität zu einigen Irritationen und auch ernsten Schwierigkeiten gekommen, da immer mehr muslimische Studierende ihre Gebete in den frei zugänglichen Räumlichkeiten der Universität verrichtet hatten: im Treppenhaus, in Kellerräumen, vor sanitären Räumen. Das war von muslimischer Seite als „unwürdig" empfunden worden und hatte andererseits beim Universitätspräsidium Anstoß erregt, welches die weltanschauliche Neutralität der Universität gefährdet sah. Der Wunsch nach einer Lösung dieser Situation wurde daher von verschiedenen Seiten laut.

Schließlich ist noch ein dritter Aspekt bei der Entstehungsgeschichte hervorzuheben, der ein besonderes Spezifikum der Paderborner Situation darstellt. In den Jahren 2009/2010 hatte sich ein Zentrum für Komparative Theologie und Kulturwissenschaft (ZeKK) an der Kulturwissenschaftlichen Fakultät der Universität Paderborn gegründet, welches vor allem von den Instituten für Katholische und Evangelische Theologie getragen wird.[34] Die damalige stellvertretende Vorsitzende des Zentrums, die Professorin für evangelische Systematische Theologie, Helga Kuhlmann, nahm sich ausdrücklich der Frage nach Gebets- und Rückzugsmöglichkeiten im Bereich der Paderborner Universität an und entwarf maßgeblich das Konzept für einen „Raum der Stille". Sie gewann für das Anliegen unterschiedlichste Kooperationspartner: neben den christlichen Hochschulgemeinden und den Theologie-Instituten unter anderem muslimische

33 H. Kuhlmann, Konzeption für einen Raum der Stille an der Universität Paderborn, 11.05.2011, in: https://kw.uni-paderborn.de/fileadmin/fakultaet/Institute/ZeKK/ZeKK/Raum_der_Stille/Raum_der_Stille_11_5_11.pdf (Download: 03.06.2018).

34 Zum Zentrum für Komparative Theologie und Kulturwissenschaft vgl. https://kw.uni-paderborn.de/zekk/was-ist-das-zekk/ (Download: 03.06.2018).

Studierende verschiedener Gruppierungen, die Gesundheitsbeauftragte der Universität, die Verantwortliche für das Profil „Gesundheitsfördernde Schule“ am PLAZ (Zentrum für Bildungsforschung und Lehrerbildung) sowie die Mitarbeiterinnen und Mitarbeiter der psychosozialen Beratung an der Universität Paderborn.[35] Das Grundanliegen, welches das Zentrum für Komparative Theologie und Kulturwissenschaft mit der Initiative für einen „Raum der Stille“ vertrat, und das auch bei der Zusammensetzung der Kooperationspartner abgebildet wird, fasst Kuhlmann so zusammen:

> „Mehrere differente Anliegen sollten in einem solchen Raum erfüllbar sein. In der Gegenwart weltanschaulicher Pluralität muss dem Stille- und Gebetsbedürfnis mehrerer Religionsgemeinschaften genauso wie Ruhebedürfnissen nicht-religiöser Menschen Rechnung getragen werden. [...] Im Raum der Stille wird es möglich, auf friedlichem Wege, nämlich durch schweigende Präsenz, zu erleben und kennenzulernen, wie religiöse Menschen ihrer Gebetsfrömmigkeit Ausdruck geben. Andere werden ihrem (nicht-religiösen) Bedürfnis nach Ruhe nachkommen können. Es wird möglich, dass religiöse und nicht-religiöse Menschen einander Respekt und Achtung erweisen, indem sie die anderen ‚in Ruhe‘ lassen, damit alle zur Ruhe kommen können. Alle können erkennen, dass ihnen Ruhe und Schweigen gut tun.“[36]

Neben dem Aspekt der Förderung des interreligiösen und interkulturellen Dialogs steht beim Paderborner Modell weiterhin der Gedanke Pate, einen Beitrag zur Gesundheitsförderung durch die Einrichtung einer „Ruhezone“ in der Universität leisten zu können. Dieser Aspekt enthält wohl auch einen „politischen“ Kern, da er eine geeignete Argumentationsbasis bot, um einer weltanschaulich neutralen Instanz wie der Universität Paderborn die Angemessenheit eines solchen Raumes auf ihrem Gebiet zu verdeutlichen.

Die politische Brisanz wurde – nachdem prinzipiell der Einrichtung eines „Raumes der Stille“ von der Universitätsleitung zugestimmt worden war – wiederum bei der konkreten Standortfrage eines solchen Raumes sichtbar. Weil (zunächst) als Standort ein

35 Vgl. H. Kuhlmann, Konzeption für einen Raum der Stille an der Universität Paderborn, 11.05.2011, in: https://kw.uni-paderborn.de/fileadmin/fakultaet/Institute/ZeKK/ZeKK/Raum_der_Stille/Raum_der_Stille_11_5_11.pdf (Download: 03.06.2018).

36 H. Kuhlmann, Konzeption für einen Raum der Stille an der Universität Paderborn. 11.05.2011, in: http://kw.uni-paderborn.de/fileadmin/kw/institute-einrichtungen/zekk/Raum_der_Stille/Raum_der_Stille_ 11_5_11.pdf (Download: 03.06.2018).

Raum in den vom Studentenwerk angemieteten Flächen bestimmt wurde, musste die Universitätsleitung keinen ihrer Diensträume dafür freistellen.[37] Am 11. Mai 2011 konnte der „Raum der Stille" an der Universität eröffnet werden. Er wurde eingerichtet im Raum ME0.220 – dem vormaligen Raum der Hochschulgemeinden –, der im Mensagebäude gelegen ist. Zur Eröffnung fand ein kurzer Festakt statt, an dem neben Vertretern der Hochschulgemeinden und von muslimischen Gruppierungen auch der damalige Präsident der Universität, Nikolaus Risch, und der Dekan der Fakultät für Kulturwissenschaften, Volker Peckhaus, teilnahmen. Die Feier enthielt keine religiösen Zeremonien oder Segenshandlungen. Der von da an als „Raum der Stille" geführte Raum war eine äußerst einfach ausgestattete Örtlichkeit, was auch mit wenigen Änderungen auf den derzeitigen Raum auf dem N3-Flur zutrifft. Es handelt sich damals wie heute um einen schmuck- und fensterlosen Raum. Durch einen Vorhang kann der Raum bei muslimischen Gebetszeiten geteilt werden. Im Vorraum befinden sich Schränke zur Aufbewahrung von Utensilien, die für das Gebet der entsprechenden Gruppe genutzt werden können (Bibel, Koran, Kerze, Gebetsteppiche).

Träger des Raumes ist formal die Universität Paderborn (das Präsidium), die jedoch die Verantwortung für den Raum an den Vorstand des Zentrums für Komparative Theologie und Kulturwissenschaft delegiert hat. Dieser koordiniert die Aktivitäten im Raum und entscheidet über die Zulässigkeit von Veranstaltungen dort. Bei baulichen Fragen hinsichtlich des Raumes ist das Dezernat für Bau- und Liegenschaftsangelegenheiten der Universität zuständig. Der Vorstand des Zentrums für Komparative Theologie und Kulturwissenschaft hat eine Nutzungsordnung für den „Raum der Stille" erlassen. Darin wird der Raum folgendermaßen charakterisiert: „Der Raum der Stille ist ein Raum der Ruhe, der Meditation und des Gebets. Dort herrscht Stille. Es wird nicht gesprochen oder gesungen. Davon ausgenommen sind zeitlich begrenzte angekündigte Zeiten eines Rituals"[38]. Diese Zeiten müssen vorher beim Vorstand angemeldet wer-

37 Heute liegt der „Raum der Stille" im Gebäudetrakt „N" (Raum N3.206), in dem u. a. auch die beiden Theologie-Institute und das Seminar für Islamische Theologie untergebracht sind, der zu den Diensträumen der Universität gehört.

38 Die Ordnung findet sich unter https://kw.uni-paderborn.de/fileadmin/fakultaet/Institute/ZeKK/ZeKK/Raum_der_Stille/OrdnungRdS_11_5_11.pdf (Download:

den, der auch über deren Zulässigkeit entscheidet. Als Grundregel gilt dabei, dass eine Gruppe pro Tag ein „Ritual“ von höchstens 30 Minuten feiern darf.

In der Praxis hat sich der Raum vor allem als Ort für das muslimische Pflichtgebet etabliert.[39] Außerdem findet dienstags bis donnerstags eine christliche Mittagsandacht statt, die von der Evangelischen Studierendengemeinde sowie der „Studentenmission in Deutschland“ durchgeführt wird. Eine Realisierung der oben skizzierten Zielvorstellungen im Grundkonzept des „Raumes der Stille“ (Ort des interreligiösen Dialogs, Ruhe-Zone in der Universität) könnte eigens problematisiert werden. Es wäre überhaupt angezeigt, die zahlreichen Konzepte im universitären Kontext, die mit einem „Raum der Stille“ so ambitionierte und kaum vereinbare Projekte wie die Förderung des interreligiösen Dialogs sowie einen Beitrag zur Gesundheitsförderung von stress- oder lärmgeplagten Universitätsangehörigen verbinden, einmal kritisch zu beleuchten, auch aus pastoraltheologischer Perspektive. Oft können die Ziele nicht erreicht werden. Falls Muslime die (vermeintlich) religionsoffenen Räume der Stille zum Gebet nutzen, fehlt diesen Räumen die Möglichkeit sich dort auch gesellschaftlich zu treffen und andere Gruppen stört es manchmal, wenn wegen der hohen Frequentierung von Muslimen der Eindruck eines rein muslimischen Gebetsraumes entsteht. Grenzwertig wird die Situation, wenn z. B. ein an sich allen Studierenden offen stehender Raum der Stille in eine streng orthodoxe Moschee verwandelt wird oder wenn die Nutzer überwiegend aus dem nicht-universitären Bereich kommen.

Der „Raum der Stille“ der Universität Paderborn kann zusammenfassend als multifunktionaler Raum der Stille ohne religiöse Symbole gekennzeichnet werden. Im Grunde genommen handelt es sich um einen ehemaligen Seminarraum, der in keinster Weise als religiöser Ort erkennbar ist, sieht man von den religiösen Gebrauchsgegenständen in den Schränken einmal ab. Während der Gebetszeiten wird der Mehrzweckraum dann zu einem Gebetsraum durch diese Art der konkreten Nutzung. Kanonistisch betrachtet handelt es sich um „Nie-

03.06.2018).

39 Vgl. http://groups.uni-paderborn.de/dmmk/moscheen.html (Download: 03.06.2018).

mandsland". Es handelt sich nicht um einen *locus sacer* gemäß c. 1205 CIC/1983, weil sowohl die Zweckbestimmung für den *cultus divinus* als auch eine Weihung fehlen. Weiterhin kann der Ort keiner der Kategorien von kanonischen Gottesdiensträumen zugeordnet werden, ist also weder Kirche noch Oratorium noch Privatkapelle oder Sanktuarium.

### 3.3 Gebetsräume auf Flughäfen am Beispiel des Flughafens Frankfurt

Es existiert ein weltweites Netz von Kapellen, multireligiösen Gebetsräumen und multifunktionalen Räumen der Stille auf Flughäfen. Die ersten Gebetsräume auf Flughäfen waren christliche Kapellen. 1951 wurde am Boston Logan International Airport die erste bekannte Flughafenkapelle (als katholische Kapelle) auf Wunsch des damaligen Kardinals von Boston, Richard Cushing, errichtet.[40] In den folgenden Jahren kamen weitere Kapellen an unterschiedlichsten Flughäfen hinzu (z. B. Brüssel und Paris Orly). Meist parallel zu den Räumen wurde an vielen Airports eine Flughafenseelsorge aufgebaut, eine Entwicklung, die 1967 zur Gründung der „International Association of Civil Aviation Chaplains" (IACAC) führte. In den 1980er Jahren entwickelte sich dann die Tendenz, multireligiöse Gebetsräume einzurichten. Diese wurden teils ganz neu gebaut und eingerichtet, teilweise wurden aber auch ehemalige christliche Räume „umgewidmet" und für Gläubige unterschiedlicher Religionsgemeinschaften geöffnet. Die Zahl der Kapellen auf Flughäfen wird weltweit auf 120 geschätzt.[41]

Der Flughafen Frankfurt gehört zu den ersten Flughäfen, die die Errichtung einer Flughafenkapelle diskutierten und dann auch umsetzten. Die erste Kapelle wurde nach Jahren der Vorplanung 1972 eröffnet. Bis heute gab es viele Weiterentwicklungen, von der Verlegung innerhalb der Flughafengebäude bis hin zur Einrichtung vieler neuer Gebetsräume auch für andere Religionen.[42] So gibt es mittlerweile

40 Siehe zur Geschichte von Flughafenkapellen die Homepage der „International Association of Civil Aviation Chaplains" (IACAC): http://www.iacac.info (Download: 03. 06. 2018).

41 Vgl. Kraft, Räume (s. Anm. 2), 24.

42 Vgl. zu den Gebetsräumen am Flughafen Frankfurt auch B. Beinhauer-Köhler, C. Meyer, In Bewegung. Gebetsräume für Juden, Christen, Muslime am Frank-

Abb. 3 | Hinweisschild am Flughafen Frankfurt zu den unterschiedlichen Gebetsräumen

jeweils zwei christliche Kapellen (je eine in Terminal 1 und Terminal 2), zwei Gebetsräume für Juden, zwei Gebetsräume für Muslime sowie einen christlich-orthodoxen Gebetsraum.[43] Im Transitbereich des Terminal 2 liegen drei religiöse Räume direkt nebeneinander: Kapelle, Synagoge, Moschee.

Viele interessante Hinweise ergeben sich aus der Rekonstruktion der Einrichtung der ersten Kapelle, die als eine Art „Pionierprojekt" in Deutschland angesehen werden kann.[44] Die Initiative zur Einrichtung einer Flughafenkapelle in Frankfurt ging zunächst unabhängig voneinander von zwei Seiten aus. Zum einen hatte die Flughafengesellschaft Frankfurt im Rahmen des Neubaus eines Terminals von Anfang an einen Raum für eine christliche Kapelle mit eingeplant. Darüber hatte sie frühzeitig das Ordinariat Limburg informiert. Zum anderen hatte sich in den 1960er Jahren in Frankfurt ein ökumenischer Arbeitskreis gegründet, der sich die Errichtung eines pastoralen ökumenischen Zentrums in der Nähe des Frankfurter Flug-

furter Flughafen, in: B. Beinhauer-Köhler, M. Roth, B. Schwarz-Boenneke (Hg.), Viele Religionen – ein Raum?! Analysen, Diskussionen, Konzepte, Berlin 2015, 195–212.

43 Vgl. die Vorstellung der Räume auf der Homepage des „Airport Frankfurt" https://www.frankfurt-airport.com/content/dam/airport/Dokumente/Services/Gebetsr%C3%A4ume%20Flyer%200817.pdf/_jcr_content/renditions/original.media_file.download_attachment.file/Gebetsr%C3%A4ume%20Flyer%200817.pdf (Download: 03.06.2018).

44 Vgl. Petrat, Gebetsräume (s. Anm. 3), 77–85. Grundlage der Darstellung sind die Akten zur Flughafenseelsorge 1968–1984 aus dem Diözesanarchiv Limburg; vgl. Bischöfliches Ordinariat Limburg, Registraturakten, 201 S, 1968–1984.

hafens als Ziel gesetzt hatte. Da dieses Ziel aber mittelfristig nicht realisierbar schien, hatte sich der Kreis dann auch das „Projekt Flughafenkapelle" zu eigen gemacht.

Ab dem Jahre 1968 hat sich das Ordinariat Limburg intensiv mit der Einrichtung einer Flughafenkapelle beschäftigt. Zunächst musste interdiözesan die Zuständigkeit für diese Kapelle geklärt werden. Das Gelände, auf dem das Kapellengebäude stand, gehörte zur Gemarkung der Gemeinde Zeppelinheim, die in der Diözese Mainz liegt. Ein Teil des weiteren Flughafens gehört aber zum Frankfurter Gebiet und damit zur Diözese Limburg. Das Bistum Mainz machte schnell klar, dass es seine Anteile am Flughafengebiet an Limburg (rechtlich) abtreten wolle, so dass der Flughafen Frankfurt einschließlich der Kapelle zum Jurisdiktionsgebiet der Diözese Limburg gehöre. Damit war nun allein das Ordinariat Limburg für die Verhandlungen mit der Flughafengesellschaft und für die Regelung der Flughafenseelsorge verantwortlich. Zum Rechtsstatus der Flughafenseelsorge auf dem Frankfurter Flughafen erklärte der damalige Generalvikar von Limburg:

> „Die Flughafenseelsorge am Rhein-Main-Flughafen hat kirchenrechtlich den Charakter einer eigenen Seelsorgestelle, nicht einer selbständigen Pfarrei. Der jeweilige Flughafenseelsorger erhält mit seiner Bestellung durch den Bischof von Limburg Beichtjurisdiktion und allgemeine Trauvollmacht für das gesamte Gebiet des Flughafens, auch soweit es zum Bistum Mainz gehört. Alle katholischen Taufen und Trauungen, die auf dem Gebiet des Flughafens gehalten werden, sind ausschließlich in die Register der Pfarrei Frankfurt-Niederrad einzutragen."[45]

Das Kapellenprojekt war von Beginn an ein ökumenisches Projekt, so dass es bei der konkreten Planung stets um die Errichtung einer Simultan-Kapelle ging. Verhandlungspartner waren daher die evangelische (Kirchenleitung der Evangelischen Kirche von Hessen und Nassau) und die katholische Kirche (Bistum Limburg) sowie die Flughafenleitung (Direktor der Flughafen A.G.). Die Flughafengesellschaft ist Vermieterin („Hausherr"), und die Kirchen sind die Mieter. Im Jahre 1972 wurde nach einer Vereinbarung der beiden Kirchenleitungen ein Kuratorium „zur Regelung der gemeinsamen Fragen und zur Verwaltung der Flughafenseelsorge" gebildet, dessen Vorsitzender die Kirchen bei Verhandlungen mit dem Vermieter rechtlich

45 Brief des Generalvikars an den Flughafenseelsorger P. Maader SAC vom 27.02.1973, in: Bischöfliches Ordinariat Limburg, Registraturakten, 201 S, 1973.

vertritt.[46] Wichtig bleibt festzuhalten: Der Raum für die Kapelle als Mietgegenstand wird mietfrei zur Verfügung gestellt. Er unterliegt der allgemeinen Flughafen-Benutzungsordnung. Über den konkreten Gebrauch des Mietgegenstandes kann der Mieter ansonsten frei verfügen (z. B. Öffnungszeiten, Art der Veranstaltungen).

Eine entscheidende Frage bei der Einordnung eines religiösen Raumes ist – aus kirchenrechtlicher Perspektive wie oben kurz beschrieben – immer auch die Frage der „Einweihung". In den Akten findet sich für die erste Kapelle auf dem Frankfurter Flughafen kein Hinweis auf eine Benediktion oder einen anderen Einweihungsakt zur Indienstnahme. Ohne besonderes Zeremoniell wurde nach der Fertigstellung der Kapelle 1970 aber begonnen, diese liturgisch zu nutzen, von Beginn an auch für regelmäßige Messfeiern. Dies kann als Indienstnahme der Kapelle verstanden werden, die rechtliche Folgen für den staatlichen Bereich konstituiert. Es handelt sich nämlich dann um einen Widmungsakt, der als Rechtsfolge die Entstehung der Eigenschaft einer *res sacra* hat.[47]

Wie aber lässt sich der Raum kirchenrechtlich (genau genommen nach dem CIC/1917, der damals in Geltung war) einordnen? Eine ganz eindeutige Bestimmung ist schwierig.[48] Wegen der fehlenden Konsekration bzw. Benediktion ist aber festzuhalten, dass es sich bei dem Raum nicht um einen *locus sacer* gemäß c. 1154 CIC/1917 (heute: c. 1205 CIC/1983) handelt. Außerdem scheidet die Klassifizierung als *ecclesia* aus. Weil die Kapelle zunächst im Transitbereich des Flugha-

46 Vgl. die „Vereinbarung zwischen der Diözese Limburg und der Evangelischen Kirche in Hessen und Nassau über die Flughafenseelsorge auf dem Flughafen Rhein-Main Ffm", in: Bischöfliches Ordinariat Limburg, Registraturakten, 201 S, 1972.

47 Vgl. Schütz, Res sacrae (s. Anm. 25), 13f. Zu beachten ist: „Steht ein Gegenstand der res sacra werden soll, nicht im Eigentum der widmenden Kirche, so bedarf die Widmung die Zustimmung oder Duldung des Eigentümers, um die staatskirchenrechtlichen Wirkungen der res sacrae herbeizuführen" (ebd., 14). Diese Zustimmung kann im vorliegenden Fall vorausgesetzt werden, da es eine offizielle Vereinbarung der Flughafengesellschaft mit den Kirchen über den Gebrauch des Kapellenraumes gibt. Vgl. zur Frage nach der Widmung im Kontext des kirchlichen öffentlichen Sachenrechts auch R. Mainusch, Das kirchliche öffentliche Sachenrecht, in: ZevKR 38 (1993), 26–84, hier besonders: 58–65.

48 Auch bei den neu hinzugekommenen Gebetsräume gibt es Unsicherheiten bzgl. der rechten Terminologie und Einordnung; vgl. Beinhauer-Köhler, Meyer, In Bewegung (s. Anm. 42), 195, Anm. 2.

fens liegt, kann man sie auch nicht als *oratorium publicum* kennzeichnen: ein öffentlicher, freier Zugang ist nicht möglich.[49] Dem Charakter nach würde die Bezeichnung *oratorium semi-publicum* gut passen. Dann stellt sich die Frage nach der in c. 1192 CIC/1917 geforderten Zustimmung des Ordinarius. Eine eindeutige oberhirtliche Genehmigung fehlt zwar, aber aus der intensiven und stets wohlwollenden Bearbeitung aller Fragen rund um eine Flughafenkapelle von Seiten des Ordinariats Limburg und aus der Teilnahme des Bischofs an den Einweihungsfeierlichkeiten kann eine Zustimmung wohl präsumiert werden. Damit wäre das wesentliche Konstitutivelement für eine halb-öffentliche Kapelle nach dem CIC/1917 vorzufinden. Die Benediktion ist nicht zwingend gefordert.

Ein wichtiges Thema in dem vorliegenden Fall ist auch die Simultannutzung der Kapelle, da dieser Frage bei vielen der neuen religiösen Räume eine wichtige Bedeutung zukommt. Zunächst sei die Frage anhand der Rechtslage 1970 geklärt, als die Nutzung der Flughafenkapelle begann. Dabei ist festzuhalten, dass es im CIC/1917 (wie auch im heutigen CIC/1983) keine direkte Bestimmung zum Simultangebrauch einer Kirche/Kapelle gibt. Allerdings hatte c. 823 § 1 CIC/1917 normiert, dass in nichtkatholischen Gotteshäusern keine Hl. Messen gefeiert werden dürfen, was Klaus Mörsdorf seinerzeit wie folgt kommentierte: „Damit ist der Simultangebrauch von Kirchen grundsätzlich verboten“[50]. Es wurde aber auf Duldungsmöglichkeiten z. B. in Notsituationen hingewiesen. In c. 822 § 4 CIC/1917 findet sich die Bestimmung, dass es prinzipiell möglich ist (allerdings nur *„in aliquo extraordinario casu“*), die Hl. Messe außerhalb einer Kirche oder Kapelle zu feiern, in einem öffentlichen oder privaten Haus

49 Der CIC/1917 unterschied bei den Kapellen öffentliche *(oratorium publicum)* und halb-öffentliche Kapellen *(oratorium semi-publicum)*, vgl. c. 1188 § 2 CIC/1917. Jener für öffentliche Kapellen konstitutive freie öffentliche Zugang fehlt bei den halb-öffentlichen Kapellen. Hier entscheidet letztlich der Hausherr, wer Zugang zur Kapelle bekommt, und welcher Personenkreis dort zu gottesdienstlichen Versammlungen zusammen kommen darf. Zu den halb-öffentlichen Kapellen gehörten in der Regel die Kapellen kirchlicher und weltlicher Institutionen. In c. 1192 § 4 CIC/1917 werden z. B. Erziehungsanstalten, Gymnasien und Lyzeen genannt. Die Literatur führt als weitere Beispiele Kapellen im Kloster, Seminar, Konvikt, Exerzitienhaus, Krankenhaus, Spital, Waisenhaus oder Gefängnis sowie Schloss- und Burgkapellen an.

50 K. Mörsdorf, Lehrbuch des Kirchenrechts auf Grund des Codex Iuris Canonici, II. Band, Sachenrecht, München u. a. [10]1961,50.

oder im Freien. Im „Ökumenischen Direktorium" von 1967 bzw. 1970 finden sich auch keine direkten Hinweise zur ökumenischen Nutzung eines Gottesdienstortes. Wichtig ist aber hinzuweisen auf Nr. 61 des Direktoriums von 1967, in der den getrennten Christen erlaubt wird, „einen katholischen Raum, Friedhof oder Gotteshaus zu benützen", wenn ihnen keine eigene Stätte für religiöse Feiern zur Verfügung steht.[51] Weiterhin wird im zweiten Teil des Direktoriums (1970) die Errichtung von „Interkonfessionellen Instituten" angeregt z. B. im Zusammenhang mit der Missionsarbeit oder der Frage der sakralen Architektur.[52] Vor diesem Hintergrund erscheint der gemeinschaftliche Betrieb einer Flughafenkapelle im Zusammenhang mit der Flughafenseelsorge als durchaus vertretbar. Es handelt sich aber 1970 um eine Regelung neben dem geltenden Codex. Im aktuellen „Ökumenischen Direktorium" findet sich nun eine klare Regelung: „Aufgrund der sozialen Entwicklung, dem schnellen Bevölkerungswachstum und der Verstädterung, sowie aus finanziellen Gründen kann der gemeinsame Besitz oder Gebrauch von Gottesdienststätten während eines längeren Zeitraum von praktischem Interesse sein, dort wo ökumenische Beziehungen und Verständnis zwischen den Gemeinden bestehen."[53] Für die prinzipiell also mögliche Errichtung von gemeinsamen gottesdienstlichen Räumen sind die Erlaubnis des Diözesanbischofs und die vertragliche Regelung gemeinsamer Angelegenheiten und Verpflichtungen notwendig (Nr. 140/141). In diesem Kontext ist auch eine eventuelle Erlaubniserteilung für eine Eucharistiefeier zu regeln.[54] Bei den vertraglichen Regelungen müssen in

51 Vgl. die deutsche Übersetzung in: Der Generalvikar der Erzdiözese Paderborn, Beilage zum Kirchlichen Amtsblatt für das Bistum Paderborn, 1967 (= NKD 6).

52 Vgl. Kapitel IV, Nr. 8; deutsche Übersetzung in: Der Generalvikar der Erzdiözese Paderborn, Beilage zum Kirchlichen Amtsblatt für das Bistum Paderborn, 1970 (= NKD 29).

53 Sekretariat der Deutschen Bischofskonferenz (Hg.), Päpstlicher Rat zur Förderung der Einheit der Christen, Direktorium zur Ausführung der Prinzipien und Normen über den Ökumenismus (VApS 110). Aus dem amtlichen französischen Urtext ins Deutsche übertragen vom Johann-Adam-Möhler-Institut für Ökumenik, Bonn 1993, Nr. 138.

54 In diesem Zusammenhang sind auch die cc. 932/933 CIC/1983 zu beachten: „Nicht von 933 betroffen sind solche Kirchen und Kapellen, die sich in weltlicher Trägerschaft befinden (z. B. in Krankenhäusern, Heimen), auch wenn sie nicht benediziert oder dediziert sind, so lange eine überkonfessionelle Zweckbestimmung gegeben ist; hier wäre 932 anzuwenden" (MKCIC / Althaus, c. 933 Rn. 2).

jedem Fall auch die vermögensrechtlichen Belange geklärt werden, wobei es wünschenswert wäre, den kodikarischen Bestimmungen Genüge zu tun (z. B. hinsichtlich der Aufsicht nach c. 1276 CIC/1983). Mit Blick auf die Ausführungen des Direktoriums wäre die Flughafenkapelle Frankfurt als gemeinsamer (ökumenischer) Gottesdienstraum in weltlicher Trägerschaft einzuordnen.

Zur heutigen Organisation der katholischen Luftfahrtseelsorge unter Berücksichtung der rechtlichen Fragestellungen sei noch auf eine wichtige Stellungnahmen des „Päpstlichen Rates der Seelsorge für die Migranten und Menschen unterwegs" verwiesen. Im Jahre 1995 sind „Richtlinien für die katholische Seelsorge in der zivilen Luftfahrt" erschienen, die sich in Kapitel III dezidiert mit der Flughafenkapelle beschäftigen.[55] Dabei werden unterschieden: die katholische Kapelle, die gemeinsame christliche Kapelle sowie interreligiöse Kapellen. Die katholische Kapelle wird wie folgt beschrieben: Sie sei „von einem kanonischen Standpunkt betrachtet eine Kirche, das heißt, ein heiliges Gebäude, zu dem die Gläubigen das Recht auf freien Zugang haben, um Gottesdienst vornehmlich öffentlich auszuüben" (Nr. 17). Zur gemeinsamen christlichen Kapelle heißt es: „Das Teilen der Flughafenkapelle mit anderen christlichen Kirchen und kirchlichen Gemeinschaften sollte nur nach eingehender Beratung mit den entsprechenden zuständigen Obrigkeiten beschlossen werden. Diese sollten die Möglichkeiten einer legitimen Gegenseitigkeit erkunden nach Maßgabe der Lehre und der Traditionen der verschiedenen Gemeinschaften" (Nr. 20). Schließlich werden Konstellationen auf Flughäfen mit interreligiösen Kapellen, die auch als Meditationsräume bezeichnet werden (Nr. 22), problematisiert: „Wenn in einem Flughafen *nur* Raum für eine interreligiöse Kapelle zur Verfügung steht, dann sollte ein tragbarer Altar bereit gehalten werden, an dem die Eucharistie zelebriert werden kann. Er könnte zum Beispiel an einer Seite des Raumes untergebracht werden, um dann für die Feier der Eucharistie ins Zentrum getragen zu werden" (Nr. 23 a). Der Päpstliche Rat hat also prinzipiell die pastoralen Notwendigkei-

55 Vgl. Päpstlicher Rat der Seelsorge für die Migranten und Menschen unterwegs, Richtlinien für die katholische Seelsorge in der zivilen Luftfahrt, Vatikanstadt 1995, in: http://www.vatican.va/roman_curia/pontifical_councils/migrants/documents/rc_pc_migrants_doc_19950314_avci_directives_ge.html (Download: 03.06.2018).

Abb. 4 | „Arenakapelle“ auf Schalke, Gelsenkirchen

ten der Sonderseelsorge auf den Flughäfen und die komplexen Fragen rund um die Räumlichkeiten dort deutlich erkannt und hilfreiche Orientierung angeboten.

### 3.4 Die Kapelle im Fußballstadion des FC Schalke 04

Im Kontext des Freizeit- und Kulturangebots würde man religiöse Räume wohl zunächst nicht vermuten. Dennoch finden sich in einigen Sportstätten, Wellness-Einrichtungen, Park- und Ausstellungsanlagen sowie Kulturdenkmälern religiös nutzbare Räume.[56] Auch hier ergibt sich hinsichtlich der Nutzungsart ein breites Spektrum von christlichen Kapellen bis hin zum neutralen Stille-Raum. Als vielleicht besonders ungewöhnliches Phänomen sei hier kurz auf die erste Stadionkapelle in Deutschland, die „Arenakapelle“ auf Schalke, hingewiesen. Nach Barcelona (Nou Camp Stadion) ist das Gelsenkirchener Fußballstadion das zweite in Europa, in dem eine Kapelle einen Platz findet. Inzwischen gibt es weitere Stadionkapellen u. a. im Berliner Olympiastadion[57], im Frankfurter Waldstadion und im berühmten Stadion Bernabeu in Madrid.

56 Vgl. Kraft, Räume (s. Anm. 2), 25–27.

57 Zur Kapelle im Olympiastadion vgl. V. Marg, Berlin. Kapelle im Olympiastadion, in: A. Nollert, M. Volkenandt, R. Gollan, E. Frick (Hg.), Kirchenbauten in der Gegenwart. Architektur zwischen Sakralität und sozialer Wirklichkeit, Regensburg 2011, 110f.

Die Initiative zur Errichtung einer Kapelle ging im Rahmen des Neubaus der „Arena AufSchalke" (beginnend im Jahre 1998) von den Verantwortlichen des FC Schalke 04 aus.[58] Über die für den Neubau vom Verein selbst gegründeten Stadion-Beteiligungsgesellschaften wurde ein Künstler-Wettbewerb zur Gestaltung der geplanten Kapelle ausgelobt. Das Kapellenprojekt, das frühzeitig durch Rücksprachen mit dem Bistum Essen sowie der Evangelischen Kirche von Westfalen abgestimmt wurde, war für den Vorstand des Fußballvereins ein besonderes Anliegen. Von Beginn an hatten die Initiatoren einen christlichen (ökumenischen) Gottesdienstraum im Blick, der für gottesdienstliche und liturgische Feiern (Abendmahl/Eucharistie, Taufe, Trauung, Andacht) bestimmt sein sollte. Die Jury des Künstlerwettbewerbs tagte unter dem Vorsitz von Herbert Fendrich, dem Bischöflichen Beauftragten für Kunst und Kirche des Bistums Essen, was die enge Verknüpfung bei der Planung zwischen Fußballverein und Kirchen belegt.[59] Man entschied sich schließlich für einen Entwurf des Bonner Künstlers Alexander Jokisch, der seine Gestaltung unter das Thema des Zweikampfs und der Entscheidung stellt.[60] Der Kapellenraum wurde nach diesem Entwurf auch mit einem Altar und einem Taufort ausgestattet. Der Altartisch bildet das Zentrum des liturgischen Raumes und „hat die Form eines Würfels, misst 90 cm an jeder Kante und besteht aus einem massiven Eisengestänge, das eine doppelte Glasscheibe trägt"[61]. Der Taufort, der in der gleichen Formensprache wie der Altartisch gehalten, aber deutlicher kleiner ist, befindet sich seitlich vom Altar. Dort findet sich eine einfache gläserne Taufschale, die sandgestrahlt ist und als einzigen Schmuck ein kleines Kreuz aufweist.[62] Auch die weiteren liturgischen Geräte, zu denen ein aus Ton gebrannter Messkelch gehört, wurden vom Künstler Jokisch entworfen.

Die Kapelle wurde am 12. August 2001 – einen Tag vor der offiziellen Eröffnung des neuen Stadions – im Rahmen eines ökumenischen

58 Vgl. ausführlich zur Entstehungsgeschichte W. Zahner, Kapelle in der VELTINS-Arena Gelsenkirchen, Lindenberg 2013.

59 Vgl. Zahner, Kapelle (s. Anm. 58), 15.

60 Zur detaillierten Beschreibung der Gestaltung vgl. Kraft, Räume (s. Anm. 2), 96–100; sowie Zahner, Kapelle (s. Anm. 58), 19–25.

61 Zahner, Kapelle (s. Anm. 58), 24.

62 Vgl. Zahner, Kapelle (s. Anm. 58), 25.

Gottesdienstes eingeweiht. Diesem Gottesdienst standen der Essener Weihbischof Franz Vorrath und der Präses der Evangelischen Kirche von Westfalen Manfred Sorg vor. Bei der Segnung des Raumes durch den Weihbischof handelte es sich nach den zugänglichen Quellen um eine *benedictio invocativa (vel deprecativa)*.[63] Damit kann die Arenakapelle nicht als *locus sacer* gemäß c. 1205 CIC/1983 eingeordnet werden, weil keine *benedictio constitutiva* vorliegt.

Handelt es sich aber bei der Arenakapelle um eine Kapelle *(oratorium)* im kirchenrechtlichen Sinn? Ein Oratorium ist gemäß c. 1223 CIC/1983 ein Ort, der mit Erlaubnis des zuständigen Ordinarius für den *cultus divinus* bestimmt ist und zwar zugunsten einer Gemeinschaft oder eines bestimmten Personenkreises (*„alicuius communitatis vel coetus fidelium“*). Die Erlaubnis des Ordinarius ist zu präsumieren, da das Generalvikariat in die Planungen für die Kapelle mit eingebunden war. Allerdings bleibt – ähnlich wie bei der Flughafenkapelle in Frankfurt beschrieben – die Frage nach der Simultannutzung. Kann ein Gottesdienstort, der von Beginn an als „ökumenische Kapelle“ geplant war, den Rang eines *oratorium* im kanonistischen Sinne haben? In jedem Fall kann hier die Nr. 138 des „Ökumenischen Direktoriums“ von 1993 Anwendung finden, die festlegt, dass „der gemeinsame Besitz oder Gebrauch von Gottesdienststätten während eines längeren Zeitraum von praktischem Interesse sein [könne; N.P.], dort wo ökumenische Beziehungen und Verständnis zwischen den Gemeinden bestehen“[64]. Nach der Terminologie des Direktoriums wäre die Arenakapelle als „gemeinsame Gottesdienststätte“ („lieux de culte“ im französischen Original des Dokuments) einzuordnen. In der Praxis haben seit der Einweihung vielfältige evangelische und katholische Gottesdienste in der Kapelle stattgefunden.

## 4 Fazit

Wie wird sich das Trendphänomen der neuen Gebetsräume weiterentwickeln? Zuzustimmen ist zunächst der Einschätzung von Wahle, dass noch nicht davon gesprochen werden könne, „dass im multifunk-

63 Vgl. Petrat, Gebetsräume (s. Anm. 3), 142f.
64 Direktorium 1993 (s. Anm. 53), Nr. 138.

tionalen Raum der Stille der ‚Sakralraum der Zukunft' erkannt werden könne."[65] Im Gegenteil: Mir scheint das Modell „Raum der Stille" sogar am Fragilsten, da die Idee eines religiös pluralen Raumes sehr voraussetzungsreich ist und eine hohe Kommunikations- und Kooperationsbereitschaft bei Trägern und Nutzern verlangt. Erinnert sei hier besonders an die Fragen und Problemstellungen, die die Einrichtung von Räumen der Stille an Universitäten und Schulen mit sich bringt. Ein Hauptfaktor des Gelingens solcher Projekte liegt sicherlich in einer klaren Funktionszuweisung der Nutzung: „Gemischt konzipierte Räume – als Aufenthalts-, Entspannungs- und Gebetsraum, als Museum und Kapelle u. ä. – sind schwer umsetzbar und in der Fülle der vorfindlichen Zeichen für Nutzer, die in der Regel ohnehin eine Schwellenangst mitbringen werden, nicht einladend."[66] Zu dieser klaren Funktionszuweisung könnte auch gehören, für die unterschiedlichen Nutzer und vor allem die religiösen Gemeinschaften eigene Bereiche oder Räume vorzuhalten. Ein Projekt wie das „House of One" in Berlin, also ein Gebets- und Dialogzentrum, in dem für jede Religion ein eigener Gebetsraum vorgesehen ist[67], scheint derzeit zukunftsweisender als multireligiöse Räume der Stille.

Am Beispiel des Flughafens Frankfurt wurde deutlich, dass sich auch hier ein Trend hin zu getrennten Gebetsräumen der Religionen feststellen lässt. Aus christlicher und auch explizit aus theologisch-kirchenrechtlicher Perspektive erscheinen die (oftmals ökumenischen) Gottesdienstraumkonzepte im Bereich der Verkehrsinfrastruktur wie Flughafenkapellen, Autobahnkirchen oder Bahnhofskirchen sinnvoll und zukunftsfähig. Zur genauen kirchenrechtlichen Einordnung könnte das *oratorium*-Modell hilfreich sein, wobei eigens die Frage der Benediktion eines solchen Ortes diskutiert werden sollte. Die kirchenrechtliche Unterscheidung von *benedictio constitutiva* und *benedictio invocativa* kann für einen ökumenischen Dialog hilfreich sein. Eine klare kirchenrechtliche Bestimmung wäre weiterhin im Dialog mit dem staatlichen (oder privaten) Träger eines Gebäudes, in dem das Oratorium liegt, von Vorteil.

65 Wahle, Von heiligen Orten (s. Anm. 2), 179.

66 B. Beinhauer-Köhler, Orientierung auf dem Weg zum religiös pluralen Raum, in: B. Beinhauer-Köhler, M. Roth, B. Schwarz-Boenneke (Hg.), Viele Religionen – ein Raum?! Analysen, Diskussionen, Konzepte, Berlin 2015, 231–234, hier: 233.

67 Vgl. https://house-of-one.org/de (Download: 03.06.2018).

Ähnliche kirchenrechtliche Hinweise sollten beim Thema der Stadionkapellen beachtet werden. Allerdings erscheint generell die Notwendigkeit und Sinnhaftigkeit einer Kapelle im Fußballstadion ungleich niedriger denn im Flughafen oder an der Autobahn. Eine zusätzliche Problemstellung erhält das Thema Stadionkapelle dadurch, dass diese für Anhänger der jeweiligen Mannschaft zum beliebten Tauf- oder Eheschließungsort geworden ist. Aus kirchlicher Sicht ist es beispielsweise nicht unproblematisch, ein Kind oder einen Erwachsenen in einer Stadionkapelle im kleinen Kreis und semi-öffentlich zu taufen. Möglicherweise können einige pastorale Erwägungen aufgeboten werden, beispielsweise der Gedanke, auf diesem Wege kirchenferneren Milieus einen Zugang zur Kirche und den Sakramenten zu erleichtern. Allerdings bleibt offen, wie die fundamentale ekklesiologische Bedeutung der Taufe dann noch hinreichend deutlich gemacht werden kann.

# C) Bau- und kunsthistorische Perspektive auf heilige Orte

Clemens Kosch

# Memorialbaukultur im Hochmittelalter

## Zum Westchor des vorgotischen Paderborner Doms

## 1 Der Paderborner Dom als doppelchöriger Kirchenbau

Der Paderborner Dom[1] zählt zu den besonders in Deutschland und Norditalien während des frühen und hohen Mittelalters nicht seltenen doppelchörigen Sakralbauten[2], bei denen sich am östlichen und westlichen Ende des Gotteshauses auf der Hauptachse mehr oder weniger gleichrangige Kultschwerpunkte gegenüberstehen.

1 Unsere hier vorgelegte Skizze über einen architekturgeschichtlichen Teilaspekt der früh- und hochmittelalterlichen Paderborner Bischofskirche und seine kultspezifische Interpretation basiert im Wesentlichen auf dem Standardwerk über die 1978–83 durchgeführten archäologischen Untersuchungen des Dominneren und weiteren monographischen Veröffentlichungen seines Autors: U. Lobbedey, Die Ausgrabungen im Dom zu Paderborn 1978/80 und 1983 (Denkmalpflege u. Forschung in Westfalen 11), 4 Bde., Bonn 1986; ders., Der Paderborner Dom. Vorgeschichte, Bau und Fortleben einer westfälischen Bischofskirche, München 1990; ders., Der Dombau des Paderborner Bischofs Imad (1051–1076) und die Baukunst seiner Zeit, in: Ch. Stiegemann, M. Wemhoff (Hg.), Canossa 1077. Erschütterung der Welt. Geschichte, Kunst und Kultur am Aufgang der Romanik, Band 1, München 2006, 371–381. Entsprechende Überlegungen wurden bereits angedeutet in C. Kosch, Paderborns mittelalterliche Kirchen. Architektur und Liturgie um 1300, Regensburg 2006, 9–28, hier: 15 f.

2 Für die wichtige Sonderform des mittelalterlichen Kirchenbaus fehlt eine rezente Überblicksdarstellung, die auf theologischem ebenso wie kunstgeschichtlichem Fachwissen zu gründen hätte. Zur Einführung weiterhin nützlich sind A. Schmidt, Westwerke und Doppelchöre. Höfische und liturgische Einflüsse auf den Kirchenbau des frühen Mittelalters, in: WestfZs 106 (1956) 347–438; A. Mann, Doppelchor und Stiftermemorie. Zum kunst- und kultgeschichtlichen Problem der Westchöre, in: WestfZs 111 (1961) 149–262 .

Abb.1 | Paderborn, Dom. Bauphasen vom 9. bis 11. Jahrhundert in schematischer Grundrissrekonstruktion

Farbige Markierungen. In rot: Zugang (Pfeil) ins Kircheninnere und Aufenthaltsbereich des Klerus, Konventaltar (roter Punkt: Standort des Zelebranten), Chorgestühl (Schraffur), Schranken. In grün: Klausurportal für Kleriker. In blau: Gemeindealtar; Zugang für Laien. In violett: Reliquiengrab (hell), prominente Grablege (dunkel).

A

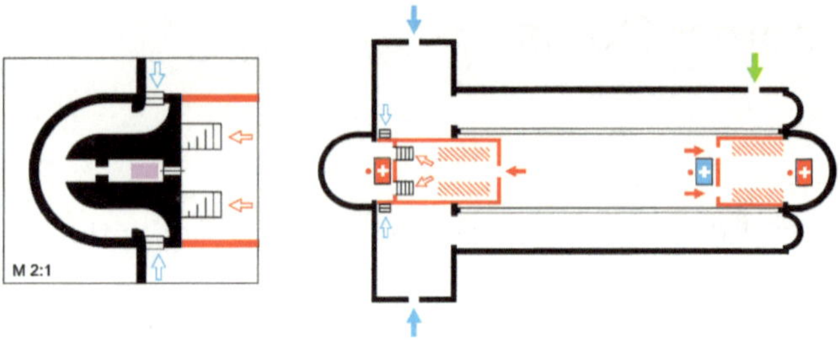


A | Um 836: Dreischiffige karolingische Basilika mit ebenerdigem Kapitelchor am Hochaltar in der mittleren Ostapsis; vor der Querschranke Volksaltar. Dieser geosteten Kirche wurde durch Bischof Badurad (amt. 815–62) nach römischem Vorbild ein ausladendes westliches Querschiff angefügt. Hauptchor mit weiterem Chorgestühl seither im Westen, sein erhöhtes Altarpodium aus der Gegenapsis leicht vortretend. Somit Platz für seitliche Treppenabgänge in die darunter befindliche Ringkrypta (Vignette in vergrößertem Maßstab 2:1). Deren halbkrisfömiger Stollen war für Laien aus den Querschiffarmen betretbar ohne Störung des Gottesdienstes der Kanoniker im neuen westlichen Kapitelchor ebenerdig vor der Kryptenstirnwand. Die 836 erworbenen Reliquien des hl. Liborius geborgen in einer Kammer unterhalb des westlichen Hochaltars.

B

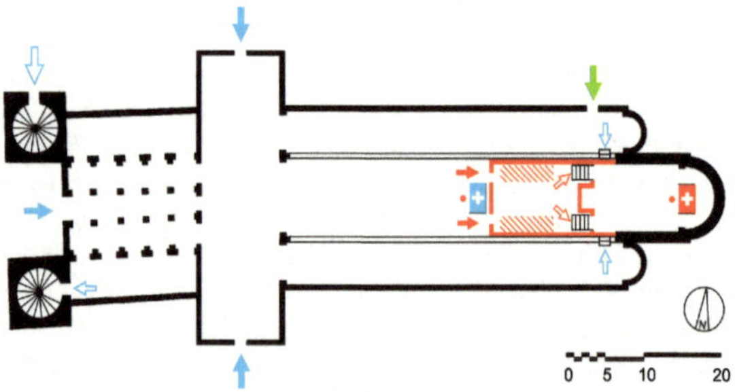


B | Ende des 10. Jahrhunderts: Unter Bischof Rethar (amt. 983–1009) Aufgabe der karolingischen Doppelchörigkeit. Die Westapsis mit Ringkrypta wurde ersetzt durch eine fünfschiffige, zweigeschossige Vorkirche mit axialem Hauptportal und Doppelturmfront. Ihr Emporenraum war über die Wendeltreppe im Nordturm direkt von der benachbarten Kaiserpfalz aus erreichbar. Die Liboriusreliquien verbrachte man in den vergrößerten Ostchor als nunmehrigen liturgischen Schwerpunkt. Dort ihre Verwahrung in der zum ebenerdigen Kapitelchor am östlichen Ende des Mittelschiffs vortretenden Confessio an der Stirnseite einer östlichen Hallenkrypta, über dieser das jetzt hochgelegene Sanktuarium. Kryptenzugänge für Laien aus den Seitenschiffen.

C

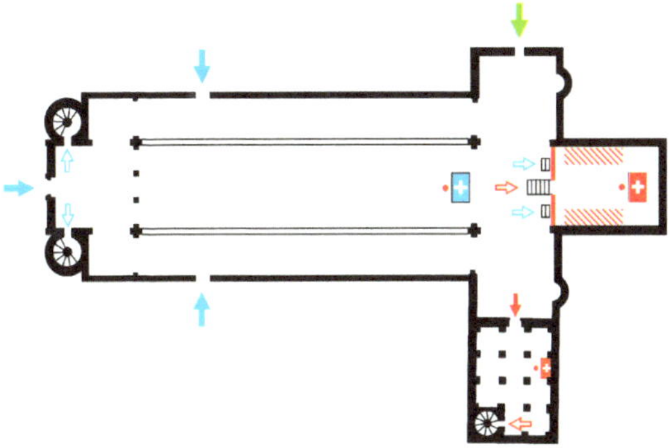

C | 1015: Fast vollständiger Abriss des noch unfertigen Rethar-Doms durch Bischof Meinwerk (amt. 1009–36.). In seinem 1015 geweihten Neubau die Aufwertung der Ostteite fortgesetzt. Anstelle des karolingischen Westquerschiffs und der Vorkirche nun ottonisches Westwerk, weiterhin mit axialem Haupteingang und Empore. Neues Querschiff im Osten, an seinem Südarm doppelgeschossige Bischofskapelle St. Primus u. Felicianus. Der rechteckig umgestaltete Ostchor endete jetzt bündig mit den Querschiffarmen, deshalb seine Stirnwand mit Treppenabgängen zur Krypta und dazwischen mittigem Aufgang zum Hochaltar versehen. Als Konsequenz daraus Verlegung des Gestühls der Kanoniker von der ebenerdigen Position im östlichen Mittelschiff auf das hochgelegene und abgeschrankte Chorpodium.

D

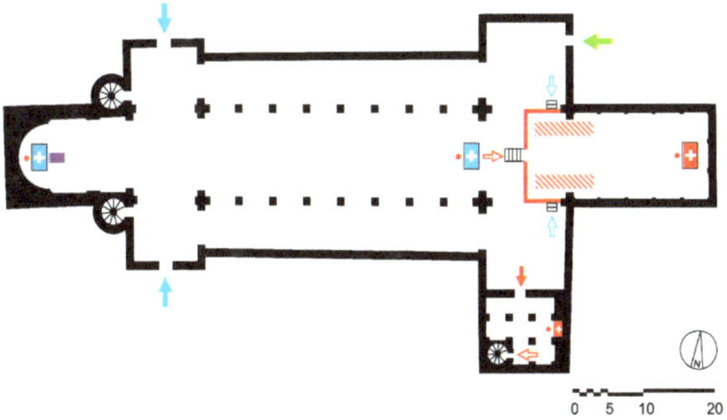


D | 1068: Nach Brandzerstörung vergrößerte Wiederherstellung des Doms durch Meinwerks Verwandten Bischof Imad (amt. 1051–76), Weihe 1068. Im Osten beträchtliche Ausdehnung des gerade schließenden Hochchores und der darunter befindlichen, nun bis in die Vierung vortretenden Hallenkrypta mit seitlichen Treppenabgängen für Laien. Verkleinerung der Bischofskapelle um ein Joch infolge Achsverschwenkung des jetzigen Domgrundrisses. Im Westen Aufgabe der Eingangshalle und ihrer Empore. Stattdessen Rückkehr zur liturgischen Zweipoligkeit durch neuerrichteten Gegenchor mit rechteckig ummantelter Apsis, davor wieder ein Westquerschiff mit beidseitigen Außenportalen. Am westlichen Hochaltar jedoch keine nochmalige Aufstellung des zweiten Kanonikergestühls der Karolingerzeit, stattdessen auch für Laien zugängliches Stiftergrab des Westchor-Erbauers.

Wir haben es in diesem Fall hierbei jedoch mit einer nachträglichen Veränderung zu tun: Die Eingangsfassade der geosteten Basilika des ausgehenden 8. Jahrhunderts erhielt nach 836 ein „römisches“ Westquerschiff mit apsidialem Gegenchor über einer Ringstollenkrypta[3] angefügt, welche als auch für Laien zugängliche Verehrungsstätte der damals erworbenen Reliquien des künftigen Hauptheiligen Liborius dienen sollte. Doch bereits Ende des 10. Jahrhunderts erfolgte die Aufgabe dieser kultischen Zweipoligkeit zugunsten einer dreischiffigen, zweigeschossigen westlichen Vorkirche mit repräsentativer Doppelturmfront und axialem Haupteingang. Der Marienaltar des Ostchores, nunmehr erhöht über einer Hallenkrypta, verblieb als einziger Hauptaltar und zog durch die Verlagerung des aus Le Mans importierten Heiligenleibes zusätzlich auch dessen Patrozinium an sich. Ebenfalls fusionierten nun ebenerdig vor dem Ostchorpodium beide bisherigen Chorgestühle der Domkanoniker, die seither definitiv dort ihren liturgischen Gemeinschaftsdienst versahen. Bischof Meinwerk[4] (amt. 1009–36) trug der Statuserhöhung des Ostchores

3 Dazu knappe typengeschichtliche Einführung von F. Oswald, Würzburger Kirchenbauten des 11. und 12. Jahrhunderts (Mainfränkische Hefte 45), Würzburg 1966, hier: 215–220. Die geostete karolingische Gründungsbasilika der Benediktiner-Klosterkirche Fulda, für die Folgezeit ein Schlüsselbau vorromanischer Sakralarchitektur nördlich der Alpen, wurde nachträglich im 2. Viertel des 9. Jahrhunderts um ein *more romano* angefügtes Westquerschiff mit nunmehr westlichem Hauptchor erweitert. In dessen Krypta verlegte man nach dem Vorbild des Apostelgrabes von Alt St. Peter das Grab des hl. Bonifatius. W. Jacobsen, Die Abteikirche von Fulda von Sturmius bis Eigil. Kunstpolitische Positionen und deren Veränderungen, in: G. Schrimpf (Hg.), Kloster Fulda und die Welt der Karolinger und Ottonen. Kultur, Politik, Wirtschaft (Fuldaer Studien 7), Frankfurt / M. 1996, 105–127.

4 H. J. Brandt, K. Hengst, Die Bischöfe und Erzbischöfe von Paderborn (Veröffentlichungen zur Geschichte der Mitteldeutschen Kirchenprovinz 1), Paderborn 1984, 68–79, Nr. 10; mehrere Beiträge in Ch. Stiegemann, M. Kroker (Hg.), Für Königtum und Himmelreich. 1000 Jahre Bischof Meinwerk von Paderborn, Regensburg 2009.

durch Erneuerung in Rechteckform Rechnung, brachte jetzt darin das Chorgestühl auf gleiche Höhe wie seinen Marienaltar und verlegte konsequenterweise auch das fortan im Süden von einer episkopalen Doppelkapelle flankierte Querschiff hierher. Am gegenständigen Ende des Domes übernahm man das axiale Laienportal, nun mit reduzierter Fassadenwirkung in das Untergeschoss eines ottonischen Dreiturm-Westwerks vom Typus Freckenhorst[5] führend.

Es blieb jedoch überraschenderweise in Paderborn nicht bei dieser später auch andernorts zu beobachtenden Aufgabe der Doppelchörigkeit zugunsten eines geosteten Richtungsbaues[6]. Vielmehr schwang unter dem Episkopat von Meinwerks Verwandten Imad[7] (amt. 1051–76) sozusagen das Pendel der architekturtypologischen Entwicklung des Doms nochmals zurück. Nach einer Brandkatastrophe 1058 konnte der Bischof die teilzerstörte Kathedrale im Verlauf von zehn Jahren wiederherstellen und 1068 neu weihen. Auf seiner bei dieser Gelegenheit vollzogenen Umplanung ihrer Sakraltopographie beruht dabei einerseits die Vergrößerung und somit fortgesetzte Aufwertung des östlichen Kultschwerpunktes. Gänzlich unerwartet verzichtete er aber gleichzeitig wieder auf die westliche Eingangshalle unter einer Empore und kehrte zur Ende des 10. Jahrhunderts abgeschafften Doppelchörigkeit zurück. Der von ihm erbaute salische Westchor erhielt eine Gegenapsis in rechteckiger Ummantelung und darin erneut einen westlichen Hochaltar. Vorgelegt wurde ihm sicher auch zwecks intendierter Rangangleichung beider liturgischen Zentren ein zusätzliches Westquerschiff, etwas weniger ausladend als sein von Meinwerk nach Osten verlagertes Gegenstück und auf der klausurfernen Südseite mit dem künftigen Haupteingang für die Stadtbevölkerung und auswärtige Pilger versehen. Bezeichnenderweise kam es bei Imads Neuerrichtung des westlichen Gegenchores aber nicht zur Wiederbelebung der alten karolingischen Tradition einer

5 Lobbedey, Ausgrabungen (s. Anm. 1), Band 1, 211–212.

6 Beispielsweise im 13. Jahrhundert unter dem Einfluss der französischen Kathedralgotik bei den Neubauten der zuvor doppelchörigen Dome von Halberstadt, Köln, Magdeburg und Regensburg. Siehe dazu R. Haussherr, Dombauten und Reichsepiskopat im Zeitalter der Staufer (Abhandlungen der [Mainzer] Akademie der Wissenschaften u. der Literatur, Geistes- u. Sozialwissenschaftliche Klasse, Jahrgang 1991, Nr. 5), Stuttgart 1991, 24–35.

7 Brandt, Hengst, Bischöfe (s. Anm. 4), 85–89, Nr. 12.

Westkrypta für die Liborius-Reliquien. Vielmehr verblieben diese in der hierfür durch eine Confessio erweiterten östlichen Hallenkrypta, auch war das ursprüngliche Marienpatrozinium des östlichen Hochaltars inzwischen um den hl. Liborius als Konpatron ergänzt worden. Wahrscheinlich erfolgte damals eine Aufteilung seiner Heiligengebeine, denn der erneuerte westliche Hochaltar erhielt gleichfalls den Namen des französischen Bischofs aus dem 4. Jahrhundert als Weihetitel. Zudem stiftete Imad einen kostbaren Liboriusschrein aus Edelmetall, wodurch wohl auch eine gewisse Mobilität bei der Verehrung des Dom- und Bistumspatrons gewährleistet sein sollte. Welche Absichten veranlassten also den Bischof zur beschriebenen sakraltopographischen Umplanung seiner Kathedrale? Ihr jetzt kryptenloser Westchor, offenbar ohne vollwertiges zweites Kanonikergestühl und daher auch nicht durch einen Lettner vom Laienraum des Langhauses abgesondert, galt trotz angestrebter Wiederherstellung der liturgischen Zweipoligkeit als minderen Ranges („chorus inferior / niederer Chor")[8] und zog erst im frühen 13. Jahrhundert den Laiengottesdienst der damals gegründeten Dompfarrei an sich. Seiner ursprünglichen Funktion wurde von der Forschung bislang keine nähere Aufmerksamkeit gewidmet. Sie beruhte offenbar auf dem Wunsch des Bauherren nach einem exklusiven, für die eigene Grablege reservierten Gedächtnisort im Kircheninneren und dort vollzogener spezieller Stiftermemoria[9] unter Laienbeteiligung, wie dies für die Salierzeit

8 U. Lobbedey, Der Westchor des hl. Liborius im Dom zu Paderborn, in: H. J. Brandt, K. Hengst (Hg.), Felix Paderae civitas. Der heilige Liborius 836–1986. Festschrift zur 1500jährigen Feier der Reliquienübertragung des Patrons von Dom, Stadt und Erzbistum Paderborn (Studien u. Quellen zur westfälischen Geschichte 24), Paderborn 1986, 205–213, hier: 207.

9 Unverzichtbar für eine Beschäftigung mit inhaltlicher Definition, historischer Entwicklung und allen weiteren damit zusammenhängenden Fragestellungen bleibt der materialreiche Sammelband von K. Schmid, J. Wollasch (Hg.), Memoria. Der geschichtliche Zeugniswert des liturgischen Gedenkens im Mittelalter (Münstersche Mittelalter-Schriften 48), München 1984; siehe ferner aus kunsthistorischer Sicht Ch. Sauer, Fundatio und Memoria. Stifter und Klostergründer im Bild 1100 bis 1350 (Veröffentlichungen des Max-Planck-Instituts für Geschichte 109), Göttingen 1993; C. Horch, Der Memorialgedanke und das Spektrum seiner Funktionen in der Bildenden Kunst des Mittelalters, Königstein im Taunus 2001.

auch sonst überliefert ist[10]. Auf diesen Deutungsvorschlag beziehen sich unsere folgenden Ausführungen.

## 2 Bischofsgräber im Westchor des Paderborner Doms

Bischof Imad ließ beim Wiederaufbau der Kathedralkirche nach 1058 unter ihrem durch Brandschutt erhöhten Laufhorizont die Gräber seiner Amtsvorgänger freilegen, welche alle außer Meinwerk im Dom bestattet waren. Nur sein Oheim, der zur Finanzierung individueller kirchlicher Stiftungen noch in vollem Umfang über das beträchtliche Vermögen seiner hochangesehenen Adelssippe verfügen konnte, hatte sich stattdessen in dem von ihm gegründeten suburbanen Benediktinerkloster Abdinghof beisetzen lassen[11]. Er vertraute somit lieber auf die dadurch dauerhaft gewährleistete Jenseitsfürsorge eines ihm persönlich verpflichteten Mönchskonvents als den Memorialdiensten des hierfür eigentlich zuständigen Domkapitels[12]. Hingegen wählte

10 Zur gezielten Inanspruchnahme der Memorialdienste von Laien durch hochrangige Kleriker im 11. Jahrhundert vgl. etwa die expliziten Bestimmungen des Kölner Erzbischofs Anno II. († 1075) über den öffentlich zugänglichen Ort seines Grabes außerhalb des abgeschrankten Konventchores in der von ihm erbauten Klosterkirche Siegburg. A. Verbeek, Das Annograb in Siegburg, in: P. Bloch, J. Hoster (Hg.), Miscellanea pro arte [FS Hermann Schnitzler] (Schriften des Pro Arte Medii Aevi 1), Düsseldorf 1965, 119–131, hier: 120 mit Anm. 7.

11 W. Tack, Die Grabstätte des Bischofs Meinwerk von Paderborn † 1036, in: Die Warte 4 (1936) 98–101; B. Päffgen, Das Grab des Bischofs. Meinwerks Grablege in der Klosterkirche Abdinghof, in: Ch. Stiegemann, M. Kroker (Hg.), Königtum und Himmelreich (s. Anm. 4), 264–269; Ch. Ruhmann, Sarkophag Bischof Meinwerks von Paderborn, ebd. 525–526, Nr. 225; M. Sanke, Die Gräber geistlicher Eliten Europas von der Spätantike bis zur Neuzeit. Archäologische Studien zur materiellen Reflexion von Jenseitsvorstellungen und ihrem Wandel (Zeitschrift für Archäologie des Mittelalters, Beiheft 25), 3 Bde., Bonn 2012, Katalog (CD-ROM) 30–31, Nr. D 8.1.

12 Eine derartige Präferenz bischöflicher Bestattungen in jeweils gewiss auch aus diesen Gründen von den betreffenden Prälaten selbst gegründeten vorstädtischen Konventkirchen ist namentlich während des 11. Jahrhunderts mehrfach zu beobachten: Die bekanntesten Beispiele finden sich in Köln (Grab des Erzbischofs Pilgrim † 1036 in St. Aposteln), Mainz (Grab des Erzbischofs Willigis † 1011 in St. Stefan) und Hildesheim (Grab Bischof Bernwards † 1022 in St. Michael). Zum historischen Kontext grundsätzlich R. Schieffer, Das Grab des Bischofs in der Kathedrale (Bayerische Akademie der Wissenschaften, Phil.-Hist. Klasse, Sitzungsberichte 4), München 2001, 21, 24.

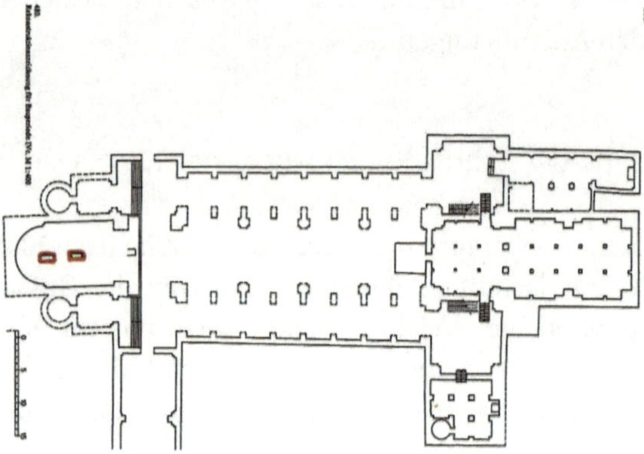

Abb. 2 | Paderborn, Dom. Rekonstruierter Grundriss des 12. Jahrhunderts, farbig markiert die beiden Bischofsgräber im Westchor

Imad, dem solche privaten Finanzmittel anscheinend nicht mehr zur Verfügung standen, hinsichtlich der Sicherung seines Gedächtnisses eine Lösung im Inneren der Domkirche. Mit einer Ausnahme, seinem unmittelbaren Vorgänger Rotho[13] († 1051), wurden alle von ihm aufgespürten Bischofsgräber kurz vor der Rekonsekration 1068 in die erweiterte Hallenkrypta unter dem östlichen Hauptchor verlegt. Ihre erhobenen Gebeine barg man dort in einer Sammelbestattung, für die ein bereits vorhandener Einzelsarkophag eigens hergerichtet wurde und innen durch Abspitzungen an den Seitenwänden das nötige größere Raumvolumen erhielt[14]. Imad hingegen reservierte anschließend den von ihm neu errichteten Westchor ausschließlich für sich und nahm somit durch seine dort 1924 am Apsisansatz intakt und ungestört aufgedeckte Grablege ein traditionelles Bauherren- und Stifterprivileg in Anspruch. Diese Exklusivität wurde erst in der

13 Brandt, Hengst, Bischöfe (s. Anm. 4), 80–84, Nr. 11; Sanke, Gräber (s. Anm. 11), Katalog 31–32, Nr. D 8.2; Ch. Ruhmann, M. Wiemeler, Reise durch Zeit und Raum. Das Grab Bischof Rothos im Paderborner Dom, in: M. Liedmann, V. Smit (Hg.), Zugänge zu Archäologie, Bauforschung und Kunstgeschichte [FS Uwe Lobbedey], Regensburg 2017, 45–58.

14 M. Balzer, III. Die Schriftüberlieferung, in: Lobbedey, Ausgrabungen (s. Anm. 1), Teilbd. 1, 91–140, hier: 107 u. 121, T 35. Der Sarkophag befindet sich heute im Erzbischöflichen Diözesanmuseum. Siehe C. Dobrinski, Sammelsarkophag (sog. Imad-Sarkophag), in: Stiegemann, Wemhoff, Canossa (s. Anm. 1), II Katalog, 318–319 (Nr. 426); Kosch, Paderborns Kirchen (s. Anm. 1), 26–27. Zu einer 1935 vorgenommenen Graböffnung W. Tack, Eine mehr als 1000jähr[ige] Grabstätte im Paderborner Dome, in: Die Warte 3 (1935) 183–188.

späten Stauferzeit von einem anderen, gleichfalls auf der Hauptachse des Domes etwas weiter östlich beigesetzten Prälaten missachtet, der bislang nicht eindeutig identifiziert werden konnte[15].

Wie bereits angedeutet, kann man sich Imads salischen Westchor des Paderborner Doms als longitudinalen Kastenraum vorstellen, dessen Abschluss eine nicht eingezogene halbkreisförmige Konche bildete. Deren rechteckige äußere Ummantelung von beträchtlicher Mauerstärke macht wahrscheinlich, dass sich bereits frühzeitig darüber ein Chorturm erhob, der dann für den etwa hundert Jahre jüngeren romanischen Westchorturm des benachbarten Busdorfstifts als Vorbild gedient hätte[16]. Von entscheidender Bedeutung ist ein Uwe Lobbedey anhand der 1986 veröffentlichten Ergebnisse seiner Domgrabung gelungener Nachweis, dass der heute vor unseren Augen stehende monumentale Westturm mit beidseitig begleitenden runden Treppentürmen zwar sicherlich älteren Bauformen nachempfunden wurde, doch in seiner Substanz vollständig dem 2. Jahrzehnt des 13. Jahrhunderts angehört[17]. Mit seiner Errichtung begann der abschnittweise Neubau eines spätromanisch-gotischen Domes in seiner jetzigen Gestalt. Auch in den folgenden Jahrhunderten hatte diese von Imad zurückgewonnene Typenvariante der Doppelchörigkeit Be-

15 Siehe Anm. 21, 22.

16 Zum Vergleich bietet sich ferner der im 3. Viertel des 12. Jahrhunderts nachträglich über dem gleichfalls rechteckigen salischen Westchor von St. Aposteln in Köln errichtete Chorturm an. Er bildet bis heute eine weithin sichtbare Landmarke und betonte dadurch die wie in Paderborn auch noch in der Stauferzeit lebendige, bereits von außen erkennbare Wertschätzung des westlichen Gegenchores als Ort eines bischöflichen Stiftergrabes. C. Kosch, Kölns romanische Kirchen. Architektur und Liturgie im Hochmittelalter, Regensburg ²2005, 23–30, hier: 24. Westchor-Bestattungen im Überblick zusammengestellt von Mann, Doppelchor (s. Anm. 2), 202–230.

17 Lobbedey, Ausgrabungen (s. Anm. 1), Teilbd. 1, 196 f. Dadurch überholt sind früher übliche baugeschichtliche Einordnungen des jetzigen, innen- wie außenseitig gerade schließenden Chorturmes in die Salierzeit etwa bei W. Tack, Der Paderborner Domturm im Wechsel der Jahrhunderte, in: Alte u. neue Kunst im Erzbistum Paderborn 4 (1954) 11–47, hier: 18 ff sowie noch von F. Mühlen, Das geöffnete Westturmjoch und der Domturm zu Paderborn im 13. Jahrhundert, in: Westfalen 48 (1970) 126–147; allerdings 141 f. ein zutreffender Hinweis auf den interessanten ostwestfälischen Nachfolgebau des in seiner Monumentalität vergleichbaren Westturmes der Pfarrkirche von Erwitte aus dem mittleren 13. Jahrhundert, dort aber weiterhin wie zuvor beim Paderborner Imad-Dom mit ausgesparter Gegenchorapsis in der Mauerstärke.

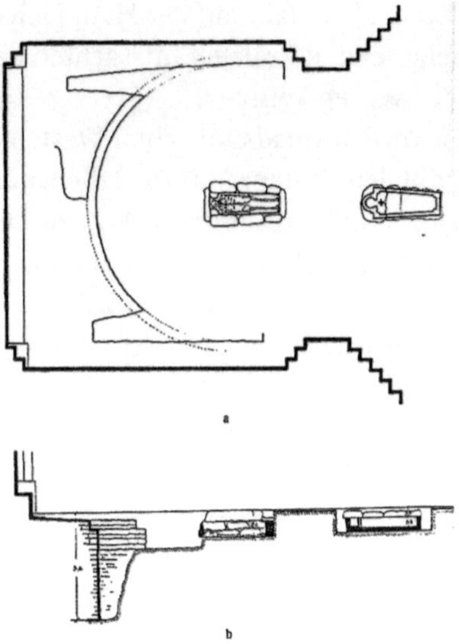

Abb. 3 | Paderborn, Dom. Planskizze des Westchores mit 1924 freigelegtem salischen Apsisfundament und den beiden Bischofsgräbern (Grundriss / Längsschnitt)

stand, bis die im 17. Jahrhundert einsetzende Barockisierung aus der zweipoligen mittelalterlichen Bischofskirche dann doch noch endgültig einen orientierten Richtungsbau werden ließ. Die fortan funktionslosen Westchoraltäre wurden 1652 aufgelassen und der Scheidbogen zwischen Chorturm und Mittelschiff anschließend größtenteils vermauert, davor fand die Domorgel Aufstellung. Ihr notwendig gewordener Ersatz durch ein modernes Instrument führte 1923 zum Abbruch der neuzeitlichen Trennwand aus Backstein sowie einer Tieferlegung des Fußbodenniveaus im nun wieder zum Kircheninneren geöffneten Turmraum. Über die leider ohne hinreichende fachliche Begleitung im Februar / März 1924 durchgeführten Maßnahmen und dabei aufgedeckte (inzwischen größtenteils zerstörte) Baubefunde informiert ein Bericht des bekannten Paderborner Theologen und Kirchenhistorikers Alois Fuchs[18] sowie noch mehrheitlich unveröffentlichtes Dokumentationsmaterial aus seinem Nachlass[19].

Bei Entfernung der Erdschichten stellenweise bis zum über 3 m tiefer angetroffenen gewachsenen Boden stieß man exakt auf der ostwestlichen Mittelachse des Turmjoches und damit nur gering von der

18 A. Fuchs, Grabungen und Funde im und am Paderborner Dom seit 1907, in: P. Simon (Hg.), Sankt Liborius, sein Dom und sein Bistum. Zum 1100jährigen Jubiläum der Reliquienübertragung, Paderborn 1936, 207–236, hier: 216–222.

19 Teile davon befinden sich im Besitz der Erzbischöflichen Akademischen Bibliothek (EAB) Paderborn. Ihrem Direktor Prof. Dr. H.-W. Stork sei für diesbezügliche Auskünfte herzlich gedankt. Die systematische Erfassung und Auswertung des verstreuten Materials wäre ein dringliches Desiderat.

Längsachse des salischen Imad-Domes nach Süden abweichend auf ein Bodengrab im unberührten Originalzustand des 11. Jahrhunderts.

Abb. 4 | Paderborn, Dom. Das Stiftergrab am Apsisansatz des Westchores bei seiner Aufdeckung 1924, gedeutet als Bestattung des Bischofs Imad († 1076)

Das Skelett des Grabes in der Mitte des Turminnern

Blick auf dasselbe Grab nach Osten. Die aus einem Stein bestehende westliche Schmalwand ist umgelegt, hierdurch der Blick auf den Schädel frei, der in eine Kopfnische zwischen zwei Steine gebettet war.

Seine Einfassung war aus mehreren Lagen von Putz überzogener Bruchsteine gegen die Grubenwand gemauert, der Boden von einem Mörtelestrich bedeckt. Die durch zwei symmetrisch in die Ecken eingefügte Handquader zur Kopfnische ausgebildete westliche Schmalseite reichte mit ihrer senkrecht gestellten Stirnplatte bis über die rekonstruierbare Sehne der Apsis. Am Innenwandputz fanden sich Spuren einer hölzernen Bohlenabdeckung. Im Grab lag auf dem

Rücken, wie üblich mit dem Kopf am dafür durch einen Hohlraum vorbereiteten Westende, das vollständige Skelett eines Mannes von etwa 1,90 m Körpergröße, ohne erhaltene Teile von Bekleidung oder Beigaben. Seine naheliegende Identifizierung als Bischof Imad wird von den älteren Autoren vorbehaltlos akzeptiert, neuerdings jedoch auch als letztlich unbewiesene Hypothese bezeichnet[20].

In geringem Abstand davon etwas weiter östlich hat man 1924 eine weitere prominente Grablege aufgedeckt, bereits außerhalb des Westchor-Turmjoches gleichfalls annähernd auf der Mittelachse gelegen. Hierbei handelt es sich um einen monolithen Steinsarkophag, dessen westlicher Stirnseite eine nach außen vortretende tropfenförmige Kopfnische angearbeitet wurde. In seinen Boden ist etwa in Höhe des Herzens ein gleicharmiges Kreuz von 20 cm Seitenlänge eingemeißelt, die Ecken des Troges verdecken innen senkrechte Rundstäbe, 3 roh behauene Steinplatten bildeten die Abdeckung. Der wohl ins 12. oder frühe 13. Jahrhundert zu datierende Sarkophag ist erst nachträglich unsachgemäß (daher durchzogen mit zahlreichen Rissbildungen) von einem nicht eindeutig bestimmbaren Erstbestattungsort[21] in seine axiale Position direkt hinter dem Scheidbogen des Westchorjoches verbracht worden, wahrscheinlich zu Beginn des frühesten Neubauabschnittes der spätromanisch-gotischen Domkirche um 1220.

20 Abmessungen der ausgemauerten Grabgrube (innen): Länge ca. 2 m; Breite am Fußende unten 44 cm, am oberen Rand 50 cm; Breite an der heutigen Abbruchkante, ehemals etwas unter Hüfthöhe des Toten, unten 50 cm, am oberen Rand 58 cm. Angaben nach Fuchs, Grabungen (s. Anm. 18), 217–219 (8. Ein Bischofsgrab im Westturm des Domes). Über den Verbleib des Skeletts sowie der unvollständigen Gebeine aus dem zweiten Bischofsgrab des Westchors (siehe Anm. 22) lediglich summarische Hinweise bei H. Bauer, F.G. Hohmann, Der Dom zu Paderborn. Paderborn [4]1987, 82 und Lobbedey, Ausgrabungen (s. Anm. 1), Teilbd. 2, 167 Nr. 827. Durch Einbau eines Orgelkellers wurde 1926 die westliche Hälfte der Grabgrube zerstört. Den zu Beginn der Domgrabung 1978 angetroffenen Zustand des Areals beschreibt Lobbedey, ebd. Teilbd. 1, 185–186 mit skeptischer Stellungnahme hinsichtlich einer Identifizierung des Toten in Anm. 456 und Teilbd. 2, 107–108, Nr. 506; zusätzliche Details bei Sanke, Gräber (s. Anm. 11), Katalog 32, Nr. D 8.3 (unter der relativierenden Überschrift „Unbekannter Bischof von Paderborn, 11. bis 13. Jahrhundert, möglicherweise Imad, Bf. von Paderborn...† 1076") und Tafeln 40, 41. Zu unserer Kritik gegenüber diesen Vorbehalten siehe auch Anm. 26.

21 Ein Vorschlag hierfür bei Lobbedey, Ausgrabungen (s. Anm. 1), Teilbd. 2, 144 Nr. 696; zeichnerisch veranschaulicht von Sanke, Gräber (s. Anm. 11), Katalog Taf. 42.

In diesem Zusammenhang hat man darin die Sekundärbestattung eines unbekannten, gewiss klerikalen Würdenträgers vorgenommen, dessen unvollständige Gebeine sowie weitgehend vergangene Teile von Funeralmobiliar (Bischofsstab aus Holz, Gewandreste) in einem kleinen Bleikasten geborgen waren, der seitlich von einer Bruchsteinfüllung stabilisiert wurde. Falls es sich um einen Ortsbischof handelt, käme in der betreffenden Zeitspanne unter den Paderborner Oberhirten vor allem Evergis (amt. 1160–78) in Betracht[22].

Von den beiden axialen Bischofsgräbern im Westchor des Imad-Domes und seines im 13. Jahrhundert abschnittweise errichteten Nachfolgers beansprucht zumal die ältere Erdbestattung verstärkte Aufmerksamkeit angesichts noch nicht vollständig ausgeschöpfter Interpretationsmöglichkeiten. Vor allem wäre ihre genaue Lage im Verhältnis zu dem St. Liborius geweihten Hochaltar des salischen Gegenchores klärungsbedürftig, dessen Standort gelegentlich einer Lichterstiftung für die dort vollzogene Imad-Memoria als „sub turri" gekennzeichnet wird[23]. Archäologische Spuren für eine genauere

22 Außenmaße des Steintrogs: Länge 225 cm, größte Breite 85 cm, Höhe 45,5 cm. Kopfnische mit Durchmesser 27 cm, Tiefe 26 cm, ihr Boden liegt 5 cm höher. Angaben nach Fuchs, Grabungen (s. Anm. 9), 219–222 (9. Ein Bischofsgrab an der Schwelle des Westturms) und Lobbedey, Ausgrabungen (s. Anm. 1), Teilbd. 2, 166/167 Nr. 826. Der Sarkophag befindet sich heute im Erzbischöflichen Diözesanmuseum und soll dort in der Ausstellung „Himmelwärts – Der Paderborner Dom und die Baukunst am Aufgang der Gotik in Europa" (21.09.2018–13.01.2019) gezeigt werden. Die Redaktion des diesbezüglichen Katalogeintrags hat der Verf. übernommen; demnächst in: Ch. Stiegemann (Hg.), Gotik. Der Paderborner Dom und die Baukultur des 13. Jahrhunderts in Europa, Petersberg 2018 [in Vorbereitung]. Zu Bischof Evergis, wahrscheinlich Vollender eines älteren hochromanischen Westchorturmes am Paderborner Dom, Brandt, Hengst, Bischöfe (s. Anm. 4), 106–107, Nr. 17. Dieser dort bereits vorgeschlagenen Zuschreibung – wohl plausibel durch ein ähnlich wie zuvor für Imad geltend gemachtes Bauherrenprivileg – widerspricht nicht die Datierung eines im Bleikasten eingeschlossenen kostbaren Seidenstoff-Fragments ins 11. Jahrhundert, da bei Umbettungen häufig ältere Grabgewänder Verwendung fanden; siehe R. Schorta, Monochrome Seidengewebe des hohen Mittelalters. Untersuchungen zu Webtechnik und Musterung, Berlin 2001, 91 u. 288–289, Kat. Nr. 156.

23 K. Hengst, Die Altäre und Benefizien des Paderborner Domes und anliegender Kapellen von 777–1550, in: Felix Paderae civitas (s. Anm. 8), 214–265, hier: 224 Nr. 7; Lobbedey, Ausgrabungen (s. Anm. 1), Teilbd. 1, 148 f. Die historische Bezeichnung „sub turri" kann hier jedoch nicht im Sinne moderner Architekturterminologie als eindeutig nur auf den Bereich unterhalb des Westchorturmes zu beschränkende Angabe verstanden werden.

Definition dieser Ortsangabe fehlen heute gänzlich, daher sind wir auf historische Nachrichten, präzise Raumanalyse, typengeschichtliche Vergleiche und funktionsbezogene Analogieschlüsse angewiesen. Grundsätzlich kann man davon ausgehen, dass sich ein (noch) nicht kanonisierter Prälat an der Vorderseite eines Altares beisetzen ließ, dessen Patron er aufgrund persönlicher Leistungen für den Kirchenbau als ihm besonders gewogenen himmlischen Fürsprecher ansehen durfte. Somit wird auch die spätestens 1068 erfolgte Teilung der Liboriusreliquien zwischen den beiden gegenständigen Hochaltären des nunmehr erneut doppelchörigen Domes, also die Rückübertragung dieses Patroziniums in den durch Imad wiedererrichteten Westchor auf einen expliziten Wunsch von dessen Bauherrn zurückgehen. Er hatte den Heiligen dabei gewissermaßen wieder in seine alten Rechte als Titelinhaber des vorübergehend beseitigten Gegenchores eingesetzt und sich so um ihn speziell verdient gemacht. In gewesteten Sanktuarien mit Apsidialschluss nahm der freistehende Hochaltar eine Position üblicherweise im rückwärtigen Bereich etwa an der Apsissehne ein. Gewöhnlich handelte es sich im betreffenden Zeitraum um einen Block- oder Kastenaltar von bedeutenden Abmessungen[24], noch um ein bis zwei Stufen über das umliegende Laufniveau erhöht und für die feierliche Inzensierung bei Festgottesdiensten allseitig zu umschreiten. Nur in seltenen Ausnahmefällen finden sich Altarstandorte an der Vorderkante des Chorpodiums[25], die jedoch gelegentlich auch von einem zweiten, allerdings dann zumeist minderrangigen und oft auch jüngeren Altar eingenommen wurden. Eben dies geschah später im Paderborner Westchor, der gegen Mitte

24 J. Braun, Der christliche Altar in seiner geschichtlichen Entwicklung, 2 Bde. München 1924, hier: Bd. 1, 254 ff. mit durchschnittlichen Größenangaben hochmittelalterlicher Hochaltar-Mensaplatten der Romanik von bis zu 2,50 m Breite und 1,50 m Tiefe.

25 Als gut erhaltene Sonderlösung entstand Mitte des 11. Jahrhunderts in St. Emmeram zu Regensburg der Hochaltar des damals an die karolingische Basilika angefügten Westchores über einer Confessio in der Stirnwand des Chorpodiums, und zwar kombiniert mit dem darunter befindlichen Altar einer Hallenkrypta sowie dem in der Mauerstärke ausgesparten Wandgrab ihres Titelheiligen. Braun, Altar (s. Anm. 24), Bd. 1, 567 u. 577–579; J. Zink, Zur frühen Baugeschichte der ehem. Benediktinerklosterkirche St. Emmeram in Regensburg, in: P. Morsbach (Hg.), 1250 Jahre Kunst und Kultur im Bistum Regensburg. Berichte und Forschungen (Kunstsammlungen des Bistums Regensburg / Diözesanmuseum Regensburg, Kataloge u. Schriften 7), München – Zürich 1989, 79–176, hier: 134 ff.

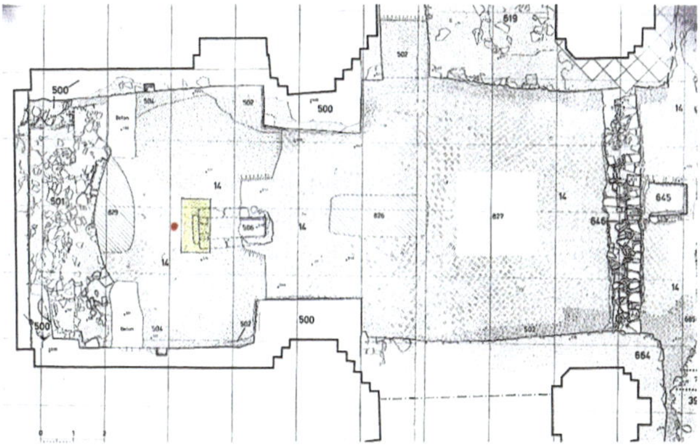


Abb. 5 | Paderborn, Dom. Grabungsplan von 1983 des Westchores mit Rekonstruktionsvorschlag des Verf. für den Standort des westlichen Hochaltares. Der rote Punkt markiert die Position eines zelebrierenden Priesters

des 12. Jahrhunderts beidseitig um symmetrische Nebenräume erweitert und bis in das ans Westquerschiff stoßende basilikale Zwischenjoch vorgezogen wurde. Dort kam ein 1230 zusätzlich für den Gottesdienst der damals neugegründeten Dompfarrei gestifteter Volksaltar mit dem Weihetitel St. Johannes Baptist im vorderen Bereich des verlängerten Podiums wiederum mittig zur Aufstellung[26]. Stets befand sich der zelebrierende Priester in westlichen Gegenchören auf der Rückseite des Hochaltars und schaute während der Messfeier über dessen Mensaplatte hinweg nach Osten, was Retabel und sonstige Aufbauten unmöglich machte. In Paderborn hatte er also gleichzeitig die einst sicher im Chorfußboden markierten Grabplatten in seinem Gesichtsfeld. Zu bemerken ist hierbei eine sinnfällige Übereinstimmung hinsichtlich der traditionellen „Blickrichtung" des salierzeitlichen Toten mit seinem gewesteten Haupt, beruhend auf dem Glauben, dass er so bei der Auferstehung am Jüngsten Tage unverzüglich des im Osten angenommenen Himmlischen Paradieses ansichtig würde. Fassen wir unsere hier nur knapp skizzierten

26 Hengst, Altäre (s. Anm. 23), 229 Nr. 24. Die zunächst theoretisch möglich erscheinende Verlagerung des Westchor-Hochaltares in den früheren Apsisbereich erst zu diesem Zeitpunkt (und dann gefolgt von der Transferierung des romanischen Sarkophags, siehe Anm. 22) ist bei einer Gesamtbewerten von historisch-sakraltopographischer Überlieferung und noch erfassbarem baucharchäologischen Kontext mit weitgehender Sicherheit auszuschließen (vgl. Anm. 20).

Argumente zusammen, ergibt sich weitgehende Gewissheit über den originalen Aufstellungsort des salischen Westchoraltars, nämlich im Zentrum der Westkonche annähernd konzentrisch und daher mit gleichbleibendem Abstand von deren gerundeter Wandung. Durch zeichnerische Veranschaulichung wird sogleich ein auffälliges Phänomen deutlich: die westliche Erdbestattung hätte dann mit ihrem Kopfteil bis unmittelbar an die Altarfundamentierung, wahrscheinlich sogar ein Stück unter den Altarstipes gereicht. Auf den ersten Blick eine durchaus überraschende Vorstellung[27], sicherlich konzipiert auf der Grundlage persönlicher Planungen Imads hinsichtlich einer ihm zustehenden, auch von anderen Kirchenoberen der Salierzeit überlieferten individuellen Stiftermemoria[28]. Für deren Verständ-

27 Allerdings finden sich vereinzelt weitere Fälle, wo der Kopf einer Leiche als neben dem Herzen bedeutendster Körperteil absichtsvoll in unmittelbare Berührung mit einem Sakralgebäude oder -bauteil gebracht wurde, wie um die besonderen Verdienste der Stifterpersönlichkeit für das betreffende Objekt deutlich zu machen und durch physischen Kontakt unmittelbar auf sie zu ziehen. Besonders bemerkenswert ist die rezente, noch nicht angemessen publizierte Aufdeckung eines weiblichen Leichnams in der sogenannten Vorkammer des berühmten Heiligen Grabes der Frauenstiftskirche Gernrode. Das gewestete Haupt der Äbtissin oder weltlichen Stifterin des 11./12. Jahrhunderts ist nachträglich in die östliche Seitenwand des wahrscheinlich durch sie im Kircheninneren errichteten oder erweiterten Jerusalem-Nachfolgebauwerks eingebunden worden. Gewiss sollten so die Verdienste dieser Persönlichkeit um Planung und Finanzierung eines Gedächtnismals von Christi Tod und Auferstehung verdeutlicht und die ihr deshalb zustehende Segenswirkung direkt dem Leichnam zugeleitet werden. Siehe vorläufig noch M. Friske, Der Fund im Heiligen Grab von Gernrode – ein Fixpunkt für die Datierung eines mittelalterlichen Kunstwerkes, in: Quedlinburger Annalen 16 (2014–15) 46–60; C. Kosch, Zur zeichnerischen Veranschaulichung der sakralen Binnentopographie von St. Cyriakus in Gernrode während des 11. und 12. Jahrhunderts, in: E. Rüber-Schütte (Hg.), Vom Leben in Kloster und Stift. Wissenschaftliche Tagung zur Bauforschung im mitteldeutschen Raum vom 7. bis 9. April 2016 im Kloster Huysburg (Arbeitsberichte des Landesamtes für Denkmalpflege u. Archäologie Sachsen-Anhalt 13), Halle/S. 2017, 65–94, hier: 75 mit Anm. 32, 33; N. Schröter, Das Heilige Grab von St. Cyriakus zu Gernrode. Ausdruck der Jerusalemfrömmigkeit der Gernröder Stiftsdamen (Quellen u. Forschungen zur Geschichte Sachsen-Anhalts 11), Halle/S. 2017, 85–92.

28 Indiz für weit zurückreichende Planungen lange vor dem Tod der betreffenden Würdenträger können wie in Paderborn und Worms die bereits erwähnte frühzeitige Beschaffung von Grablichtern sowie finanzielle Regelungen für deren Unterhalt sein. Siehe auch Anm. 33. Zahlreiche Belege bei R. Kroos, Grabbräuche – Grabbilder, in: Schmid, Wollasch, Memoria (s. Anm. 9), 285–353, hier: 320ff.

nis ist dabei von wesentlicher Bedeutung, dass ein lebendiger, am Altar das eucharistische Opfer zelebrierender Priester sowie der darunter in seinem Grab liegende Tote bei dieser Gelegenheit nicht allein durch identische Blickrichtung, sondern darüber hinaus durch zusätzliche ideelle wie bautechnische Verknüpfungen in engem vertikalen Kontakt zueinander standen. Ein regelrecht körperliche, synchron verlaufende Interaktivität zwischen beiden Personen erscheint vor allem deshalb naheliegend, weil man sich dadurch gewiss die besondere Heilswirkung der Messfeier direkt auf den darunter Bestatteten gelenkt vorstellen konnte – im Rahmen eines regelmäßig wiederholten unblutigen Nachvollzugs des Kreuzestodes Christi, der ja als Voraussetzung für die die damit begründete Erlösungshoffnung des Begrabenen betrachtet wurde.

Handelt es sich bei dem hier von uns rekonstruierten und mit knappen Erläuterungen versehenen Paderborner Sachverhalt etwa lediglich um eine einmalige Sonderlösung, geschuldet individuellen theologischen Spekulationen ihres postulierten bischöflichen Auftraggebers? Das wäre durch künftige Studien zum architekturhistorisch lange vernachlässigten Themenkomplex zweipoliger Sakralbauten[29] näher zu erforschen. Bereits bei einer ersten summarischen Überprüfung von hochmittelalterlichen Doppelchoranlagen nördlich der Alpen mit Stifterbestattungen im westlichen Gegenchor stößt man umgehend auf einen überraschend ähnlichen Befund im Dom zu Worms[30], der anschließend zum Vergleich herangezogen wird und die weitere Verbreitung derartiger Phänomene in dieser Epoche zumindest denkbar erscheinen lässt.

29 Siehe Anm. 2. Verf. plant eine dem heutigen Forschungsstand angemessene Untersuchung.

30 W. Hotz, Der Dom zu Worms. Von G. Binding neu bearb. u. ergänzte Aufl., Darmstadt ²1998; D. von Winterfeld, Der Dom zu Worms, Königstein im Taunus ⁴2003; C. Kosch, Die romanischen Dome von Mainz, Worms und Speyer. Architektur und Liturgie im Hochmittelalter, Regensburg 2011, 38–59.

## 3 Zum Vergleich: Der Westchor des Wormser Doms

Ebenso wie in Paderborn den 950. Jahrestag der Rekonsekration des frühromanischen Domes, begeht man auch zu Worms im Jahre 2018 ein herausragendes, sogar bereits 1000jähriges Jubiläum der dortigen Kathedrale. 1018 erfolgte durch den Ortsbischof Burchard I.[31](amt. 1000–25), der als wichtigster Inhaber dieses 1801 aufgehobenen oberrheinischen Bistums gilt und zu den einflussreichsten Persönlichkeiten in der Umgebung mehrerer ottonischer und salischer Herrscher zählte, die feierliche Kirchweihe unter Beteiligung Kaiser Heinrichs II. Schon bald darauf musste sie allerdings 1022 nach der Reparatur von inzwischen eingetretenen Bauschäden wiederholt werden. Archäologische Bodenuntersuchungen im 19. und frühen 20. Jahrhundert brachten Erkenntnisse über den Dombau Burchards, einer zweipoligen basilikalen Anlage mit flankierenden Rundturmpaaren an den beiden gegenständigen Chören. Dem östlichen Hauptchor benachbart waren längsrechteckige Querschiffarme zu Seiten der abgeschrankten Vierung, wo sich das Chorgestühl der Domkanoniker befand. Vor der Querschranke stand der für das ganze Langhaus zuständige, wie üblich dem Hl. Kreuz geweihte Volksaltar, auf den auch die Memoria von hier bestatteten Angehörigen der frühen Salierdynastie Bezug nahm. Die Umrisslinien des frühromanischen Domes wurden bei seinem in mehreren Einzelabschnitten während des 12. Jahrhundert erfolgten vollständigen Neubau respektiert mit Ausnahme des 1181 neugeweihten Westchores[32], der auf polygonalem Grundriss ein Stück über die schlichte Halbrundapsis von Bischof Burchard hinausreicht.

31 W. Hartmann (Hg.), Bischof Burchard von Worms 1000–1025 (Quellen u. Abhandlungen zur mittelrheinischen Kirchengeschichte 100), Mainz 2000.

32 F. M. Illert, Der Königschor des Wormser Domes. Versuch einer Deutung der Funktion des Westchores des Wormser Domes, in: Der Wormsgau 2 (1934–43) 337–344; D. von Winterfeld, Neue Gedanken zur alten Diskussion über den Wormser Westbau, in: ZDVKW 44 (1990) 76–91. Nachdruck in U. Engel, K. Kappel, C. A. Meier (Hg.), Dethard von Winterfeld, Meisterwerke mittelalterlicher Architektur. Beiträge und Biographie eines Bauforschers, Regensburg 2003, 397–412; C. Kosch, Der Westchor des Wormser Doms. Zu Bautypus und Funktionen, in: T. Schäfer, F. Janson (Hg.), Der Dom zu Worms – Krone der Stadt. Festschrift zum 1000-jährigen Weihejubiläum des Doms, Regensburg 2018 [in Vorbereitung].

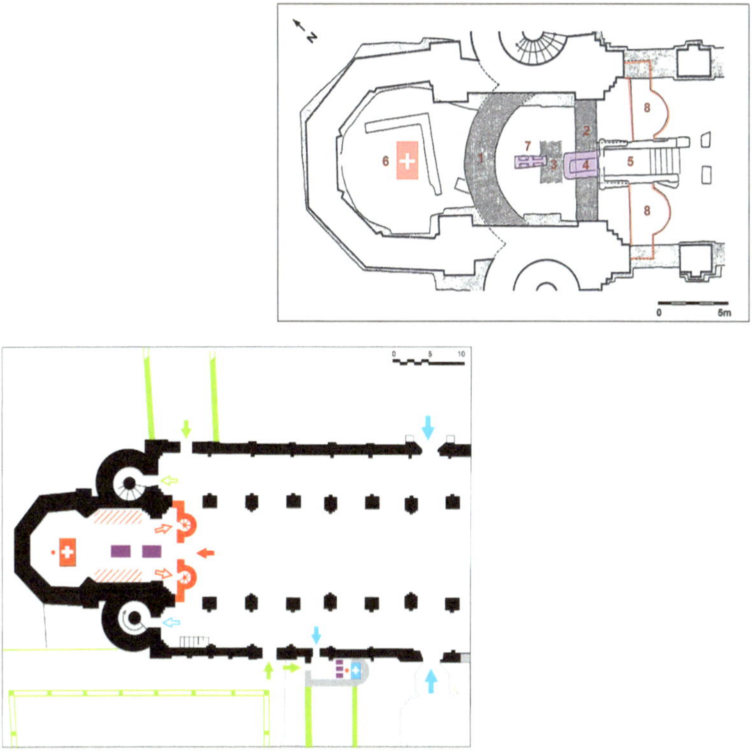


Abb. 6 | Worms, Dom. Planskizze des Westchores mit Grabungsbefunden (Auswahl; farbige Markierungen des Verf. wie Abb. 1) sowie schematischer Funktionsplan etwa Mitte des 13. Jahrhunderts: 1. Fundament der Westapsis des 1022 vollendeten spätottonisch-salischen Dombaus, 3. Fundament des zugehörigen älteren Westchor-Altars, 4. Grablege Bischof Burchards I. († 1025), 6. In der spätromanischen Chorerweiterung neu errichteter, 1181 konsekrierter westlicher Hochaltar, 7. Grablege Bischof Konrads II. von Sternberg († 1192), 8. Lettnerfundament aus der späten Stauferzeit

Seine Vollendung schreibt man Bischof Konrad II. von Sternberg[33] (amt. 1172–92) zu. Die privilegierten Gräber beider im Abstand von anderthalb Jahrhunderten tätig gewesenen Bauherren wurden vergleichbar den Verhältnissen im Paderborner Dom auf der Mittel-

33 F. Jürgensmeier, Das Bistum Worms. Von der Römerzeit bis zur Auflösung 1801, Würzburg 1997, 40–42. Nach einem Hinweis bei Illert, Königschor (s. Anm. 32), 339 hat Bischof Konrad bereits 1172 von einer Reise nach Konstantinopel eine kostbare Ampel für den Laurentiusaltar des Doms zurückgebracht und als Ewiges Licht an seiner künftigen Grablege vorgesehen; vgl. dazu Anm. 28.

achse des Westchores hintereinander liegend festgestellt, und zwar beide noch innerhalb der spätottonischen Westapsis. Der (heute verlorene) Sarkophag des Gründerbischofs Buchard war in das Spannfundament auf der Apsissehne eingetieft und berührte mit seiner westlichen Kopfseite das dicht dahinter befindliche Fundament des ursprünglichen Gegenchor-Hochaltares unter dem Patrozinium des hl. Laurentius. Im Chorfußboden wurde das Grab der Überlieferung nach durch eine Inschrift gekennzeichnet, die ein vor der Rückseite des Altars stehender Priester beim Gottesdienst über die Mensaplatte hinweg blickend ständig vor Augen hatte[34]. Der bereits für Paderborn beschriebene und interpretierte Körperkontakt des Verstorbenen, dessen Haupt unmittelbar vor den Altarstipes zu liegen kam, entspricht seinen bauarchäologischen Einzelheiten gemäß recht genau der etwa 50 Jahre später entstandenen Situation im Westchor der ostwestfälischen Kathedrale und ging sicher auf identische Konzeptionen der jeweiligen bischöflichen Planer zurück. Als damit nicht übereinstimmend erweist sich jedoch die Platzierung der zweiten, spätstaufischen Wormser Stiftergrablege westlich des ursprünglichen Laurentiusaltars, den man 1192 beim Tod des Bischofs bereits aufgelassen und wahrscheinlich durch einen Nachfolger gleichen Titels im spätromanischen Chorpolygon ersetzt hatte, worauf die erwähnte Weihenachricht von 1181 bezogen wird. Hier ließ man vielmehr stattdessen den Fußteil von Konrads 1886 noch intakt angetroffenem Sandsteinsarkophag[35] in das später unter dem neuverlegten Fußboden des erweiterten Westchors verborgene Altarfundament aus dem 11. Jahrhundert einbinden, als wollte man diesem damit den Charakter einer Berührungsreliquie des heiligmäßig verehrten Amtsvorgängers zu-

34 R. Kautzsch, Der Dom zu Worms (Denkmäler deutscher Kunst), 3 Bde., Berlin 1938, Bd. 1, 353–354; I. Spille, Neuentdeckungen zur Datierung des Wormser Domes, in: Der Wormsgau 13 (1979–81) 106–112, hier: 109 ff.; E. Gierlich, Die Grabstätten der Rheinischen Bischöfe vor 1200 (Quellen u. Abhandlungen zur mittelrheinischen Kirchengeschichte 65), Mainz 1990, 213–214 Nr. 2.13.

35 F. Schneider, Ein Bischofsgrab des XII. Jahrh[underts] im Wormser Dom, in: Jahrbücher des Vereins von Alterthumsfreunden im Rheinlande [Bonner Jahrbücher] 85 (1888) 106–115; Gierlich, Grabstätten (s. Anm. 34), 218–219 Nr. 2.19; B. Päffgen, Die Speyerer Bischofsgräber und ihre vergleichende Einordnung. Eine archäologische Studie zu Bischofsgräbern in Deutschland von den frühchristlichen Anfängen bis zum Ende des Ancien Régime (Studia archaeologiae medii aevi 1), Friedberg 2010, 579 Nr. 82; Sanke, Gräber (s. Anm. 11), 93 Nr. D 17.3.

erkennen. Die liturgische Jenseitsfürsorge Bischof Konrads vollzog sich aber bereits in dem von ihm erbauten Chorpolygon am neuen Hochaltar, wozu allerdings eine größere räumliche Distanz bestand. Ebenfalls abweichend von den Entwicklungen der nun verstärkt auf Pfarrgottesdienst im Westchor ausgerichteten Paderborner Sakraltopographie des frühen 13. Jahrhunderts kam in Worms eine genau gegenteilige Tendenz zum Zuge. Hier wurde der westliche Gegenchorchor sogar noch nachträglich durch einen aufwändigen frühgotischen Lettner vom Kirchenschiff abgeteilt, von dem nach seinem Abbruch vermutlich im 16. Jahrhundert nur die Fundamente erhalten blieben[36]. Er bildete offensichtlich das Vorbild des berühmten, etwas jüngeren Westlettners im Naumburger Dom[37]. Innerhalb des so zu einem von der Laienwelt weitgehend abgeschirmten Bereich gewordenen Wormser Westchores sorgte in erster Linie nicht mehr das Domkapitel, sondern eine ausschließlich für die Memorialpflege der beiden bischöflichen Bauherren zuständige Gruppe niederrangiger Geistlicher („Laurentiusvikare") für die fortdauernde Stiftermemoria[38].

## 4 Zeitnah entstandene Bildmotive als Deutungshinweise

Die weitere theologische Ausdeutung dieses in mehrfacher Hinsicht bedeutsamen Sachverhalts, hier besprochen anhand von zwei eng miteinander verwandten Beispielen aus dem 11. Jahrhundert, soll der zuständigen Fachwissenschaft vorbehalten bleiben[39]. Unser Bei-

36 Wie in Naumburg mit paarweise angeordneten Treppenspindeln als Aufgängen zu einer Tribüne. Siehe Kautzsch, Dom (s. Anm. 34), 168 ff.; Kosch, Dome (s. Anm. 30), 58.

37 P. Bömer, Der Westlettner des Naumburger Doms und seine Bildwerke. Form- und funktionsgeschichtliche Studien, Regensburg 2014; I. K. Dudziński, Der Westlettner des Naumburger Doms. Historische Bauforschung an Architektur und Skulptur, Regensburg 2018 [im Druck].

38 An den Anniversartagen Bischof Konrads sind dort einem heutigen Zeitgenossen bizarr erscheinende Gedenkrituale mit theatralischen Elementen überliefert. Kosch, Westchor (s. Anm. 32), Anm. 14.

39 Wir begnügen uns an dieser Stelle mit einem Hinweis auf zwei rezente Sammelwerke: N. Bériou, B. Caseau, D. Rigaux (Hg.), Pratiques de l'eucharistie dans les Eglises d'Orient et d'Occident (Antiquité et Moyen Age), Actes...I. L'institution, II. Les réceptions (Collection des Etudes Augustiniennes, Série Moyen Age et

trag endet stattdessen mit kunsthistorischen Überlegungen, nämlich dem Hinweis auf affine Bildmotive hochmittelalterlicher Entstehung, die dem modernen Betrachter eine gewisse Vorstellung von nur selten durch schriftliche Überlieferung bezeugten mentalitäts-, kult- und frömmigkeitsgeschichtlichen Praktiken längst vergangener Jahrhunderte vermitteln können. Ikonographisch ableitungsfähige Veranschaulichungen der Eucharistie[40], als wichtigstem Sakrament und speziell im Zusammenhang unseres Themas wesentlichen Element der liturgischen Jenseitsfürsorge, sind zahlreich vor allem aus dem Spätmittelalter überliefert und betreffen mehrheitlich die Gattungen der Skulptur, Wand- und Buchmalerei sowie Grafik. Damit dürfte die allgemeine Bekanntheit der hiermit illustrierten Glaubenslehren unter Geistlichen ebenso wie Laien unstrittig sein und plausibel machen, dass eine entsprechende Symbolik bei den Stiftergräbern zur allgemeinverständlichen Anwendung kommen konnte.

Bemüht um zeitliche Nähe zu den beiden erörterten Bischofsgrablegen der Salierzeit, wählen wir zu Vergleichszwecken zwei für unser Thema besonders signifikante hochmittelalterliche Kunstwerke aus. Im Kirchenschatz der ehemaligen Benediktinerabtei Siegburg bei Köln befindet sich ein im letzten Viertel des 12. Jahrhunderts entstandener Tragaltar, der neben anderen Heiltümern eine Armreliquie des hl. Mauritius birgt und daher in der modernen Literatur nach diesem benannt wird[41].

Temps Modernes 45/46), Paris 2009; U. Surmann, Johannes Schröer (Hg.), trotz Natur und Augenschein. Eucharistie – Wandlung und Weltsicht, Köln 2013, mit umfangreicher Bibliographie 360–372.

40 Informative jüngere Einführungen hierzu bieten u.a. B. Pranger, Le sacrement de l'eucharistie et la prolifération de l'imaginaire aux XIe et XIIe siècles, in: A. Haquin (Hg.), La Fête-Dieu (1246–1296). Actes du Colloque de Liège, 12–14 septembre 1996, Louvain-la-Neuve 1999, 97–116; D. Iogna-Prat, Lieu de culte, eucharistie et représentation de l'Eglise dans l'Occident latin (IXe–XIe siècle), in: Bériou, Caseau, Rigaux, Pratiques (s. Anm. 39), Bd.1, 139–160; F. Boespflug, Eucharistie et Trinité dans l'art médiéval d'Occident (XIIe–XVe siècle), in: ebd., Bd. 2, 111–167; S. Wittekind, Memoriale Messdeutung in hochmittelalterlichen Bildwerken, in: Surmann, Schröer, Natur (s. Anm. 39), 33–40.

41 C. Bayer, Der Mauritius-Tragaltar in Siegburg. Bemerkungen zu Datierung, Ikonographie und Ikonologie unter besonderer Berücksichtigung der Inschriften, in: Heimatblätter des Rhein-Sieg-Kreises 60–61 (1992–93) 7–46; M. Budde, Altare portatile. Kompendium der Tragaltäre des Mittelalters 600–1600, 3 Bde., Münster 1997, hier: Kat. Bd. 1, 348–361, Nr. 55; K.K. Petzel, Sog. Mauritius-Tragaltar, in: S. Wittekind (Hg.), Romanik (Geschichte der bildenden Kunst in Deutschland 2),

Abb. 7 | Siegburg, Kirchenschatz von St. Servatius. Sog. Mauritius-Tragaltar (letztes Viertel des 12. Jahrhunderts). Links neben dem Altarstein aus rotem Porphyr Kreuzigungsszene über dem Grab Adams

Neben dem Altarstein aus rotem Porphyr im Zentrum seiner Deckplatte befindet sich zur Rechten eine österliche Szene, nämlich der Besuch des leeren Grabes Christi durch die drei Marien. Auf der linken Seite, in passender Nachbarschaft zum Aufstellungsort eines ehemals zugehörigen kleinen Messkelches, ist Christus am Kreuz mit Maria und Johannes dargestellt, darüber Gottvater als Empfänger des Kreuzesopfers seines Sohnes. Drei Blutströme ausgehend von den Füßen des Erlösers rinnen hinab auf ein Bildnis des unter dem späteren Golgothahügel bestatteten Urvaters Adam – gewissermaßen generalisierend mit unserem toten Bischof in seinem Bodengrab gleichzusetzen – dem dadurch alle Sündenschuld vergeben und die Auferstehung aus seinem geöffneten Sarg ermöglicht wird. Ein klarer eucharistischer Bezug ergibt sich aus der bildlichen Thematisierung des Todes Christi am Kreuz, wodurch mit Adam auch alle anderen Gläubigen durch Mitvollzug der Messfeier auf Erlösung und ein Leben nach dem Tode hoffen dürfen. Der dabei benutzte Abendmahlskelch ist zwar nicht abgebildet, doch wird mit dem angrenzenden Marmorplättchen des Tragaltars seine vorgesehene Präsenz bezeichnet und an die regelmäßige Verwendung beim Messopfer erinnert. Schließlich erscheint der eucharistische Kelch aber auch selbst als vollplastischer Bestandteil einer etwa hundert Jahre jüngeren, im letzten Viertel des 13. Jahrhunderts geschaffenen Skulptur aus dem mittleren Portaltympanon der Westfassade des Straßburger Münsters[42].

München 2009, 211–212, Nr. 3. Siehe auch Boespflug, Euchariste (s. Anm. 40), hier 1131. Einen Hinweis auf die Ikonographie des Siegburger Tragaltars und anregenden Gedankenaustausch darüber verdanken wir Klara Katharina Petzel, M.A.

42 K. Fast, Untersuchungen zu Architektur und Skulptur der Westportale des

Abb. 8 | Straßburg, Münster. Tympanon des westlichen Hauptportals (letztes Viertel des 13. Jahrhunderts). Kreuzigungsszene über dem Skelett Adams

Den Gekreuzigten begleiten hier die die Figuren von Ecclesia und Synagoge als symbolische Vertreterinnen des Alten und Neuen Bundes. Ecclesia fängt einen aus der Brustwunde Christi rinnenden Strahl mit dem Kelch auf, in dem sich künftig bei der Eucharistiefeier als Wiederholung des Kreuzesopfers die Substanz des Messweins zu Christi Blut wandeln soll. Das Gerippe Adams liegt wiederum direkt unterhalb der Szene, diesmal nicht durch von oben herabtropfendes Blut des Herrn benetzt, doch ein thematischer Zusammenhang mit der so symbolisch verdeutlichten Vergebung menschlicher Sündenschuld war für den mittelalterlichen Kirchenbesucher sicher unverkennbar[43].

Straßburger Münsters. Diss. phil. München 1990 [Diss. Druck], 202–203 Nr. 33, 34; B. Van den Bossche, La cathédrale de Strasbourg. Sculpture des portails occidentaux, Paris 2006, 176–177; ders., L'authenticité iconographique des portails occidentaux de la cathédrale de Strasbourg, in: Bulletin de la cathédrale de Strasbourg 25 (2002) 21–48, hier: 28, 40.

43 Bereits aus dem frühen 13. Jahrhundert ist eine weitgehend ähnlich gestaltete, heute nur noch fragmentarisch erhaltene Wandmalerei in der Kölner Stiftskirche St. Kunibert bekannt. B. Jacoby, Mittelalterliche Wandmalereien in St. Kunibert, in: Colonia Romanica 7 (1992) 159–174, hier: 165–167; Kosch, Kölns Kirchen (s. Anm. 16), 50; H. Stein-Kecks, Köln, St. Kunibert, ehem. Chorherrenstift, in: Wittekind, Romanik (s. Anm. 39), 313–314 Nr. 92. Großformatige Farbaufnahme in A. Legner (Hg.), Ornamenta Ecclesiae. Kunst und Künstler der Romanik in Köln, 3 Bde., Köln 1985, Bd. 2, 268.

Norbert Börste

# Der mittelalterliche Lettner des Paderborner Domes von 1280

In den Jahren 1978–1979 konnten im Zuge der Paderborner Domrestaurierung neben bauarchäologischen Befunden figurative und architektonische Fragmente des ehemaligen mittelalterlichen Lettners geborgen und mit einem Rekonstruktionsversuch vom Autor 1985 publiziert werden, der eine Datierung für das ausgehende 13. Jh. vorschlug.[1] Hilde Claussen legte 1989 die Entstehung um 1280 fest,[2] woran sich Uwe Lobbedey 1990 anschloss, ebenso Clemens Kosch 2006, und Gerhard Drescher / Rudolph Geburzi 2012 erweiterten den zeichnerischen Rekonstruktionsvorschlag auf der Grundlage des Autors.[3] Demnach gehört der ehemalige Paderborner Lettner von

1 Dieses Manuskript weicht von dem am 30.10.2017 gehaltenen Vortrag ab, da auf das umfangreiche Abbildungsmaterial verzichtet werden muss. Der Beitrag nimmt neue Aspekte zur Erforschung des Paderborner Lettners auf, die der Verfasser erstmals 1985/86 veröffentlichte und durch weitere Arbeiten von U. Lobbedey, C. Kosch, G. Drescher und R. Geburzi vervollständigt wurden. N. Börste, Der Paderborner Dombau des 13. Jahrhunderts. Eine baugeschichtliche Untersuchung, Diss. Phil. Münster 1985, gedruckt 1986, 140; ders., Der mittelalterliche Lettner des Paderborner Domes, in: H. J. Brandt, K. Hengst (Hg.), Sankt Liborius. Felix Paderae Civitas 836–1986 (Studien und Quellen zur westfälischen Geschichte 24), Paderborn 1986, 292–312. In diesen Arbeiten befinden sich alle Literatur- und Quellenangaben.

2 H. Claussen, Zu dem Portal des 13. Jahrhunderts im Ostquerhaus des Paderborner Domes, in: Westfalen 67 (1989) 146–160. Die Apostelfiguren, die A. Fuchs, noch ins 14. Jh. datierte, gehen demnach nicht auf Kölner Vorbilder zurück und sind nach H. Claussen bereits um 1280 denkbar.

3 Erstmals fand A. Fuchs Fragmente des Lettners 1924 (Apostelfiguren, Köpfe, Architekturteile): A. Fuchs, Grabungen und Funde im und am Paderborner Dom seit 1907, in: P. Simon, Sankt Liborius. Sein Dom und sein Bistum, Paderborn 1936, 230 ff. Zuletzt wurden die Fragmente farbtechnisch untersucht von R. Geburzi und G. Drescher wovon farbige Rekonstruktionszeichnungen entstanden. Dazu weiter: U. Lobbedey, Der Paderborner Dom. Vorgeschichte, Bau und Fortleben einer westfälischen Bischofskirche, München 1990; M. Schmelzer, Der mittelalterliche Lettner im deutschsprachigen Raum. Typologie und Funktion (Studien zur internationalen Architektur- und Kunstgeschichte 33), Petersberg 2004,

1280 zu einem der frühesten gotischen Hallenlettner auf rechteckigem Grundriss im Reichsgebiet des 13. Jahrhunderts (Abb. 1). Lediglich die beiden Lettner des Naumburger Domes (Ostlettner um 1230; Westlettner um 1250), der des Domes in Meißen (um 1270–1300) und der Marienkirche in Gelnhausen (um / nach 1250) stehen heute noch. Von anderen Anlagen sind nur Fragmente übriggeblieben, wie z. B. in der ehem. Stiftskirche in Wechselburg (um 1230/40, Rekonstruktion auf der Basis erhaltener Reste; Authentizität des heutigen Aufbaus nicht einwandfrei gesichert), Mainz, Dom, Westlettner (vor 1239) und Minden, Dom (Vorgängerlettner Mitte 13. Jh.).[4] Neuerdings werden auch der Bamberger Reiter und die dortigen Kindheit-Christi-Szenen für den Ostlettner im Bamberger Dom mit einem möglichen Rekonstruktionsversuch (um 1230) in Zusammenhang gebracht.[5]

Neben dem Paderborner Domlettner konnte im Jahre 2002 für das Paderborner Minoritenkloster auf dem Kamp in der ersten gotischen Johanniskirche (um 1245–60 errichtet) außerdem ein Lettner vor dem Ostchor archäologisch nachgewiesen werden:

> „[...] freigelegt wurden zwei Mauerstücke, die dem Lettner, der Trennwand zwischen dem Chorbereich für die Mönche und dem Langhaus für die Laien, zuzuordnen sind. Westlich vor dem Lettner standen den Gläubigen zugewandt zwei Altäre, im Norden ein Marienaltar, im Süden ein Heilig-Kreuz-Altar [...]"[6]

186, 187; C. Kosch, Paderborns mittelalterliche Kirchen, Regensburg 2006, 25, erweiterte den ersten Rekonstruktionsversuch von N. Börste, 25, mit einer isometrischen Darstellung; N. Börste (Hg.), Lichtgewänder – Raum, Licht und Farbe im Hohen Dom zu Paderborn vom Mittelalter bis heute (SQWFG 69), Paderborn 2012, hier erstmals eine Bilddokumentation der wichtigsten Befunde und farbige Abbildungen der Lettnerfragmente: 369–408; G. Drescher, R. Geburzi, Der Innenraum des Domes zu Paderborn in der Farbigkeit des 13. Jahrhunderts und seine Folgefassungen, 180 ff., Der ehemalige Domlettner zu Paderborn und seine Farbfassungen, 190–194 und Dokumentation im Anhang, in: Börste, Lichtgewänder (s. o.).

4 Siehe den aktuellen Forschungsstand bei Schmelzer, Der mittelalterliche Lettner (s. Anm. 3) mit Typisierungen.

5 D. Diemer, Der Reiter und Kindheit-Christi-Szenen für den Ostlettner. Neue Überlegungen zur Skulptur im Bamberger Dom, in: Zeitschrift des Deutschen Vereins für Kunstwissenschaft 68 (2014) 79–156.

6 M. Moser, R. Otte, Die archäologischen Ausgrabungen an der Theologischen Fakultät, in: N. Börste, H.-J. Schmalor, G. Eggenstein, 1614–2014. Von der Jesuitenuniversität zur Theologischen Fakultät Paderborn, Paderborn 2014, 47–48; S. Siemers, Die archäologischen Fundamente der Theologischen Fakultät Paderborn. Erste Ergebnisse der Ausgrabungen von 2002 am Kamp 6 in Paderborn, in: ThGl 95 (2005) 1–40.

Daher ist die Erforschung der Paderborner Lettnersituation wichtig für die Kenntnis liturgischer Räume.[7] Mit seiner Sakraltopographie von romanischen Kirchen hat C. Kosch mit einem eigens entwickelten grafischen Schema auch die Paderborner Domstiftskirche St. Maria, Kilian und Liborius untersucht, die zu einer aktiven Spurensuche im Dom, zu einer vertiefenden Lektüre und weiteren Forschungen anregt.[8] Die Architekturgeschichte betrachtete die mittelalterlichen Sakralräume bis in die Gegenwart oft nur als leblose Monumente.[9] Überwiegend standen die Baugeschichte und Bauanalyse im Vordergrund, umso wichtiger wird es, liturgische Untersuchungen gemeinsam mit bauhistorischen Beobachtungen interdisziplinär zu behandeln. Ein großes Problem ist dabei der Mangel an schriftlichen Zeugnissen für Kirchenbauten des 13. Jahrhunderts auf dem ehemaligen Herrschaftsgebiet des deutschen Königs, des Alten Reiches. Neben diesen Tatsachen müssen wir berücksichtigen, dass mittelalterliche Sakralarchitektur keinesfalls ausschließlich funktionsorientiert im Sinn einer „gebauten Liturgie" zu verstehen ist, denn

> „sie war immer auch abhängig von allgemeiner Typenentwicklung und Formentradierung, überregional wirksamen Stiltendenzen, nicht zuletzt symbolhaftem Gestaltungswillen anhand bestimmter Vorbilder, wobei zeitliche und räumliche Phasenverschiebungen auftreten können."[10]

7 Zum Thema „Heilige Räume" siehe: F. Kohlschein, P. Wünsche, Heiliger Raum. Architektur, Kunst und Liturgie in mittelalterlichen Kathedralen und Stiftskirchen (LQF 82), Münster 1998. C. Kosch hat sich besonders mit der Erforschung funktionaler Nebenräume von Kirchen und Klöstern wie für die Untersuchung von Wechselwirkungen zwischen Liturgie und Architektur des Mittelalters beschäftigt. K.G. Beuckers (Hg.), Kirche und Kloster, Architektur und Liturgie im Mittelalter, Regensburg 2012; S. Kopp, Der Liturgische Raum in der westlichen Tradition. Fragen und Standpunkte am Beginn des 21. Jahrhunderts (Ästhetik – Theologie – Liturgik 53), Wien – Berlin – Münster 2011; U. Lobbedey, Einige Funde von Schrankenfragmenten in Westfalen. Ein Beitrag zu liturgischen Einrichtungen, in: K.G. Beukers, E. den Hartog (Hg.), Kirche und Kloster, 15. Lobbedey hat in Anm. 1 darauf hingewiesen, dass eine Aktualisierung der Bibliographie von C. Kosch wünschenswert wäre.

8 Kosch, Paderborns mittelalterliche Kirchen (s. Anm. 3).

9 So Schmelzer, Der mittelalterliche Lettner (s. Anm. 3). „...Ihrer ursprünglichen Eingeweide, der Innenausstattung beraubt, sind sie nur noch leere, allerdings kunstvolle Hülle. Eine Vorstellung des lebendigen Organismus bekommt aber nur der, der die äußere Schale in Zusammenspiel mit all ihren inneren Organen kennt."

10 Kosch, Paderborns mittelalterliche Kirchen (s. Anm. 3). Besprochen von U. Lobbedey, in: Westfalen 84 (2009) 245–247.8. Cornelius Gurlitt hat den Begriff „gebaute Liturgie" 1906 eingeführt: Handbuch der Architektur, 1906.

Nach Robert Suckale ist,

> „[...] der Kirchenraum nicht nur als ein Gehäuse für die liturgischen Handlungen zu verstehen, sondern ist Teil der Liturgie und bietet der Seele für ihren Aufstieg von der materiellen zur immateriellen Welt ein angemessenes Gehäuse".[11]

Hinzu kamen neben der religiösen Komponente auch noch die politisch-gesellschaftlichen, die beim repräsentativen Sakralbau eine wesentliche und symbolhafte Rolle spielten.

Diese allgemein gültigen Aussagen sollte man auch bei der Betrachtung der „heiligen Räume" des Paderborner Domes grundsätzlich berücksichtigen. Der bestehende Paderborner Dom, der zwischen 1220 und 1280 in vier Bauphasen entstand, steht heute vor uns mit barocken und neugotischen Überformungen. Außerdem haben Umgestaltungen nach Zerstörungen des 2. Weltkrieges und Restaurierungsmaßnahmen der letzten Jahrzehnte das äußere und innere Erscheinungsbild geprägt. Fast jede Generation hat seit dem 13. Jahrhundert an der Veränderung des Domes mitgewirkt und Spuren am und im Gebäude hinterlassen, aber dennoch ist die wesentliche und charakteristische mittelalterliche Baustruktur mit Westturm, zwei Chören und Querhäusern mit umschließendem Hallenlanghaus erhalten geblieben. Über die Planungsabsichten der Bauherren wissen wir bis heute nichts. Waren bei den Vorgängerbauten Zerstörungen oder gewandelte Funktionen Voraussetzungen für Neubauten, so gelten diese nicht für den Neubau im 13. Jh. Ausschlaggebend war wohl der Wunsch für einen neuen Dombau mit „modernen" Stilformen, wie sie in Westfalen mit romanischen und gotischen Elementen üblich waren. Aber bei dem Planungskonzept für den Neubau im 13. Jhdt. werden neben Wünschen der Modernisierung auch liturgische Veränderungen die Voraussetzung für die bauliche Struktur und funktionalen Abläufe geliefert haben. Von anderen Bauprojekten wissen wir, dass die Bauherren (Domkapitel und Bischof) sich gezielt auf die Suche machten, um neuartige Architekturmöglichkeiten zu

11 Grundsätzliches zu dem Thema Architektur, Liturgie und Licht bei R. Suckale, Die Gotik als Architektur des Lichts, in: P. Schneider, U. Wolf-Rheidt (Hg.), Licht-Konzepte in der vormodernen Architektur (Diskussionen zur archäologischen Bauforschung 10), Regensburg 2011, 1–14 und A. Speer, G. Binding (Hg.), Abt Suger von St.-Denis. Ausgewählte Schriften. Ordinatio – De consecratione – De administratione, Darmstadt 2000, 43–52.

erkunden. Sie trafen sich bei Bauweihen in benachbarten Bistümern und tauschten sich mit ihren Nachbarn aus.[12] Dabei ist davon auszugehen, dass man sich bei diesen Gelegenheiten nach fähigen Baumeistern erkundigte und über moderne Stiltendenzen und benachbarte Bauprojekte diskutierte. So wird es auch wohl für Paderborn anzunehmen sein und hier sind weitere Vermittlungswege erschließbar. Denn es gab auch rege wissenschaftliche und gesellschaftliche Kontakte von Paderborner Klerikern zu den aufkommenden Universitäten, wie u.a. nach Paris, dem Zentrum des damaligen geistigen Lebens. Beispielhaft lässt sich das an dem Personennetzwerk der Pariser Studienkollegen des Magisters Oliver, 1223 Bischof von Paderborn und ab 1225 Kardinalbischof von Santa Sabina in Rom, erkennen, der um 1205/07 in Paris wirkte und ein Altersgenosse des späteren Erzbischofs von Magdeburg, Albrecht II. von Käfernburg (amt.1205–1232) war, dem Erbauer des Magdeburger Domes. Er wirkte zur gleichen Zeit wie Oliver in Paris. Wir können annehmen, dass derartige Netzwerke sich auf Bauprojekte auswirkten, zumal die Alumni von Paris nunmehr als höhere Kleriker oder sogar als Bischöfe emporstiegen, sich später auch bei vielen Dombauweihen trafen, austauschten und Inspirationen für eigene Projekte einholten.[13]

## 1 Der mittelalterliche Innenraum des Paderborner Domes

Ganz schwierig wird es bei der heutigen Einschätzung der leergeräumten mittelalterlichen Sakralräume, besonders dann, wenn in der Neuzeit radikale Umgestaltungen bei Inneneinrichtungen durchgeführt wurden oder Änderungen der Liturgie auch die Ausstattung veränderte. Besonders im 13. Jahrhundert wurde der Kathedralklerus mit 24 Domgeistlichen immer größer, wofür neue liturgische Räume geschaffen werden mussten.[14] Ferner kamen zahlreiche Festtage

12 R. Hausherr, Dombauten und Reichsepiscopat im Zeitalter der Staufer, Abhandlungen der geistes- und sozialwissenschaftlichen Klasse 5/1991.

13 N. Börste, in: Architektonische Voraussetzungen der Lichtgewänder des Paderborner Dombaus des 13. Jahrhunderts, in: N. Börste (Hg.), Lichtgewänder (s. Anm. 3), 172.

14 M. Hanneken, Die ständische Zusammensetzung des Paderbomer Domkapitels im Mittelalter, in: WestfZs 90 (1934) 75–165, hierzu besonders 81.

hinzu mit umfänglichen Prozessionen, welche die Sakralräume gravierend veränderten. Außerdem gibt es nur wenige sakrale Einrichtungsgegenstände, wie Altäre, Reliquienbehälter, Skulpturen, Vasa Sacra, die uns ein genaues Bild von der mittelalterlichen Innenausstattung des Domes vermitteln. Wilhelm Tack und Karl Hengst haben zuletzt die vorbarocke Situation ausführlich bearbeitet und besonders die Regula, ein Fest- und Memorienkalender für den Dom und Kapitelsakten ausgewertet.[15] Allein im mittelalterlichen Dom konnten Standorte von 32 Altären nachgewiesen werden. Damit war der Dominnenraum kein „leerer" Raum, wie ihn sich noch die neuere Forschung in idealer Form vorstellte. Um uns ein Bild vom mittelalterlichen Interieur des Domes zu machen, folgen wir der Bestandsaufnahme bis zur barocken Umgestaltung von W. Tack:

> „Der Hochaltar, der Reliquienaltar von ca. 1480, stand – wie heute – frei im Chor einige Meter östlich der Vierung. Hinter dem Hochaltar lagen noch drei andere Altäre, an der Nordseite der Altar Unserer lieben Frau, gestiftet 1396, an der Ostseite ein weiterer Altar und an der Südseite das altare Corporis Christi von 1345, das aber hundert Jahre später bereits in ein Denkmal für den Bischof Rotho umgewandelt war. Ob die beiden anderen Altäre um 1650 noch vorhanden waren, läßt sich nicht mit Bestimmtheit behaupten. Jedenfalls bestand damals bereits das riesige Grabdenkmal Dietrichs von Fürstenberg (1618) auf der Nordseite des Chores, das erst 1924 versetzt wurde. Auf dem Chor standen mehrere große Leuchter, darunter der für die fast bei allen Memorien in der ‚Regula' erwähnte ‚candela', zwei große Lichtträger, deren Forträumung dem Strukturar in der Kapitelssitzung vom 9. April 1665 (fol. 134r) befohlen wurde, sowie ein siebenarmiger Leuchter vor einer Madonnenfigur, der anläßlich des Liborijubiläums 1736 entfernt, danach aber wieder aufgestellt wurde. Er wird genannt der ‚candelaber mit 7 Leuchten ante statuam ... in Choro' [...]. Im östlichsten Joch stand die bemalte und zum Tragen eingerichtete, heute im Diözesanmuseum befindliche Reliquientruhe, in der 1579 die Reliquien des aufgehobenen Klosters Helmarshausen zum Paderborner Dom überführt wa-

15 W. Tack, Die Barockisierung des Paderborner Domes, Erster Teil, in: WestfZs 97 (1947) 35–79; ders., Die Barockisierung des Paderborner Domes, Zweiter Teil, in: WestfZs 98/99 (1949) 34–76; K. Hengst, Die Altäre und Benefizien des Paderborner Domes und anliegender Kapellen von 777–1550, in: H. J. Brandt, K. Hengst (Hg.), Sankt Liborius. Felix Paderae Civitas 836–1986 (Studien und Quellen zur westfälischen Geschichte 24), Paderborn 1986, 214–265, Abb. S. 219. Archiv des Metropolitankapitels Paderborn, Handschrift B. I. 3. – Wahrscheinlich ist in dieser Regula eine spätere erweiterte Abschrift der ebenfalls „Regula" genannten Gottesdienstordnung des Domes von 1223–1225 erhalten, die Gobelin Person (1358–1425) in seinem Cosmidromius (ed. Jansen, Münster (1900) 49) erwähnt. Zitiert nach W. Tack, Die Barockisierung des Paderborner Domes, Erster und zweiter Teil (s. Anm. 15). Zur Ausgestaltung des Innenraumes s. Kosch, Paderborns mittelalterliche Kirchen (Anm. 3), Schemazeichnungen 14–15.

ren. [...] Ein Hungertuch hing in der Fastenzeit zwischen den beiden östlichen Vierungspfeilern. Die Rollen, auf denen es hochgezogen wurde, befanden sich bis zur Domrenovierung 1924/27 noch an den geraden Flächen neben den beiden östlichen jungen Diensten etwas unterhalb der Kapitellhöhe. [...] Dem hohen oder Ostchor gegenüber lag der niedere oder Westchor, meist chorus inferior benannt mit dem Zusatz St. Liborii. Gemäß der Sockelhöhe der Pfeiler zog er sich bis in das westliche Querschiff hinein. Auf ihm standen fünf Altäre: das altare occidentale S. Liborii oder altare S. Liborii sub turri an der Westwand des Turmes, der Johannesaltar oder einfach altare inferioris chori, der von 1231 ab mehrere Jahrhunderte der Dompfarrgemeinde als Kirchspielsaltar diente und wahrscheinlich an der Ostwand des niederen Chores, also zwischen den beiden westlichen Vierungspfeilern der Westvierung stand, der Philippus- und Jakobusaltar von 1335 an dem nordwestlichen, der Martinusaltar von 1383 am südwestlichen Vierungspfeiler oder in dessen Nähe und endlich der Katharinenaltar von 1316 unter dem Turm. [...] Zwischen den beiden Chören dehnte sich das Mittelschiff des Domes aus, das ebenfalls mit Altären reich besetzt war. Vor dem Lettner standen drei Altäre, in der Mitte der Kreuz- oder Laienaltar, dessen Retabel, gestiftet 1603 vom Domdechanten Arnold von Horst, im oberen Teil des heutigen Pfarraltars erhalten ist."[16]

An den „umgitterten" Mittelschiffspfeilern standen Altäre, so auch in den bereits im 13./14. Jh. existierenden Seitenkapellen.

„Außer den Altären befanden sich im Mittelschiff des Domes eine Reihe von Grabplatten aus Metall oder Stein, erhöht über dem Flur der Kirche auf niederen Tumben ruhend. Bischöfe aus dem 13. bis 16. Jahrhundert haben hier ihre Ruhestätten gefunden. Die Metallplatten von den Gräbern Bernhards V. († 1341), Ruperts von Berg († 1394) und Remberts von Kerssenbrock († 1568) haben sich, an andere Stellen versetzt, erhalten. Die Grabplatte Simons III., Edelherrn zur Lippe († 1498), [...] lag in der Nähe des Taufsteines, der im Westen des Mittelschiffes, vielleicht in der Achse des westlichen Querhauses stand. Östlich vom Grabe Simons III. befand sich die Ruhestätte Balduins von Steinfurt († 1361), die dieser sich 1357 einrichtete und mit einem Altar BMV, Caroli, Henrici et Oswaldi schmückte. Letzterer war aber als Verkehrshindernis schon bald nach Balduins Tod beseitigt und die aus dem Boden ragende Platte bis zu diesem gesenkt. [...] Die Kanzel war vielleicht mit dem Lettner organisch verbunden. An ihrem jetzigen Platze befand sich damals ein Sakramentshäuschen in Form einer einfachen, oben flach geschlossenen Nische von 70 x 45 cm Größe, die durch eine feste Tür oder ein Gitter verschlossen war. [...] Dem Sakramentshaus gegenüber befand sich wie noch heute die Pieta. Sie muß ein bevorzugtes Kultobjekt gewesen sein, denn vor ihr stand der spätgotische Opferstock aus Stein. [...] Ob der Radleuchter, den Harius 1578 noch mitten im Dom hängen sah (AAP Cod. Z21 fol. 34 r), 70 Jahre später noch dort war, ist fraglich, da er nach 1578 nicht mehr erwähnt wird. [...] Die Doppelmadonna hing wie heute im Mittelschiff. In den Seitenschiffen waren die Wände von gotischen Kapellenportalen durchbrochen. [...] Von der Ausstattung der gotischen Kapellen hat sich nur das Alabasterrelief mit der Darstellung der hl. Dreikönige erhalten, heute im südlichen Wandpfeiler des

16 Tack, Die Barockisierung des Paderborner Domes, Erster Teil (s. Anm. 15), dort ausführlich weitere Altäre und Örtlichkeiten beschrieben mit allen Quellen.

Chores, eine englische Arbeit aus den Werkstätten von Nottingham von etwa 1360, welche ursprünglich wohl das Mittelstück des Altares der Dreikönigskapelle war. [...] Vor dem Portal der Vituskapelle lag die Messinggrabplatte des Bischofs Heinrich von Spiegel († 1381), der diese Kapelle gründete und vor ihr begraben wurde."

Der Dom war in einen doppelchörigen Raum gegliedert und seine Grundrissdisposition geht auf den Imad-Dom von 1058 zurück. Die im 13. Jahrhundert noch existierende – modifizierte – Doppelchörigkeit wurde mit der Barockisierung und Entfernung des Lettners um 1653 nach den Richtlinien des Trienter Konzils beseitigt, und die Einrichtung eines Hochaltars als sichtbares liturgisches Zentrum erfolgte. Es entstand damit ein Richtungsbau im Sinne eines barocken Einheitsraumes mit der Orgel im Westteil und dem Hochaltar im Ostteil des Domes (s. Beitrag von C. Kosch in diesem Band). Durch die in den Seitenraumzonen umgewandelte und bewahrte Barockgestalt des Inneren ist der Paderborner Dom ein frühes Zeugnis der barocken Umformung eines Kirchenraumes in Deutschland unter den Bischöfen Dietrich Adolph von der Recke und Ferdinand von Fürstenberg, der 1663 mit der Illuminierung des Hochchores die Barockisierung des Domes abschloss. Der Vierungsbereich und der Hochchor blieben als wichtigster Sakralraum des Domkapitels erhalten, der durch hohe seitliche Chorschranken und ein Chorgitter im Mittelschiff abgrenzt war und in etwa den Platz des abgebrochen Lettners einnahm. Diese Raumsituation bestimmte nun in unterschiedlichen Ausprägungen und Umgestaltungen nach Zerstörung 1945 und Wiederaufbau das Innere des Domes bis zur Altraumumgestaltung bis1978. Insgesamt können wir von ca. zwanzig Umgestaltungen des Domes von 1280 bis heute rechnen.[17]

17 Daher wird es Aufgabe der zukünftigen Forschung sein, Brücken zu bauen zwischen Liturgie und Kunstgeschichte, um Sakralräume besser verstehen zu können. Am Beispiel der Bartholomäuskapelle wurde dies nun demonstriert, welche Wege man einschlagen könnte, siehe dazu neuerdings N. Börste, S. Kopp (Hg.), 1000 Jahre Bartholomäuskapelle in Paderborn. Geschichte – Liturgie – Denkmalpflege, Petersberg 2018. Die interdisziplinäre Tagung fand statt vom 4.–6. 10. 2017 in Zusammenarbeit mit der Theologischen Fakultät Paderborn und dem Metropolitankapitel Paderborn anlässlich des 1000-jährigen Jubiläums der Bartholomäuskapelle in Paderborn.

## 2 Der Lettner

Mit den „heiligen Räumen" des Paderborner Domes hat sich die Forschung schon seit dem 19. Jahrhundert partiell beschäftigt, jedoch gibt es noch zahlreiche Fragestellungen, die außerdem in einem überregionalen Kontext untersucht werden müssen.[18] Zu den teilweise untersuchten „heiligen Räumen" gehört der Hochchorraum, der durch die Vierung als Ort der Durchdringung von Langhaus, Mittelschiff und Ostchor einerseits und die beiden Querarme anderseits begrenzt wird. Hier stand der ehemalige Lettner (lat. *lectorium* „Lesepult", auch Doxale und Apostelgang genannt), der um 1280 entstand und 1652 im Zuge der Barockisierung abgerissen wurde. Bei der Anlage der barocken seitlichen Chorschranken im Vierungsbereich wurden Teile des abgerissenen Lettners als Spolien vermauert. Lange hat man in der Forschung darüber diskutiert, ob es sich bei einem Lettner um ein Ausstattungsstück oder eigenständige Innenarchitektur handelt. Monika Schmelzer machte letztendlich klar, dass ein Lettner weder zur Großarchitektur noch zur Kleinarchitektur oder Ausstattung einer Kirche gehörte. [19] Der Lettner stellte demnach eine wesentliche autonome Binnenarchitektur dar. So war es auch bei dem

18 Die ältere Literatur findet sich in H. Bauer, F.G. Hohmann, Der Dom zu Paderborn, Paderborn $^{4}$1987 und in den Veröffentlichungen von N. Börste, Der Paderborner Dombau des 13. Jahrhunderts. Eine baugeschichtliche Untersuchung (s. Anm. 1); ders., Der mittelalterliche Lettner des Paderborner Domes (s. Anm. 1). U. Lobbedey, Der Paderborner Dom (s. Anm. 3), 146–160 hat die Ergebnisse teilweise überarbeitet und modifiziert; weitere Literatur zur aktuellen Paderborner Domforschung: U. Lobbedey, Romanik in Westfalen, Würzburg 1999, 498–511; F. Göttmann, K. Hüser, J. Jarnut (Hg.), Paderborn. Geschichte der Stadt in ihrer Region, 3 Bände, Paderborn 1999; H.J. Brandt, K. Hengst (Hg.), Das Bistum Paderborn im Mittelalter (Veröffentlichungen zur Geschichte der Mitteldeutschen Kirchenprovinz 12), Paderborn 2002. Ein allgemeiner Überblick aus religionspädagogischer Sicht bei: M. Niggemeyer, Eine Wolke von Zeugen. Die Heiligen im Hohen Dom zu Paderborn, Paderborn 2007; C. Kosch, Paderborns mittelalterliche Kirchen (s. Anm. 3), 245–247. Für den Bereich der Liturgie ist es erfreulich, dass mit der Erforschung der ungedruckten Quellen des Domes am Lehrstuhl für Liturgiewissenschaft bei Prof. Stefan Kopp nun eine weitere Forschungslücke geschlossen werden kann.

19 Schmelzer, Der mittelalterliche Lettner (s. Anm. 3), 10; D. von Winterfeld, Chor und Vierung. Bemerkungen zur Terminologie und Gestaltung, in: M. Liedmann, V. Smit (Hg.), Zugänge zur Archäologie, Bauforschung und Kunstgeschichte – nicht nur in Westfalen [FS Uwe Lobbedey], Regensburg 2017, 423.

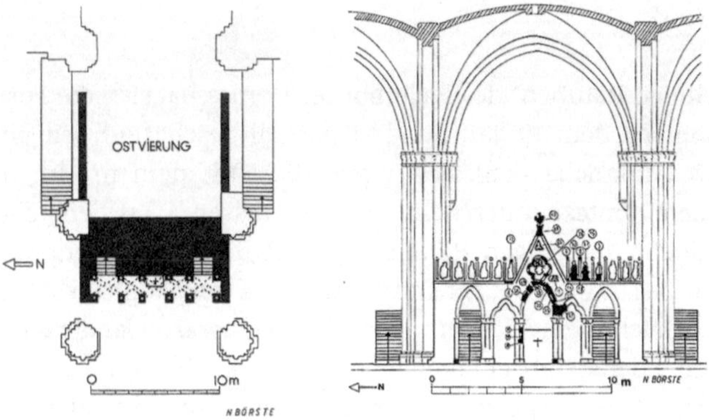


Abb. 1 | Grundriss; Rekonstruktionsversuch von N. Börste, 1985, mit Eintragung der aufgefundenen Fragmente. Nr. 1 „Höllensturzfragment", Nr. 7, 8, 9, 72 Apostelfragmente, Nr. 8 Christuskopf als Weltenrichter, Nr. 69 Vertreibung aus dem Paradies; alle weiteren Nr. sind Architekturfragmente. Mit den Pfeilen sind die Treppenaufgänge zum Presbyterium im Hochchor eingezeichnet.

Lettner des Paderborner Domes im Ostchorbereich, er trennte das Presbyterium vom Kirchenraum der Laien. Ferner besaß der Lettner eine Doppelfunktion und sonderte mit einem schrankenähnliche Einbau den Altarraum des Domklerus vom Langhaus und Querhaus ab und stellte eine erhöhte Bühne als Lesepult dar. Der Lettner war damit ein selbständiger Baukörper im Innenraum des Domes und die Lettnerbühne erhob sich deutlich vom Fußbodenniveau oberhalb der Krypta (s. Abb. 1).

Im Jahre 1652 begann die Barockisierung des Paderborner Domes, die erst mit der Renovierung der letzten von den acht Langhauskapellen im Jahre 1704/05 abschloss.[20] Die Bausubstanz des Domes wurde zu jener Zeit nur geringfügig verändert, aber umso mehr seine Ausstaffierung. Die mittelalterliche Inneneinrichtung des Domes wurde bis auf Weniges entfernt und durch barocke Ausstattungen ersetzt. Bereits ältere Bearbeiter haben aufgrund der Quellenanalyse einen Lettner nachgewiesen.[21]

20 Tack, Die Barockisierung des Paderborner Domes (s. Anm. 15).

21 Zusammengestellt von Börste, Der Paderborner Dombau des 13. Jahrhunderts (s. Anm. 1). Die ältere Forschung hatte bereits einen Lettner urkundlich nachweisen können, aber noch nicht bauarchäologisch: J. Evelt, Über einige nicht mehr gebräuchliche Ortsbezeichnungen in und bei dem Dom zu Paderborn. Nebst einschlägigen archäologischen Bemerkungen bei dem Dom zu Paderborn, in:

Erste Anhaltspunkte auf einen Lettner finden sich in indirekten Schilderungen in dem Prozessionale aus dem 14. Jahrhundert.[22] In dieser Handschrift BI, 1 aus dem Archiv des Metropolitankapitels heißt es auf fol. 9b:

> *„Item in medio ecclesi(a)e maioris in reversione (processionis ab Abdinghoff vel ab Bustorp) finita antiphona: ‚Turba multa' sequitur versus per celebrantem ante altare S. Crucis"*

fol. 11b:

> *„Et itur (a processione) ad medium ecclesi(a)e et celebrans cum ninistris et vexillis stent ante altare S. Crucis"*

Der Begriff *„in medio ecclesiae"* in Verbindung mit der Bezeichnung des Kreuzaltares, des *„altare S. Crucis"*, ist eine geläufige Standortbeschreibung. Es ist bekannt, dass ein Kreuzaltar meistens im Ostteil von Kirchenräumen in der Nähe des Hochchores auf der Mittelachse stand. Aus den Quellen kann geschlossen werden, dass auch der Paderborner Kreuzaltar eine ähnliche Disposition einnahm und eine große Bedeutung bei den liturgischen Feiern besaß, wovon das Prozessionale anschaulich berichtet. Im 13. Jahrhundert stand bekanntlich ein Kreuzaltar eigentlich immer mit einem erhöhten Kreuz (Triumphkreuz) in Verbindung, das entweder im Triumphbogen aufgehängt oder unter ihm auf einem Balken aufgesetzt war. Triumphkreuz und Kreuzaltar standen aber nicht isoliert an der Grenze zwischen Chor und Mittelschiff, sondern die betonte trennende Funktion erfolgte durch einen Lettner, der sich auch in Paderborn aus dem Pro-

WestfZs 39 (1881) 54–103; B. Stolte, Der Dom zu Paderborn, in: WestfZs 61 (1903) 61–144 und besonders A. Fuchs, Grabungen und Funde in und am Paderborner Dom seit 1907, in: P. Simon, St. Liborius und sein Dom, Paderborn 1936, 207–236. Fuchs hatte erstmals auf figürliche Funde bereits 1936 hingewiesen. Über die Barockisierung des Domes hat W. Tack weitere Quellen erarbeitet und auch über den Abbruch des Lettners ausführlich berichtet, in: W. Tack, Die Barockisierung des Paderborner Domes (s. Anm. 15). Auch die kunstgeschichtliche Forschung hatte sich frühzeitig mit den sekundär versetzten Hochreliefs am Pfarrwinkel und mit einer Apostelgruppe beschäftigt und sie z. T. als mögliche Reste eines Lettners erkennen wollen, was aber bisher nicht nachgewiesen werden konnte. Alle weiteren Angaben bei Börste, Der Paderborner Dombau des 13. Jahrhunderts (s. Anm. 1), 296 mit allen Quellen. Wegen der Bedeutung wird an dieser Stelle noch einmal die Quellenlage dargestellt und aktualisiert.

22 Börste, Der Paderborner Dombau des 13. Jahrhunderts (s. Anm. 1), dort alle Quellenangaben.

zessionale herleiten lässt. Auf fol. 11b werden zur Markusprozession zwei große Pforten genannt, durch die man beim Herabsteigen an der W-Seite des Chores ging; es heißt dort *„Descenditur (scil. de choro) per magnas ianuas chori versus occidentem“*. Außerdem lässt sich aus der weiteren Prozessionsbeschreibung *„Descenditur (sc. de choro) divisim“* schließen, dass man in geteilter Weise über zwei Treppen hinabstieg. Als wichtigster Hinweis auf einen Lettner wurde die Vorschrift auf fol. 13b gewertet, dort heißt es *„Cantent iuvenes in testudine ecclesiae antiphonam“*, wobei der Begriff *„in testudine ecclesiae“* zweifellos als gewölbte Lettnerbühne gedeutet werden kann. Hierfür sprechen auch die Befunde von 1978/79. Eindeutiger wird der Lettner zum erstenmal in der Urkunde des Domkapitels vom 27. Oktober 1484 genannt (Archiv des Altertumsvereins), in der eine Schenkung des verstorbenen Domvikars Lappe für die „Apostellichter“ bestätigt wird; es handelt sich um eine Bezeichnung, die im westfälischen und friesischen Sprachraum für den Lettner geläufig war. In der niederdeutsch abgefassten Urkunde heißt es:

> „Wy domdekan unde [...] capittel der Kerken to Paderborn bekennen so also her Hermann Lappe prester wandages in unser Kerken beleynt, godes denst in der suluen Kerken to vormerende to den apostel lechten vor up der muren an unse kore eyne mark.“

Außerdem wird in der 8. und 12. Zeile diese Schenkung noch zweimal bestätigt. Auf der Rückseite der Urkunde sind später zwei Ergänzungen hinzugefügt worden *„ad luminaria super murum ante chorum“*, wo einerseits die Lichter auf der Lettnerbrüstung (Mauer) vor dem Chor genannt werden, andererseits bei der zweiten Hinzufügung erstmals der Begriff *„doxal“* fällt. Es heißt dort u. a.: *„(ad) apostolorum luminaria in doxali ecclesi(a)e“*. Damit wird erstmals der Paderborner Lettner mit dem geläufigen terminus technicus *„doxal“* genannt, ein Begriff, der nach den Doxologien entstand, die vom Lettner herabgesungen wurden. In spät- und nachmittelalterlicher Zeit wurde diese Bezeichnung vor allem im Rheinland für die Verwendung des Lettners als Sängerbühne gebraucht.

Ganz sichere schriftliche Nachricht vom Lettner gibt uns der Vertrag zwischen dem Domkapitel und dem gräflichen Maurermeister Hans Deger, der nach einem Plan von Gerhard Mahler nach der Sitzung vom 5. Juni 1652 zwischen beiden Vertragspartnern abgeschlossen wurde.[23] Es heißt dort u.a., dass das „Toxsall“ sowie die drei vor ihm stehenden Altäre abgebrochen werden sollten. Außerdem sollten die Treppen, die vom Mittelschiff bzw. den beiden Querarmen zum Chor führten, abgerissen und beim Neubau in veränderter Form wiederaufgebaut werden. In der Abschrift des jüngeren Prozessionarius Ecclesiae von 1660, die nicht mit dem älteren Prozessionale des 14./15. Jahrhunderts identisch ist, finden sich keine Hinweise mehr auf den ehemaligen Lettner, der 1652 seine ursprüngliche raumtrennende Funktion verlor und einer barocken transparenten Choranlage weichen musste. Damit wurde dem barocken Raumempfinden stattgegeben, das keine trennenden Bauten mehr zuließ. Den Paderborner Lettner ereilte damit das gleiche Schicksal wie viele andere. Seit der zweiten Hälfte des 17. Jahrhunderts wurden Lettner entfernt, eine Bestrebung, die noch bis zum 19. und 20. Jahrhundert anhielt.

## 2.1 Zur Ikonographie der Lettnerschauseite

Vom Lettner sind außerdem wichtige Fragmente erhalten, die genauere Rückschlüsse auf die Ikonographie der Lettnerschauwand zulassen. So ist ein reliefartiges Bruchstück einer Weltgerichtsdarstellung, ein „Höllensturz“, erhalten, ein Motiv der Höllenikonographie, und einige Apostelfiguren, die zum Bildprogramm des Lettners gehört haben.[24] Besonders das Relieffragment einer Weltgerichtsdarstellung ist für die Interpretation des Bildprogrammes am Lettner höchst interessant; es zeigt eine weibliche Person (Adelige) mit vergoldeter Kopfhaube, ein sogenanntes „Gebende“. Dieses Gebende ist für den Zeitraum 13. bis 14. Jhdt. typisch und stützt die Datierung (mit den architektonischen Fragmenten); beide Arme sind vom Körper gestreckt; das Gesicht ist stark zerstört, der Mund geöffnet; über ihr das Fragment einer behaarten Satansgestalt; unter der Satansgestalt wird neben dem linken Ohr der Frau die Hand einer anderen Person sichtbar. Der Befund erinnert an Weltgerichtsdarstellungen, wie sie in unterschiedlichster Weise in der Malerei und Plastik des 13. Jahrhunderts bekannt sind (Abb. 2), so beispielsweise im Dom des

23 Tack, Die Barockisierung des Paderborner Domes (s. Anm. 15).

24 Zum Thema der Höllenikonographie vgl. S. Wegmann, Auf dem Weg zum Himmel. Das Fegefeuer in der deutschen Kunst des Mittelalters, Köln 2003.

Abb. 2 | „Verdammte" einer Weltgerichtsdarstellung vom Lettner, um 1280, gefunden in der Südschranke der barocken Chorwange 1978. Die erhaltene Bemalung ist bei gotischen Reliefs extrem selten.

Mainzer Westlettners von 1239 (1682 abgebrochen), wo eine Skulpturengruppe (Verdammte in Ketten) angebracht war mit einer Weltgerichtsdarstellung.[25] Auch am Lettner der Marienkirche in Gelnhausen, um 1250 entstanden und heute noch erhalten, befindet sich eine Weltgerichtsdarstellung als aufwändige Bauskulptur und verweist auf das Umfeld des „Naumburger Meisters".[26]

Clemens Kosch hat den Paderborner Lettner hinsichtlich der liturgischen Funktion im 13. Jh. untersucht und nimmt dabei die Befunde und Rekonstruktionsversuche vom Verfasser erneut auf und erweitert sie um liturgische Interpretationen:[27]

> „Im Zentrum der obersten Ebene, dem eigentlichen Sanktuarium, stand anfangs allein der Hochaltar. Er war ursprünglich der Gottesmutter und dem heiligen Kilian geweiht. Seit dem 12. Jahrhundert kam im Zuge der kontinuierlichen Verlagerung des liturgischen Geschehens in die Ostteile des Domes Liborius als Mitpatron hinzu und gewann im Spätmittelalter schließlich den Vorrang – unbeschadet seiner bis 1652 fortdauernden Verehrung im Westchor. Auch eine bischöfliche Kathedra wird man im Sanktuarium vermuten dürfen. Der mittlere Chorabschnitt nahm das Gestühl der Kanoniker auf. Zwischen den beiden einander gegenüberstehenden Sitzreihen ist das Fundament eines großen Standleuchters nachgewiesen. Auf der unteren Ebene im Bereich der Vierung befanden sich die Chorsitze des nie-

25 Schmelzer, Der mittelalterliche Lettner (s. Anm. 3), 183.

26 H. Krohm, A. Markschies, Der Lettner der Marienkirche in Gelnhausen – Grundlagen einer Neubewertung, in: ZDVKW 48 (1994) 7–59.

27 Kosch, Paderborns mittelalterliche Kirchen (s. Anm. 3), 25, 26 mit Rekonstruktionszeichnung.

deren Klerus, der Vikare und Benefiziaten. Nur die seitlichen Durchgänge in den Längsschranken sind mittelalterlich – modernen Ursprungs hingegen heutige Pforten zu den Chorflankenräumen, nachträglich eingeschnitten in die Blendarkaturen der seitlichen Chorwände. Hoch ansetzende Vorlagen an den westlichen Vierungspfeilern lassen noch die Abmessungen der zwischen ihnen eingespannten Querschranke erkennen. Sie entstand am Ende der letzten Dombauphase etwa 1280 und wurde Mitte des 17. Jahrhunderts durch Anlage der barocken Chorstufen beseitigt. Zu rekonstruieren ist sie nach archäologischen Spuren und schriftlichen Zeugnissen in Gestalt eines fünfjochigen Hallenlettners mit seitlichen Aufgängen zum Hochchor in der massiven Rückwand, davor 6 Freistützen. Im Mitteljoch war der übliche Platz des Kreuzaltares. Dessen besondere Rolle für das Totengedächtnis hat offensichtlich die ursprüngliche Grablege des Bischofs Rotho († 1051) in axialer Lage vor seinen Stufen. Er erhielt im 14. Jahrhundert eine Tumba, die heute im Hasenkamp steht. Eine rückwärtige Treppe führte zum Kapitelchor aus hinauf zur Empore oberhalb der Lettnergewölbe. Sie diente den Chorsängern als Tribüne, außerdem für volkssprachige Predigten sowie zum Vortrag von Epistel und Evangelium. Deshalb besaß sie ein Lesepult. [...] Ihre Brüstung schmückten Reliefs und Figuren, von denen sich Spolien im Abbruchschutt gefunden haben: Im mittleren Ziergiebel ein Medaillon mit dem Weltenrichter Christus, zu beiden Seiten die zwölf Apostel als Beisitzer des Jüngsten Gerichts (nach Mt 19,28). Dieses traditionelle Bildmotiv des mit zahlreichen Kerzenleuchtern bestückten Apostelganges richtet sich in erster Linie an Laien im Langhaus, für die auf dem Kreuzaltar das Messopfer gefeiert wurde. Oberhalb des Lettners hing ein kleines Triumphkreuz (crux minor) vom Gewölbe herab oder stand auf einem Querbalken. Vielleicht ist es identisch mit dem romanischen Holzkreuz, das sich heute in der Krypta befindet. Ein zweites größeres Kreuz (crux maior) hing unter dem östlichen Vierungsbogen. Ursprünglich aus Gold und ein Geschenk Ottos II. (973–983), hatte man es nach einer der Brandkatastrophen des 11. oder 12. Jahrhunderts durch eine weniger kostbare Kopie ersetzt.“[28]

Der Paderborner Lettner stand also vor dem Ostchor und bezeichnet die Himmelrichtung,

„wo die Sonne aufgeht, und das Morgenlicht ist ein Symbol der Auferstehung Jesu, der Begegnung mit dem Auferstandenen in der Frühe des Ostermorgens. Wie am ersten Tag der Schöpfung das Licht die Voraussetzung für alles andere war, so ist am ersten Tag der neuen Schöpfung Christus das Licht, das den ewigen Tag erhellt (vgl. Offb 21,23). Christus ist die Sonne, die nicht untergeht.“[29]

Gerhard Drescher (1934–2014) und Rudolph Geburzi haben die Bearbeitung der Lettnerfragmente in fassungstechnischer und fassungschronologischer Hinsicht weiter untersucht und bauen auf den bisherigen Auswertungen und Interpretationen vom Verfasser auf.

28 Kosch, Paderborns mittelalterliche Kirchen (s. Anm. 3), 25, 26.

29 Zitiert nach A. Gerhards, Du Abglanz von des Vaters Pracht, in: N. Börste, Lichtgewänder (s. Anm. 3), 23–30, hier: 23.

Die bei der Untersuchung der Lettnerfragmente gewonnenen Erkenntnisse flossen ergänzend in die Diskussion zum Paderborner Domlettner ein.[30] Demnach gehört der ehemalige Domlettner in Paderborn zu der weitläufig gebräuchlichen Kategorie der Hallenlettner auf rechteckigem Grundriss, mit einem zum Langhaus hin durch Arkaden geöffneten Raum unterhalb der Bühne.

Charakteristisch für diese Hallenlettnerform auf rechteckigem Grundriss ist eine ungerade Zahl von Jochen – der Paderborner Domlettner zeigt Anhaltspunkte für das Vorhandensein von ehemals fünf Jochen –, eine Altarstellung könnte das mittlere Joch charakterisiert haben (archivarisch verbürgter Kreuzaltar am Lettner in Paderborn) und seitliche Choraufgänge sowie – insbesondere bei spätgotischen Lettnern – die Überschneidung der Brüstungszone durch hoch aufragende Wimperge über den Arkaden. In der Frühstufe, der auch der Paderborner Lettner zugerechnet werden muss, ist die Rückwand lediglich von Durchgängen bzw. Treppendurchlässen auf den Hochchor durchbrochen und noch nicht visuell zu demselben geöffnet.

Der Paderborner Domlettner, der um 1280 entstand, steht offenbar am Anfang einer etwa dreihundertjährigen Lettnertradition in Westfalen.[31] Die Blütezeit der Lettner war um die Mitte des 16. Jahrhunderts bereits überschritten; im 17. und 18. Jahrhundert wurden im Rahmen der Barockisierung zahlreicher Kirchen – so auch im Paderborner Dom – eine große Zahl an Lettnern abgetragen. Den erhaltenen und einigermaßen sicher zuweisbaren Befunden zufolge entstand der Paderborner Domlettner unter dem Einfluss französischer Kathedrallettner seit der Mitte des 13. Jahrhunderts, die als freistehende Halle mit vorderer offener Bogenstellung und Rückwand konzipiert waren. Während in Frankreich zunächst der vielarkadige Lettner mit bis zu sieben Jochen dominierte – so etwa in Chartres und Straßburg – bürgerte sich in Deutschland der Lettner mit drei bis höchstens fünf Bögen ein.

30 R. Geburzi, Der Innenraum des Domes zu Paderborn in der Farbigkeit des 13. Jahrhunderts und seine Folgefassungen, in: N. Börste (Hg.), Lichtgewänder (s. Anm. 3).

31 H. Claussen, Zu dem Portal des 13. Jahrhunderts im Ostquerhaus des Paderborner Domes, in: Westfalen 67 (1989) 146–160: „[...] so wird doch mit einem Abschluss der Arbeiten in den achtziger Jahren zu rechnen sein.“

Vermutlich unter dem Einfluss des Chartreser Lettners entstanden auch die Domlettner in Meißen, der Westlettner in Naumburg (ca. 1260, somit zeitnah zum Paderborner Lettner), Oberwesel und Magdeburg (ein spätes Exemplar von 1445/46). Die Bekrönung der Emporenbrüstung mit Apostelfiguren fand offenbar über die gesamte, etwa 300-jährige „Laufzeit" der Lettner ihre Fortsetzung. So sind im westfälischen Raum von dem ehemaligen spätgotischen Lettner der Prämonstratenser – Klosterkirche zu Clarholz noch zwei Apostel- und eine Christusfigur erhalten, die sich heute in der Franziskanerkirche zu Wiedenbrück befinden (ein Abguss steht in der ehemaligen Klosterkirche von Clarholz). Dazu gehört auch der kurz vor der Mitte des 16. Jahrhunderts entstandene, stilistisch am Übergang von der Spätgotik zur Renaissance stehende Domlettner zu Münster, der erst im Jahre 1870 abgebaut wurde.

### 2.2 Zur Bedeutung und Funktion des Lettners

Tobias Schrörs interpretiert die Bedeutung eines Lettners, der mittelalterlichen Auslegungstradition folgend, über vier Bedeutungsebenen: „a) wörtlich-geschichtlich, b) typologisch, c) dogmatisch-theologisch und d) endzeitlich-eschatologisch."[32] Demnach ist ein Lettner der Standort der Verkündigung der Heiligen Schrift. Außerdem erinnert er an die Grabeskirche in Jerusalem und entspricht seiner Bedeutung nach dem Golgathafelsen in Jerusalem, wo aus der Schrift gelesen und Totenmessen gehalten wurden. Daher symbolisiert – nach Schrörs – der Lettnereingang mit seinen Treppen die Besteigung des Golgatha-Felsens und die Erinnerung an den Opfertod Christi am Kreuz. Die nächste Sinnebene deutet den Lettner als Ort, von dem aus man in das Reich des Friedens und der Gerechtigkeit gelangt und schließlich repräsentiert der Lettner den Thron des Wortes und den Ort des Heils.

Der Lettner war Ort der Wortverkündigung, der Feier der Messe, der Kirchenmusik und vieler anderer liturgischer Handlungen. Somit war er eher Bindeglied zwischen Klerus und Gemeinde. Außer-

32 T. Schrörs, *Der Lettner im Dom zu Münster. Geschichte und liturgische Funktion*, in: FVK 50 (2005) 61–75; http://www.freiberger-dom-app.de / nicht-mehr-vorhanden / kollegiatsstift-lettner (Download: 24. 11. 2017).

dem konnten so die Domkleriker ihre eigene Liturgie im hohen Chor feiern mit musikalischer Gestaltung. Auch wegen der Liturgie war es notwendig, dass für die Gläubigen Messen vor dem Lettner am Kreuzaltar gelesen wurden. Ein weiterer Grund, der sicherlich ebenfalls auf Paderborn zutrifft, war der Bedarf nach einem vergrößerten Chorraum, denn der Paderborner Hochchor war bis zu den westlichen Vierungspfeilern vorgezogen worden und reichte mit der Lettnerbühne bis in das anschließende Mittelschiffsjoch und bot so vielen Klerikern in einem großen Chorgestühl Platz.

Im Chorraum sind heute noch seitliche steinerne Sitzbänke unterhalb der Kleeblattarkaden erhalten. Der so vergrößerte Ostchor konnte nur dadurch gewonnen werden, dass man ihn gegen die Seitenschiffe, das Querhaus durch Chorschranken und nach Westen durch den Lettner begrenzte. Außerdem schirmte der Lettner den Einblick und den Zutritt von Unbefugten ab. Denn der liturgische Chor, das Presbyterium, war nur für den Domklerus bestimmt. „Laien sollten ihn seit Zeiten der frühen Kirche nicht betreten".[33]

Nach T. Schrörs veranschaulichte der Lettner,

> „dass der Priester nicht Beauftragter der Gemeinde ist und von ihr Auftrag und Vollmacht empfängt, sondern unabhängig von ihr durch die Weihe allein als Mittler zwischen Gott und den Gläubigen bestellt und mit den entsprechenden sakramentalen Gewalten ausgestattet wurde. Somit ist der Priester nicht in erster Linie Stellvertreter der Gemeinde, sondern Stellvertreter Christi und vollzieht somit das heilige Opfer nicht als Tat der Gemeinde, sondern als Tat Christi. Folglich ist es nur im weiteren Sinne Opfer der Gemeinde. Das Verbot für Laien, den Chorraum zu betreten, und die Aufrichtung der Schranken waren somit eine sinnfällige Verkörperung der von Christus geschaffenen hierarchischen Ordnung, der für Christi Kirche demnach wesentlichen Scheidung ihrer Glieder in Priester und Laien und der alles Geistliche umfassenden Überordnung der ersteren über die letzteren."[34]

Abgesehen von den genannten Aufgaben des Paderborner Lettners gab es zahlreiche liturgische Handlungen, die über das gesamte Kirchenjahr verteilt waren und im Ordinarius divini officii Cathedralis Ecclesiae Paderbornensis und den Prozessionarius Ecclesiae Paderbornensis überliefert sind.[35] In wieweit liturgische Bräuche sich am

33 Schrörs, Der Lettner im Dom zu Münster (s. Anm. 32).

34 Ebd.

35 F. Kohlschein, Der Paderborner Liber Ordinarius von 1324. Textausgabe mit einer strukturgeschichtlichen Untersuchung der antiphonalen Psalmodie (Studien und Quellen zur westfälischen Geschichte 11), Paderborn 1971.

Paderborner Lettner abgespielt haben, ist bisher unbekannt und bedarf noch der Erforschung. Möglicherweise fand hier das Osterspiel statt, das Wilhelm Tack für den Hasenkamp in der Altarnische in der Ostwand des Hasenkamps annimmt, wo heute das Grabmal des Bischofs Rotho aufgestellt ist und hier von 1655 bis 1959 der spätgotische Reliquien-Hochaltar aufgestellt war.[36] Denn hier am und auf dem Lettner wäre der „günstigere“ Ort gewesen, woran die Domgemeinde viel besser hätte teilnehmen können als im räumlich kleineren Hasenkamp. Hinzuweisen wäre auf einige Vergleichsbeipiele von Schrörs:

> „In Hildesheim begann das Brauchtum laut dem Liber ordinarius von 1473 schon am Karfreitag. Hier wurde in der Krypta vor dem Kreuzaltar ein Heiliges Grab bereitet und das Kreuz des Petersaltares dort hineingelegt. In der Osternacht nahmen die Priester das Kreuz aus dem Grab und brachten es zum Petersaltar zurück. Hernach wurde das leere Grab aufgesucht, das Schweißtuch der Veronika vorgezeigt und verkündet: ‚Christus ist auferstanden‘.“[37]

Nach Schrörs gab es auch in Münster derartige Auferstehungsfeiern. Die Unterschiede bei den Feiern in den beiden westfälischen Kathedralen in Münster und Paderborn sind gering. Daher können wir die für Münster überlieferte Tradition möglicherweise auf Paderborn übertragen. Diese Schilderungen der Osterspiele dokumentieren, wie der Lettner multifunktional in den Domkirchen für die Liturgie einbezogen wurde und als sakrales „Bühnenbild“ diente und wie der Lettner mit dem Kreuzaltar, dem Pfarraltar, als Aufstellungs- und Verehrungsort des Kreuzes diente.

Als Aufstellungsort eines „Heiligen Grabes“ könnte möglicherweise die Krypta in Frage kommen, ähnlich wie in Hildesheim, wo in der Krypta vor dem Kreuzaltar ein Heiliges Grab zu Ostern errichtet wurde.[38] Auch kamen Prophetenspiele und andere geistliche Schauspiele auf den Bühnen der Lettner zur Aufführung. In Paderborn wird es nicht anders gewesen sein und zu diesen Funktionen kam sicherlich die Aufstellung und Verehrung von Reliquien hinzu, die ab ca. 1480 zum größten Teil im spätgotischen Retabel auf dem Hochaltar aufbewahrt wurden. Die Heilig-Grab-Tradition zu Ostern muss spätestens während der Barockisierung 1652/53 aufgegeben worden

36 W. Tack, Heiliges Grab und Osterspiel im Paderborner Dom, in: WestfZs 110 (1960) 249–270.

37 Schrörs, Der Lettner im Dom zu Münster (s. Anm. 32).

38 Ebd.

sein. Für die Zeit danach wurde dazu der Westchor auch benutzt, über die genaue Lokalisierung ist aber nichts Genaues überliefert.

### 2.3 Der Skulpturenfries am Pfarrwinkel – Reste eines Lettner oder Brautportals?

Mit dem Lettner wurde auch bis heute immer wieder ein Figurenfries unterhalb des Großen Fensters an der Südwand des Ostquerhauses in Verbindung gebracht, der noch in die zweite Hälfte des 13. Jahrhunderts zu datieren ist (1270/80). Im unteren Teil der Wand befindet sich seitlich des großen Fensters (von 1340) ein Figurenfries in zwei Zonen übereinander. Er ist ebenfalls in die zweite Hälfte des 13. Jahrhunderts zu datieren und nach einem Stadtbrand um 1340 hier angebracht worden. Zahlreiche Unregelmäßigkeiten beweisen, dass er nachträglich dort angebracht wurde. Aber wo befand er sich ursprünglich? Trotz aller Anstrengungen der jüngeren Forschung hat sich bis heute kein Konsens dazu finden können, wozu diese Reliefs geplant waren.[39] In Gegenüberstellung mit den Lettnerfiguren-Fragmenten erscheinen die Reliefs aber überdimensioniert.

> „Und ein Portal kann sich hier eigentlich nie befunden haben, da das weit vorspringende Querhaus in den nach Süden ansteigenden Hang tief einschneidet. Der meterhohe Niveauunterschied zwischen dem hier tiefliegenden Inneren und der Außenseite macht die Stelle für ein Portal völlig ungeeignet. Wofür aber waren die Reliefs dann bestimmt? Die Größe der Figuren und der geringe Ausarbeitungsgrad insbesondere der Jungfrauenreliefs sprechen dafür, dass sie am Außenbau und in einiger Höhe dem Nahblick entzogen angebracht werden sollten. Vielleicht waren sie schon immer als Schmuck der Querhausstirnwand vorgesehen, wenn auch in anderem Zusammenhang? Die (leeren) Nischenfiguren an den Strebepfeilern der Südseite zeigen, dass schon während der Bauzeit ein reicher Schmuck dieser Fassade vorgesehen war.“[40]

In jüngster Zeit wurden die Reliefs wieder mit dem Lettner in Verbindung gebracht, dass

> „die beiden Themen der Jungfrauen und des Lebens Jesu samt ihren spezifischen Bekrönungen unabhängig voneinander auf der nördlichen bzw. südlichen Seitenflanke des Lettners Platz gefunden haben, was durch die Beobachtung nahegelegt

39 Börste, Der Paderborner Dombau des 13. Jahrhunderts (s. Anm. 1), dort die gesamte Diskussion mit Literatur, und Lobbedey, Der Paderborner Dom (s. Anm. 3); J. Mense, Ein biblisches Bildprogramm an der Domkirche zu Paderborn, in: Alte und neue Kunst im Erzbistum Paderborn 49 (2016) 69–79.

40 Lobbedey, Der Paderborner Dom (s. Anm. 3).

> wird, dass die beiden Themenblöcke oben von einer wulstigen Doppelleiste begrenzt sind, die auch den Abschluss des Lettners hat bilden können."[41]

Im Zuge der Barockisierung im Jahre 1652 seien

> „bei der (rettenden) Umsetzung der Bildtafeln und Einzelelemente an die Außenwand des Doms Unregelmäßigkeiten passiert, die für die folgenden Ausführungen jedoch keine Bedeutung haben."[42]

Leider lässt sich dazu sagen, dass dazu kein Platz an den seitlichen Lettnerschranken gewesen wäre und derartige Figurenfriese nicht an seitlichen Chorschranken angebracht waren. Jedenfalls gibt es bisher keine nachweisbaren Beispiele dafür. Eine weitere Überlegung wäre, da der Westchor sicherlich auch eine lettnerartige Abschrankung hatte, ob vielleicht die Reliefs dort angebracht waren. Dafür gibt es aber bisher keine Hinweise. Dagegen ist es vorstellbar, dass die hochqualifizierten Bildhauer, die diesen Fries schufen, Paderborn verließen, da gegen Ende des 13. Jahrhundert die finanziellen Mittel für die Vollendung des Domes nach einem Dombrand erschöpft waren und das nördliche Querhaus, der Hasenkamp, nur notdürftig fertiggestellt und erst Ende des 19. Jahrhunderts mit einem neuen Gewölbe vollendet wurde. Ein solcher Umstand erklärt, warum verschiedene Skulpturengruppen liegen blieben, die man später an der Südseite des Ostquerhauses – vielleicht nach der Wiederherstellung der Südwand mit dem großen Maßwerkfenster um ca. 1340 – sekundär einbaute.

Auch die mehrfach mit dem Lettner in Verbindung gebrachten größeren Apostelfiguren, die heute im Hasenkamp angebracht sind, können wegen ihrer Abmessungen wohl kaum mit dem Lettner in Zusammenhang gebracht werden. Ihre verwitterten Oberflächen und die leicht abgerundeten Rückplatten lassen eher eine äußere Anbringung vermuten oder ein geplantes Archivoltenportal, was aber auch nie gebaut worden ist. Ebenso können wir möglicherweise davon ausgehen, dass sie auf „Vorrat" gefertigt aber nie in ein Portal eingefügt worden sind.

41 Mense, Ein biblisches Bildprogramm (s. Anm. 39), 69 ff.

42 Ebd. – Zur neuesten Lettnerforschung siehe I. K. Dudzinski, Der Westlettner des Naumburger Doms, Regensburg 2018 [im Druck].

Zum Schluss ist noch anzumerken, dass der vom Domkapitel 1858 beauftragte spätere Kölner Dombaumeister Vinzenz Statz 1860 vorschlug, den Hochor mit einem neuen Lettner abzuschließen und vor dem Lettner wieder den Kreuzaltar aufzustellen, wozu es aber nicht kam. Wie sähe dann der Dominnenraum heute aus?

Abb. 3 | Rekonstruktion des Lettners nach N. Börste, erweiterte Darstellung von C. Kosch

Abb. 4 | Erster farbige Zustand des Lettners, um 1280/1300, nach N. Börste und der Befunduntersuchung von G. Drescher und R. Geburzi

Abb. 5 | Zweiter farbiger Zustand des Lettners, im 14. Jahrhundert, nach der Befunduntersuchung von G. Drescher und R. Geburzi

Hans-Walter Stork

# „Heilige Orte“ in kostbaren Manuskripten der Meinwerkzeit

Mein Thema hat einige Tücken. Zunächst einmal betreffen diese den Zeitraum, der in den historisch ausgerichteten Vorträgen dieser Montagsakademie vordringlich behandelt wird und der bestimmt wird vom Doppeljubiläum der Paderborner Bartholomäuskapelle, errichtet um 1017, und der Weihe des Paderborner Doms unter Bischof Imad im Jahr 1068. Kostbare Manuskripte Paderborner Produktion aus diesen Jahrzehnten des 11. Jahrhunderts sind bis auf eine Ausnahme nicht erhalten, denn die Stadt- bzw. Dombrandkatastrophen der Jahre 1000 und 1058 legten den Dom und die angrenzenden Gebäude, vor allem die Domsakristei als Aufbewahrungsort für die liturgischen Handschriften wie auch die Domschule und ihre Bibliothek, in Schutt und Asche.[1] Dennoch bin ich zuversichtlich, meinem Thema gerecht zu werden, denn der Blick auf jene Zimelien, die in den angrenzenden Bistümern geschaffen wurden und erhalten blieben, können methodisch völlig zu Recht auf Paderborner Verhältnisse zur Zeit Bischof Meinwerks[2] übertragen werden.

Überhaupt ist unsere Kenntnis der liturgischen Bücher der Zeit um 1000 im Verhältnis, was damals existierte und dem, was bin heute übrig blieb, Stückwerk. Denn wir wissen aus liturgischen Vorschriften, Liturgieerklärungen[3] und zahlreichen anderen Quellen recht ge-

1 R. Decker, Brände im mittelalterlichen Paderborn, in: Die Warte 33 (1972) 114–116.

2 Zu Meinwerk ist viel Literatur erschienen; zum hier behandelten Themenspektrum vgl. G. Binding, Bischof Meinwerk von Paderborn, in: ders., Der früh- und hochmittelalterliche Bauherr als *sapiens architectus*, Darmstadt ²1998, 85–92; ders., Die Michaeliskirche in Hildesheim und Bischof Bernward als sapiens architectus, Darmstadt 2013.

3 C. Egger, Ein glossierter Messkanon aus der zweiten Hälfte des 12. Jahrhunderts, in H.P. Neuheuser (Hg.), Diligens scrutator sacri eloquii [FS Rainer Berndt SJ], Münster 2016, 507–521, mit einer Aufzählung der wichtigsten Te-igitur-Kommentare 508.

nau, was die Priester an Büchern benötigten. Sie mussten, vor allem nach den verschiedenen Liturgiereformen ab der karolingischen Zeit, für den korrekten liturgischen Vollzug diverse Bücher handhaben, wie sie beispielsweise in einer von Bischof Haito von Basel (807–823) erlassenen Vorschrift auch aufgezählt werden:

„... *Sexto, quae ipsis sacerdotibus necessaria sunt ad discendum, id est sacramentarium, lectionarius, antiphonarius, baptisterium, compotus, kanon paenitentiales, psalterium, homiliae per circulum anni dominicis diebus et singulis festivitatibus aptae.*“[4]
„... Sechstens, was diesen Geistlichen nötig ist zum Messelesen, also Sakramentar, Lektionar, Antiphonar, Taufordnung, Berechnung des Osterfestkreises, Bußpsalmen, Psalter, Predigten für den Jahreslauf.“

Sieben verschiedene Buchgattungen werden hier genannt – und wenig davon ist in Basel bzw. überhaupt erhalten geblieben, überdies dann auch noch zufällig und bis auf wenige Ausnahmen nicht in den geschilderten, kompletten Sets, die eigentlich schon für jede Pfarrkirche überall vorhanden waren. Am ehesten wurden Handschriften aufbewahrt, wenn sie kostbare Buchmalereien aufwiesen – und um solche Handschriften soll es uns im Folgenden gehen – oder wenn dem Schreiber besondere Verehrung entgegengebracht wurde, wie bei Psalter und Bibel des hl. Bernward.[5] (Um es wenigstens einmal angesprochen zu haben: Zwar gibt es Paderborner Handschriften der Meinwerkzeit, aber das sind Studienbücher, die außerhalb unserer Betrachtung liegen.)[6] Die erste Einschränkung betrifft also rein quantitativ die Überlieferungsdichte.

Zum andern gibt auch die bewusst weit gefasste Formulierung des Themas zu Vorüberlegungen Anlass. Was „heilige Orte“ aus Sicht des Philosophen sind, haben wir bereits gehört. Und es ist ja selbstverständlich, dass ‚Heilige Orte‘ sowohl eine statisch-bauliche Bedeutung haben als auch eine spirituell-auslegungsmäßige. Aus Sicht der

4 Capitula Episcoporum 1, hg. von P. Brommer (MGH Leges, 2. Sectio, t. 1), Hannover 1984, 362–366, Nr. 177, hier: 363.

5 Bernwardpsalter: Wolfenbüttel, HAB, Cod. Guelf. 113 Noviss. 4°; dazu: M. E. Müller (Hg.), Der Bernward-Psalter im Wandel der Zeiten. Eine Studie zu Ausstattung und Funktion. Wiesbaden 2013. – Bibel: Hildesheim, Dom- und Diözesanmuseum DS 61; dazu: U. Knapp (Hg.), Buch und Bild im Mittelalter, Hildesheim 1999, 32–37 (Lit.).

6 Dazu H.-W. Stork, Paderborner Handschriften in Leipzig, in: R. Althaus (Hg.), In verbo autem tuo, domine – Auf Dein Wort hin, Herr [FS Hans-Josef Becker], Paderborn 2018, 509–530.

Handschriftenkunde oder, allgemeiner, der Kunstgeschichte könnte man sich beim Thema „Heilige Orte“ mit der reiseführerartig aufzufassenden Schilderung von sakralem Terrain beschäftigen; *loca sancta* ist nachgerade ein feststehender Begriff für die Orte in Palästina, die mit dem Leben und Wirken Jesu in Verbindung gebracht werden können.[7] Berühmt ist in diesem Zusammenhang die Reisebeschreibung der Egeria ins Heilige Land in den Jahren 381 bis 384.[8] Besonders die großen Gedächtnisorte christlicher Überlieferung – Bethlehem, Jerusalem, Rom – werden dort beschrieben, an die zu erinnern sich Bischof Meinwerk durch seinen Kirchenkranz um Paderborn ja vorgenommen hatte.[9] Dazu hören wir später noch.

Die eben zitierte Aufzählung liturgischer Bücher macht nicht deutlich genug darauf aufmerksam, dass in der Auffassung der Schrift- und Liturgieerklärer des Mittelalters die Texte der Evangelien stets an erster Stelle der Liturgica stehen. Der Abt Isaak des Zisterzienserklosters Stella (L'Étoile) bei Poitiers hat um die Mitte des 12. Jahrhunderts die schon von der Patristik herkommende Lehre von den beiden Offenbarungen, nämlich die der Schöpfung und die der Schrift (Origenes, hom. in Lev. 5,1 [SCh 286, 204–206]) in einer Predigt zum Evangelium von der Hochzeit zu Kana umfassender ausgelegt. Er schreibt:

7 P. Thomsen, Loca Sancta. Verzeichnis der im 1. bis 6. Jahrhundert n.Chr. erwähnten Ortschaften Palästinas mit besonderer Berücksichtigung der biblischen Stätten, Halle 1907.

8 Egeria: Itinerarium, Reisebericht. Mit Auszügen aus Petrus Diaconus, De locis sanctis. Die heiligen Stätten. Lateinisch-deutsch, übersetzt und eingeleitet von G. Röwekamp unter Mitarbeit von D. Thönnes (FC 20), Freiburg $^{2}$2000; Aetheria / Egeria, Reise in das Heilige Land, lateinisch / deutsch von K. Brodersen (Sammlung Tusculum), Berlin 2016.

9 P. Johanek, Die Mauer und die Heiligen. Stadtvorstellungen im Mittelalter, in: W. Behringer, B. Roeck, Das Bild der Stadt in der Neuzeit 1400–1800, München 1999, 26–38; E. Herzog, Die ottonische Stadt. Die Anfänge der mittelalterlichen Stadtbaukunst in Deutschland, Berlin 1964, 102–115; M. Becher, Die Pfarrverhältnisse in Paderborn bis zur Pfarreinteilung von 1231 und die frühe Entwicklung der Stadt, in: WestfZs 148 (1998) 261–294; vgl. auch die Beiträge von Stefan Kopp und Clemens Kosch in diesem Band sowie H. J. Böker, *Per Grecos Operarios*. Die Bartholomäuskapelle in Paderborn und ihr byzantinisches Vorbild, in: N. Börste, S. Kopp (Hg.), 1000 Jahre Bartholomäuskapelle in Paderborn. Geschichte – Liturgie – Denkmalpflege, Petersberg 2018, 36–55.

> Sermo 9, 6: „Meine Brüder, das wahre Wort Gottes, das Fleisch geworden ist, der Herr Jesus selbst, unser einziger Lehrer, wurde für uns zum Buch – *etiam nobis liber fit.* [...]
> 9, 7: Das heilige Wort selbst, das die glücklichen Augen der Apostel in leiblicher Gestalt sehen durften, ist heute bei uns – sichtbar im Buchstaben, im Sakrament berührbar. Wenn er auch im Fleisch abwesend ist, in der Schrift ist er bei uns. [...]
> In seiner Güte gab er uns sein Heiliges Evangelium, damit der Text des Heiligen Evangeliums der gegenwärtige Körper des sichtbaren Wortes sei – *ut sit quasi visibilis Verbi praesens corpus, sancti Evangelii textus.*"[10]

Isaak von Stellas Ausdeutung des materiellen Evangelienbuches steht in einer ganzen Reihe von Ausdeutungen nach den vier Schriftsinnen.

Im Verlauf des Mittelalters wurden die liturgischen Bücher nochmals genauer differenziert in Evangeliare – mit dem vollständigen Text der vier Evangelien – und Evangelistare, die lediglich jene Texte beinhalten, die auch wirklich in der Liturgie verwendet wurden, also gewissermaßen eine praxisbezogene „Kurzfassung" darstellten. Oberbegriff blieb Evangeliar. Jedes Evangeliar hat in der ausdeutenden Auffassung des Mittelalters *per se* einen sakramentalen Bezug; die Buchstaben des Evangeliums kann man sehen, Christus im Sakrament erfahren. Der Leitbegriff dafür ist *textus evangelii.* Thomas Lentes formuliert es umgangssprachlich-salopp so:

> „Nicht also den Sonderdruck aus der Bibel mit irgendwelchen Evangelientexten bezeichnete *textus Evangelii*, sondern jenen Kodex, der für die Liturgie geschaffen worden war, die einzelnen Evangelienlesungen für die Messe versammelte, sowie bei den Prozessionen innerhalb und außerhalb der Messe herumgetragen und verehrt wurde."[11]

Das Buch selbst, der *textus Evangelii* selbst ist mithin heilig, hat eine ihm eigene Sakralität, und verwandelt die Orte, an welchem es gebraucht wird, in „heilige Orte".

Nun weist aber jede Evangeliar- bzw. Evangelistar-Handschrift mit dem sog. *Capitulare Evangeliorum*[12] eine Lesehilfe – man könnte fast

10 Isaak von Stella, Sermones. Eingeleitet von W. G. Buchmüller (FC 52, 1), Freiburg 2012, 263, 265; Übersetzung nach T. Lentes, *Textus Evangelii.* Materialität und Inszenierung des *textus* in der Liturgie, in: ‚Textus' im Mittelalter. Komponenten und Situationen des Wortgebrauchs im schriftsemantischen Feld, hg. von L. Kuchenbuch und U. Kleine, Göttingen 2006, 133–148.

11 Lentes, *Textus Evangelii* (s. Anm. 10), 134.

12 T. Klauser, Das römische Capitulare Evangeliorum. Texte und Untersuchungen zu seiner ältesten Geschichte (LQF 28), Münster 1935.

formulieren eine Regieanweisung – auf, die die über das Kirchenjahr verteilten *lectiones* angibt, wie sie im Wortgottesdienst gebraucht werden, beginnend mit der Vigil der Weihnachtsmesse; gelegentlich heißt diese Aufstellung auch genauer *ordo evangeliorum per annum* oder auch *comes*, weil sie den Geistlichen immer als Leitfaden zur Verfügung stehen musste.[13]

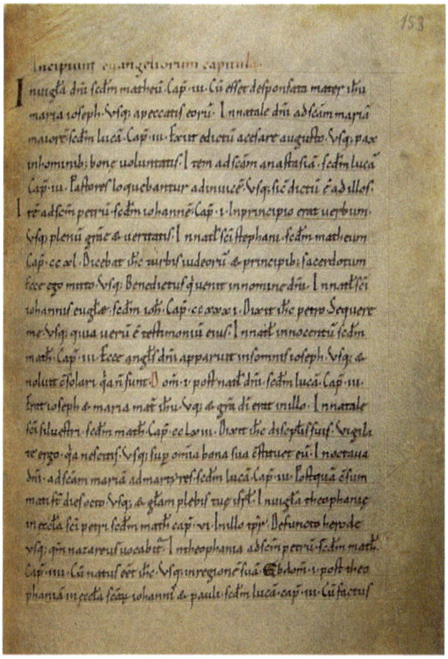

Abb. 1 | Hamburg, Staats- und Universitätsbibliothek, Cod. in scrin. 87, fol. 153r

Die Abb. 1 zeigt den Beginn eines solchen *Capitulare evangeliorum* in einer Handschrift um 1000 aus dem Corveyer Skriptorium, jetzt in Hamburg (sog. „Elfenbeinevangeliar“). *Incipiunt evangeliorum capitula* lautet die Überschrift: „Es beginnen die Abschnitte der Evangelien.“ Die erste angegebene Lesung ist die zur Vigil des Weihnachtsfestes. In der dritten Zeile steht die Eintragung für die (erste) Messe zu Weihnachten selbst: *„In natale domini“* mit dem für unser Thema wichtigen Zusatz *„ad sanctam mariam maiorem“* – gemeint ist Santa Maria Maggiore in Rom, wo der Papst den sog. Stationsgottesdienst feierte. Danach steht die Stellenangabe: *„secundum Lucam Capitulum III“* und der Textbeginn: *„Exiit edictum a cesare augusto“*, bis: *„pax in hominibus“*. Dieses Anzitieren der entsprechenden Bibelstelle war vor der Erfindung der Kapiteleinteilung durch den Erzbischof von Canterbury, Stephan Langton, um 1210 die einzige probate Möglichkeit, sich im Text zu orientieren. Hier wie in den nächsten Beispielen wird also in der Leseordnung selbst auf heilige Orte verwiesen: auf Santa Maria Maggiore, wo Re-

13 E. Palazzo, A history of liturgical books, from the beginning to the thirteenth century, Collegeville / Minn. 1998, 93, Anm. 270; E. J. Thiel, Die liturgischen Bücher des Mittelalters, in: Börsenblatt für den Deutschen Buchhandel. Frankfurter Ausgabe 23, Frankfurt 1967, 2379–2395.

liquien der Krippe Christi aufbewahrt werden und somit auf Betlehem, auf St. Peter – *ad Sanctum Petrum* – mit dem Tropaion für den Apostelfürsten, oder im weiteren Verlauf des *Comes* auf Santa Croce in Gerusalemme. So standen die stadtrömischen Kirchen stellvertretend für die in Palästina. Johann Peter Kirsch meint dazu: „Das ‚Jerusalem' in Rom war die Kirche des heiligen Kreuzes im Sessorianischen Palaste, die auch in der Karfreitagsliturgie ihre entsprechende Stelle hatte, wie das ‚Bethlehem' in Rom S. Maria Maggiore war, als bei dieser Basilika eine Nachbildung der Geburtsgrotte des Heilandes geschaffen" wurde.[14] An insgesamt 87 Tagen im Verlauf des Kirchenjahres wurde bis zur Liturgiereform des II. Vatikanischen Konzils auf eine *statio* in einer stadtrömischen Kirche verwiesen.[15]

Wie gesagt, haben sich keine Bücher erhalten, die Bischof Meinwerk für seine Bischofskirche hatte anfertigen lassen – dass es solche gegeben haben muss, ist unstrittig, denn sonst hätte kein Gottesdienst gefeiert werden können. Dass Meinwerk übrigens durchaus in der Lage war, die zur Buchherstellung benötigten Pergamente aufzubringen, belegt eine Episode, an der Kaiser Heinrich II. und Bischof Meinwerk beteiligt waren. In den Jahren um 1031 – ein Teil des Domneubaus war gerade eingestürzt – ließ Meinwerk „auf allen seinen Haupthöfen die trächtigen Schafe schlachten und befahl, aus den Fellen der in ihrem Leibe geborenen Lämmer einen Pelzmantel herzustellen".[16] Bis zu diesem Schritt ist der Fertigungsprozess genau derselbe wie bei der Pergamentherstellung für Bücher. Hier aber wurde ein Mantel für den König aus den Tierhäuten gefertigt und nicht etwa Beschreibstoff für Bücher ...

14 J. P. Kirsch, Die Stationskirchen des Missale Romanum. Mit einer Untersuchung über Ursprung und Entwicklung der liturgischen Stationsfeier (Ecclesia orans 19), Freiburg 1926, 96.

15 Dazu die lakonische Bemerkung von Franz Ronig: „Früher fragten interessierte Menschen danach, was diese Namen im Meßbuch zu bedeuten hätten. Aber die Reformer meinten, unsere Liturgie dürfe kein ‚Museum' sein.", in: ders., Zur Liturgie des Limburger Domes. Wie sich nach dem Zeugnis des „Liber Ordinarius" die Liturgie in der Architektur entfaltete, in: C. Ehlers (Hg.), Deutsche Königspfalzen. Sechster Band. Limburg und Speyer, Göttingen 2005, 245–264, hier: 247, Anm. 4.

16 G. M. Berndt (Hg.), Vita Meinwerci episcopi Patherbrunnensis – Das Leben Bischof Meinwerks von Paderborn. Text, Übersetzung, Kommentar (Mittelalter Studien 21), München 2009, cap. 178, 209 mit Anm. 739 zum Einsturz.

Abb. 2 | Kassel, Murhard’sche und Landesbibliothek, Ms. theol. 2° 60, fol. 1r

Aber – um wieder auf die Handschriften zu kommen – es gibt wenigstens einen von der Ausstattung mit Buchmalerei her hochwertigen Codex, der vielleicht mit Bischof Meinwerk in Verbindung zu bringen ist: das Evangeliar für das Paderborner Abdinghofkloster, jetzt in der Murhard’schen und Landesbibliothek in Kassel (Ms. theol. 2° 60). Wenn die Konnotation stimmt, gehört es zur Gründungsausstattung von Handschriften für die neue Klostergründung; dass in der *Vita Meinwerci* davon berichtet wird, wie die Mönche ein Antiphonar und ein Hymnar mit sich brachten, hörten wir bereits. Der Kasseler Codex ist aus zwei Teilen zusammengesetzt; einem Evangeliar (fol. 1–151) und dem Anfang eines Evangelistars (fol. 152–159). Vor dem eigentlichen Textbeginn sind (fol. 1r, 2v, 3v, 12r) ganzseitige Federzeichnungen vorgeschaltet[17]:

Auf fol. 1r findet sich die Kreuzigung Christi mit Maria und Johannes unter dem Kreuz, wobei der Kasseler Codex diese uralte Tradition des Beginns eines Evangeliars mit einem Kreuzbild weiterführt.[18] Eine Schlange – wohl die des Paradieses – ringelt sich um den Kreuzstamm – nach alter Tradition ist das Kreuz Christi dort aufgerichtet worden, wo im Paradies der Baum der Erkenntnis von Gut und Böse stand –, und unterhalb von Johannes sitzt eine Frauengestalt mit nackten Brüsten und einem Füllhorn; vielleicht die Erde,

17 Ausführliche Beschreibung bei W. Hopf (Hg.), Die Landesbibliothek Kassel 1580–1930, 2. Teil: Handschriftenschätze der Landesbibliothek Kassel, beschrieben von Gustav Struck, Marburg 1930, 76–79, mit Taf. 8 (fol. 3v) und 19 (Einband); G. Bauer, Corvey oder Hildesheim? Zur ottonischen Buchmalerei in Norddeutschland. Phil. Diss., 2 Bde., Hamburg 1977, Bd. 2 (Katalog), 124–136; U. Kuder, Studien zur ottonischen Buchmalerei, Kiel 2018, 510–520, passim.

18 B. Bischoff, Kreuz und Buch im Frühmittelalter, [wieder] in: ders., Mittelalterliche Studien, Bd. II, Stuttgart 1967, 284–303, hier: 288. – Freundlicher Hinweis von Ulrich Kuder, Kiel.

Abb. 3 | Kassel, Murhard'sche und Landesbibliothek, Ms. theol. 2° 60, fol. 2v

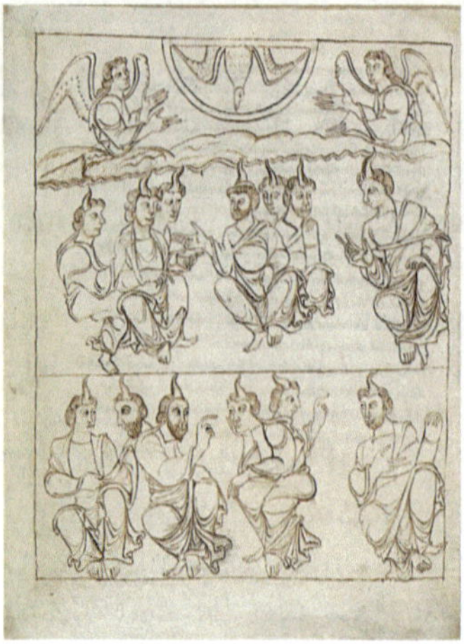

Abb. 4 | Kassel, Murhard'sche und Landesbibliothek, Ms. theol. 2° 60, fol. 3v

Abb. 5 | Kassel, Murhard'sche und Landesbibliothek, Ms. theol. 2° 60, fol. 12r

„die den sündigen von allem Übel befreiten Menschen (nach Beissel: ein Kind) zum Erlöser emporhebt."[19]

Die weiteren Miniaturseiten zeigen auf fol. 2v (Abb. 3) die Frauen am Grabe und die Höllenfahrt Christi[20], auf fol. 3v (Abb. 4) Pfingsten

19 Struck, Handschriftenschätze (s. Anm. 17), 77.
20 Zum Anastasis-Bild Bauer, ottonische Buchmalerei (s. Anm. 17), 305–307.

mit der Taube im Halbrund zwischen Engeln; darunter in zwei Reihen die Apostel; auf fol. 12r (Abb. 5) schließlich als Einzelmotiv die Majestas Domini mit dem Weltenrichter als großer bärtiger Gestalt; wie sitzend dargestellt, aber ohne Thron, mit Buch und die Rechte segnend erhoben.

Derartige Federzeichnungen begegnen in der Buchmalerei des Klosters Corvey und den von dort abhängigen Werkstätten häufiger, wie ein Blick auf das Corveyer Evangeliar in Wolfenbüttel (Cod. Guelf. 16.1 Aug. 2°)[21] oder die – später nachkolorierte – Handschrift in Leipzig (UB, Ms. 76)[22] zeigt. Sie haben aber, eindrücklich wie sie sind, einen anderen Stellenwert als die Miniaturen, die in den Handschriften, die uns hier beschäftigen, in einem ausgewogenen Text- Bild-Gefüge stehen. Zur künstlerischen Qualität der Wolfenbütteler Federzeichnungen lautet das Urteil von Albert Boeckler[23], dass sie zu den bedeutendsten Leistungen der niedersächsischen Buchmalerei in ottonischer Zeit zählen. „Sie gehören zu ihren ersten großen Schöpfungen.“[24] Aber: mit der üblichen Art der Evangeliar-Illustration hat die malerische Ausstattung des Abdinghofer Evangeliars nichts zu tun; die ansonsten auch durch ihre auf leeren Seiten eingetragenen Schatzverzeichnisse[25] bis zurück zur Zeit Meinwerks wichtige Handschrift bildet also mit vier weiteren Handschriften[26] einen Sonderfall.

21 C. Winterer, Das Wolfenbütteler Evangeliar mit den Federzeichnungen (Cod. Guelf. 16.1 Aug. 2°). Ikonographische Vielfalt und Dialogdarstellungen im ottonischen Corvey, in: P. Carmassi (Hg.), Präsenz und Verwendung der Heiligen Schrift im christlichen Frühmittelalter: exegetische Literatur und liturgische Texte, Wiesbaden 2008, 373–404; Kuder, ottonische Buchmalerei (s. Anm. 17), 110–111, 183–184.

22 Ebd., 181–182, 406–411, 422–426.

23 A. Boeckler, Abendländische Miniaturen bis zum Ausgang der romanischen Zeit, Berlin 1930, 51–52.

24 W. Milde, Mittelalterliche Handschriften der Herzog August Bibliothek, Frankfurt 1972, 46.

25 B. Bischoff, Mittelalterliche Schatzverzeichnisse, Bd. 1, München 1967, Nr. 62a, S. 69f; H. J. Schmalor, Die westfälischen Stifts- und Klosterbibliotheken bis zur Säkularisation, Paderborn 2005, 81–82.

26 Wolfenbüttel 16.1 Aug.; München Cod. lat. 10077; Berlin, Ms. theol. lat. fol. 5; Leipzig Cod. CXC. – Dazu R. Freyhan, in: H. Deckert, R. Freyhan, K. Steinbart (Hg.), Religiöse Kunst aus Hessen und Nassau. Kritischer Gesamtkatalog der Ausstellung Marburg 1928, Textbd., Marburg 1932, 11.

Im Folgenden sollen nun solche liturgischen Handschriften aus der Meinwerkzeit in den Blick genommen werden, die ein „durchkomponiertes" Bildprogramm aufweisen, wo also in den Verlauf des Textes an signifikante Stellen thematisch zugehörige Einzelbilder oder Bildfolgen eingefügt sind. Um dem Thema gerecht zu werden, muss man Codices in die Betrachtung einbeziehen, die aus anderen, aus den umliegenden Bistümern stammen; ich denke in erster Linie an Codices aus Trier, Hildesheim und Minden, wo die Namen der Bischöfe Egbert von Trier (977–993), Bernward von Hildesheim (993–1022) und Sigebert von Minden (1022–1036) für großartige Kunststiftungen stehen.

## 1 Egbert von Trier (um 950–993)

Egbert, Graf von Holland, um 950 geboren, wurde für seine Tätigkeit in der sog. Hofkapelle der Kaiser umfassend ausgebildet, und, 976 Kanzler Kaiser Ottos III., von diesem im Jahr 977 zum Erzbischof von Trier eingesetzt. „Hofkapelle" bezeichnet hier die vor allem von Klerikern besetzte, zentrale Verwaltungseinrichtung der Kaiser ab der karolingischen bis weit in die salische Zeit.[27] Dort wurden unter der Leitung des Erzkaplans – *archicapellanus* – sowohl alle sakralen Handlungen am Hofe vorbereitet als auch schriftliche Verwaltungsaufgaben, also die Ausfertigung von Urkunden, vorgenommen. Eine Ausbildung für die Arbeit in der Hofkapelle war für junge Geistliche fast schon die Garantie für späteres Wirken als Bischof oder Erzbischof in den Diözesen des Reiches. Gerade in der uns hier interessierenden Zeit um 1000 kann man eine Mitarbeit in diesem – wie wir heute sagen würden – einzigartigen Netzwerk der Hofkapelle für jeden späteren Bischof des Reichsgebietes belegen.

Egbert förderte in seinem Bistum die Schönen Künste maßgeblich. Eng mit der Malerschule des Benediktinerklosters auf der Insel Reichenau verbunden, ließ er sich bzw. oder im Trierer Kloster St. Maximin mehrere Handschriften anfertigen, die im Grunde – auch

27 J. Fleckenstein, Die Hofkapelle der deutschen Könige, Bd. 2: Die Hofkapelle im Rahmen der ottonisch-salischen Reichskirche, Stuttgart 1966.

Abb. 6 | Trier, Stadtbibliothek, Ms. 7/9, sog. „kleiner Psalter“ Erzbischof Egberts

wenn nicht alle erhalten blieben – den Anforderungen Haitos von Basel entsprechen.

Ganz sicher für seinen persönlichen Bedarf hergestellt ist diese kleinformatige Handschrift mit den Psalmen, wobei bis fol. 52 der 203 Blätter umfassenden Handschrift dem lateinischen Psaltertext der griechische als Interlinearversion hinzugefügt wurde. Die purpurgefärbte Seite links ist ein gelehrter Prolog, bei dem es um die Übersetzungen des Hieronymus aus dem Griechischen und Lateinischen geht.

Gewissermaßen offizielle Funktionen auch repräsentativer Art konnte der „große“ Psalter übernehmen, heute in Cividale (Mus. Archeologico Nazionale Ms. CXXXVI)[28]; der durch den Mönch Ruodprecht von der Reichenau ebenfalls für den Trierer Erzbischof geschaffen wurde. Die Bildausstattung des Psalters – der mit 23,8 × 18,8 cm vom Format nicht übermäßig groß ist – ist ungewöhnlich und beginnt auf den ersten Doppelseiten mit Dedikationsszenen: der Mönch Ruodprecht, der dem thronenden Erzbischof Egbert sein Werk überreicht:

28 C. Barberi, Psalterium Egberti. Facsimile del ms. CXXXVI del Museo Archeologico Nazionale di Cividale del Fiuli. Ministero per i Beni e le Attività Culturali, Friuli 2000.

Abb. 7 | Cividale, Museo Archeologico Nazionale, Ms. CXXXVI), Egbert-Psalter, fol. 16v/17r, donum fert

Abb. 8 | Egbert-Psalter, fol. 18v/19r, Qui tibi dat munus

> Donum fert Ruodprecht (16v) / quod presul suscipit Egbreht (17r)
> Ruodprecht bringt das Geschenk / das Bischof Egbert empfängt.

und dann, auf der nächsten Doppelseite, Egbert, der seinerseits mit verhüllten Händen den Psalter dem Heiligen Petrus überreicht

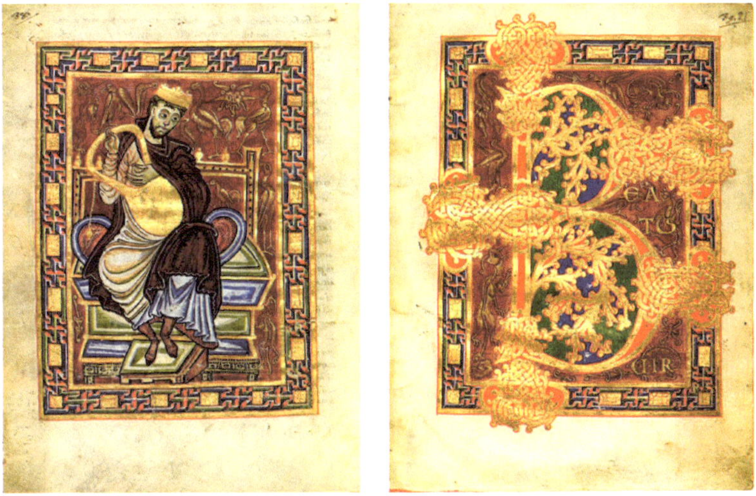

Abb. 9 | Egbert-Psalter, fol. 20v/21r, musizierender König David

Qui tibi dat munus (18v), dele sibi, Petre, reatus (19r).
... die dieser dir als Gabe gibt; tilge Du, o Petrus, seine Schuld.

Es schließt sich das Bild des musizierenden Königs David an, daneben der Beginn des Psalters mit dem ersten Psalm, „B'eatus vir – Selig der Mann [...]“.

Im weiteren Verlauf der Psalterhandschrift ist nach jeweils zehn Psalmen eine Doppelseite eingefügt, bei der links einer der Trierer Bischöfe, rechts der Initialbuchstabe des folgenden Psalms präsentiert wird. – An sich ist eine solche amtsgenealogische Folge von Bischofsporträts[29] ungewöhnlich. In der Entstehungszeit des Psalters suchte Egbert allerdings den Primat des Trierer Erzstuhles über die anderen rheinischen Bistümer, vor allem Köln, zu festigen und hob darauf ab, dass Petrus selbst den ersten Trierer Bischof Eucharius bestimmt habe. – Der in zwei Ausfertigungen vorhandene Psaltertext hat also, das ist unbestritten, einen hohen Stellenwert für den Trierer Erzbischof.[30]

29 U. Nilgen, Amtsgenealogie und Amtsheiligkeit. Königs- und Bischofsreihen in der Kunstpropaganda des Hochmittelalters, in: K. Bierbrauer, P. K. Klein, W. Sauerländer (Hg.), Studien zur mittelalterlichen Kunst [FS Florentine Mütherich], München 1985, 217–234.

30 F. Heinzer, „Wondrous Machine“. Rollen und Funktionen des Psalters in der mit-

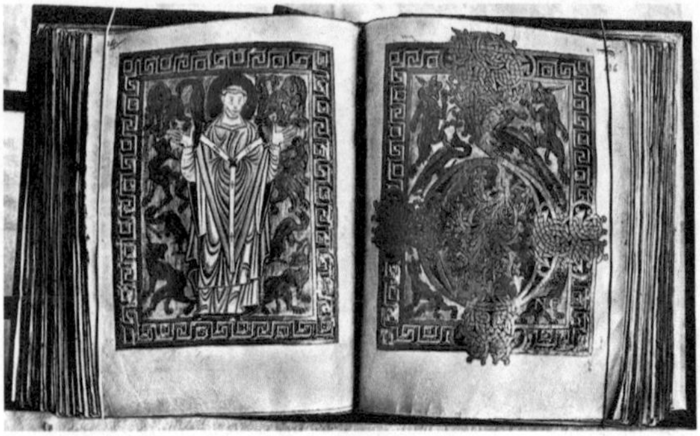

Abb. 10 | Egbert-Psalter, fol. 135v/136r

Nur kurz erwähnt sei der weithin bekannte Egbert-Codex der Trierer Stadtbibliothek (Ms. 24), ein Perikopenbuch mit den Evangelienabschnitten in der Reihenfolge des Kirchenjahres, der die von Egbert verwendeten Liturgica mit Recht anführt – ob es nun ein Geschenk der Malermönche Kerald und Heribert von der Reichenau an den neuen Trierer Erzbischof war oder eine von diesem bestellte Arbeit, sei dahingestellt; jedenfalls ist der Egbertcodex die erste Handschrift überhaupt mit einem Bilderzyklus zum Leben Jesu, in 51 Miniaturen.[31]

## 2 Bernward von Hildesheim (um 950–1022)

Auch in Hildesheim, wo ab 872 unter Bischof Altfrid ein erster Dom errichtet wurde, war es Bischof Bernward, der für eine reiche Ausstattung seines Domes mit Handschriften sorgte. Auch hier waren wieder Brandkatastrophen Auslöser für umfangreiche fromme Stiftungen. Die Hildesheimer Annalen berichten für das Jahr 1013, dass im Altfrid-Dom ein Brand ausbrach, der auf die Schatzkammer übergriff und dem „wertvolle Ausstattungsstücke für den Gottesdienst und eine

telalterlichen Kultur, in: J. Bepler, C. Heitzmann (Hg.), Der Albani-Psalter. Stand und Perspektiven der Forschung (Hildesheimer Forschungen 4), Hildesheim 2013, 15–31.

31 Zur Gruppe gehört noch ein Epistolar, heute Berlin, Staatsbibliothek Preuss. Kulturbesitz, Ms. theol. lat. fol. 34, auf das hier nicht weiter eingegangen werden soll; vgl. F. Ronig (Hg.), Egbert. Erzbischof von Trier 977–993. Gedenkschrift der Diözese Trier zum 1000. Todestag (Bd. 1: Katalog- und Tafelband, Bd. 2: Aufsätze), Trier 1993, hier Bd. 1, Nr. 11, S. 24–25, Taf. 55–67.

Abb. 11 | Trier, Stadtbibliothek, Ms. 24, Egbert-Codex, fol. 2, Widmungsbild

unübersehbar große Zahl von Handschriften zum Opfer gefallen"[32] seien. Bischof Bernward ging sofort daran, seine Kathedrale neu aufzubauen und „in wunderbarer Schönheit zu verschönern" (ebd.). Bernwards Chronist Thangmar „berichtet von kostbaren Evangelienbüchern, ‚die von Gold und Edelstein prangten', von Rauchfässern mit ‚bedeutendem Wert und Gewicht' sowie von mehreren kunstvollen Kelchen aus Onyx, Kristall und purem Gold" (ebd.) – Bernward war, wie schon etwa gleichzeitig mit ihm Egbert von Trier auch, Mitglied der Hofkapelle. Als *aulicus scriba doctus* – ‚gelehrter Hofschreiber' bezeichnet er sich in einer Urkunde, und die Diplomatik – Wissenschaft von der Urkundenlehre – hat ihn auch tatsächlich als Schreiber von Königsurkunden bestätigt.[33] Es ist interessant zu sehen, wie die Kenntnisse und Fertigkeiten der ottonischen Bischöfe – dort ein *sapiens architectus*, hier ein *scriba doctus* – hin und her oszillieren ...

Die in unserem Zusammenhang wichtigste Handschrift ist das so genannte „Kostbare Evangeliar Bernwards", um 1015 in Hildesheim entstanden und heute eines der Prunkstücke des Dommuseums (Hs. DS 18).[34]

32 https://www.dommuseum-hildesheim.de/de/domschatz-hildesheim

33 H. J. Schuffels, „Aulicus scriba doctus" – Bernward in der Königskanzlei, in: M. Brandt, A. Eggebrecht (Hg.), Bernward von Hildesheim und das Zeitalter der Ottonen, Band 2, Hildesheim – Mainz 1993, 247–250.

34 M. Brandt (Hg.), Das Kostbare Evangeliar des Heiligen Bernward, München 1993; J. P. Kingsley, The Bernward Gospels. Art, Memory and the Episcopate in Medieval Germany, Pennsylvania 2014; dazu die nacherzählende Rezension von

Abb. 12 | Hildesheim, Dommuseum, Hs. DS 18, „Kostbares Evangeliar Bernwards“, fol. 16v/17r

Die gegenüberliegenden Seiten 16v und 17r sind als Dedikationsseiten gestaltet. Links sieht man Bernward vor oder neben einem Altar, rechts die thronende Gottesmutter mit ihrem Sohn. Wie eine Zusammenfassung fungiert die Inschrift auf dem großen Bogen über der Gottesmutter:

> OFFERT CHR(I)STE TIBI S(AN)C(T)AEQ(UE) TVAE GENETRICI
> Er bringt es dir [gemeint ist das Buch], Christus, und deiner heiligen Mutter dar.
> Die Schriftzeilen links oberhalb und unterhalb der Dedikationsszene beschreiben mehr:
> HOC EVANGELICU(M) DEVOTA M(EN)TE LIBELLUM / VIRGINITAS AMOR P(RAE) STAT TIBI S(AN)C(T)A MARIA + PRAESUL BERNVVARD(US) VIX SOLO NOMINE DIGNUS ORNATVS TANTI VESTITI PONTIFICALI
> ‚Dieses Evangelienbuch gibt dir, der du die Jungfräulichkeit liebst, heilige Maria, demütigen Sinnes Bischof Bernward, der, kaum des Namens würdig, mit so reicher bischöflicher Tracht geschmückt ist.‘[35]

Bischof Bernward steht seitlich neben oder zumindest vor den Stufen des Altars und hält einen geschlossenen Codex; er ist im Begriff,

J. H. Vennebusch, in: Journal für Kunstgeschichte 21 (2017) 213–218; Kuder, ottonische Buchmalerei (s. Anm. 17), 425–431 und passim.

35 So die Übersetzung im Beitrag Kuder, in: Brandt, Eggebrecht (Hg.), Bernward von Hildesheim (s. Anm. 33), 575.

diesen – so sagt es die Widmungsinschrift[36] – in Mariens ausgestreckte Hand zu legen. Der Codex ist immerhin so präzise gemalt, dass man das Gold seines Deckels und die vier größeren Steine erkennen kann, die zusammen mit einer Reihe kleinerer Steine seinen Schmuck bilden.

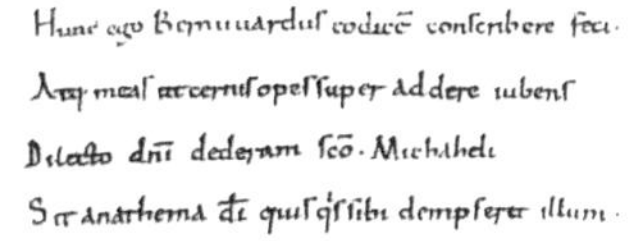

Abb. 13 | Kostbares Evangeliar, fol. 231v

Auf dem Altar liegt eine grün-silbern gestreifte Decke; auf oder neben einem Tragaltar stehen der eucharistische Kelch und die zugehörige Patene. Seitlich vom Altar sind fünf Leuchter platziert. – Wie beziehungsreich ist es doch, dass im Hildesheimer Domschatz zwei 41 bzw. 42 cm hohe silberne Leuchter erhalten blieben, deren Widmungsinschriften ausdrücklich auf Bernward als Stifter der Leuchter verweisen: ‚Bischof Bernward befahl seinem Knecht, diesen Leuchter in der ersten Blüte dieser Kunst nicht aus Gold, nicht aus Silber und doch wie du siehst zu gießen.'[37]

Die Handschrift enthält auf fol. 231v einen eigenhändigen Eintrag Bernwards, der bezeugt, dass er selbst sie in Auftrag gegeben und dem hl. Michael – dem seit 1015 der Altar in der Krypta des Domes geweiht war – gestiftet habe:

*Hunc ego Bernwardus codicem constribere feci*
*At[que] meas ut cernis opes super addere iubens*
*Dilecto d[omi]ni dederam s[an]c[t]o Michaheli*
*Sit anathema d[e]i quisq[ui]s sibi dempserit illum.*

„Diesen Codex habe ich, Bernward, schreiben lassen, und ich habe ihn mit dem Befehl, meine Schätze hinzuzufügen, wie du siehst, dem vom Herrn geliebten, dem hl. Michael, übergeben. – Gottes Fluch treffe jeden, der ihn [den Codex] ihm wegnimmt."[38]

36 B. Bruns, Das Widmungsbild im Kostbaren Evangeliar des hl. Bernward, in: Die Diözese Hildesheim in Vergangenheit und Gegenwart 65 (1997) 29–55.

37 Brandt, Eggebrecht (Hg.), Bernward von Hildesheim (s. Anm. 33), 582; Deutsche Inschriften Bd. 58, Stadt Hildesheim, Nr. 5 (C. Wulf), in: www.inschriften.net, urn:nbn:de:0238-di058g010k0000502.) – H.-D. Münstermann, Die Bernwardleuchter von Hildesheim. Gestalt und Deutungsversuche. Posthum hg. von Hildegard Münstermann, Herrsching 2017.

38 Zitat Kuder, in: Brandt, Eggebrecht (Hg.), Bernward von Hildesheim (s. Anm. 33), VIII–26, 564, 578.

Bernward von Hildesheim hat also tatkräftig und finanzstark Stiftungen für seine Bischofskirche und sein Bistum durchgeführt; die bis heute erhaltenen *vasa sacra* im Dommuseum Hildesheim zeigen es.[39]

## 3 Sigebert von Minden (um / vor 1000–1036)

Als ganz außergewöhnlicher Glückfall muss gewertet werden, dass sich für Bischof Sigebert von Minden – er war von 1022 bis 1036 Bischof dieses auch damals trotz einer Aufwertung durch die Vergabe der Immunität durch Kaiser Otto I. 961 nicht herausragend bedeutenden Bistums[40] – ein inhaltlich und künstlerisch homogener Satz von insgesamt acht aufeinander bezogenen liturgischen Handschriften erhalten hat, dazu kommen noch zwei weitere als Doppelstücke. Der Mindener Domherr Heinrich Tribbe († 1464) hat alle Handschriften noch selbst im Mindener Schatz gesehen und sie ausführlich in seiner heute so genannten „jüngeren Mindener Bistumschronik", um 1460 entstanden, beschrieben. Seiner Anordnung der Codices sei hier gefolgt und zunächst die Codices genannt, die erhalten sind:

| | |
|---|---|
| 1. Hymnar | Berlin, SBPK, Ms. theol. lat. oct. 1 |
| 2. Orationale | Wolfenbüttel, Herzog August Bibliothek, Cod. Guelf. 1151 Helmst. |
| dazu: | Einzelblatt, jetzt Berlin, SBPK, Ms. theol. lat. qu. 3, Fragment |
| dazu: | Elfenbeinrelief des ehem. Buchdeckels, Berlin, SBPK, Ms. germ. qu. 42 |
| 3. Graduale | Berlin, SBPK, Ms. theol. lat. qu. 15 |
| 4. Tropi carminum/ Liber hymnorum Notkeri Balbuli | Berlin, ehem. Preußische Staatsbibliothek, Ms.theol. lat.qu.11 derzeit: Kraków, Biblioteka Jagiellońska, Depositum |
| 5. Sakramentar | Berlin, SBPK, Ms.theol.lat.fol. 2 |
| 6. Lektionar | Berlin, ehem. Preußische Staatsbibliothek, Ms.theol. lat.qu.1 derzeit: Kraków, Biblioteka Jagiellońska, Depositum |

39 B. Gallistl, Bischof Bernwards Stiftung St. Michael in Hildesheim. Liturgie und Legende, in: Concilium medii aevi 14 (2011) (Internet-Ausgabe).

40 K. Ortmanns, Das Bistum Minden in seinen Beziehungen zu König, Papst und Herzog bis zum Ende des 12. Jahrhunderts. Ein Beitrag zur Germania Pontificia, Bensberg 1972.

| | |
|---|---|
| 7. Evangelistar | Berlin, SBPK, Ms.theol.lat.qu. 3 |
| 8. Graduale | Wolfenbüttel, Herzog August Bibliothek, Cod. Guelf. 1008 Helmst. |

Durch diese Beschreibungen der Sigebert-Handschriften aus dem 15. Jahrhundert wissen wir dazu noch von zwei verlorenen bzw. nicht identifizierten Codices aus dem Sigebert-Ornat:

| | |
|---|---|
| 9. | Evangelistar, *tenet omnium evangelistarium scripta* |
| 10. | Plenarium, *continet omnium evangelistarum scripta* |

Sigebert hat also ein Sakramentar – als Regiebuch für sämtliche gottesdienstlichen Handlungen unverzichtbar [Nr. 5] –, zwei Bücher für die gottesdienstliche Schriftlesung (Evangelistar [Nr. 7] und Lektionar [Nr. 9]), zwei Graduale [Nr. 3 und 8], und zwei Hymnare [Nr. 1 und 4] in Auftrag gegeben. Hymnar und Graduale gehörten neben den Lektionaren schon immer zur „Grundausstattung" an liturgischen Büchern. In der *Vita Meinwerci* wird beispielsweise berichtet, dass die dreizehn Gründermönche von Kloster Abdinghof zur Gründung neben der Benediktusregel lediglich ein Antiphonar und ein Hymnar mitbrachten.[41] Von dem Evangeliar aus diesem Stiftungs-Zusammenhang (Kassel, Ms. theol. 2° 60) hörten wir ja schon. – Eine Psalterhandschrift, wie wir sie unter den Büchern des Egbert von Trier vorfanden, ist nicht dabei.

Die Handschriften befinden sich schon lange nicht mehr in Minden. Zwei Sigebert-Codices kamen schon um 1555 in den Besitz des aus Kroatien – damals lateinisch *Illyria* genannt – stammenden Kirchenhistorikers Matthias Flacius Illyricus, dann weiter mit dessen Bibliothek nach Helmstedt und schließlich nach Wolfenbüttel. Der größere Rest der Handschriften verblieb bis 1683 im Mindener Schatz, gelangte von dort nach Berlin in die Bibliothek des Kurfürsten Friedrich Wilhelm von Brandenburg (1640–1688) und aus dessen Bibliothek in die Staatsbibliothek Berlin. Wiederum zwei Codices waren im Krieg nach Schlesien ausgelagert und befinden sich derzeit als Depositum in der Biblioteka Jagiellonska in Krakau.

41 Berndt, *Vita Meinwerci* (s. Anm. 16), 107, cap. 26, Z. 32.

In der kunstgeschichtlichen und liturgiewissenschaftlichen Forschung wird die Sigebert-Handschriftengruppe auch als „Messbücherornat“[42] bezeichnet. Eine vergleichbare Serie von Handschriften, die ein Bischof für die liturgischen Aufgaben benötigt, hat sich nicht erhalten, sieht man einmal von den Codices für Erzbischof Egbert von Trier ab.

Wo die kostbaren Handschriften für Bischof Sigebert hergestellt wurden, hat die frühe Forschung nicht interessiert. Erst der Kunsthistoriker Wilhelm Vöge (1868–1952) wies sie 1893 dem Skriptorium von Sankt Gallen zu[43] – übrigens nicht die Elfenbeine, mit denen einige der Einbände kostbar ausgestattet sind und die wir zunächst betrachten wollen – denn auch ein Buch öffnet sich „von außen nach innen“. Die kunsthistorische Erforschung der Handschriften ging nach Vöge weiter mit einem Beitrag des aus Hannover stammenden Trierer Museumsdirektors Hans Graeven (1866–1905) aus dem Jahr 1903.[44] Auch hier sind die Werkstätten der Bücher von denen der Buchdeckel unterschieden.

Anders als die Handschriften selbst, die Werke des Skriptoriums des Benediktinerklosters von St. Gallen sind, hat schließlich Adolph Goldschmidt (1863–1944), der ab 1914 ein Corpuswerk der erhaltenen Elfenbeinarbeiten des Mittelalters vorlegte,[45] die Schnitzerwerkstatt der Buchdeckel mit den kostbaren Elfenbeinen direkt nach Minden lokalisiert. Es sind drei, dazu kommt ein byzantinisches Stück in Zweitverwendung. Die Elfenbeinplatten zeigen Bischof Sigebert,

42 Zu dieser nicht trennscharfen Bezeichnung vgl. Lectionarium [des Sigebert von Minden], Berlin, Ehem. Preußische Staatsbibliothek, Ms. theol. lat. qu. 1 (z. Zeit Kraków, Biblioteka Jagiellonska, Depositum), Farbmikrofiche-Edition, Liturgiegeschichtliche Einführung, Verzeichnis der Perikopen und Register von M. Klöckener, Historische Einführung und Verzeichnis der Handschriften des Bischofs Sigebert von Minden von W. Milde (Codices illuminati medii aevi 18), München 1993, 28 mit Anm. 6; F. K. Prassl, Das Mindener Graduale der HAB Wolfenbüttel, Codex Guelf. 1008 Helmst. Beobachtungen zur liturgischen und musikalischen Überlieferung, in: Schriftkultur und religiöse Zentren im norddeutschen Raum, hg. von P. Carmassi u. a., Wiesbaden 2014, 227–268.

43 W. Vöge, Die Mindener Bilderhandschriftengruppe, in: RKW 16 (1893) 198–213.

44 H. Graeven, Porträtdarstellungen Bischof Sigeberts von Minden, in: ZVGA 61 (1903) 1–22.

45 K. Kappel, C. Rückert, S. Trinks (Hg.), Atlanten des Wissens. Adolph Goldschmidts Corpuswerke 1914 bis heute, München 2016.

die vier Kirchenlehrer, einen spätantiken Dichter sowie, in Zweitverwendung, den thronenden Christus.

Abb. 14 | Berlin, SBPK, Elfenbein mit der Darstellung Bischof Sigeberts von Minden

Wenden wir uns zuerst dem Elfenbein mit der Darstellung Bischof Sigeberts[46] zu! Es schmückte ursprünglich die Handschrift mit dem *Ordo missae* aus dem ‚Ornat‘ Sigeberts (jetzt Wolfenbüttel, Herzog August Bibliothek, Cod. Guelf. 1151 Helmst.), wurde dort entfernt und ist heute in den schlichten, im 19. Jahrhundert angefertigten Buchdeckel einer ursprünglich nicht zugehörigen, völlig anderen, aber dennoch sehr berühmten Handschrift eingelassen, nämlich dem sog. Gebetbuch der Herzogin Maria von Geldern (Berlin, SBPK Ms. Germ. 4° 42). Domherr Tribbe führt den Codex samt Deckel in seiner Liste auf: *in quo dicti episcopi effigies intra librum pulchre et artificiose est depictus, exteriusque de ebore sculpta et ab aliis duabus ymaginibus suffulta et sublevata* – „in dem das Bild des erwähnten Bischofs im Buch schön und kunstvoll gemalt ist und auf dem Äußeren von Elfenbein gebildet“ ist.[47]

Das Elfenbein mit dem stehenden Bischof Sigebert ist 14 cm hoch und 7 cm breit. Sigebert steht bedeutungsmaßstäblich größer als die Assistenzfiguren frontal dem Betrachter zugewandt und ist mit

46 A. Goldschmidt, Die Elfenbeinskulpturen aus der Zeit der karolingischen und sächsischen Kaiser. VIII.–XI. Jahrhundert, Bd. 2, Berlin 1970, Nr. 145; Ausstellungskatalog (im Folgenden: AK) Corvey: Kunst und Kultur im Weserraum 800–1600. Ausstellung des Landes Nordrhein-Westfalen, Bd. 1: Beiträge zu Geschichte und Kunst. Bd. 2: Katalog. Münster 1967, Nr. 209. – AK Rhein und Maas. Kunst und Kultur 800–1400, Bd. 1: Katalog. Köln 1972, Bd. 2: Berichte, Beiträge und Forschungen, hier Bd. 1, 183, Nr. C 9; AK Ornamenta ecclesiae. Kunst und Künstler der Romanik, hg. von Anton Legner, Bd. 1–3, Köln 1985, hier Bd. 1, Nr. B 6, 155, mit Abb. S. 154 (beste Abbildung des Elfenbeins). – Wenigstens erwähnt sei, dass der Werkstatt ein weiteres Elfenbein zugeschrieben wird: T. Buddensieg, Über ein neugefundenes Elfenbein aus dem Umkreis des Echternacher Meisters, in: Museen in Köln, Bulletin 8 (1969) 814–815.

47 Zitat nach AK Corvey (s. Anm. 46), Bd. II, 519.

Abb. 15 | Cambridge, Fitzwilliam Museum, Elfenbeintafel mit stehendem Bischof

den Pontifikalgewändern angetan, unter denen das über die Schultern gelegte Rationale etwas Besonderes ist. Das Manipel über dem linken Arm korrespondiert mit dem Saumbesatz der Kasel. Die assistierenden Geistlichen halten mit verhüllten Händen zwei Codices – einer ist geöffnet, der andere geschlossen. In den unteren Ecken kauern zwei weitere Helfer, die einen Teppich zu Füßen des Bischofs ausbreiten. Damit Bischof Sigebert, nicht beschwert vom Gewicht seiner Pontifikalgewänder, besser ausschreiten könnte, hebt der rechte Assistent die langen Untergewänder – Albe und Dalmatik – an. Der linke Helfer hält zudem noch Sigeberts Bischofsstab mit einer einfachen Krümme, im Lauf der Jahrhunderte ist er im unteren Drittel gebrochen. In den oberen Ecken schauen aus Wolkensäumen das Agnus Dei – auch hier wieder mit Buch! – und die Taube des hl. Geistes.

Wenn Henry Mayr-Harting diese Szene knapp erläutert als Sigebert, „die Messe zelebrierend“,[48] greift das zu kurz. Schauen wir genauer hin! Vom Betrachter aus rechts ist der Geistliche mit dem geschlossenen Buch platziert; die Hand Sigeberts scheint leicht zur Faust geschlossen. Links ist das Buch geöffnet; hier weist der Bischof mit ausgestrecktem Zeigefinger auf den – so dürfen wir interpretieren – Text im geöffneten Buch. Dargestellt ist also der Zeitpunkt nach dem Ende des Wortgottesdienstes – das Evangeliar ist geschlossen und das Sakramentar geöffnet.

48 H. Mayr-Harting, Öffentliches Gebet und private Meditation in liturgischen Büchern. Das Beispiel des ottonischen Kölns, in: Mittelalterliche Handschriften der Kölner Dombibliothek. Fünftes Symposion 30. November / 1. Dezember 2012, Köln 2014, 195–218, hier: 215.

Abb. 16 | Frankfurt, Museum Liebieghaus, Elfenbeintafel mit Bischof am Beginn des Hochgebets

Bischof Sigebert kommt in voller Pontifikalkleidung daher. „Dargestellt ist Bischof Sigebert im bischöflichen Ornat, bekleidet mit Pontifikalschuhen, Albe, Zingulum, Praecinctorium [ein zweiter Gürtel], Stola, zwei Manipeln [!], Dalmatica, Kasel und Rationale, flankiert von zwei Priestern in Dalmatica und Kasel, ein geöffnetes und ein geschlossenes Buch in Händen."[49]

Genau diese liturgischen Gewänder werden auch im Text der Handschrift selbst aufgeführt. Unter den Gebeten des Priesters, die er zur gedanklich-spirituellen Vorbereitung auf die Feier der Hl. Messe beten wird *(praeparatio ad missam)*, stehen auch solche, die er beim Anlegen der Gewänder betet; dort sind aufgeführt: Ephod vel amictum (Humerale), Alba (weißes, fußlanges Untergewand), Cingulum (Gürtel), Praecinctorium (zweiter Gürtel), Stola, Dalmatica (zweites, etwas kürzeres Untergewand), Casula (Messgewand), Mappula (Manipel), Handschuhe, Ring, Rationale und Infula (Mitra).[50]

Thematisch erinnert das Sigebert-Elfenbein an eine Tafel im Fitzwilliam-Museum in Cambridge (Go I 120) mit einem stehenden Bischof am Beginn des Introitusgesanges zu Beginn der Messfeier. Welche Handlung gerade vollzogen wird, weiß man deshalb so genau, da im aufgeschlagenen Buch des Zelebranten in millimeterhoher Schrift der Text steht: *Ad te levavi anima(m) (m)eam d(eu)s meus ...*[51]

49 A. von Euw, Die St. Galler Buchkunst vom 8. bis zum Ende des 11. Jahrhunderts, Band I: Textband, Band II: Tafelband (Monasterium Sancti Galli 3), St. Gallen 2008, 524.

50 Aufzählung nach von Euw, ebd.

51 Vgl. U. Surmann, Studien zur ottonischen Elfenbeinplastik in Metz und Trier.

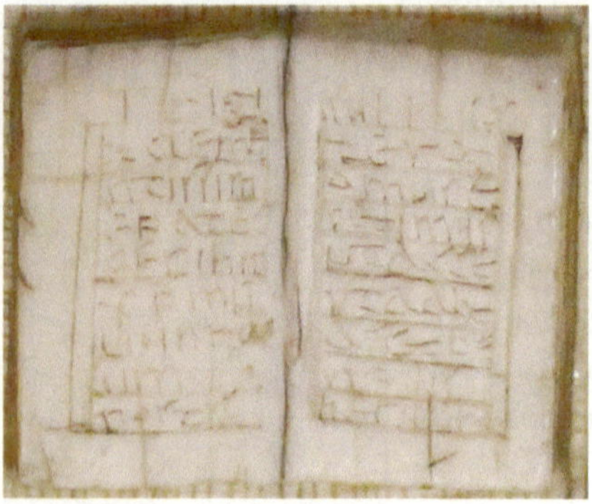

Abb. 17 | Frankfurt, Elfenbeintafel, Detail

Zu diesem Cambridger Stück gehört ein weiteres Elfenbein, heute im Liebieghaus in Frankfurt, mit der Darstellung des Beginns des Hochgebets. *Te igitur clementissime pater* kann man im geöffneten Missale auf dem Altar lesen (Abb. 17).[52]

Diese beiden um das Jahr 1000 in Trier oder Metz hergestellten Kunstwerke allerhöchsten Ranges – stilistisch stehen sie alleine dar, ohne Parallelen – geben das motivische Rüstzeug ab für die Elfenbeine, die Bischof Sigebert schaffen ließ. Auch sie waren, davon kann man ausgehen, ursprünglich Bestandteil von kostbaren Buchdeckeln für Liturgica.

Abb. 18 | Berlin, SBPK, Elfenbein des Sakramentars Bischof Sigeberts, Ms. theol. lat. fol. 2

Das zweite Elfenbein aus der Mindener Werkstatt schmückt das Sakramentar (Ms. theol. lat. fol. 2), ist aber ebenfalls im 19. Jahrhundert aus dem alten Deckel gelöst und umgebunden bzw. erneuert worden. Die beiden zusammengesetzten Platten (18,3 × 9,7 cm) zeigen die vier Kirchenlehrer Gregorius, Ambrosius, Augustinus und Hieronymus. Sie sind an ihren Schreibpulten arbeitend dargestellt, erhalten göttliche Inspiration durch die Taube des hl. Geistes, die

Nordenfalks Sakramentar- und Evangeliargruppe (Beiträge zur Kunstgeschichte 5), Witterschlick – Bonn 1990, 23: *Ad te levavi anima(m) mea(m) d(eu)s meus, in te confido, non erubescam, neque irrideant me inimici mei, etenim universi qui in te expectant non confunde(ntur).*

52 Surmann, Studien (s. Anm. 51), 27.

Hand Gottes oder Engel, die vom Himmel herabkommen, und beschriften entweder Codices oder Rotuli. Die zugehörige Handschrift, ein Sakramentar; gehört zu den nicht allzu häufig vertretenen Beispielen der gregorianisch-gelasianischen Sakramentare. Auf fol. 1v heißt es: *In nomine Domini Jesu Christi incipit liber sacramentorum a sancto Gregorio papa editus sive emendatus ex Gelasiano.* Mit Papst Gregor dem Großen (590–604) als Autor dieses liturgischen Buches ist der Bezug zwischen Deckel und Inhalt klar – die Autorenporträts außen verwiesen auf den Text innen. – Zum Miniaturenschmuck dieser bemerkenswerten Handschrift kommen wir später noch.

Abb. 19 | Berlin, SBPK, Elfenbein des Hymnars Ms. theol. lat. oct. 1

Das dritte Elfenbein als Schmuck des Hymnars (Ms. theol. lat. oct. 1) ist heute nur noch ein Bruchstück. Nimmt man wieder die alte Inventarbeschreibung zur Hand, wird dort ein kostbarer Elfenbeineinband beschrieben, auf dessen vier Ecken die Porträts der Hymnendichter Prudentius, Sedulius, Arator und Juvencus als Silbertreibarbeiten (*argento inciso*) angebracht waren sowie die des Ambrosius von Mailand und des Hilarius von Poitiers als Elfenbeinarbeiten. Davon ist diese stehende Figur der Rest. Welcher der beiden Dichter nun hier in Gestalt eines stehenden Klerikers – es ist wohl ein Bischof, wenn man die Längspartie auf dem Gewand als Pallium deutet – dargestellt ist, ist nicht auszumachen. – Hier verweisen die Darstellungen der kirchlichen lateinischen Dichter als Einbandschmuck ebenfalls auf den Inhalt.

Schließlich bedient sich Sigebert als Schmuck für das Evangelistar in seiner Handschriften-Stiftung (Berlin SBPK Ms.theol.lat. qu. 3)[53] dann noch eines byzantinischen Elfenbeins, das den thronenden Christus zeigt und darüber als Halbfiguren Maria und Johannes, Gabriel und Michael, die alle jeweils durch griechische In-

53 Kuder, ottonische Buchmalerei (s. Anm. 17), 142–143.

Abb. 20 | Berlin, SBPK, Elfenbein des Evangelistars Ms. theol. lat. qu. 3

schriften bezeichnet sind. Es handelt sich bei der byzantinischen Schnitzarbeit um ein Elfenbein aus der sog. Romanos-Gruppe, benannt nach dem Kaiser Romanos II., 945–963 und dessen Krönungselfenbein im Louvre.[54] – Über Süditalien kamen im gesamten 10. und 11. Jahrhundert zahlreiche byzantinische Elfenbeinarbeiten nach Europa.[55] Adolph Goldschmidt, der die Gruppe vor einhundert Jahren in seinem bis heute maßgeblichen[56] Corpuswerk zusammenstellte, charakterisiert den stilistischen Ausdruck so: „Die Christusfigur gehört dem Stil der Romanos-Gruppe an, und zwar ist sie der Typus mit dem etwas müden Blick…“.[57] Wie die Scharniere links und rechts zeigen, ist das ansonsten aus einem Stück gearbeitete Elfenbein der Mittelteil eines Klappaltärchens gewesen, die Triptychonmitte. Für solche Umarbeitungen gibt es zahlreiche Beispiele; Minden und Würzburg sind kein Einzelfall.

54 A. Goldschmidt, K. Weitzmann, Die byzantinischen Elfenbeinskulpturen des 10.–13. Jahrhunderts, Berlin 1930/34, Nr. 55; dazu die Rezension von A. S. Keck und C. R. Morey, in: Art Bulletin 17 (1935) 397–406, bes. 398–400; zum Elfenbein 401. Eine neue Chronologie innerhalb der Romanos-Gruppe (und deren Ausläufern) bei I. Kalavrezou-Maxeiner, Eudokia Makrembolitissa and the Romanos-Ivory, in: Dumbarton Oaks Papers 31 (1977) 305–325, mit Abb. 21.

55 Dazu die grundsätzlichen Bemerkungen von Rainer Kahsnitz zu den Handelswegen der Elfenbeine: Byzantinische Kunst in mittelalterlichen Kirchenschätzen: Franken, Schwaben und Altbayern, in: AK Rom und Byzanz. Schatzkammerstücke aus bayerischen Sammlungen, München 1998, 47–69.

56 R. Kahsnitz, Echt oder falsch? Der Umgang mit Fälschungen in Goldschmidts Elfenbeincorpus und im geplanten Ergänzungsband, in: W. Augustyn (Hg.), Corpus – Inventar – Katalog. Beispiele für Forschung und Dokumentation zur materiellen Überlieferung der Kunst (Veröffentlichung des Zentralinstituts für Kunstgeschichte 35), München 2015, 13–42.

57 Goldschmidt, Weitzmann, Elfenbeinskulpturen (s. Anm. 54), 42.

Hermann von Lerbecke überliefert eine Inschrift, die auf dem ursprünglichen Einband gestanden hat:

> *Condidit istud opus Sigebertus praesul amandus.*
> Dieses Werk hat Bischof Sigebert, der Liebreiche, gestiftet.

Und noch im Mindener Domschatzinventar von 1683 heißt es, am Einband der Handschrift sei

> „an jeder Ecke ein eingefaster Chrystal, mit silber-vergüldeten Leisten überlegte, in der Mitte des Salvatoris Bildniß, oben darüber 4 Engel, alles zierlich aus Elfenbein geschnitten, mit der [oben zitierten] Überschrift.“[58]

Aus derselben Schnitzwerkstatt der Romanos-Gruppe ist ein weiteres Elfenbeinrelief erhalten geblieben, das ungefähr gleichzeitig in Würzburg als Schmuck für ein Evangeliar verwendet wurde: eine Deesis-Gruppe mit Christus zwischen Maria und Johannes dem Täufer.[59] Mit 11,6 × 9,5 cm war das Elfenbein eigentlich zu klein für den Buchdeckel des Evangeliars, der 35,8 × 25 cm misst. Mittlerweile sind die Zierleisten um das Elfenbein herum verschwunden und der Gesamteindruck eher unbefriedigend. Seinerzeit aber war Bischof Heinrich I. von Würzburg (amt. 995/6–1018) mit Recht stolz auf seine Schenkung. Auf einem den Evangeliumstexten vorgesetztes Purpurblatt steht ein ausführlicher Bücherfluch, der von seinem *liber gemmis auroque politum* – seinem „mit Gemmen und Gold verziertem Buch“ – spricht und

Abb. 21 | Würzburg, Universitätsbibliothek, Elfenbein des Evangeliars M. p. theol. fol. 66

58 Zitat nach A. Fingernagel, Die illuminierten lateinischen Handschriften deutscher Provenienz der Staatsbibliothek Preußischer Kulturbesitz Berlin, 8.–12. Jahrhundert, Teil 1: Textband, Teil 2: Bildband, Wiesbaden 1991, 62.

59 Würzburg, Universitätsbibliothek, M. p. theol. fol. 66. – Zu Hs. und Einband zuletzt AK Rom und Byzanz (s. Anm. 55), Nr. 42.

Abb. 22 | Berlin, SBPK, Einzelblatt Ms. theol. lat. qu. 3 Fragm.

einem Dieb ewige Strafen androht.

Nur wenige Jahre vor Sigeberts Buchdeckel entstanden, kommen die wieder verwendeten Elfenbeinplatten für die jeweiligen Einbände in Würzburg und Minden aus derselben byzantinischen Werkstatt. Wie die Handelswege genau verliefen, können wir nicht sagen. Aber offensichtlich hat es einen Vertrieb für diese Kostbarkeiten gegeben, die den Bischöfen Heinrich von Würzburg und Sigebert von Minden zugänglich waren. Beide waren bestrebt, die Büchergaben für ihre Kirchen kostbar auszustatten – sei es durch den Kauf ausgewählter Einzelstücke in Zweitverwendung oder durch die Beauftragung an eine bistumseigene Werkstatt für neu zu schaffende Arbeiten. Überdies darf man davon ausgehen, dass am Bischofssitz auch die Goldschmiede-Werkstätten zur Verfügung standen, welche die Buchdeckel fertigten und mit den ungebunden, in Lagen gelieferten Manuskripten zusammenbrachten.

Das Elfenbein mit dem stehenden Bischof hat eine ikonographische Parallele in einer Miniatur. Das heute in der Staatsbibliothek Preuß. Kulturbesitz zu Berlin aufbewahrte Einzelblatt Ms. theol. lat. qu. 3 Fragm.[60] (Blattgröße: 14,6 × 9,7 cm – Bildgröße 12 × 9 cm) ist als dreifiguriges Dedikationsbild gestaltet und zeigt Bischof Sigebert in Pontifikaltracht zwischen einem Priester (vom Betrachter aus links) und einem Diakon. Die in Majuskeln geschriebene Inschrift auf dem Purpurgrund der Zierleiste lautet *Nomine sacro tuo Sigeberte dicatur imago / Quae suffulta suo presidet officio*[61] und stellt sicher, dass es sich

60 Kuder, ottonische Buchmalerei (s. Anm. 17), 348, Anm. 1145.
61 D. Schaller, E. Koensgen unter Mitwirkung von John Tagliabue, Initia carminum

bei dem Dargestellten um Bischof Sigebert handelt. Die Übersetzung der zwei Sätze ist nicht einfach; Honselmann[62] schlägt vor:

> Deinem Namen, o Sigebert, sei das Porträt geweiht, das unter Assistenz seinem hl. Dienst präsidiert.

Victor H. Elbern überträgt:

> In deinem Namen, Sigebert, ist gewidmet das heilige Bild, das da herrscht, in seinem Amte erhoben.[63]

Gude Suckale-Redlefsen übersetzt:

> In deinem Namen, Sigebert, sei das heilige Bild geweiht, das erhoben seinem Amte vorstehe.[64]

Der Bischof sitzt vor einem roten Vorhang oder Ehrentuch mit goldenem Saum am oberen Rand auf einem Faldistorium mit Löwenknäufen und hält ein geöffnetes Buch vor sich, auch die beiden Assistenzfiguren halten Bücher. Sigeberts Kasel ist blau; so auch der Chormantel des Priesters neben ihm. Schön kann man die übereinander getragenen Gewänder des bischöflichen Ornats auseinander halten, wie schon beim Elfenbein.[65] – Über den Schultern trägt er auch hier das Rationale, jenes Ehrenzeichen für ausgewählte Bistümer, das wir aus Paderborn kennen. Das zugehörige Gebet lautet: *Da nobis, domine, veritatem tuam firmiter retinere et doctrinam veritatis plebi tuae digne aperire.* – ‚Gib, Herr, dass wir standhaft an deiner Wahrheit festhalten und die wahre Lehre würdig deinem Volk eröffnen.‘ Klemens Honselmann, dem die nach wie vor wichtigste

Latinorum saeculo undecimo antiquiorum. Bibliographisches Repertorium für die lateinische Dichtung der Antike und des früheren Mittelalters, Göttingen 1977, Nr. 14718.

62 Übersetzung von Norbert Eickermann für K. Honselmann, Das Rationale der Bischöfe von Minden. Ein kostbares mittelalterliches Ornatstück, in: Zwischen Dom und Rathaus. Beiträge zur Kunst- und Kulturgeschichte der Stadt Minden, hg. im Auftrag der Stadt Minden von H. Nordsiek, Minden 1977, 71–83, hier: 78 mit Anm. 37.

63 Hier nach AK Ornamenta ecclesiae (s. Anm. 46), 155 Nr. B 6.

64 G. Suckale-Redlefsen, Prachtvolle Bücher, in: AK Heinrich II. Begleitband zur Bayerischen Landesausstellung 2002, Stuttgart 2002, 261–297.

65 Dazu J. M. Pierce, Early Medieval Vesting Prayers in the Ordo missae of Sigebert of Minden (1022–1036), in: N. Mitchell, J. F. Baldovin (Hg.), Rule of Prayer, Rule of Faith. Essays in Honor of Aidan Kavanagh OSB, Collegeville 1996, 80–105.

Abb. 23 | Wolfenbüttel, Cod. Helmst. 1151, fol. 1r

Monografie zu diesem selten verliehenen Ornat verdankt wird,[66] ordnet die Sigebert-Miniatur und die geschnitzte Darstellung des Elfenbeines als „eine der ältesten bekannten Darstellungen des Rationale“ in die Überlieferungszeugnisse ein.

Die Miniatur war aber ursprünglich das Eröffnungsblatt einer Handschrift, die heute in der Herzog-August-Bibliothek in Wolfenbüttel liegt (Cod. Helmstadiensis 1151). Wohl schon im 16. Jahrhundert, noch bevor der aus Istrien stammende streng protestantische Hebraist und (wie wir heute sagen würden) Kirchenhistoriker Matthias Flacius Illyricus (1520–1575)[67] den Codex erwarb, wurde das erste Blatt mit der Darstellung des thronenden Bischofs Sigebert herausgetrennt, dann zunächst dem Evangelistar der Sigebert-Gruppe (Berlin SBPK Ms. theol. lat. qu. 3) beigebunden, schließlich im Jahr 1975 für die Zimelien-Ausstellung herausgelöst[68] und seitdem separat aufbewahrt. Heute ist also die Eröffnungsminiatur in Berlin und die Trägerhandschrift in Wolfenbüttel.

Die Beschäftigung des Flacius Illyricus mit der zu seiner Zeit noch in Helmstedt liegenden Handschrift, die jetzt in Wolfenbüttel aufbewahrt wird, machte diese regelrecht berühmt. Flacius edierte

66 K. Honselmann, Das Rationale der Bischöfe, Paderborn 1975. Darin zum Einzelblatt: Nr. 13, mit nebenstehender Farbtafel; zum Elfenbein: Nr. 29.

67 Zu Leben und Werk vgl. T. Kaufmann, Matthias Flacius Illyricus. Lutherischer Theologe und Magdeburger Publizist, in: W. Freitag (Hg.), Mitteldeutsche Lebensbilder. Menschen im Zeitalter der Reformation, Köln 2004, 177–199 (mit der älteren Lit.).

68 Hinweis bei Fingernagel, Die illuminierten lateinischen Handschriften (s. Anm. 58), 63.

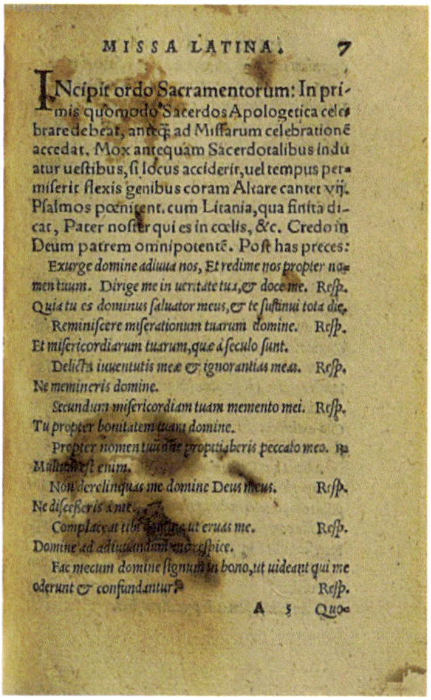
MISSA LATINA. 7

INcipit ordo Sacramentorum: In primis quomodo Sacerdos Apologetica celebrare debeat, anteq; ad Missarum celebrationē accedat. Mox antequam Sacerdotalibus induatur uestibus, si locus acciderit, uel tempus permiserit flexis genibus coram Altare cantet vij. Psalmos pœnitent. cum Litania, qua finita dicat, Pater noster qui es in cœlis, &c. Credo in Deum patrem omnipotentē. Post has preces:

*Exurge domine adiuua nos, Et redime nos propter nomen tuum. Dirige me in ueritate tua, & doce me.* Resp. *Quia tu es dominus saluator meus, & te sustinui tota die.*

*Reminiscere miserationum tuarum domine.* Resp. *Et misericordiarum tuarum, quæ à seculo sunt.*

*Delicta iuuentutis meæ & ignorantias meas.* Resp. *Ne memineris domine.*

*Secundum misericordiam tuam memento mei.* Resp. *Tu propter bonitatem tuam domine.*

*Propter nomen tuū dñe propitiaberis peccato meo.* R. *Multum est enim.*

*Non derelinquas me domine Deus meus.* Resp. *Ne discesseris à me.*

*Complaceat tibi domine ut eruas me.* Resp. *Domine ad adiuuandum me respice.*

*Fac mecum domine signum in bono, ut uideant qui me oderunt & confundantur.* Resp.

A 5 Quo-

Abb. 24 | Textseite aus der Edition des Matthias Flacius Illyricus

und kommentierte nämlich aus der *Missa latina* den *Ordo missae,* weil er annahm, dass dieser aus der Zeit um 700 stamme, also noch vor der Überformung der römischen Liturgie durch die fränkische. Die Abbildungen zeigen die erste Seite des nicht gut erhaltenen Manuskripts mit dem Textbeginn *Incipit Ordo sacramentorum* und die erste Druckseite in der Edition des Flacius. Der im Jahr 1557 in Straßburg bei Christian Mylius erschienene, überaus seltene Druck, von dem in Bibliotheken nachweisbar offenbar weniger als zehn Exemplare erhalten geblieben sind, hat den Titel *Missa latina, quae olim ante romanam circa septingentesimum Domini annum in usu fuit* – ‚lateinische Messe, die vor der römischen um das Jahr 700 in Gebrauch war'; gewidmet war sie dem Kurfürsten Ottheinrich von der Pfalz (1502–1559). Nach ihrem Herausgeber wurde der Ordo-Text *Missa Illyrica* genannt, und Flacius wollte den Text benützen, um damit im Sinne der Reformation gegen den zu seiner Zeit üblichen Meßordo anzugehen. Dieses Thema der Unveränderlichkeit der liturgischen Texte beschäftigte ihn auch in Bezug auf die reformatorischen Änderungen. „In immer neuen textlichen und bildlichen Variationen hämmerte Flacius seinen Zeitgenossen ein, daß die zeremoniellen Änderungen und doktrinalen Modifikationen, die mit dem Augsburger und dem ‚kleinen', dem Leipziger, Interim verbunden seien, *„transformationes Ecclesiae Christi in ritus Antichristi*' darstellten."[69] „Aber bereits nach einem Jahrhundert wurde deutlich, dass sowohl die Datierung als auch die Indienstnahme der ‚Missa Illyrica' für die Anliegen der Reformation nicht tragfähig waren."[70] Flacius Illyricus hatte nicht

69 Kaufmann, Flacius Illyricus (s. Anm. 67), 186.
70 A. Odenthal, ‚Ante conspectum diuinae maiestatis tuae reus assisto'. Liturgie-

Abb. 25 | Berlin, SBPK, Ms. theol. lat. fol. 2, Sakramentar des Sigebert von Minden, fol. 3v, Kanonbild mit dem Gekreuzigten, Maria und Johannes

mitgeteilt, in welcher das von ihm edierte Manuskript zu finden sei; *‚ex vetusto authenticoque codice descripta‘* – aus einem alten und unveränderten Manuskript beschrieben‘, hieß es lediglich im Titel seines Buches. Es gelang erst 1905 dem Jesuiten Joseph Braun (1857–1947), in Cod. Helmst. 1151 die Vorlagenhandschrift für die Edition des Flacius zu bestimmen, bezeichnender Weise kam er darauf über die hier auch vorgelegten Gebete im Zusammenhang mit dem Anlegen des Rationale.[71]

Nachdem uns bislang die Elfenbeine der Mindener Buchdeckel beschäftigt haben – denn die unzweifelhaft früher zugehörigen Fassungen in Gold und Silber für diese Zierplatten sind nicht erhalten –, müssen wir uns wenigstens kurz und in Auswahl den Handschriften selbst, ihren Inhalten und den diese schmückenden Miniaturen zuwenden.[72] Nur zwei der von Sigebert in St. Gallen bestellten Handschriften sind mit jeweils ganzseitigen Miniaturen ausgestattet.

Die bedeutendere von beiden ist das Sakramentar (Berlin, SBPK, Ms.theol.lat.fol. 2):

Zu den durch ihre Buchmalerei herausragenden Sigebert-Handschriften gehört vor allem dann noch das Tropar (ehem. Ms.theol. lat.qu. 11), jetzt in Krakau. Hier beschließt ein Autorenbild des ju-

und frömmigkeitsgeschichtliche Untersuchungen zum „Rheinischen Messordo“ und dessen Beziehungen zur Fuldaer Sakramentartradition, in: ALW 49 (2007) 1–35, hier: 5.

71 J. Braun, Alter und Herkunft der sog. Missa Illyrica, in: StML 69 (1905) 143–155.

72 R. Meyer, Die Miniaturen im Sakramentar des Bischofs Sigebert von Minden, in: F. Dettweiler, H. Köllner, P. A. Riedl (Hg.), Studien zur Buchmalerei und Goldschmiedekunst des Mittelalters [FS Karl Hermann Usener], Marburg 1967, 181–200; J. M. Pierce, Sacerdotal spirituality at mass. Text and study of the prayerbook of Sigebert of Minden (1022–1036), Indiana 1988; dies., New Research Directions in Medieval Liturgy. The Liturgical Books of Sigebert of Minden (1022–1036), in: G. Austin (Hg.), Fountain of Life, Washington 1991, 51–67.

Abb. 26 | Sakramentar, fol. 8v, Bild zum Agnus Dei mit dem Lamm Gottes im himmlischen Jerusalem, umgeben von den Evangelistensymbolen /fol. 9r, Messfeier mit der Kommunion des Priesters, der den Kelch von der Ecclesia überreicht bekommt

gendlichen Dichtermönchs Notker Balbulus den Codex (fol. 144r). Er sitzt an seinem Schreibpult, betrachtet prüfend die gerade frisch zugespitzte Feder und hat soeben den Pfingsthymnus aufs Pergament geschrieben: *SCS Spiritus assit nobis gratia.* Auf der Seite gegenüber wird nochmals deutlich vermerkt, für wen die Handschrift hergestellt wurde:

> *Hunc codicem ex studio // Sigeberti presulis almo*
> *Conscriptum Christo. Laus ut cantetur in isto.*
> *Aspiciat quisquis, rogo verbis valde benignis*
> *Fili celsi throni. Dicat miserere patranti.*[73]

Diesen Codex aus dem *studio* des Sigebert – ich lasse den lateinischen Begriff extra unübersetzt – hat also Christus selbst geschrieben, dem Lob gesungen sei. Auch hier lässt sich wieder erkennen, wie die bischöflichen Besteller der Codices sich und ihre Rolle sahen.

73 von Euw, St. Galler Buchkunst (s. Anm. 49), 519, mit weiterer Literatur.

Abb. 27 | Sakramentar, fol. 12r, Bild der Geburt Christi

Abb. 28 | Sakramentar, fol. 19v/20r, Anbetung der Könige mit nebenstehendem Messgebet *Deus qui hodierna die*

Abb. 29 | Krakau, Biblioteca Jagellionska, ehem. Berlin, Staatsbibliothek, Ms. theol. lat. qu. 11, Tropar des Sigebert von Minden, fol. 144r

Die Datierung des Mindener Handschriften-Sets ist, da exakte Datumsangaben in mittelalterlichen Handschriften nicht erwartet werden können, vereinfachend mit den Regierungsdaten Bischof Sigeberts gleichgesetzt worden. Vielleicht hilft eine Einzelheit, auf die zuerst Ernst Kantorowicz aufmerksam machte, dabei, die Entstehungszeit von zwei Handschriften der Gruppe etwas genauer zu fassen, solchen nämlich mit liturgischen Herrscherakklamationen[74], den *laudes regiae*.

In diesem Tropar sind die *laudes regiae*, Fürbitten für den König und sein Land, auf den folia 111v–112v

74 B. Opfermann, Die liturgischen Herrscherakklamationen im Sacrum Imperium des Mittelalters, Weimar 1954; Edition der *laudes* der Mindener Hss. 138–142.

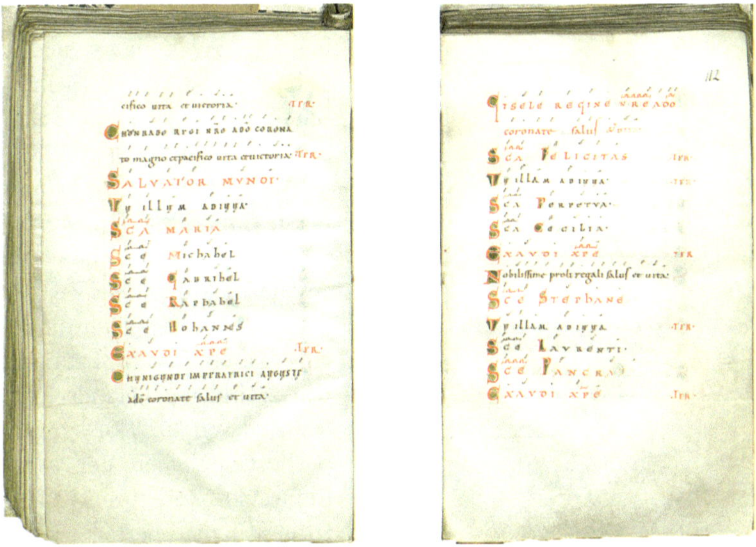

Abb. 30 | Krakau, Tropar, fol. 111v–112r

eingetragen. Dort erwähnt sind nun sowohl Konrad II. als *rex* und seine Gemahlin Gisela als *regina*, was eine Datierung in die Jahre ab 1027 eingrenzt. Beide waren mit Bischof Sigebert und Minden eng verbunden; bereits 1024 feierte Konrad II. Weihnachten in Minden; das ist belegt, wie auch ein Aufenthalt im Jahr 1033.[75] Zumindest diese Handschrift aus dem Konvolut ist also nach 1027 entstanden, wobei damit über das genaue zeitliche Verhältnis der Handschriften zueinander dennoch nichts weiter ausgesagt werden kann.

Ein Blick auf die – hier durch e-codices bereitgestellten – Abbildungen aus der Krakauer Handschrift zeigt uns ein weiteres Detail: Neumen nämlich; die Notationszeichen für den mittelalterlichen gregorianischen Choral. Nicht nur für die Kunstgeschichte, sondern auch für die Erforschung der mittelalterlichen Musik haben die Handschriften der Sigebert-Gruppe herausragende Bedeutung. Die hier verwendete Notenschrift tradiert nämlich noch in der Zeit Sigeberts die sogenannten St. Galler Neumen, also eine Notation des Melodienverlaufs, wie diese in St. Gallen seit über einem Jahrhundert *vor* Si-

75 Kurz erwähnt bei E. Kantorowicz, Laudes regiae. A study in liturgical acclamations, Berkeley – Los Angeles 1958, 98, Zitat aus den *Laudes Regiae* 123.

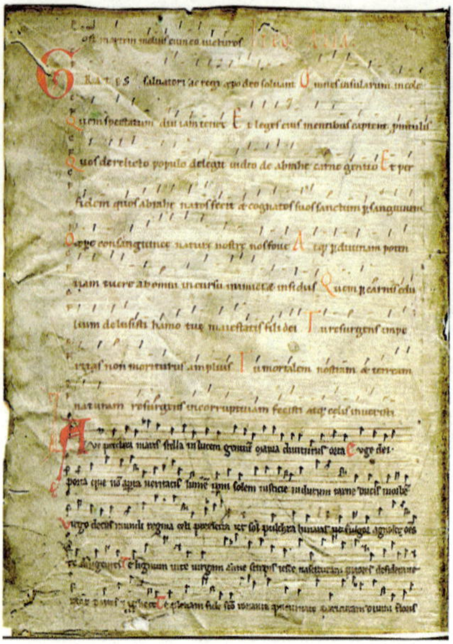

Abb. 31 | Paderborn, Erzbischöfliche Akademische Bibliothek, Fragment 52

gebert, also ab ca. 900/920 üblich war. Davon unterscheiden sich z. B. die sog. Lothringischen Neumen, von Metz ausgehend.

Aufgeschrieben wurde in St. Gallen für den Mindener Bischof also nicht damals „moderne Musik“ der Zeit Sigeberts, sondern eine ältere, eine karolingische Fassung. Die Mindener Handschrift der Zeit um 1027/1028 transportiert Melodien der karolingischen Zeit um 930. Da frühere neumierte Handschriften aus dem Paderborner Raum nicht erhalten geblieben sind, bietet das Graduale Ms. theol. lat. qu. 15 „die älteste faßbare Mitteilung der liturgischen Gesänge der Karolingerzeit innerhalb der heutigen Erzdiözese Paderborn.“[76]

Die Überlieferungssituation der frühmittelalterlichen Notenschrift ist kompliziert, um nicht zu sagen abenteuerlich. Denn sooft sich der musikalische Geschmack oder das Notensystem, um die Musik aufzuschreiben, wandelten, verwahrte man die Musikhandschriften nicht länger. Sie wurden im günstigsten Fall wegen ihres Pergaments geschätzt und als Einbandmakulatur verwendet.

Die Erzbischöfliche Akademische Bibliothek Paderborn verwahrt übrigens als Fragment 52 ein Notenblatt mit Sequenzen des Notker Balbulus, herausgelöst aus einem Codex des Abdinghof-Klosters.

Der Blick auf die eben schon gezeigten *laudes regiae* bringt uns zu einem weiteren Aspekt, nämlich dem der Benutzung solcher Handschriften in der sakralen Topographie der Kirchen- und Pfalzgebäu-

76 C. Stiegemann, M. Wemhoff (Hg.), 799. Karl der Große und Papst Leo III. in Paderborn. Kunst und Kultur der Karolingerzeit, Band 2, Mainz 1999, 846 (P. Michael Hermes OSB).

den, auch und gerade am Beispiel von Dom und Pfalz in Paderborn. Die Frage dazu, der wir uns abschließend zuwenden wollen, lautet: Wer benutzte die kostbaren liturgischen Handschriften und an welchen Orten?

Abb. 32 | München, Bayerische Staatsbibliothek, Clm 2254, Perikopenbuch Kaiser Heinrichs II.

Neben den Klerikern sind es vor allem – und vor allem auch in Paderborn – die Könige und Kaiser, die mit den Liturgica hantierten. Die Herrscher statteten gerne ihre bevorzugten Bischofssitze mit kostbaren Büchergeschenken aus; etwa 30 solcher Herrschergaben lassen sich nachweisen, in denen liturgische Bücher mit Bildern der Herrscher als deren Stifter vorkommen.[77]

Zur Zeit Bischof Meinwerks und auch noch den ersten beiden Bischofsjahren Sigeberts von Minden regierte Kaiser Heinrich II. (1014–1024), der seit der Krönung seiner Gattin Kunigunde am 10. August 1002 – damals noch als Herzog von Bayern – sehr mit Paderborn verbunden war. Diese Schlüsselszene für das Selbstverständnis des Königtums war so bedeutend, dass in maßgeblichen Handschriften der Zeit auch Krönungsszenen zum malerischen Repertoire gehörten. Bestes Beispiel dafür – aber auch das einzige für Paderborn – ist das sog. Perikopenbuch Kaiser Heinrichs II. (München, BSB, Clm 2254)[78], das, eines der Hauptwerke der ottonischen Buchmalerei, um 1007–1012 im Kloster Reichenau im Auftrag Kaiser Heinrichs II. entstand und geschaffen wurde anlässlich der Weihe des Bamberger Domes am 6. Mai 1012 (dem Geburtstag Kaiser Heinrichs) in Anwe-

77 H. Hoffmann, Buchkunst und Königtum im ottonischen und frühsalischen Reich (Schriften der MGH 30), Stuttgart 1986, 18; A. Angenendt, Offertorium. Das mittelalterliche Messopfer (LQF 101), Münster ³2014, 180.

78 Vgl. zu dieser bedeutenden Handschrift den AK München 1994/1995: H. Fillitz, R. Kahsnitz, U. Kuder, Zierde für ewige Zeit. Das Perikopenbuch Heinrichs II., Frankfurt 1994.

senheit von 45 Bischöfen und Erzbischöfen des Reiches, unter diesen auch der Paderborner Bischof Meinwerk.

Zu Ehren König Heinrichs II. beginnt der Kodex mit einem Bild der Krönung des Herrschers und seiner Gemahlin durch Christus, dem wiederum die Apostel Petrus und Paulus, zugleich die Patrone des Bamberger Doms, huldigen. Dem Titelbild geht ein Widmungsgedicht Heinrichs an den Dom und seine Schutzheiligen voraus. Die Krönungsszene wird von folgender Inschrift überragt:

> TRACTANDO JUSTUM • DISCERNITE SEMPER HONESTV[M] •
> UTILE CONUENIAT • CONSVLTUM LEGIS UT OPTAT •
> „Tut, was gerecht, erfasst stets, was ehrenvoll ist.
> Das Nützliche möge sich einfinden in dem, was des Gesetzes Rat verlangt."

Christus setzt König Heinrich und Königin Kunigunde, die von Petrus und Paulus zum Thronsitz Christi geleitet werden, jeweils eine Krone auf.[79]

Und vielleicht ist die in der Schatzkammer der Residenz in München aufbewahrte, sogenannte „Kunigundenkrone" tatsächlich diejenige, die ihr bei der Krönung am 10. August 1002 aufgesetzt wurde.[80]

In den Krönungsvorschriften für die deutschen Könige – den *Ordines* – ist der Gebrauch von Büchern – Evangeliaren, Pontifikalen – häufiger angesprochen.[81] Der Herrscher stattet seine Bischofskirchen mit diesen nötigen Liturgica aus, in denen Texte stehen wie die *laudes regiae*, in denen für himmlische und weltliche Herrscher gebetet wird.[82]

Aber nicht nur bei der Krönung steht der König inmitten des liturgischen Vollzugs. Die Frühmittelalterforschung, etwa Hermann Heimpel, hat genaue Untersuchungen zur Rolle der Herrscher beim Gottesdienst angestellt, deren Titel die angesprochenen Tätigkeiten

79 Suckale-Redlefsen, Kaiser Heinrich II. (s. Anm. 64), 277; J. T. Wollesen, A Pictorial Speculum Principis. The image of Henry II in Cod. Bibl. Vat. Ottobonensis lat. 74, fol. 139v, in: Word and Image 5,1 (1989) 85–110.

80 R. Baumgärtel-Fleischmann, Die sogenannte Kunigundenkrone, in: MJBK 32 (1981) 25–41.

81 R. Elze, Die Ordines für die Weihe und Krönung des Kaisers und der Kaiserin (Fontes Iuris Germanici Antiqui IX), Hannover 1960, s. im Register unter diesen Begriffen.

82 L. Biehl, Das liturgische Gebet für Kaiser und Reich. Ein Beitrag zur Geschichte des Verhältnisses von Kirche und Staat, Paderborn 1937. – Im Bezug auf Meinwerk dazu Odenthal (s. Anm. 70), 22 und passim.

Abb. 33 | München, Schatzkammer der Residenz, sog. „Kunigundenkrone"

deutlich werden lassen: „Königliche Evangeliumslesung bei königlicher Krönung"[83] oder ‚Königlicher Weihnachtsdienst auf den Konzilien von Konstanz und Basel".[84] Joachim Wollasch nennt die deutschen Kaiser und Könige schließlich in einem richtungsweisenden Beitrag, St. Galler Sprachgebrauch folgend, „Brüder der Mönche."[85] Das Herrscherporträt Kaiser Heinrichs II. im Evangeliar der Vaticana (Ottob. Lat. 74, fol. 193v) zeigt ihn bekleidet mit der *trabea*, einem stolaähnlichen Gewandstück, das des Königs quasi-priesterliche Stellung verdeutlicht.[86] Der Herrscher selbst übernimmt Lesungsdienste bei feierlichen Gottesdiensten und bedient sich der von ihm gestif-

83 H. Heimpel, Königliche Evangeliumslesung bei königlicher Krönung, in: H. Mordek (Hg.), Aus Kirche und Reich. Studien zu Theologie, Politik und Recht im Mittelalter [FS Friedrich Kempf], Sigmaringen 1983, 447–459.

84 H. Heimpel, Königlicher Weihnachtsdienst auf den Konzilien von Konstanz und Basel, in: N. Kamp, J. Wollasch (Hg.), Tradition als historische Kraft [FS Karl Hauck], Berlin 1982, 388–411; H. Heimpertl, Königlicher Weihnachtsdienst im späteren Mittelalter, in: DA 39 (1983) 131–206 (schildert solche Dienste ab dem Kaiserbesuch in Basel 1347).

85 J. Wollasch, Kaiser und Könige als Brüder der Mönche. Zum Herrscherbild in liturgischen Handschriften des 9. bis 11. Jahrhunderts, in: DA 40 (1984) 1–20.

86 AK Biblioteca Apostolica Vaticana. Liturgie und Andacht im Mittelalter, Stuttgart 1992, Nr. 13, 92–93 (U. Surmann).

teten Bücher. So schließt sich der Kreis zwischen den liturgischen Prachthandschriften, ihren Auftraggebern, den Bischöfen als ihren Besitzern und ihren Nutzern im Bischofs- oder Königsrang. Wie ein „Bruder der Mönche" kam dem Herrscher im weiteren Verlauf der Messfeier die Aufgabe zu, die Gaben zu bereiten; deshalb sind so viele Kelche und Patenen unter den königlichen Stiftungen.[87]

Lassen Sie uns nun über den Gebrauch von Handschriften in der Paderborner Königspfalz etwas nachdenken. Völlig zu Recht hat Caspar Ehlers, der Herausgeber des maßgeblichen Repertoriums zu den Königspfalzen, diese in einem Buchtitel charakterisiert als „Geistliche Zentralorte zwischen Liturgie, Architektur, Gottes- und Herrscherlob".[88]

Ganz ohne Frage ist die Bartholomäuskapelle auch ein solcher Ort. Matthias Wemhoff hat schon 1997 deren Rolle in Bezug auf die sog. Festkrönungen herausgestellt, die die eigentliche Königskrönung voraussetzten.[89] Zusammen mit dem zeremoniell einfacher gehaltenen Brauch des „Unter-der-Krone-gehen" zielt die Festkrönung darauf ab, den Gekrönten dem Volk zu präsentieren. Dabei wird dem König oder der Königin meistens an hohen kirchlichen Festtagen – Ostern, Weihnachten, Pfingsten – die Krone in einem festlichen Akt „von einem Geistlichen, der mindestens den Rang eines Bischofs besaß, aufgesetzt."[90] Vom 10. bis zum 12. Jahrhundert sind 38 solcher Festkrönungen nachweisbar; 26 davon fanden an kirchlichen Feiertagen statt.[91] „Nun liegt es aber im Sinn der Festkrönung begründet, daß nicht das Aufsetzen der Krone ihren Höhepunkt bildet, sondern die vor den Augen des Volkes sich vollziehende Prozession des ge-

87 Angenendt, Offertorium (s. Anm. 77), 179–182; J. Wollasch, Kelch und Patene als herrscherliche Gaben für das Gedenken, in: G. Andenna, H. Houben (Hg.), Mediterraneo, Mezzogiorno, Europa. Studi in onore di Cosimo Damiano Fonseca, Bd. 2, Bari 2004, 1143–1160.

88 C. Ehlers, H. Flachenecker (Hg.), Deutsche Königspfalzen. Geistliche Zentralorte zwischen Liturgie, Architektur, Gottes- und Herrscherlob: Limburg und Speyer. Beiträge zu ihrer historischen und archäologischen Erforschung (VMPIG 11/6), Göttingen 2005.

89 M. Wemhoff, Die Bartholomäuskapelle – eine Kapelle des Königtums, in: J. Meyer zu Schlochtern, M. Wemhoff (Hg.), Die Bartholomäuskapelle Paderborn, Paderborn 1997, 7–14. – Dazu jetzt die Beiträge im Tagungsband (wie Anm. 9).

90 Wemhoff, Bartholomäuskapelle (s. Anm. 89), 7.

91 H.-W. Klewitz, Die Festkrönungen der deutschen Könige, in: ZSRG.K 28 (1939) 48–96.

krönten Königs."[92] Genau hier kommt die Bartholomäuskapelle mitsamt ihrer Umgebung ins Spiel. Es ist mittlerweile wohl unstrittig, das Bischof Meinwerk das Gefüge von Dom, Pfalz und Kapelle mit der unmittelbaren Absicht erbauen bzw. wieder aufbauen ließ, um derartige Prozessionswege zu ermöglichen. Wie grundliegend notwendig deshalb zwei geweihte Kirchenbauten in unmittelbarer Nachbarschaft voneinander waren, wird aus einer Episode zu Pfingsten des Jahres 1081 deutlich. Heinrich IV. lag vor Rom, dessen Tore der Papst verschlossen hielt. Streit gab es darüber, in welcher Form das Pfingstfest gefeiert werden sollte, nämlich, „ob eine Messe oder eine Messe mit vorhergehender Festkrönung dem Anlaß gerecht werden würde. Die Gegner einer Festkrönung argumentierten, daß die für eine Festkrönung notwendigen zwei Kirchengebäude nicht vorhanden seien."[93]

Seit Meinwerks Baumaßnahmen waren nun in Paderborn zwei Kirchenbauten im Dombereich gegeben. Die zur Festkrönung notwendigen Reichsinsignien, allen voran die Krone, dann aber auch die Hl. Lanze, das Reichsschwert, Zepter, Reichsapfel und Krönungsmantel, wurden bei Anwesenheit des Königs höchstwahrscheinlich in der Bartholomäuskapelle deponiert.[94]

So fügt sich die Bartholomäuskapelle als „heiliger Ort", an dem neben den Regalia natürlich auch kostbare liturgische Handschriften in Benutzung waren, ein zu den Kirchen jenes Kirchenkranzes, den Meinwerk um seine Stadt Paderborn zu legen beabsichtigte.

Der Frage nachzugehen, wo genau, an welcher Stelle exakt die benötigten Handschriften in den Kirchenräumen verwendet oder den Sakristeiräumen aufbewahrt wurden, ist indes ein anderes Thema.[95]

92 C. Brühl, Festkrönungen, in: LMA 4 (1989) 71.
93 Wemhoff (s. Anm. 89), 7, nach Klewitz (s. Anm. 91), 73.
94 Wemhoff (s. Anm. 89), 9.
95 Dazu demnächst einige Bemerkungen bei H.-W. Stork, Bibliothek und Archiv in den Lüneburger Klöstern. Tagungsband des XI. Ebstorfer Kolloquiums (in Vorbereitung).

# Autorenverzeichnis

Börste, Norbert
Dr. phil., Lehrbeauftragter für Kunstgeschichte an der Theologischen Fakultät Paderborn.

Haslinger, Herbert
Dr. theol., Professor für Pastoraltheologie, Homiletik, Religionspädagogik und Katechetik an der Theologischen Fakultät Paderborn.

Heupts, Cordula
Doktorandin am Lehrstuhl für Fundamentaltheologie an der Theologischen Fakultät Paderborn.

Hofmann, Friedhelm
Dr. phil., emeritierter Bischof von Würzburg und ehemaliger Vorsitzender der Liturgiekommission der Deutschen Bischofskonferenz.

Irlenborn, Bernd
Dr. phil. Dr. theol., Professor für Geschichte der Philosophie und Theologische Propädeutik an der Theologischen Fakultät Paderborn.

Jacobs, Christoph
Dr. theol. Lic. phil. (Klin. Psych.), Professor für Pastoralpsychologie und Pastoralsoziologie an der Theologischen Fakultät Paderborn.

Kingata, Yves
Dr. iur. can., Wissenschaftlicher Mitarbeiter am Lehrstuhl für Kirchenrecht, insbesondere Verwaltungsrecht sowie Kirchliche Rechtsgeschichte an der Ludwig-Maximilians-Universität München.

Konkel, Michael
Dr. theol., Professor für Altes Testament an der Theologischen Fakultät Paderborn.

Kopp, Stefan
Dr. theol., Professor für Liturgiewissenschaft an der Theologischen Fakultät Paderborn.

Kosch, Clemens
Dr. phil., Kunsthistoriker, Mainz.

Meyer-Blanck, Michael
Dr. theol. Dr. h.c., Professor für Praktische Theologie und Religionspädagogik an der Evangelisch-Theologischen Fakultät der Universität Bonn.

Meyer zu Schlochtern, Josef
Dr. theol., Professor für Fundamentaltheologie und Vergleichende Religionswissenschaft an der Theologischen Fakultät Paderborn.

Nassery, Idris
Dr. phil., Habilitand am Seminar für Islamische Theologie der Universität Paderborn.

Petrat, Nils
Dr. theol. Lic. iur. can., Studierendenpfarrer der Katholischen Hochschulgemeinde Paderborn und Dompastor am Hohen Dom zu Paderborn.

Schilling, Johannes
Dipl.-Ing., Architekt und Professor an der Münster School of Architecture.

Stork, Hans-Walter
Dr. phil., Dipl.-Theol., Bibliotheksdirektor der Erzbischöflichen Akademischen Bibliothek in Paderborn, Honorarprofessor für Kunstgeschichte an der Christian-Albrechts-Universität zu Kiel.

Wald, Berthold
Dr. phil., emeritierter Professor für systematische Philosophie an der Theologischen Fakultät Paderborn.

Wilhelms, Günter
Dr. phil., Professor für Christliche Gesellschaftslehre an der Theologischen Fakultät Paderborn.

# Abbildungsnachweise

## Meyer zu Schlochtern

Abb. 1 | A. Hoffmann, Schlangen.
Abb. 2 | N. Radermacher, Berlin.
Abb. 3 | N. Radermacher, Berlin.
Abb. 4 | N. Radermacher, Berlin.
Abb. 5 | A. Hoffmann, Schlangen.
Abb. 6 | A. Hoffmann, Schlangen.
Abb. 7 | N. Radermacher, Berlin.
Abb. 8 | N. Radermacher, Berlin.
Abb. 9 | N. Radermacher, Berlin.
Abb. 10 | N. Radermacher, Berlin.

## Schilling

Abb. 1 | C. Richters 2014.
Abb. 2 | C. Richters 2014.
Abb. 3 | C. Richters 2014.
Abb. 4 | C. Richters 2014.
Abb. 5 | Schilling Architekten 2012.
Abb. 6 | C. Richters 2014.
Abb. 7 | Schilling Architekten 2012.
Abb. 8 | C. Richters 2014.
Abb. 9 | C. Richters 2014.
Abb. 10 | C. Richters 2014.
Abb. 11 | C. Richters 2014.
Abb. 12 | C. Richters 2014.
Abb. 13 | C. Richters 2014.
Abb. 14 | Schilling Architekten / Erzbistum Paderborn 2010.
Abb. 15 | Schilling Architekten 2012.
Abb. 16 | Schilling Architekten 2012.
Abb. 17 | Schilling Architekten 2013.
Abb. 18 | C. Richters 2015.
Abb. 19 | C. Richters 2015.
Abb. 20 | C. Richters 2015.
Abb. 21 | C. Richters 2015.
Abb. 22 | C. Richters 2015.
Abb. 23 | C. Richters 2015.
Abb. 24 | Schilling Architekten 2012.
Abb. 25 | C. Richters 2017.
Abb. 26 | Jugendhaus Hardehausen.
Abb. 27 | J. Schilling 2012.
Abb. 28 | Schilling Architekten 2015.
Abb. 29 | C. Richters 2017.
Abb. 30 | C. Richters 2017.
Abb. 31 | C. Richters 2017.
Abb. 32 | Schilling Architekten 2014.
Abb. 33 | C. Richters 2017.
Abb. 34 | C. Richters 2017.
Abb. 35 | C. Richters 2017.
Abb. 36 | C. Richters 2017.
Abb. 37 | C. Richters 2017.

## Konkel

Abb. 1 | K. Galling, Biblisches Reallexikon (HAT 1), Tübingen [2]1977, 208, Abb. 49.
Abb. 2 | G. Kroll, Auf den Spuren Jesu, Leipzig 1988, 127, Abb. 99.
Abb. 3 | K. Bieberstein, Die Bauten auf dem Haram – Der biblische Tempelberg in seiner islamischen Rezeption, in: M. Küchler u. a., Jerusalem. Ein Handbuch und Studienreiseführer zur Heiligen Stadt (OLB IV,2), Göttingen 2007, 220–277, hier: 233, Abb. 108.
Abb. 4 | M. Konkel, Paderborn.
Abb. 5 | L. Ritmeyer, The Quest. Revealing the Temple Mount in Jerusalem, Jerusalem 2006, 19.
Abb. 6 | W. Zwickel, Der salomonische Tempel (Kulturgeschichte der Antiken Welt 83), Mainz 1999, 94, Abb. 47.
Abb. 7 | G. Kroll, Auf den Spuren Jesu, Leipzig 1988, 375, Abb. 300.

Abb. 8 | M. Küchler, Jerusalem. Ein Handbuch und Studienreiseführer zur Heiligen Stadt (OLB IV,2), Göttingen 2007, 1122, Abb. 631.

Abb. 9 | J. Krüger, Die Grabeskirche zu Jerusalem. Geschichte – Gestalt – Bedeutung, Regensburg 2000, 48, Abb. 43.

## Heupts und Nassery

Abb. 1 | Public domain image.

Abb. 2 | I. Nassery, Paderborn.

## Meyer-Blanck

Abb. 1 | P. Graff, Geschichte der Auflösung der alten gottesdienstlichen Formen, Band 2, Göttingen 1939, zwischen S. 64 und 65.

Abb. 2 | J. Gerhardt, Bonn.

## Haslinger

Abb. 1 | http://www.cinema.de/sites/default/files/styles/cin_landscape_650/public/sync/cms3.cinema.de/imgdb/import/dreams2/1000/713/2/1000713239.jpg?itok=LVDBGiLG (Download: 16.05.2018).

Abb. 2 | https://ixquick-proxy.com/do/spg/show_picture.pl?l=deutsch&rais=1&oiu=http%3A%2F%2Fwww.revue-resurrection.org%2FIMG%2Fjpg%2Ftroisieme_commandement_petit.jpg&sp=f8fac663aeca5991eb6ba92c460c37d0 (Download: 03.11.2017).

Abb. 3 | C. Flammarion, L' atmosphère. Météorologie populaire, Paris 1888, 163.

## Jacobs

Abb 1 | A. Mosso, Die Ermüdung, Leipzig 1892, 70.

Abb. 2 | http://www.andrewnewberg.com/research (Download: 05.06.2018).

Abb. 3 | http://www.andrewnewberg.com/research (Download: 05.06.2018).

## Kopp

Abb. 1 | J. Miserre, Paderborn (Vorlage: R. Baumgärtel-Fleischmann, Der Bamberger Dom. Die Umgestaltungen des Innenraums und die Entwicklung der festen Ausstattung bis zum Ende des Mittelalters, in: F. Kohlschein, P. Wünsche [Hg.], Heiliger Raum. Architektur, Kunst und Liturgie in mittelalterlichen Kathedralen und Stiftskirchen [LQF 82], Münster 1998, 59–99, hier: 99, Abb. 4).

## Petrat

Abb. 1 | Public domain image (links) / B. Krysmann, Paderborn (rechts).

Abb. 2 | B. Krysmann, Paderborn.

Abb. 3 | A. Meinhardt – Fraport AG, Frankfurt a. M.

Abb. 4 | M. Westphal, CC-BY-SA-4.0, https://www.gelsenkirchener-geschichten.de/w/images/thumb/8/8b/Arena-Kapelle.JPG/800px-Arena-Kapelle.JPG (Download: 20.06.2018).

## Kosch

Abb. 1 | C. Kosch, Paderborns mittelalterliche Kirchen. Architektur und Liturgie um 1300, Regensburg 2006, 10–11 (zeichnerische Ausführung von Olga Heilmann).

Abb. 2 | U. Lobbedey, Die Ausgrabungen im Dom zu Paderborn 1978/80 und 1983 (Denkmalpflege und Forschung in Westfalen 11), Teilband 3, Bonn 1986, 260, Abb. 480 (farbige Markierung durch den Verf.).

Abb. 3 | A. Fuchs, Grabungen und Funde im und am Paderborner Dom seit 1907, in: P. Simon (Hg.), Sankt Liborius, sein Dom und sein Bistum. Zum 1100jährigen Jubiläum der Reliquienübertragung, Paderborn 1936, 207–236, hier: 217, Abb. 11.

Abb. 4 | M. Sanke, Die Gräber geistlicher Eliten Europas von der Spätantike bis zur Neuzeit. Archäologische Studien zur materiellen Reflexion von Jenseitsvorstellungen und ihrem Wandel (Zeitschrift für Archäologie des Mittelalters, Beiheft 25), 3 Bde., Bonn 2012, Taf. 41.

Abb. 5 | U. Lobbedey, Die Ausgrabungen im Dom zu Paderborn 1978/80 und 1983 (Denkmalpflege und Forschung in Westfalen 11), Teilband 4, Bonn 1986, Plan A 1 (mit Ergänzungen des Verf.).

Abb. 6 | C. Kosch, Die romanischen Dome von Mainz, Worms und Speyer. Architektur und Liturgie im Hochmittelalter, Regensburg 2011, 40 u. 56.

Abb. 7 | Erzbistum Köln, Generalvikariat, Stabstelle Erzdiözesanbaumeister (Dr. A. Pawlik).

Abb. 8 | B. van den Bossche, La cathédrale de Strasbourg. Sculpture des portails occidentaux, Paris 2006, 94 Fig. 48.

## Börste

Abb. 1 | N. Börste, Der mittelalterliche Lettner der Paderborner Domes, in: H.J. Brandt, K. Hengst (Hg.), Felix Paderae Civitas. Der heilige Liborius 836–1986. Festschrift zur 1150jährigen Feier der Reliquienübertragung des Patrons von Dom, Stadt und Erzbistum Paderborn, Paderborn 1986, 292–312, hier: 303, Abb. 92 und 305, Abb. 93.

Abb. 2 | N. Börste 1978.

Abb. 3 | M. Nassal; Reproduktion aus: C. Kosch, Paderborns mittelaterliche Kirchen. Architektur und Liturgie um 1300, Regensburg 2004, 25.

Abb. 4 | G. Drescher.

Abb. 5 | G. Drescher.

## Stork

Abb. 1 | Bildarchiv Stork

Abb. 2 | Murhard'sche und Landesbibliothek Kassel

Abb. 3 | Murhard'sche und Landesbibliothek Kassel

Abb. 4 | Murhard'sche und Landesbibliothek Kassel

Abb. 5 | Murhard'sche und Landesbibliothek Kassel

Abb. 6 | Bildarchiv Stork

Abb. 7 | nach C. Barberi, Psalterium Egberti. Facsimile del ms. CXXXVI del Museo Archeologico Nazionale di Cividale del Fiuli. Ministero per i Beni e le Attività Culturali, Friuli 2000.

Abb. 8 | nach Barberi (s. Abb. 7).

Abb. 9 | nach Barberi (s. Abb. 7).

Abb. 10 | Bildarchiv Stork

Abb. 11 | Bildarchiv Stork

Abb. 12 | nach M. Brandt, A. Eggebrecht (Hg.), Bernward von Hildesheim und das Zeitalter der Ottonen, Band 2, Hildesheim – Mainz 1993.

Abb. 13 | nach Brandt, Eggebrecht, Bernward von Hildesheim (s. Abb. 12).

Abb. 14 | Bildarchiv Stork

Abb. 15 | Bildarchiv Stork

Abb. 16 | Bildarchiv Stork

Abb. 17 | Bildarchiv Stork

Abb. 18 | nach A. von Euw, Die St. Galler Buchkunst vom 8. bis zum Ende des 11. Jahrhunderts, St. Gallen 2008, Abb. 921.

Abb. 19 | nach A. v. Euw, Die St. Galler Buchkultur (s. Abb. 18), Abb. 919.

Abb. 20 | Bildarchiv Stork

Abb. 21 | Bildarchiv Stork

Abb. 22 | Bildarchiv Stork

Abb. 23 | nach A. v. Euw, Die St. Galler Buchkultur (s. Abb. 18), Abb. 791.

Abb. 24 | Bildarchiv Stork

Abb. 25 | nach A. v. Euw, Die St. Galler Buchkultur (s. Abb. 18), Abb. 794.

Abb. 26 | nach A. v. Euw, Die St. Galler Buchkultur (s. Abb. 18), Abb. 795.

Abb. 27 | nach A. v. Euw, Die St. Galler Buchkultur (s. Abb. 18), Abb. 796.
Abb. 28 | nach A. v. Euw, Die St. Galler Buchkultur (s. Abb. 18), Abb. 797.
Abb. 29 | e-codices, Fribourg.
Abb. 30 | e-codices, Fribourg.
Abb. 31 | Erzbischöfliche Akademische Bibliothek Paderborn
Abb. 32 | Bildarchiv Stork
Abb. 33 | Bildarchiv Stork

# Weitere Bände in der Reihe „Theologie im Dialog“

Alexander Lahl
**Hoffnung auf ewiges Leben**
Entscheidung und Auferstehung im Tod
Theologie im Dialog Band 2
2009, 376 Seiten
ISBN 978-3-451-30304-3

Aloisia M. Levermann
**Wachsen in der Gottesfreundschaft**
Theologie des Verdienstes bei Thomas von Aquin
Theologie im Dialog Band 3
2009, 260 Seiten
ISBN 978-3-451-30305-0

George Augustin (Hg.)
**Die Kirche Jesu Christi leben**
Theologie im Dialog Band 4
2010, 200 Seiten
ISBN 978-3-451-30314-2

Ingo Proft
**Heilung und Heil in Begegnung**
Theologie im Dialog Band 5
2010, 440 Seiten
ISBN 978-3-451-30323-4

# Weitere Bände in der Reihe „Theologie im Dialog"

George Augustin / Klaus Krämer (Hg.)
**Mission als Herausforderung**
Impulse zur Neuevangelisierung
Theologie im Dialog Band 6
2011, 260 Seiten
ISBN 978-3-451-30423-1

George Augustin / Kurt Koch (Hg.)
**Liturgie als Mitte des christlichen Lebens**
Theologie im Dialog Band 7
2012, 280 Seiten
ISBN 978-3-451-30541-2

Veronika Hoffmann / Georg M. Kleemann / Stefan Orth (Hg.)
**Unter Hochspannung**
Die Theologie und ihre Kontexte
Theologie im Dialog Band 8
2012, 208 Seiten
ISBN 978-3-451-30563-4

George Augustin / Kurt Koch (Hg.)
**Priestertum Christi und priesterlicher Dienst**
Theologie im Dialog Band 9
2013, 256 Seiten
ISBN 978-3-451-30678-5

# Weitere Bände in der Reihe „Theologie im Dialog"

Joachim Söder / Hubertus Schönemann (Hg.)
**Wohin ist Gott?**
Gott erfahren im säkularen Zeitalter
Theologie im Dialog Band 10
2013, 288 Seiten
ISBN 978-3-451-30745-4

George Augustin / Horst Köhler (Hg.)
**Glaube und Kultur**
Theologie im Dialog Band 11
2014, 192 Seiten
ISBN 978-3-451-30949-6

George Augustin / Sonja Sailer-Pfister / Klaus Vellguth (Hg.)
**Christentum im Dialog**
Perspektiven christlicher Identität in einer pluralen Gesellschaft
Theologie im Dialog Band 12
2014, 464 Seiten
ISBN 978-3-451-30982-3

George Augustin / Ingo Proft (Hg.)
**Ehe und Familie**
Wege zum Gelingen aus katholischer Perspektive
Theologie im Dialog Band 13
2014, 336 Seiten
ISBN 978-3-451-31257-1

# Weitere Bände in der Reihe „Theologie im Dialog“

Alban Rüttenauer
**Schelling und die Bibel**
Philosophie und Exegese im Gespräch
Theologie im Dialog Band 14
2018, 480 Seiten
ISBN 978-3-451-31329-5

Walter Kardinal Kasper / George Augustin (Hg.)
**Hoffnung auf das ewige Leben**
Kraft zum Handeln heute
Theologie im Dialog Band 15
2015, 224 Seiten
ISBN 978-3-451-31330-1

Andreas Redtenbacher / Joachim Schmiedl (Hg.)
**Wind of Change**
Orden am Beginn des dritten Jahrtausends
Theologie im Dialog Band 16
2016, 144 Seiten
ISBN 978-3-451-31159-8

George Augustin (Hg.)
**Die Strahlkraft des Glaubens**
Identität und Relevanz des Christseins heute
Theologie im Dialog Band 17
2016, 192 Seiten
ISBN 978-3-451-32069-9

# Weitere Bände in der Reihe „Theologie im Dialog"

Stefan Ley
**Kirche Jesu Christi als Communio**
Entstehung, Spezifika und Perspektiven der Ekklesiologie Walter Kaspers
Theologie im Dialog Band 18
2017, 336 Seiten
ISBN 978-3-451-37735-8

George Augustin / Thomas R. Elssner (Hg.)
**Barmherzigkeit als christliche Berufung**
Theologie im Dialog Band 19
2017, 192 Seiten
ISBN 978-3-451-37867-6

Frank Kleinjohann
**Tradition im Denken Walter Kaspers**
Impulse für ein konzilsgemäßes Traditionsverständnis
Theologie im Dialog Band 20
2017, 432 Seiten
ISBN 978-3-451-37861-4

Stefan Kopp / Wolfgang Thönissen (Hg.)
**Mehr als friedvoll getrennt?**
Ökumene nach 2017
Theologie im Dialog Band 21
2017, 360 Seiten
ISBN 978-3-451-37862-1

# Weitere Bände in der Reihe „Theologie im Dialog“

Marc Witzenbacher
**Geeint in Jesus Christus**
Das Ökumeneverständnis Walter Kaspers
Theologie im Dialog Band 22
2018, 624 Seiten
ISBN 978-3-451-38058-7

Stefan Kopp (Hg.)
**Gott begegnen an heiligen Orten**
Theologie im Dialog Band 23
2018, 434 Seiten
ISBN 978-3-451-38267-3

Stefan Kopp / Joachim Werz (Hg.)
**Gebaute Ökumene**
Botschaft und Auftrag für das 21. Jahrhundert?
Theologie im Dialog Band 24
2018, 490 Seiten
ISBN 978-3-451-38188-1